2023 2024

四川旅游绿皮书

（2023—2024）

GREEN BOOK OF SICHUAN'S TOURISM

刘 俊 主编

四川省旅游学会 编

中国旅游出版社

四川旅游绿皮书（2023—2024）
编委会

主　编　刘　俊

副主编　施　飞　龚　宇　张先智　刘　旺
　　　　　骆毓燕　聂　希　马　力

编　务　谭雨微　余云云　杨璐瑜　陈佳淇

序

在历经三年的新冠疫情严格管控之后,我国的公共卫生政策于2022年12月26日迎来了重大调整。经国务院批准,国家卫生健康委正式公告,将"新型冠状病毒肺炎"更名为"新型冠状病毒感染",并从2023年1月8日起,解除了对其采取的甲类传染病预防、控制措施,同时也不再将其纳入《中华人民共和国国境卫生检疫法》规定的检疫传染病管理范畴。这一系列的政策调整,标志着我国疫情防控进入了新的阶段,全国旅游业开始复苏。

随着我国公共卫生政策的调整,2023年四川省文化旅游业呈现出强劲复苏的态势,走出了一条从年初回暖,到"五一"端午走热,再到暑期火爆的"井喷式"增长曲线,各地重现景区游人如织、酒店民宿一房难求、影院剧场座无虚席、体育场馆人声鼎沸的景象。2023年全省接待国内外游客超过10亿人次,实现旅游收入1.2万亿元,全面超过疫情前水平。2024年旅游业持续恢复发展向好,随着国家宏观政策的持续发力、市场主体信心的逐步恢复、群众消费预期的加速回暖,旅游市场继续保持强劲增长,特别是2024年上半年全省接待入境游客93.3万人次,创5年来的最好水平,全省文旅发展水平稳居全国第一方阵。

基于2023年和2024年四川省旅游持续恢复向好的发展态势,我们组织编写了《四川旅游绿皮书(2023—2024)》,注重记录反映这两年四川旅游发展的轨迹和特点,主报告突出了大变局时代四川旅游发展研究,突出了疫情之后的2023—2024年经济运行总体状况,专题报告重点突出了四川文旅融合项目典型案例分析,突出了旅游业恢复发展与新冠疫情三年的比较研究,突出了四川文旅深度融合发展的研究,突出了四川旅游新业态发展研究,突出了对全省

"十四五"文化和旅游发展规划编制的回顾和"十五五"规划的展望研究。

2025年是"十四五"的最后一年,四川旅游要完成规划中建设文化强省、旅游强省和世界重要旅游目的地的阶段性目标,并承前启后谋划"十五五"发展。《四川旅游绿皮书》将继续发挥政产学研桥梁与纽带的作用,为四川旅游的发展提供有益的借鉴与参考,请广大读者关注并支持《四川旅游绿皮书》。在这里,我向所有参与本期绿皮书编撰的主编、副主编、编委和作者表示衷心的感谢。同时,感谢中国旅游出版社以及所有支持本书出版的单位和人士,正是你们的辛勤付出,《四川旅游绿皮书(2023—2024)》才能如期付梓。

最后,让我们携手共进,以新质生产力引领四川现代化文化和旅游产业体系建设,为四川旅游业高质量发展作出新的努力和贡献。

陈加林

四川省旅游学会会长

2024年12月

前　言

完善现代旅游业体系、建设旅游强国、实现旅游业高质量发展赋予了新时代新征程旅游业更大的责任，也释放了旅游业更多的能量。从更好服务美好生活、促进经济发展，到构筑精神家园、展示中国形象、增进文明互鉴，旅游被寄予越来越多的期待。四川旅游业正是在这样的时代背景下不断践行守正创新、行稳致远的发展要求。四川省旅游学会联合四川省多所旅游高等院校、科研机构、旅游企业和行业协会等共同编著《四川旅游绿皮书（2023—2024）》，旨在从多角度为2023—2024年四川旅游"画像"，从多视角展现四川旅游发展的路径、模式，从多维度揭示四川旅游发展的内在规律与机制，为四川旅游业高质量发展贡献智慧。

这是四川省旅游学会组织编写的第三本《四川旅游绿皮书》，这期绿皮书包含了四川旅游2023年和2024年的发展内容。我们始终坚持科学性，注重对客观数据和资料的规范分析，同时我们聚焦四川旅游发展实践中涌现的新现象和新问题，注重对行业发展的参考作用。全书由主报告和专题报告组成。主报告对四川旅游迈入繁荣发展的新阶段的经济运行总体状况、旅游需求基本态势、旅游供给基本态势等进行了全面的分析；专题报告中的"四川文旅融合典型案例"专栏是新的尝试，从第三方的视角对四川具有代表性的文旅项目进行了规范案例研究，其他专题报告主题也有大幅调整，旅游规划、新业态新场景新模式、旅游演艺市场、旅游投融资和旅游商品都是这两年四川旅游成效突出的特色主题。

《四川旅游绿皮书（2023—2024）》由四川省旅游学会陈加林会长统筹策划，副会长杨丹、秘书长马力协力推动，学会分支机构、学会专家积极组稿支持，相关企业提供调查研究的场景、案例等资源。来自四川大学、四川农业大学、成都理工大学、四川师范大学、西南民族大学等近30家单位的70余位作者历时两年完成了此次撰稿工作。中国旅游出版社的领导和编辑人员为本书的出版提供了严格、高效、高质量的编辑校对工作。

希望这本书能够成为旅游管理部门、旅游企业界、旅游学界读者了解四川旅游发展的窗口，希望通过《四川旅游绿皮书》的编撰能进一步汇聚四川文旅研究和行业管理队伍，也希望读者能够理解由于编者能力不足所导致的疏漏。

刘　俊

四川省旅游学会、四川大学旅游学院

2024年11月

目 录

Ⅰ 主报告

A 旅游经济运行总体状况 …………… 查建平　熊晓兰　尹志强　马湘雪 / 003
B 旅游需求基本态势 ……………………… 贺腊梅　郑　圭　周佳丽　吕仁静 / 011
C 旅游供给基本态势 ……… 钱叶凡　谢思懿　李慧玲　张耀斌　崔　睿 / 026

Ⅱ 专题报告

D 四川文旅融合典型案例

乡村振兴视角下古村落修缮案例研究——以西昌市川兴镇高山堡文旅项目为例
……………………………………………………………… 卢　波　赵艳梅 / 047
文旅融合视域下建昌古城城市更新案例研究 ……………………… 耿天航 / 061
现代艺术与古镇建筑融合案例研究——以李庄古镇月亮田景区为例
………………………………………………………………………… 李潇涵 / 078
文旅融合背景下新城市地标的特征与作用——以成都东安阁为例
………………………………………………………………………… 王圣斌 / 092
文旅融合背景下地域文化特色景区开发案例研究——以阿坝州尘埃落定红色
文化旅游城为例 …………………………………………………… 潘庆馀 / 102

E 旅游景区

文旅融合视域下非遗影像与旅游景区耦合机制研究

………………………………………………… 龚　宇　陈陶然 / 112

基于双向长短期记忆网络的景区游客量预测

………………………………………………… 王梦瑶　王　俊　赵淳宇 / 122

考虑游客体验的景区观光车灵活调度研究 ………… 陶　勇　廖治学 / 144

多维视角下景区游客流动过程碳足迹研究——以成都文殊院为例

………………………………………………… 颜文豪　杨虎斌　骆毓燕 / 168

F　旅游住宿业

四川省旅游民宿产业发展现状调研报告 …… 龚　宇　张　立　曾尹嬿 / 184

民宿宿集的概念内涵与当代发展 ……………………… 龚　宇　张　立 / 202

G　旅游规划

《四川省"十四五"文化和旅游发展规划》编制回顾与"十五五"规划展望

………………………………………… 张先智　李树信　张海芹 / 210

旅行社企业转型升级考察研究报告——旅行社企业转型升级路径探讨

…… 四川省中国国际旅行社有限责任公司　旅行社企业转型升级课题组 / 221

乡村旅游助推高原民族地区高质量发展实践研究——以扎尕那旅游区总体规

划为例 ……………………………… 徐蓓兵　杨维凌　罗天牛 / 244

片区国土空间规划背景下乡镇级旅游规划编制探索——以市中区平羌三峡为例

………………………………………… 顾相刚　吴郑芝　刘异婧 / 252

H　乡村旅游

四川省乡村旅游发展进展研究 …… 四川省旅游学会乡村旅游研究专委会 / 268

四川省乡村旅游发展问题与路径研究

………………………………… 四川省旅游学会乡村旅游研究专委会 / 276

四川省乡村旅游发展状况分析与展望

………………………………… 四川省旅游学会乡村旅游研究专委会 / 284

I 旅游新业态新场景新模式

社区旅游高质量发展路径探析——基于《成都市社区旅游发展报告》
.... 张海芹 李树信 / 307

自然景区智慧旅游发展的机理、路径、模式：以峨眉山景区为例
.... 陈佳莹 李京朝 任玉琴 / 318

基于OTA平台数据的成都乡村旅游景区游客网络关注度特征及发展路径分析
.... 骆毓燕 黄琳岚 刘 颖 / 331

J 旅游演艺市场

四川旅游演艺产业发展报告 .... 李潇涵 冯 冰 / 345

2016—2021年旅游演艺游客满意度变化及影响因素研究——以《蜀风雅韵》为例 .... 余云云 / 356

K 旅游投融资

高铁投资对旅游发展的影响研究——景区视角的实证分析
.... 杨璐瑜 张恒锦 陈佳淇 刘 俊 / 373

文旅新业态助力四川文旅消费升级路径初探 .... 邓 文 王睿卿 / 393

生态导向下的旅游目的地规划探析——以羊卓雍错为例
.... 陈 璇 于子翔 赵唯亦 漆珍麟 / 401

L 旅游商品

四川气象科普研学旅行商品发展路径研究
.... 王 悦 周 雯 郭 洁 赵清扬 / 414

关于三星堆博物馆文创产品深度开发的几点思考
.... 李晓军 朱洪端 于 浣 / 420

大熊猫文创产业发展报告 .... 马 腾 孙丽芳 / 426

M 红色旅游

长征国家文化公园（四川段）红色文创产品开发新思路……………赵晓宁 / 443

N 文旅融合

文旅融合背景下遗址类博物馆的发展研究——以三星堆博物馆为例
…………………………………………………………………… 李　爽 / 450

共建共创共生共享：文旅乡建中村民与"新村民"的互动关系研究
………………………………………………… 李　杰　王树清　严蒿白 / 458

文旅融合发展助推老牌人文景区创建国家 5A 级旅游景区的路径探索
——以《安仁古镇旅游总体规划及国家 5A 级旅游景区创建方案》为例
………………………………………………… 陈江红　许沁原　黄顺瑶 / 464

I 主 报 告

A
旅游经济运行总体状况

［作　者］查建平　熊晓兰　尹志强　马湘雪（四川大学旅游学院）

1　大变局时代四川旅游发展形势

1.1　旅游经济基本盘趋稳，旅游市场在变局中迎新生

2022年标志着全面建设社会主义现代化国家的新征程正式开启，同时也是朝着第二个百年奋斗目标迈进的关键一年，这一年对于实施"十四五"规划同样至关重要。在百年变局和世纪疫情交织叠加下，四川省旅游业抢抓机遇、奋发有为，及时审时度势，助力旅游经济迈过自2020年以来最艰难、最煎熬的低谷与"至暗时刻"。2022年，四川省国内旅游人数达6.36亿人次，比上年增长1.52亿人次，增长率高达31.41%，占到全国旅游总人数的25.14%，入川国内旅游人数占比达历史最高峰值（见图1）。相比2022年全国国内旅游人数仅达到2019年的42.14%，四川省国内旅游人数则已达到2019年的84.69%，虽未能恢复到2019年的理想状态，但已位居国内前列。同时，2022年四川省国内旅游消费合计0.71万亿元，四川省国内居民消费总额比上年减少0.03万亿元，降幅约合4.05%。从人均旅游消费额来看，与全国层面相似，2022年四川省游客人均消费金额首次出现大幅度下滑，持续三年疫情的反复冲击对旅游业带来极大的挑战，既严重抑制了游客的出游意愿，也改变了游客出游偏好，进而导致了旅游消费水平下降（见图2）。在此过程中，四川省政府根据疫情的变化适时调整旅游管理政策，各旅游企业积极开展自救活动，城市休闲、社交旅行、亲子体验、研学旅

图 1　2016—2022 年全国与四川国内旅游人数

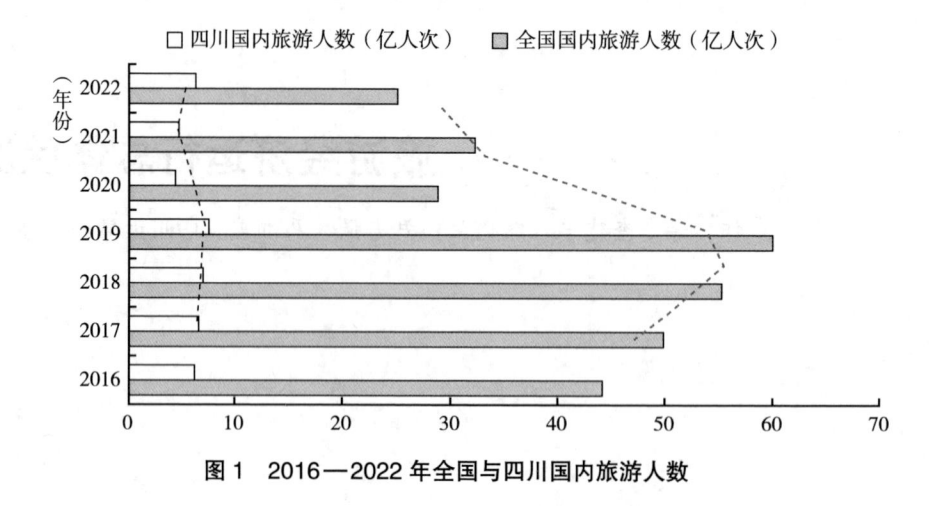

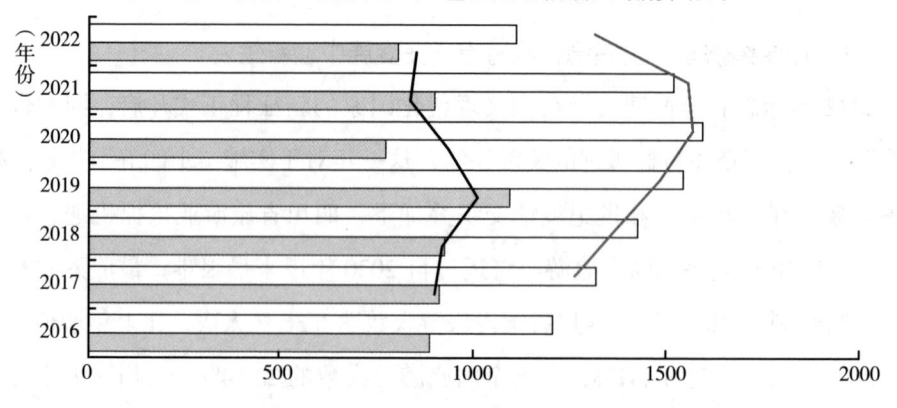

图 2　2016—2022 年全国与四川国内旅游人均消费

游、户外自驾、运动康养等项目层出不穷，以短时间、近距离、高频次为特点的周边游、近郊游、乡村游等旅游业态展现了巨大的发展潜力和广阔的发展空间。而随着2022年年底国内疫情防控政策的放开，积压已久的旅游需求开始全面释放，旅游消费市场重获新生。

1.2　多措并举助企纾困，推动旅游业加快复苏发展

2022年，四川省旅游市场正在积极复苏，旅游企业营运资金有了一定程度提高，但是这部分资金要用于业务全面恢复、债务清偿，而新项目的投资和开发仍然存在较大资金缺口。为此，针对不同地域、不同企业的特点，四川省文

化和旅游厅协同多家金融机构，特别设计了包括"文化旅游贷款""健康养老贷款""全域旅游贷款"在内的系列专属金融方案，为住宿业、餐饮业、乡村旅游业及新兴文化旅游业态的客户提供优先级信贷服务，发布了一批文旅企业（项目）融资需求白名单，涉及五个市（州）137个文旅企业（项目），融资需求559.297亿元，累计支持金额685.95亿元，并积极构建文旅供应链金融服务体系，支持文旅行业的并购融资活动，推动文旅产业链深度融合。同时，2022年11月，四川省在南充阆中成功举办了文化和旅游发展大会，其间还同步开展了第八届中国（四川）国际旅游投资大会、四川文化和旅游主题展览、2022年全省文化和旅游招商项目推介会以及嘉陵江文化旅游联盟成立仪式等多项重要活动。大会形成了《2022年四川省文化和旅游重点项目招商项目指南》，其中推出招标项目313个，目标招标金额5152.93亿元，同比增加19%、5.1%。聚焦于10个旅游业态，在大会举办地阆中市主会场+南充外设分会场举行签约仪式，达成150个签约项目，省内、省外投资分别占比62.5%、34.8%。国有、民间分别占比38.3%、61.7%。这些项目的招引与落地不仅充分展现了四川文旅良好的发展前景和优越的投资环境，也给四川文旅业带来了极强的信心和推动力。

1.3 产业能级稳步跃升，发展动能不断积蓄

围绕文旅产业的建圈强链，四川省旅游、体育、音乐、文化创意、美食、会展等多个业态领域不断发展壮大，现已成为全省重要的新兴产业支柱和经济增长点，其产业规模已跻身全国领先地位。以第31届世界大学生夏季运动会为契机，成都新建改建大运会场馆49座，获央视"最爱运动健身城市"称号，体育场馆设施数量进入全国前五，又深入挖掘古蜀文化、三国文化和大熊猫生态文化等特色文化资源，延续天府文化记忆发展和传承，规划建设了东华门、宝墩等十大考古遗址公园，提档升级武侯祠、薛涛纪念馆等文物陈展。为加强载体空间建设与多元场景营造，四川省已新增22家4A级旅游景区，并着力打造都江堰—青城山、大熊猫栖息地等2处世界遗产，加强文艺精品创作，推出《五腔共和》《哪吒之魔童降世》《王者荣耀》等现象级文创产品，让四川省的发展更有人文温度、展现四川深厚的文化底蕴与无限荣光。与此同时，围绕巴蜀文化旅游走廊建设，

加强与重庆协同合作，通过搭建平台、协同开发、整合发展文旅市场、整合利用特色文旅资源，擦亮文化强省旅游强省新名片，共同奏响巴山蜀水文旅融合发展的"交响乐"。

2 大变局时代四川旅游结构变化趋势

2.1 文旅融合项目加速推新，旅游产品多元发展成趋势

2022年，全省文旅产业持续保持良好的恢复态势。作为四川省旅游业的重要支柱之一，文旅产业在疫情防控逐步进入常态化阶段后，通过多次调整迅速适应了当下环境。随着通行政策的逐渐放开，文旅部门在新的形势下迅速做出反应，联手多家在线旅游平台，面向全国游客发放总计1000万元的文旅消费券。此批消费券适用于度假线路、酒店民宿等多种类别，并覆盖春节、元旦、"五一"等旅游高峰期。此外，文旅部门还持续推动文化旅游节，制定优惠政策，推出多样化的文旅产品，旨在从消费端激发市民游客的文旅消费热情，从供应端丰富本省文旅内涵，积极提升文旅竞争力，让游客在游玩中深刻感受蜀地传统文化的魅力。根据统计数据显示，2022年元旦小长假期间，全省文旅市场整体运行平稳，展现出良好的复苏迹象。统计数据显示，全省A级旅游景区在三天内共计接待游客623.86万人次，门票收入达到了5347.73万元。与2021年同期的重点景区统计数据相比，游客接待量和门票收入分别提升了8.84%和3.84%。而在2022年的"五一"假期，全省累计接待游客4401.08万人次，旅游总收入为134.43亿元，这些数字按可比口径计算均已恢复至2021年同期的80%以上，且相较于2020年同期，游客量和旅游收入分别增长了10.4%和26.2%。有力拉动假日文旅市场回暖。2022年端午假期，全省各地统筹安全服务保障、抓好疫情防控、加强文化和旅游产品供给，推动文旅市场加速回暖。统计数据显示，全省共有715家A级旅游景区接待了658.21万人次的游客，实现了4341.79万元的门票收入。较当年清明小长假分别增加18.35%和24.48%。景区接待人数和门票收入均大幅增长。2022年国庆节假期，全省累计接待游客4326.33万人次，旅游收入达到146.41

亿元，恢复至2019年同期约70%的水平。与此同时，全省纳入统计的A级旅游景区共接待游客1009.66万人次，门票总收入为8361.31万元。

受疫情防控政策的影响，短假期内在城市周边旅游已成为一种新的潮流。郫都区农科村、双流官塘新村等因其"慢节奏"特点已成为老年人度假的首选。同时，户外运动作为运动休闲的重要组成部分，也推动了旅游的深度发展。2022年，成都彭州凭借其丰富的山地条件成为户外运动产业的试点县，通过将徒步、登山等体育项目与景区巧妙串联，实现了户外运动和旅游的深度融合。郫都区的香草湖湿地生态公园、金堂龚家山等地的露营业态备受当代年轻人的青睐，多元化的文旅主题内容和体验引入，为露营市场的发展拓展了新的空间。这种"微度假"已经悄然兴起，旅游的多元化发展已经成为主流趋势。

2.2 产业资源配置高度集中，推动全域旅游供给侧结构性改革

2022年，四川省旅游业经历了重大的产业结构变革。旅游产业的集中度迅速上升，各地的旅游资源和经济正向成都这个公共医疗设施更为完善的区域聚集。总体来看，成都在旅游综合发展水平方面相较于其他市（州）出现了显著的领先现象。从多个角度分析，成都市在旅游产业竞争力、文化影响力、吸引力和供给力等四个方面均在全省范围内位居首位，且在数据层面上遥遥领先。为此，四川省以旅游业为抓手，将全域旅游纳入供给侧结构性改革的整体框架，协同推进供给侧结构性改革、脱贫攻坚、绿色发展以及结构调整转型等多重目标。通过建立城市之间的旅游网络，实现区域资源整合和产业融合发展，促使社会实现共建共享。全域旅游不仅有助于将"旅游+"理念演变为"产业+旅游"，还有助于提高旅游业发展的积极性和自觉性。在体制机制上进行创新，加大对旅游业在资金和人才等方面的支持。以"围绕旅游、共建旅游、引领旅游"为核心，形成了"整体布局、全民参与、全员参与"的全域旅游四川模式，将"服务"视为其基本特征。在实施中深入推动"扶贫+旅游""交通+旅游"等创新模式。通过全域旅游的实施，促进供给侧结构性改革，为旅游业可持续发展描绘了一条可行的道路。

2.3 科技赋能构造数字文旅，农旅融合丰富旅游新业态

科技助力四川旅游业蓬勃发展，数字化基础设施的不断完善成为推动旅游行

业转型的关键。为实现更高效的供需链接，拓展消费市场规模，以及培育符合时代消费行为的文旅产业，四川省不断推动数字化新型基础设施的落地。文化和旅游厅正在通过"文旅+数字"探索新的发展路径，运用全息投影、AR、裸眼3D等技术和数字互动方式向大众生动展示四川省的文化底蕴和旅游风光。科技赋能和数字化为旅游景点提供了更多形象化的设定，使历史文物"活"了起来，风景景区"动"了起来，更受欢迎，更加生动。

农业与旅游业深度融合是四川省实现旅游业高质量发展的另一亮点。阿坝州因地制宜调整乡村农业结构，多措并举强化配套支撑。特色产业以优质粮油、特色蔬果和道地药材为主，加速形成特色农畜牧产品，如牦牛肉、松茸备受游客青睐，乡村旅游产业正以高速优质的势头持续发展。四川省内部不同规模的乡村节庆活动进一步推动了农产品向旅游产品的转变，农房变客房，田园变公园。实现三产联动、农旅融合，带动农牧畜产品的生产、加工、包装，通过物流的配送，线上线下协同售卖，加快农牧业的繁荣。同时，构建民宿运营体系，优化交通运输体系，提高农村区域的交通可达性，缩短人们的旅游时间，提升游客的舒适感和体验感。积极培育"农户+旅游合作社"等运营体系，培育一批集看、吃、玩、购、娱为一体的乡村旅游重点区域。这一系列举措为四川省旅游业的繁荣和农业的发展提供了坚实基础。

3 大变局时代四川旅游新特征

3.1 个性化旅游成趋势，新生业态创旅游新活力

旅游模式正在从"走马观花""到此一游"式的打卡旅行，转变为更注重精神层面慰藉的体验。游客们不再满足于匆匆一瞥，而更追求在一个地方进行深度游，深刻体验城市的民俗风情、美食和文化特色。随着时间的推移，不同年龄段的群体对旅游产品的需求也在发生变化。目前，老年人更愿意通过旅游来强身健体，更关注养眼的文化产品以及养身的休闲产品。四川省在峨眉山打造了"冰雪和温泉旅游节"，突出冰雪温泉和阳光康养特色资源，吸引了众多老年游客。对

于新生代父母而言，由于繁忙的工作，他们难以拥有属于自己或陪伴孩子的时间。因此，他们更愿意在放假时选择定制研学游或亲子度假游，以腾出时间做自己的事情并加强亲子关系。2022年暑期，四川多地推出了"暑期亲子游"，如"古蜀文化亲子营"，通过实地研学缓解了新生代父母的压力。"脱单之旅"也成为受欢迎的旅游类型之一。由于行业特征，金融、教育、保险等行业女性较多，而软件、建筑等行业男性较多。且年轻人忙于工作，时间有限，难以"脱单"，因此他们希望通过旅游遇到爱情。他们看重的不是目的地或沿途风景，而是与伴侣一同欣赏风景，希望在旅游度假场景中创造谈恋爱的机会。因此，一些旅行社与在线约会平台合作，为单身人群打造集约会与旅游于一体的产品，满足了不同年龄段的游客对于不同类型旅游产品的需求。

新兴的旅游业态如"反向旅游""演唱会""短视频网红景点"不断涌现，激发了旅游行业的无限活力。许多游客选择避开人潮，探索非热门目的地和景区，如"宅式度假""围炉煮茶""露营旅游""寺庙游"等。这些新业态的旅游产品，能让游客享受慢生活，远离城市的嘈杂，走进文化底蕴深厚的古村落，或探访未完全开发的景区。川西旅游地推出了"宝藏露营地"，提供可以驾驶"坦克300"的氛围感旅行，包括专业摄影团队的全程跟拍。这些体验通过新媒体平台的传播，让其他游客感受到这些地方拥有更自由、更令人兴奋的旅行体验。演唱会的井喷式发展也推动了旅游新业态的发展。跨区观演的热潮带动了当地交通、食宿、旅游等产业的发展，一场演唱会可能会"点燃"整座城市。成都作为演艺市场的热门城市，2022年演唱会活动带来的餐饮和旅游等产业收入约33.5亿元。观众在演唱会结束后继续欣赏当地美景，品尝特色美食，推动了多产业的联动发展。这些新业态和旅游模式的崛起，不仅满足了不同人群的需求，也为旅游行业注入了新的活力，提升了整个文旅产业的发展水平。

3.2 科技赋能四川旅游万物沉浸，四海宾客赴蜀看"文妆"

随着5G、大数据、AR、VR、物联网、区块链、人工智能等新技术的出现和普及，旅游业正迎来更广阔的发展空间。这些技术不仅改变了已逝的历史记忆，还催生了融合文化和旅游的新模式和新业态。科技赋予文物故事和历史文化更为生动的展现方式，为游客带来了立体的感官体验。这一变革不仅使文化遗产焕发活力，也为旅游业带来了新的突破和动力。在具体实践中，乐山市的"戏剧幻城"实景演艺剧目《只有峨眉山》在2022年9月25日迎来了公演三周年。该剧舞台布置于山水实景之中，运用大型联动舞台、移动巨幕、3D影像等设备，使游客仿佛置身于剧情场景中，实现了沉浸式的自然山水体验。而巴中市的《梦境光雾山》则将巴蜀文化与山水风景深度融合，打造了一种沉浸式的夜间山水游览体验。成都市也推出了多种新奇玩意，比如九寨沟县漳扎镇利用艺术装置创造了一个"时空幻境"，让游客身临其境地体验"看见九寨·魔幻现实情景体验戏剧"。为适应多变的市场环境和满足传统景区的现代化需求，峨眉山市文化体育和旅游局从多个角度拓展文旅产业发展空间，以景区为核心，以承载海量数据的网络空间为平台，采取智慧文旅方案，对包括峨眉山景区的游客进行画像和偏好分析等，通过数据验证游客趋势，积极探索数字化项目，为公众提供大数据智慧文旅服务。

推动巴蜀文化走向国际舞台，是对巴蜀文化自信的坚定表达。目前，"安逸四川"正在向着成为世界重要旅游目的地的方向大步迈进，而川剧、历史故事、庙会、杂技木偶、民乐以及藏羌彝民族歌舞等特色文化项目，正作为四川文化对外交流的主力军。一系列融合国际视野、中国特色与巴蜀风情的文化活动，正致力于向全球讲述中国故事。确立"资源账目"、发挥"文化牌"是我们坚守的初心，也是前进的方向。譬如，宜宾市致力于传播优秀的历史文化故事，持续改进并提升当地的公共服务质量。近年来，原创话剧《赵一曼》、杂技剧《东方有竹》、川剧《梅女》、话剧《雾中灯塔》等优秀文艺作品不断涌现，屡获国内外大奖，为巴蜀文化赢得了更广泛的声誉。广元市为了统筹推进文化旅游业发展，依托文化资源，精心组织了多场重要活动，旨在提升文旅品牌的影响力，致力于将"大蜀道"打造成为国际知名的文化旅游目的地。无论是武则天的历史文化，还是中子铺的细石器文化，从蜀道的深厚底蕴到红色文化的独特魅力，各类文化相互衬托、辉映，使得广元的文旅资源展现出旺盛的生命力，散发出别具一格的吸引力。崇州市则着力发展"文化+旅游"项目，大胆引入演艺、教育、博物馆等事业，推动传统商业业态升级。这些标志着城市的文化旅游业正步入新的发展阶段。

B
旅游需求基本态势

[作 者] 贺腊梅 郑 圭 周佳丽 吕仁静（四川大学旅游学院）

据四川省文化和旅游厅统计数据显示，2022年四川省共接待国内游客6.36亿人次，国内旅游收入0.71万亿元。随着疫情的有效控制，旅游需求呈现稳步恢复的趋势。2023年前两季度，四川全省旅游人数达到2.98亿人次，同比增长42.8%；游客消费总金额累计达到3231.57亿元，同比增长22.51%。尤其在旅游黄金周期间，全省的文旅经济展现出强劲的增长势头。具体而言，2023年"五一"期间，全省接待游客数量达到4018.34万人次，实现旅游收入201.23亿元，同比分别增长104.6%和46.6%。与2019年同期相比，分别增长了27.3%和22.2%。全省纳入统计的A级旅游景区接待游客数量2438.84万人次，实现门票收入2.86亿元，与2019年相比分别增长了28.9%和23.1%[1]。中秋国庆期间，全省共接待游客5691.02万人次，旅游消费总额达到361.53亿元，与2019年相比增长了11.18%和14.24%。全省纳入统计的A级旅游景区累计接待游客数量3759.58万人次，实现门票收入4.43亿元，与2019年相比分别增长了18.6%和17.59%[2]。总的来说，四川省旅游需求快速复苏，并展现出强劲的增长势头。

图1展示了近年来四川省各市（州）的旅游需求情况。成都市作为四川省的省会城市，其旅游需求占据主导地位；南充市、乐山市、宜宾市和绵阳市等也是省内主要的旅游目的地。图2报告了2022年与2023年黄金周的旅游市场情况，2023年"五一"假期，成都市接待游客1939.4万人次，同比增长42.5%；旅游

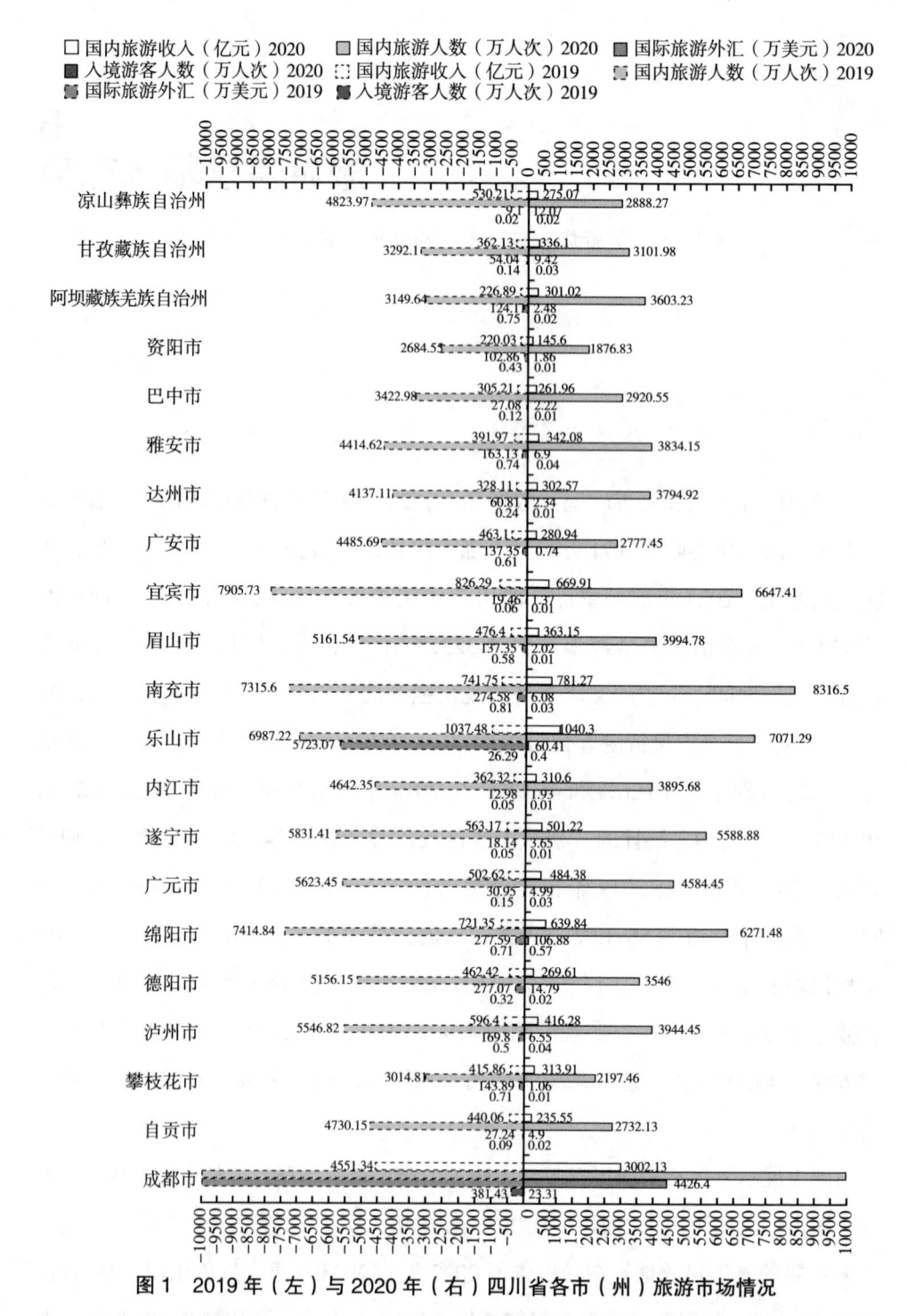

四川旅游绿皮书（2023—2024）

图1 2019年（左）与2020年（右）四川省各市（州）旅游市场情况

注：数据来自《四川统计年鉴2020》和《四川统计年鉴2021》。成都市部分数据因与其他市（州）数值差异较大，为方便展示数据整体趋势，其数据标签未在图内完整展示。

总收入150.6亿元，同比增长81.9%，文旅消费呈现"井喷式"增长，而且省外游客占比达20.3%，超过2019年同期2.8%，过夜游客平均停留天数2.94天，较2019年同期增长17.6%[3]。

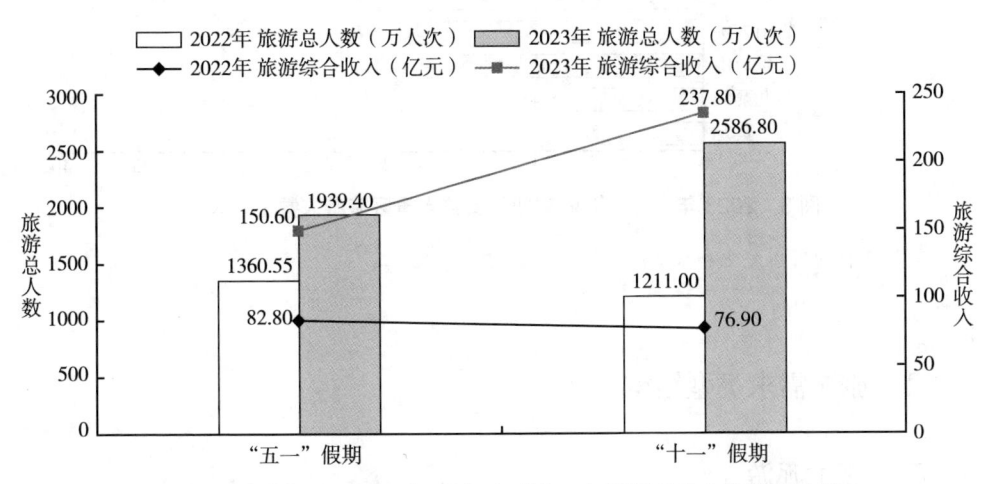

图2 2022年与2023年"五一"和"十一"假期成都市旅游市场情况

注：数据来自四川省文化和旅游厅。

2023年"五一"假期，全省推出世界遗产景区游、烟火都市游、特色乡村游等特色旅游产品线路1000余条。如图3所示，2023年"五一"假期期间青城山—都江堰旅游人数达到33.70万人次，其次是成都大熊猫繁育研究基地（26.40万人次）。整体而言，四川省内旅游资源丰富多样，相较于入境旅游市场，国内旅游市场恢复较快。

2023年是疫情放开之后的第一年，也是旅游业重启的第一年。大众出游热情高涨，四川省旅游行业快速恢复，特别是国内旅游市场的复苏势头强劲。假日出游需求集中释放，成为旅游市场复苏的重要推动力。其中，"五一"假期可以作为四川省国内旅游市场全面恢复并逐渐进入常态化发展的重要转折点。相比之下，入境游市场的全面复苏则需要更长的时间。

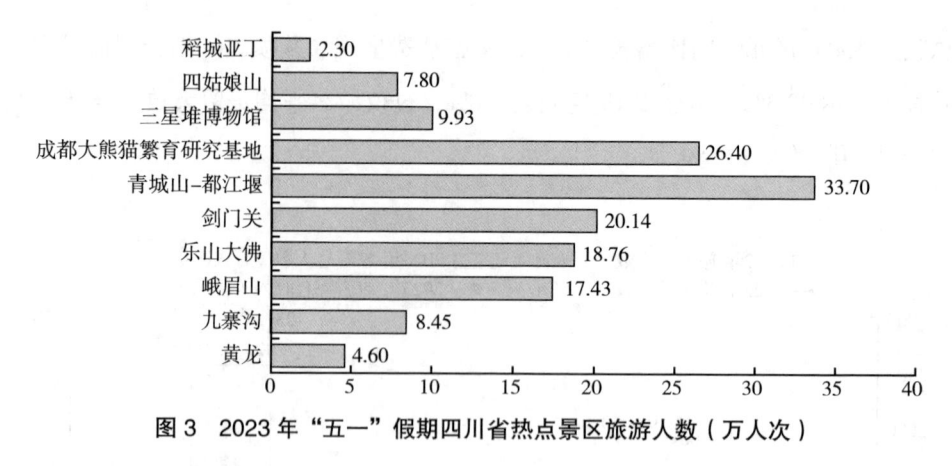

四川旅游绿皮书（2023—2024）

```
稻城亚丁    2.30
四姑娘山    7.80
三星堆博物馆  9.93
成都大熊猫繁育研究基地  26.40
青城山-都江堰  33.70
剑门关    20.14
乐山大佛   18.76
峨眉山    17.43
九寨沟    8.45
黄龙     4.60
```

图3　2023年"五一"假期四川省热点景区旅游人数（万人次）

注：数据来自四川省文化和旅游厅。

1　旅游需求类型结构

1.1　红色旅游

作为红色旅游资源大省，四川省拥有将帅故里、川陕苏区、长征丰碑等红色品牌，建立了陈毅故里、华蓥山游击队遗迹等多个红色经典景区，开发了四渡赤水、巧渡金沙江、过雪山草地等多条经典旅游线路。红色旅游备受热捧，成为2023年假日文旅中鲜明的亮点。在烈士纪念日和国庆重叠的情况下，全省各地积极举办了烈士纪念和红色文旅活动，而前往红色旅游景区，缅怀革命先烈、探寻红色遗迹成为广大游客中秋和国庆假期出游的热门活动。据四川省文化和旅游厅的数据显示，2023年中秋国庆假期期间，全省纳入统计的37家红色旅游景区共接待游客326.41万人次，与上年同期相比增长2倍以上，朱德故里、邓小平故里、汶川特别旅游区接待游客同比增长均超300%[2]。

四川始终推行红色旅游高质量发展战略，2023年各市（州）积极开展红色系列活动。比如，广安举办了"美好2023·又见华蓥"旅游节，以红色旅游为基，推出丰富的旅游产品[4]；阆中作为长征出发地之一，2023年在红军烈士纪念馆举行缅怀革命先烈活动，传承红色基因；泸州开展了"红色石厢子·'忆'起过春节"红色村晚活动、"四渡赤水"文化主题灯会；达州"五一"假期发布了"英雄大巴山"见证红色初心七条精品旅游线路[5]。凉山彝族自治州会理市会理会议纪念地坚守红色初心，深入挖掘当地文化内涵，致力于建设红色遗址，传承长征精神，其中红军长征过会理纪念馆年均接待游客10余万人次[6]。

当前红色旅游的发展也呈现出一些新的特征。一方面，"红色+"趋势更加明显。四川以长江、黄河、长征公园建设为契机，积极举办"大美四川·红色草原主题游"系列活动[7]，促进红色文化与绿色生态、体育多方面融合发展。昭化大力推行"红色+"，陆续开发出"红军厨房""红色宿营地""农耕体验区"等"红色+乡村旅游"业态[8]。自贡建设江姐故里红色教育基地，积极开展"红色+研学"活动，传承红色记忆。巴中基于"川陕苏区"名片，与重庆、陕西以及省内各地通力建设红色旅游长廊。另一方面，红色旅游游客群体年轻化、亲子化出游特征明显。途牛数据显示，2022年上半年，35岁以下群体预订红色旅游出行产品占比超70%，亲子游占比超40%[9]。2023年春节假期期间，在去哪儿平台预订红色旅游相关产品的"00后""95后"消费者高达19.1%[10]。基于这一消费群体特征，巴中、达州等地积极做出市场反应，利用数字化技术，多样化储存、展示川北革命老区红色资源，增加游客互动，丰富游客体验。通过创新演绎红色文化，提升游客的体验感和获得感，红色旅游景区的吸引力将进一步扩大。

1.2 生态旅游

四川省大力发展生态旅游，拥有毕棚沟、神木垒、海螺沟、唐家河、邛海、光雾山等高质量生态旅游示范区[11]，2022年新增4家省级生态旅游示范区，四川省级生态旅游示范区达74家。2022年，四川生态旅游综合收入超过1700亿元[12]。例如，乐山市嘉州绿心公园生态旅游示范区，赏花旺季每天接待游客超过10万人次。依托生态旅游示范区，四川省打造了一批生态旅游精品线路和生态旅游节活动，包括大熊猫国际生态旅游节、花卉（果类）生态旅游节等。2023年"五一"假期，26万游客参观了成都大熊猫繁育基地。花卉（果类）生态旅游节方面，达州市创新利用全市生态旅游资源，以季节轮转为切入口，整合推出"春漫巴山、水墨达州""清凉度夏、畅游达州""巴风賨韵、秋意达州""巴山雪国、冬游达州"四大生态旅游主题精品线路。绵阳市依托生态文旅资源，打造辛夷花节、牡丹节、荷花节、猕猴桃节、冰瀑节、土司文化节、绿茶文化节、梅花节等100余种生态节会，形成"春踏青、夏避暑、秋摘果、冬赏雪"的四季旅游格局。宜宾市永兴镇依托万亩荷莲开展了以"荷你一起·藕遇永兴"为主题的第十三届莲花节；成都市青白江区首次策划打造"凤池华樱"节庆IP樱花旅游文化节、"花醉福洪·相约杏福"杏花节；德阳开展了以"潮李花开·多彩旌阳"为主题的第十七届旌阳李花节；泸定开展红樱桃节等等。

依托位居全国第四的森林资源，四川大力发展森林旅游产品，包含观光类、科普类、康养类等。其中，森林康养产品最为突出，截至2022年，四川共拥有4个国家级森林康养基地、273个省级森林康养基地。各森林康养区主题鲜明，比如泸山森林公园旨在打造山水生态康养基地，邛崃川西竹海逐步成为"生态竹海+川西村落+文化古镇"的综合性森林康养度假区[13]。

此外，2022年北京冬奥会的成功举办极大地激发了民众参与冰雪旅游活动的热情，同时也带动了四川冰雪旅游市场的热度。2022年春节假期，西岭雪山景区接待游客7.65万人次，同比增长41.31%。2023年元旦假期首日，峨眉山、曾家山、瓦屋山等冰雪旅游重点景区接待游客量分别增长7.59%～33.37%不等。其中峨眉山景区尤为火爆，接待游客25734人[14]。

1.3 博物馆遗址旅游

随着文旅融合向纵深发展，博物馆成为四川文旅融合发展的新增长点和前沿阵地。目前，四川备案博物馆数量达431个，博物馆总数位居全国第六，其中国家一级博物馆12个[15]。同时，四川省拥有成都·中国皮影博物馆、攀枝花·中国三线建设博物馆、自贡·中国彩灯博物馆3座"国字号"博物馆。2022年，全省免费开放的博物馆数量占全省备案博物馆总量的90%，接待的观众数量为3480万人次[16]。2023年中秋国庆期间，四川各大博物馆迎来了客流高峰，全省文化馆、博物馆接待632.55万人次[17]。其中，成都博物馆每日人流量约1.7万人次，成都金沙遗址博物馆累计接待游客超10万人次，三星堆博物馆累计接待游客15.34万人次，成都武侯祠博物馆（含文物区、西区及锦里）累计接待游客超76万人次。

各博物馆积极探索，推出了数字展览、虚拟现实等创新产品，增强游客的互动体验。比如，三星堆博物馆利用裸眼3D新媒体技术还原考古发掘现场，实时投影展现三星堆古城整体画面，让游客身临其境。成都武侯祠博物馆搭建"龙吟大剧院化妆间"，让游客"一秒换装"[18]，丰富游客体验感。除了引入数字技术，各博物馆还打造了系列高质量主题展览。2023年中秋国庆期间，四川博物院举办"古代四川——秦汉三国时期"展览，吸引了超5.5万人次前往参观。成都博物馆"汉字中国——方正之间的中华文明展"和成都金沙遗址博物馆"吉金万里——中国西南地区青铜文明展"两场特展吸引了100多万游客前往观展[18]。

1.4 演艺旅游

四川省大力发展夜间经济，把旅游演艺与夜间经济相结合，打造了系列备受欢迎的特色夜间演艺产品。宜宾市推出"风起长江""潮流音乐节""马戏团奇妙夜"等主题特色活动；自贡市推出"灯映盐都，花好月圆"2023彩灯嘉年华、方特时空星火节等夜间文化和旅游新产品；巴中市推出"柳州之夜"星光音乐节、金宝山灯光秀等夜游新产品；广元市举办"风云三国·今昭有戏"系列活动，利用科技和灯光，为游客打造出独特的沉浸式文旅新体验。与此同时，夜间文旅消费也更加活跃。2023年春节期间，夜间消费金额达到52.53亿元，同比增长40.27%，占旅游总消费金额的28.83%。2023年"五一"假期，四川省13个国家级夜间文化和旅游消费集聚区夜间到访游客累计达到了598.46万人次，同比增长了65.43%。其中，成都、绵阳、眉山成为省内主要夜游客源地[19]。

此外，各地以"文旅+音乐节"模式，推出特色音乐节，吸引游客前往。2023年10月，巴中市打造了四川5A光雾山红叶音乐节，吸引近3万名游客[20]。2023年7月，西昌市大石板村打造乡村音乐节，拉动餐饮收入超24万元，民宿收入36万元，旅拍收入16万元[21]。洪雅玉屏山景区2023年8月举办了森林音乐节，吸引了1.8万余游客，实现旅游收入380余万元[22]。演艺旅游能够吸引大批省外游客，尤其是"90后""00后"的年轻群体，可以为一场演出奔赴一座城市。一些高人气的演艺节目，省外游客占比甚至达到60%以上[23]。

1.5 休闲度假游

休闲度假游长久以来都是四川省内主要的旅游市场。在2022—2023年上半年期间，受疫情影响，省内休闲度假游呈现近程化、短时间、高频次等特征。以文创集市、City Walk（城市漫游）、精品民宿、户外露营等方式为主的城市大休闲和乡村微度假备受欢迎。2023年"五一"假期，休闲度假相关百度检索指数比同上涨超过200%。

如表1所示，各市（州）积极创办"四川文创集市"[24, 25]，打造文创新业态，拉动文创消费。2023年中秋国庆假期，宽窄巷子接待游客超过40万人次[2]。各市（州）还打造了"少城文化""喧然名都""玉林生活""锦江溯溪"等多条城市漫游线路[26]，丰富了城市大休闲旅游产品。

表1　四川文创集市名录

	所属市州	集市名称
第一批"四川文创集市"	成都市	麓山文创小镇
	成都市	方所成都店
	成都市	宽窄巷子历史文化保护街区
	成都市	猛追湾街道望平滨河路
	成都市	崃劲市集
	成都市	彭州白瓷文创集市
	绵阳市	北川巴拿恰
	绵阳市	绵阳126文化创意园
	自贡市	老盐场1957
	攀枝花市	苴却砚文化旅游街
	德阳市	三彩画坊集市
	广元市	剑门关古镇文创集市
	成都市	罗泉文创集市
	乐山市	乐山大佛景区嘉定坊
	宜宾市	蜀南竹海万岭、万里小镇文创集市

续表

	所属市州	集市名称
第一批"四川文创集市"	南充市	南充众力方文化创意空间
	雅安市	芦山县根雕文化产业园
	阿坝州	祥巴文化公司
	阿坝州	西部牧场"云上花街"文创集市
	凉山州	阿惹妞文创集市
	巴中市	巴中文化创意产业园
	成都市	馆里·四川省图书馆鹿溪智谷分馆
第二批"四川文创集市"	宜宾市	江安文化市集
	乐山市	苏稽古镇市集
	眉山市	丹棱县全域旅游服务中心文创销售商店
	雅安市	荥经县砂器一条街
	泸州市	泸州文化创意集市
	成都市	幸福公社乡村文创集市
	阿坝州	映秀茶祥子
	绵阳市	越王楼·三江半岛
	广安市	乐活城文创集市
	广元市	昭化西市文创集市
	德阳市	三星堆博物馆文创馆

乡村微度假是四川省休闲度假游的另一特征。乡村旅游一直都是四川省休闲度假游的主要领域。2023年"五一"假期，四川省乡村旅游在携程的订单规模达到2019年同期的242%，游客停留时间大幅增加，在乡村旅游目的地停留3天以上的游客订单量比2019年同期提升230%[27]，蒲江县明月村、安岳县卧佛村、彭州磏村、丹巴县甲居镇等成为热门乡村旅游目的地。城市近郊的度假酒店、高品质的乡村民宿成为乡村微度假的热门产品。2023年中秋国庆双节期间，宜宾李孝古镇、蒲江明月村、彭州磏村的乡村精品民宿入住率超过80%[2]。

2 旅游需求群体特征

受疫情影响，2023年2月，四川迎来了近三年的首个入境旅游团——15名澳门游客。同年3月迎来了来自东南亚的第二个入境旅游团。虽然四川政府优化了入境旅游的相关政策，提供了团队旅游口岸落地签证便利，但入境市场的全面恢复还需要更长的时间。相较而言，国内旅游市场恢复快速。2023年春节期间，省外游客占游客总人数的37.18%，来川的重庆和广东游客均超过250万人次[28]。据机票预订量数据显示，浙江、上海、江苏和北京是四川旅游的热门客源地[29]。

各市（州）的主要游客客源地有所差异。2023年"五一"假期，成都市省外游客占总游客的20.26%，比2022年同期提升16.37%，外地游客在成都市偏向于前往文化类景区[30]。作为省内国家级文化旅游消费试点城市的南充市，2023年中秋国庆假期期间，其省外游客占比约20%，多来自西安、重庆、广东、甘肃等客源地；省内其他市（州）游客占比约27%，市外游客主要游览阆中古城、朱德故里、周子古镇、六合丝博园等地[31]。

2.1 年轻群体消费能力逐渐增强

"00后""90后"等年轻群体消费力逐渐增强。据携程《2023年五一假期旅游预测报告》显示，"00后"游客订单占比35%，"90后"占比30%，"80后"占比26%，"00后"首次超越"90后"成为假日旅游的"主力"[32]。2023年上半年，峨眉山景区18～25岁游客占比达64.52%[33]。黄龙景区2023年游客年龄也呈现类似趋势[34]。2023年"五一"假期，在省内国家级文化旅游消费示范城市（成都市）和5个试点城市（泸州市、南充市、绵阳市、乐山市和宜宾市），共接待游客1803.66万人次，同比增长70.95%，19～39岁人群是消费主力军，达1174.18万人次，占比65.10%[35]。

2.2 银发旅游市场活力不断增加

据2022年国家统计局数据显示，65岁及以上人口有2.1035亿人，约占总人口的14.9%，四川老年人口已突破1800万。得益于我国健全的养老保障制度，老年群体有足够闲暇时间和可支配收入用于外出旅行。随着人口老龄化的深入，银发旅游市场活力不断增加。据携程数据报告显示，2023年55岁以上人群出游数量同比增长近2倍，其中，55~60岁年龄段是主力消费人群，出游人数占60%，61~65岁占比20%，剩余20%为65岁以上的游客[36]。四川凭借其高品质的森林康养基地，深受银发市场喜爱，其中成都、九寨沟是老年群体的主要旅游目的地[37]。

2.3 旅游消费趋向品质化

随着小红书、抖音、大众点评等网络平台辐射范围的扩大，大部分游客会在出游前阅读相关旅游攻略或评论，然后做出食住行游购娱的相关决策，以便获得更优质的旅游体验，这也反映了大众对旅游消费的品质化需求。在此基础上，游客的停留时间大幅增加。2023年"五一"假期，游客驻留时长多在24小时以上（404.07万人次），此类游客数量比去年同期增长75.82%。其中，驻留6小时至12小时的有126.38万人次，同比增长25.88%；驻留12小时至18小时的有71.70万人次，同比增长41.12%；驻留18小时至24小时的有90.33万人次，同比增长20.40%。

3 旅游需求新趋势

"Y世代"和"Z世代"的旅游消费偏好明显区别于"X世代"的旅游消费偏好，深度游、小众、个性、极致、出片等成为他们的旅行关键词[38]。虽然四川省节日黄金周的旅游消费数据非常优秀，但是新一代消费者表现出避开热门景点的这一趋势，他们会倾向于以小众景点和线路为主的旅游方式，避开纷繁的人群，实现自我与旅游地的情感联结，这也正是省内各市（州）打造爆款小众目的地，吸引潜在游客的机遇。

旅游目的地的独特内容是吸引新一代消费者的重要因素。独特的内容不仅是景区独特的体验，还包括整个旅途中独特的出行交通、酒店与餐饮等。新一代游客追求旅游对疲惫生活的治愈，甚至会整天待在酒店中，彻底放松自己。基于此，一方面，旅游市场可以进一步考虑增强现实技术的应用，加深游客的互动体验；另一方面，旅游市场也可以考虑虚拟技术、元宇宙产品的开发，让游客不受时间和空间限制，拥有独特的旅游体验。

四川一直致力于打造高质量的文旅内容，注重游客的内容体验与个性化需求。但消费者对旅游的需求正在经历"认知—参与—融入—沉浸"的变化，旅游相关从业者未来还需要进一步分析不同人群的行为偏好，提供颗粒度更小的独特旅游体验产品。

参考文献

［1］四川省文化和旅游厅．"五一"假期接待游客人次位居全国第四看四川各地文旅"新玩法"［EB/OL］．http://wlt.sc.gov.cn/scwlt/hydt/2023/5/5/10e37c0ac5674bcba64d332d810f16b5.shtml，2023-05-05．

［2］四川省文化和旅游厅．2023年中秋国庆假期全省文化和旅游市场情况综述［EB/OL］．http://wlt.sc.gov.cn/scwlt/wlyw/2023/10/6/530a9e674a3f4ae7ba4c0bb9d71442f2.shtml，2023-10-06．

［3］成都"五一"文旅消费"井喷式"增长接待游客1939.4万人次旅游总收入150.6亿元［EB/OL］．成都商报，https://e.cdsb.com/html/2023-05/05/content_754739.htm，2023-05-05．

［4］美好2023·又见华蓥山：2023年华蓥山旅游文化节各项筹备工作准备就绪［EB/OL］．华蓥发布，https://travel.sohu.com/a/703851471_121106884，2023-07-19．

［5］"安逸四川·乐游达州"2023年文旅主题宣传月活动暨文体旅游消费季启动仪式在达州举行［EB/OL］．开江发布，http://www.kaijiang.gov.cn/xxgk-show-61981.html，2023-04-28．

［6］全媒体．红色在会理意味着什么？［EB/OL］．川报凉山，https://liangshan.scol.com.cn/hl/202305/58896137.html，2023-05-29．

［7］四川出台全国首个"红色草原"政策，保护生态打造红色旅游景区［EB/OL］．新浪财经，https://finance.sina.com.cn/jjxw/2023-08-18/doc-imzhrfzc9148333.shtml，2023-08-18．

［8］四川昭化：红色旅游成假期亮点［EB/OL］．中国旅游新闻网，http://www.ctnews.com.cn/hsly/content/2023-05/01/content_141546.html，2023-05-01．

［9］暑期红色旅游升温　年轻化、亲子化凸显［EB/OL］．央广网，https://www.163.com/dy/article/HBOB5OBU0514R9NP.html，2022-07-08.

［10］吃喝玩乐安利君．红色旅游年轻化趋势显著，延安红街成为红色文旅新亮点［EB/OL］．https://www.163.com/dy/article/HUTI00PI05530IIK.html，2023-03-03.

［11］厉害了！现在才知道四川这些景区是国家生态旅游示范区［EB/OL］．个人图书馆，http://www.360doc.com/content/16/1101/21/27535614_603225699.shtml，2016-11-01.

［12］10月31日开幕2023四川红叶生态旅游节将在雅安宝兴举行［EB/OL］．封面新闻，https://www.163.com/dy/article/IHH0K8610514D3UH.html，2023-10-20.

［13］解锁"五一"新玩法：来四川开启一场康养之旅，与森林一同呼吸［EB/OL］．新浪财经，https://finance.sina.com.cn/jjxw/2023-05-03/doc-imysnywt3825105.shtml，2023-05-03.

［14］元旦假期首日冰雪旅游火热　四川A级景区接待游客137万人次［EB/OL］．封面新闻，https://www.360kuai.com/pc/9dd176ec64acc932e?cota=3&kuai_so=1&sign=360_57c3bbd1&refer_scene=so_1，2023-01-01.

［15］四川省文物局．四川省博物馆数量已达431个正在筹建第4家国字号博物馆［EB/OL］．http://wwj.sc.gov.cn/scwwj/mtgz/2023/10/19/2555216e38fa4a469cdbbc59c205c3d8.shtml，2023-10-19.

［16］四川省文物局．四川省2022年度博物馆事业发展报告［EB/OL］．http://wwj.sc.gov.cn/scwwj/wbyw/2023/5/18/07bcf114306c47b98936f32981781fe8.shtml，2023-05-18.

［17］2023年，双节期间，三星堆博物馆累计接待游客15.34万人次，四川省文物局　热度爆棚　四川各大博物馆成"双节"假期热门打卡地［EB/OL］．http://wwj.sc.gov.cn/scwwj/mtgz/2023/10/8/767eec6db7e346c18ec01f458db2eded.shtml，2023-10-08.

［18］四川省文化和旅游厅．更有看头、更好体验，四川"博物馆热"持续升温［EB/OL］．https://sichuan.scol.com.cn/ggxw/202311/82408956.html，2023-11-10.

［19］中华人民共和国文化和旅游部．2023年"五一"假期四川省接待游客4018.34万人次［EB/OL］．https://www.mct.gov.cn/whzx/qgwhxxlb/sc/202305/t20230505_943561.htm，2023-05-05.

［20］光雾山红叶音乐节落幕"文旅+音乐节"激活巴中消费新活力［EB/OL］．四川省新闻网，http://wlt.sc.gov.cn/scwlt/hydt/2023/10/8/4ee045faaa84465d9fb673d6b0769a86.shtml，2023-10-08.

［21］西昌，这座城市值得期许［EB/OL］．度看四川，https://baijiahao.baidu.com/s?id=1774823943450181824，2023-08-21.

［22］四川洪雅：文旅业态"多点开花"　激发文旅消费新活力［EB/OL］．四川经济

网，http://www.sc3n.com/index/news/detail/id/36507.html，2023-08-21.

［23］跟着演出来川游　拉动消费新引擎！双节假期四川引进上演营业性演出370场次［EB/OL］.四川在线，https://sichuan.scol.com.cn/ggxw/202310/58988000.html，2023-10-08.

［24］罗敏：方便群众"买买买"，四川首批22家文创集市新鲜出炉［EB/OL］.四川农村日报，https://cbgc.scol.com.cn/home/492704，2020-12-07.

［25］四川省文化和旅游厅.四川省文化和旅游创意产业联盟工作简报第21期［R/OL］.http://wlt.sc.gov.cn/scwlt/wlcycy/2022/2/23/cd02cb5ce4d04049bfef8bb41dfe8c2b.shtml，2022-02-23.

［26］10条CityWalk路线，带你重新认识成都［EB/OL］.澎湃新闻，https://www.thepaper.cn/newsDetail_forward_24720862，2023-9-25.

［27］2023年"五一"假期落幕，四川高速公路车流和铁路航空客流创新高"史上最热五一假期"四川表现亮眼［EB/OL］.四川日报，https://www.sc.gov.cn/10462/10464/10797/2023/5/4/c1bccd6177914277bb3f5bbe23621a52.shtml，2023-05-04.

［28］总体回暖、强势复苏！春节假期四川共接待游客5387.59万人次　旅游收入242.16亿元［EB/OL］.封面新闻，https://k.sina.cn/article_1496814565_593793e502001d2eq.html?subch=onews，2023-01-27.

［29］大批游客涌向成都看"顶流女星花花"　出行大数据预测小长假出游趋势［EB/OL］.封面新闻，https://www.360kuai.com/pc/90837f930ac9e34ed?cota=3&kuai_so=1&sign=360_57c3bbd1&refer_scene=so_1，2023-03-24.

［30］大数据解密成都"五一"小长假［EB/OL］.锦观新闻，https://www.sohu.com/a/672644369_355475，2023-05-04.

［31］南充：778.5万人次！［EB/OL］.搜狐，https://www.sohu.com/a/726371835_121123735?scm=1102.xchannel：325：100002.0.6.0，2023-10-07.

［32］谁说年轻人不爱出去玩？00后游客反超90后成五一出游主力军［EB/OL］.新浪看点，http://k.sina.com.cn/article_6890756658_19ab89a32040019fp4.html，2023-04-23.

［33］哪些人喜欢玩峨眉，用户画像来了！［EB/OL］.川观新闻，https://cbgc.scol.com.cn/news/3606147，2022-07-15.

［34］超249万人次！黄龙景区接待游客量创历史新高［EB/OL］.川观新闻，https://www.sohu.com/a/731041373_121106884，2023-10-25.

［35］中华人民共和国文化和旅游部.2023年"五一"假期四川省接待游客4018.34万人次［EB/OL］.https://www.mct.gov.cn/whzx/qgwhxxlb/sc/202305/t20230505_943561.htm，2023-

05-05.

[36] 携程. 55～60岁是银发旅游主力消费人群［EB/OL］. 网易，https://www.163.com/dy/article/IHGOMJLR0511DP7O.html?f=post2020_dy_recommends，2023-10-20.

[37] 成都上榜中老年人群出游热门目的地［EB/OL］. 澎湃新闻，https://www.thepaper.cn/newsDetail_forward_25029008，2023-10-23.

[38] 中国旅游消费趋势洞察白皮书2023［R/OL］. 行业报告库，https://zhuanlan.zhihu.com/p/635024045，2023-06-06.

C
旅游供给基本态势

［作　者］钱叶凡　谢思懿　李慧玲　张耀斌　崔　睿（四川大学旅游学院）

随着2023年国内旅游市场的全面放开，当年春节假期拥有了自2020年以来最繁荣的春节旅游市场，标志着全年旅游经济"高开稳增"的开始。2023年上半年，四川旅行社组织的国内旅游人数和人天数均大幅超过了2022年全年的总量，显示出旅游市场的强劲复苏势头。全省的文化旅游消费稳步回暖，特别是在春节、"五一"、端午等重要节假日期间，四川省的A级旅游景区在门票收入和接待人数方面均实现了同比增长。自清明节以后，增长率持续上升，在国庆假期达到飞跃式的增长，部分指标甚至超过了2019年同期水平。例如，在2023年清明节假期的首日，全省A级旅游景区接待游客256.90万人次，相比2019年清明节假期首日增长了3.98%。

四川省旅游发展强劲，旅游供给能力不断提升，无论是政府层面的投融资与文旅项目建设还是市场的资源配置，都在为四川省旅游发展赋能。四川文旅因时而动、顺势而为，保持强劲的复苏势头迎接潜藏的变化与发展、机遇和挑战。因此，我们有必要对2023年四川省的旅游供给情况进行梳理，为新时期的四川省旅游发展提供一个洞悉市场的角度。本文从旅行社服务业、旅游景区、旅游住宿业以及旅游新业态四大方面对四川省的旅游供给情况进行了简要的统计梳理。

1 旅行社服务业

1.1 行业规模

文旅部官网发布的《2022年度全国旅行社统计调查报告》显示，截至2022年12月31日，四川省内共有旅行社1523家，与2021年的1413家相比增长7.78%，旅行社总量逐年递增，2022年的增长率有所回升（见图1），与2020年水平相当。2021年增长率为5.76%，2020年增长率为7.57%。可见随着疫情防控常态化，旅游业已逐步复苏，人们的出行意愿极大提高、出行需求亟待满足。另外四川省旅行社数量排在全国第13位，较2021年倒退了2位，但其增长速度仍高于全国平均水平（6.43%）。

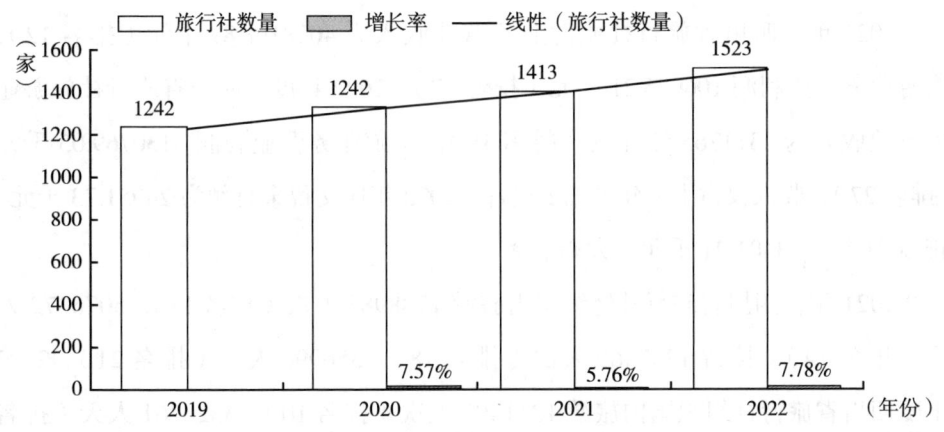

图1 2019—2022年四川省旅行社数量统计（截至2023年11月13日）

1.2 分布情况

根据四川省文化和旅游厅官网发布的四川省旅行社的地址信息（截至2023年10月24日），可以发现四川省内56.7%的旅行社集中分布在成都市，其余的旅行社较为均匀地分布在另外17个地级市和3个自治州（见图2）。旅行社的分布情况一定程度上能反映各地旅游业的发展状况，成都作为新一线城市、"网红"城市、著名的旅游目的地和打卡地，旅行社的数量在全省依然独占鳌头，但占比已有所下降，说明其他市州也在持续拓展旅游市场。

各市旅行社分布情况

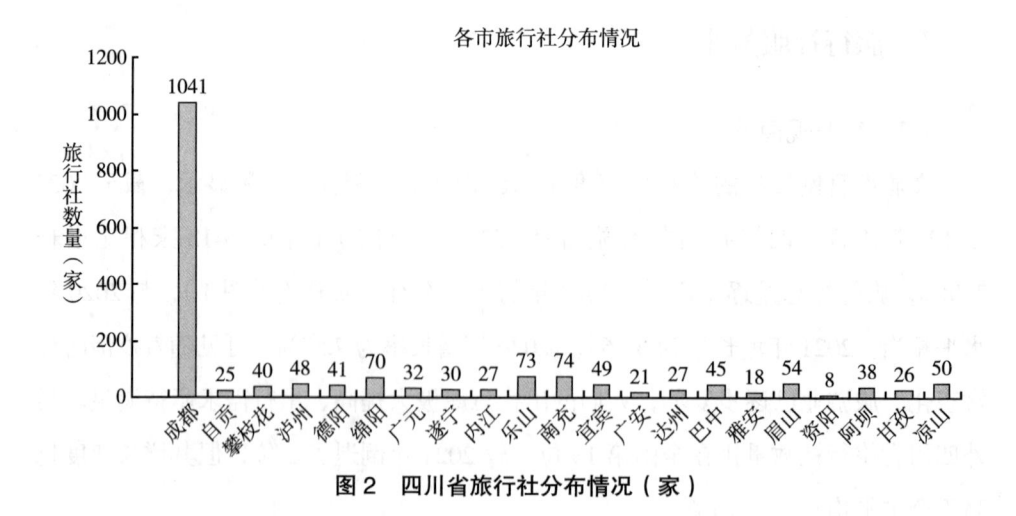

图2　四川省旅行社分布情况（家）

1.3 经营情况

2021年，四川省旅行社旅游业务营业收入为4028198.87千元（排名12），旅游业务营业利润106086.21千元（排名27）。2022年度，四川省旅行社旅游业务营业收入为2311765.55千元（排名16），旅游业务营业利润–130769.05千元（排名27），收入仅占上一年的1/2左右。2022年应交税金总额为24951.73千元，较2021年（93401.21千元）大幅下降。

2021年，四川省旅行社组织国内旅游1788983人次（排名13），5076372人天（排名14），接待1287469人次（排名18）、356996人天（排名21）。2022年度四川省旅行社组织国内旅游1211407人次（排名10）、3526261人天（排名8），接待1520460人次（排名12）、2843420人天（排名11）。2022年较2021年旅行社组织人数、人天数有所减少，名次不降反升，接待人数、人天数均有所增加。可见旅行社的组织作用正在削弱，接待功能进一步增强，更多旅行者选择自行出游，也更愿意相信目的地旅行社的接待服务质量，旅行社的服务重心有所转移。

2021年，全国旅行社出境旅游组织0.94万人次、1.90万人天，其中四川省组织人数排名第7。2022年度全国旅行社无出境组团数据，出境旅游单项服务9.47万人次。

2021年，全国旅行社入境旅游外联1.17万人次、4.47万人天，接待2.20万人次、6.50万人天。其中四川省外联人次数排名第13、人天数排名第13，接待人次数排名第24，人天数排名第25。2022年度全国旅行社入境旅游外联1.04万人次、2.65万人天，接待0.65万人次、3.57万人天。入境旅游单项服务31.57万人次。2022年度未发布全国旅行社出入境旅游组织接待指标排序。

2022年入出境团队旅游及"机票+酒店"业务暂未恢复，入境团队数据主要是部分入境团队业务未及时结算部分，截至成稿时相关数据暂未获得。

1.4 发展现状

旅行社经营状况惨淡。2022年疫情频发，旅游市场复苏阻力大，本地游、周边游、近郊游等近程化出游特征依旧显著，旅游消费的人口红利强于资源红利。相比2021年，四川省旅行社营业收入下降明显，利润持续走低。但是，随着四川省率先将旅行社质量保证金的暂退比例从80%提升至100%，以纾解旅行社行业的困境，旅行社的发展状况有所改善。

旅游新产品和新业态越来越受欢迎。受2022年北京冬奥会的影响，滑雪、露营、登山、徒步、骑马等活动成为游客们亲近自然的新兴选择。随着本地化旅游需求的增加，游客消费正在从传统的吃住行游购娱转向游憩装备和游乐用品等非传统旅游领域。其中，冲锋衣、桌游、飞盘等装备和游戏用品的消费尤为突出。游客在行程中更看重文化内涵和场景体验，"轻体重文"、社群旅游、夜间旅游、冰雪旅游等业态加速兴起。因此，传统的旅行社产品和服务越来越难以满足游客新潮化和多元化的需求。

旅游市场持续复苏。随着2023年国内旅游市场的全面放开，当年春节假期迎来自2020年以来最繁荣的春节旅游市场，标志着全年旅游经济"高开稳增"的开始。仅2023年上半年，四川旅行社组织接待国内旅游人次数和人天数均远超2022年全年的数量，复苏势头旺盛。旅行社逐步展现创新活力，无论是本地休闲、近程旅游市场开拓，还是研学、亲子、自驾、露营等旅游产品创新，都彰显了旅行社和在线旅行商顽强的市场的生存力和韧性。日益增多的市场参与者正在展现他们各自独特的产品逻辑，这有助于构建并丰富旅游产品体系，旅游与休闲的边界日益模糊，以旅行社为代表的旅行服务商真正到了比拼产品和服务的阶段。

2 旅游景区

2.1 数量规模及其变化

四川省 A 级旅游景区数量在疫情中后期以及防控常态化后呈平稳增长趋势，整体达到 928 家；其中 3A 级、4A 级旅游景区占比进一步提高，持续保持以 3A 级、4A 级旅游景区为主导的景区等级格局。见图 3。

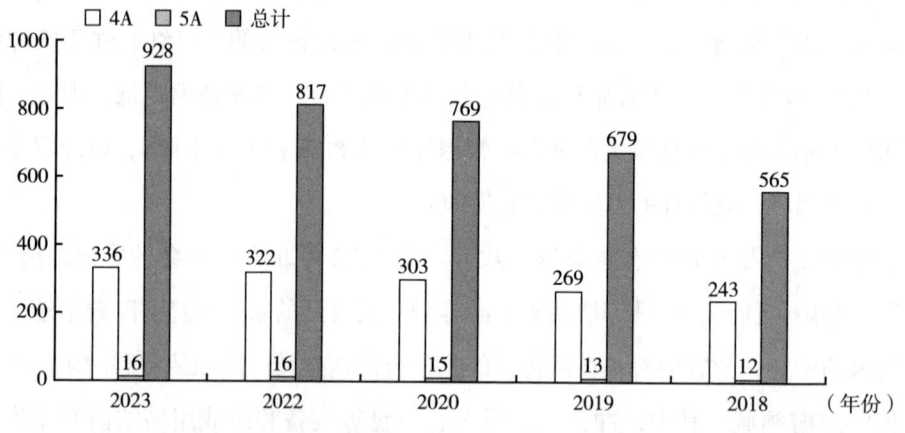

图 3 四川省 A 级旅游景区数量变化情况（截至 2023 年 11 月 13 日）

截至 2023 年 11 月 13 日，全省总计 928 家 A 级旅游景区。其中，16 家 5A 级旅游景区，336 家 4A 级旅游景区，487 家 3A 级旅游景区，而 1A 级和 2A 级旅游景区加起来共有 89 家。

从等级结构来看，四川省的 5A 级、4A 级、3A 级、2A 级和 1A 级旅游景区的比例分别为 1.72%、36.21%、52.48%、9.37% 和 0.22%，其中 3A 级旅游景区占比进一步提升，与 2021 年相比，提升了 5.36%。见图 4。

从增长量来看，相较于 2022 年，2023 年四川省 A 级旅游景区数量增长主要集中于 3A 级旅游景区，共计增加 102 个，其次为 4A 级旅游级景区，增加 14 个；2A 级旅游景区数量不增反降；1A 级和 5A 级旅游景区数量未有变化。见图 5。

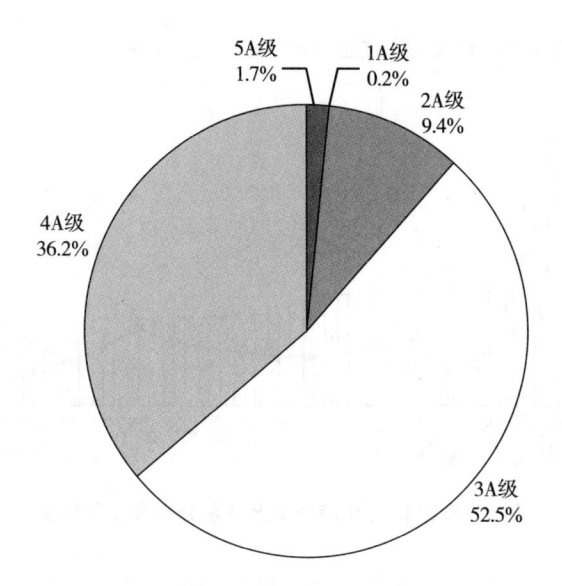

图 4　四川省 A 级旅游景区等级结构

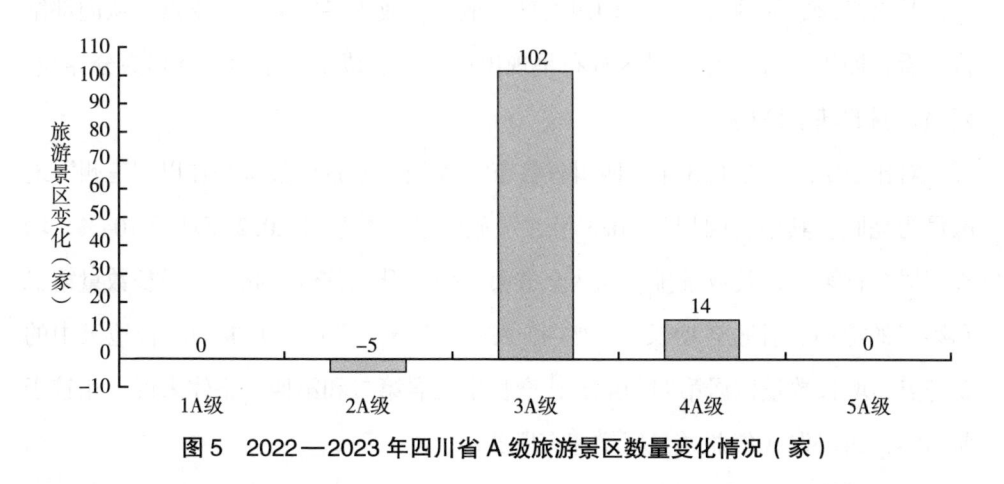

图 5　2022—2023 年四川省 A 级旅游景区数量变化情况（家）

2.2　位置分布及其变化

各市州 A 级旅游景区数量大部分有所增加，但相较于 2022 年，各市州的增长情况差异较大。"三州"地区为主要增长点，其他区域基本稳定，以中心平原、"三州"地区为主要集中区，其他川南、川北、川东各支点均匀分布的全域旅游格局进一步发展。见图 6。

目前，A 级旅游景区数量居于前 8 位的阿坝、甘孜、成都、凉山、宜宾、广

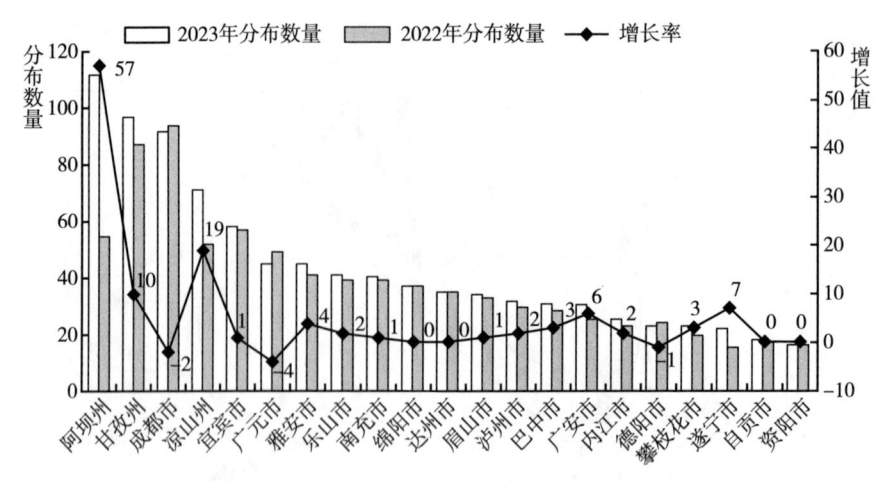

图 6 四川省 A 级旅游景区数量分布及变化情况

元、雅安、乐山、南充正好分布于"三州"地区、中心平原、川南、川东、川北，其交织形成的网络覆盖了四川大部分地区，成为各区域旅游支点。从内部结构来看，四川省 A 级旅游景区分布呈现出以广元、成都、乐山、宜宾为分界线，西强东弱的基本格局。

对比 2022 年与 2023 年，四川省各市州 A 级旅游景区数量增加以"三州"地区最为亮眼。其中，阿坝州 2023 年 A 级旅游景区数量较 2022 年增长 104%，增长率居全省第一，其数量排名也从全省第二位上升至首位。此外，增长数量第二和第三的凉山、甘孜各增长了 37% 和 11%。而遂宁和广安则成为增长地区中的新亮点，增长数量位居第四和第五，增长率位居第二和第四。整体来说，相较于前两年，四川省 A 级旅游景区增速有所放缓。

2.3 经营效益及其变化

四川省景区的经营已实现强劲复苏，接待人数、门票收入两项指标均超过疫情前水平。见图 7 和图 8。

根据 2023 年 1 月以来重要节假日文化和旅游市场统计数据，2023 年四川省 A 级旅游景区在元旦、春节、清明、"五一"、端午及国庆期间，游客接待量分别为：505.92 万人次（日均约 169 万人次）、2960.34 万人次（日均约 493 万人次）、256.90 万人次（日均约 257 万人次）、2438.84 万人次（日均约 488 万人

C 旅游供给基本态势

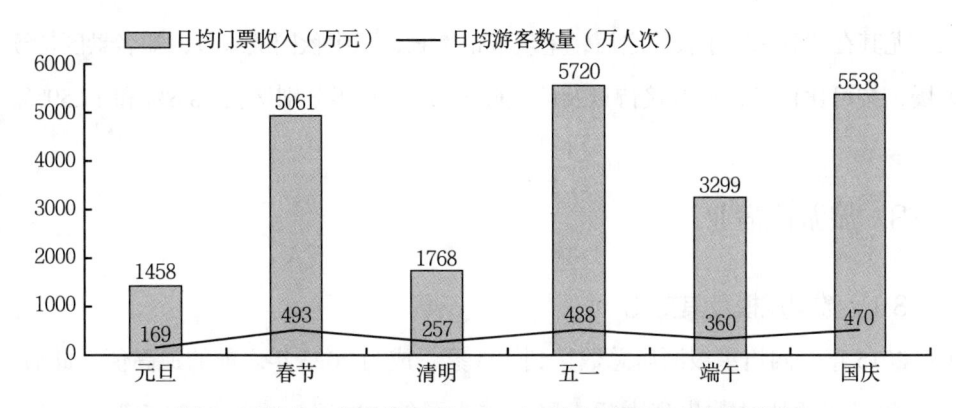

图7 四川省A级旅游景区2023年重要节假日主要经营指标

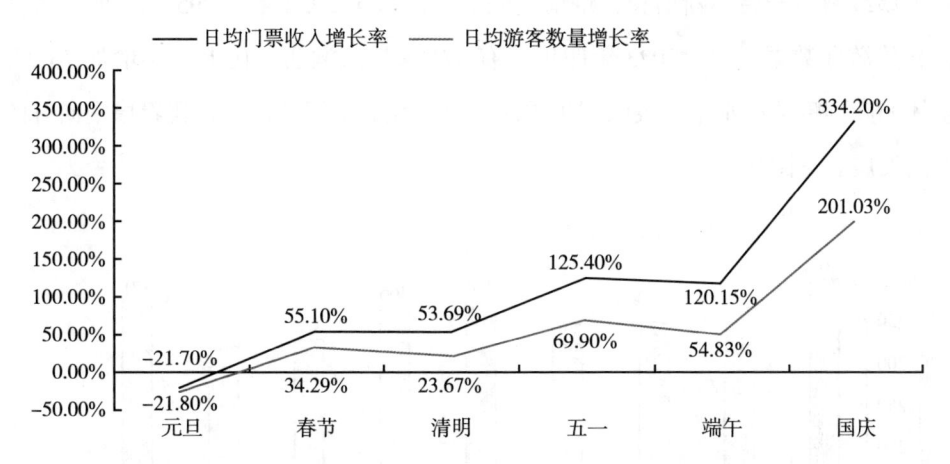

图8 四川省A级旅游景区2023年重要节假日主要经营指标同比增长情况

次)、1079.26万人次(日均约360万人次)、3759.58万人次(日均约470万人次);门票收入分别为:4375万元(日均约1458万元)、30368万元(日均约5061万元)、1768万元(日均约1768万元)、28600万元(日均约5720万元)、9897万元(日均约3299万元)、44300万元(日均约5538万元)。

相比于2022年同期,在可比口径下,除元旦节之外其余重要节假日,四川省A级旅游景区整体门票收入及接待人数均同比上涨,且从清明节之后,增长率一路飙升,在国庆假期实现了飞跃式增长。

元旦假期正值疫情开放后的感染高峰期,故A级旅游景区接待客流量及门票收入受到明显影响。在疫情防控常态化之后,重要节假日的居民出游及消费稳步增

033

长,尤其在"五一"小长假之后,呈现成倍增长;至中秋国庆双节,知名景区持续火爆,按可比口径,游客接待量及门票收入较2019年分别增长18.6%和17.59%。

3 旅游住宿业

3.1 数量规模及其变化

2015年,四川星级酒店总数达到395家,成为2023年之前的最高值。此后,2016年星级酒店总数出现大幅下降,减少了约100家,降幅为24.56%。随后,四川星级酒店开始不断增长,疫情期间数量回落至2022年的295家。四川省文化和旅游厅数据显示,2023年四川共有371家星级酒店,比上一年增加76家,整体回归到疫情前水平。表明四川酒店业已经克服了疫情冲击,朝着稳中向好的方向发展。见图9。

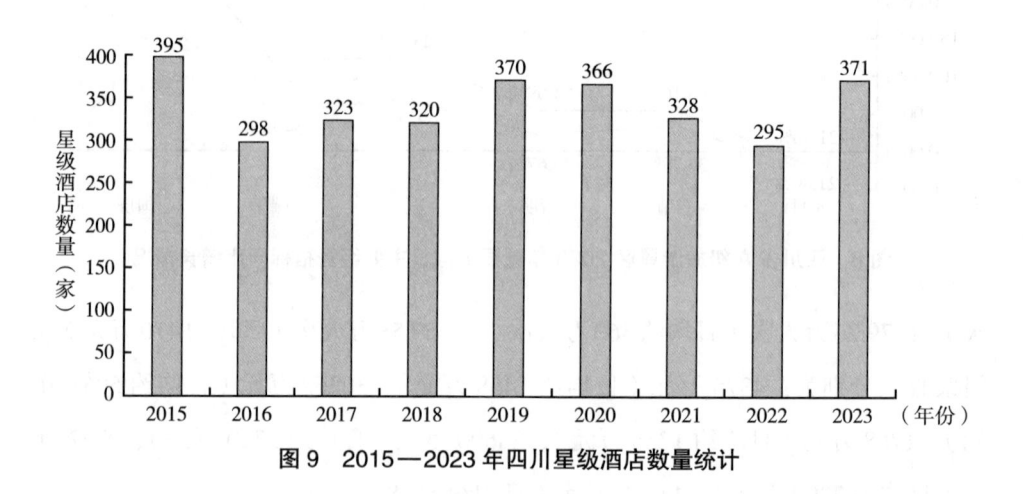

图9 2015—2023年四川星级酒店数量统计

从星级酒店的结构来看,与其他省份一样,三星级酒店在四川省星级酒店市场中占有很大比例,四星级和二星级酒店次之。2023年,四川省共拥有83家二星级酒店、145家三星级酒店、111家四星级酒店和31家五星级饭店,除了五星级酒店外,其他星级酒店数量有较大幅度的增加,二星级、三星级、四星级酒店分别增加了29家、33家、14家。见图10。

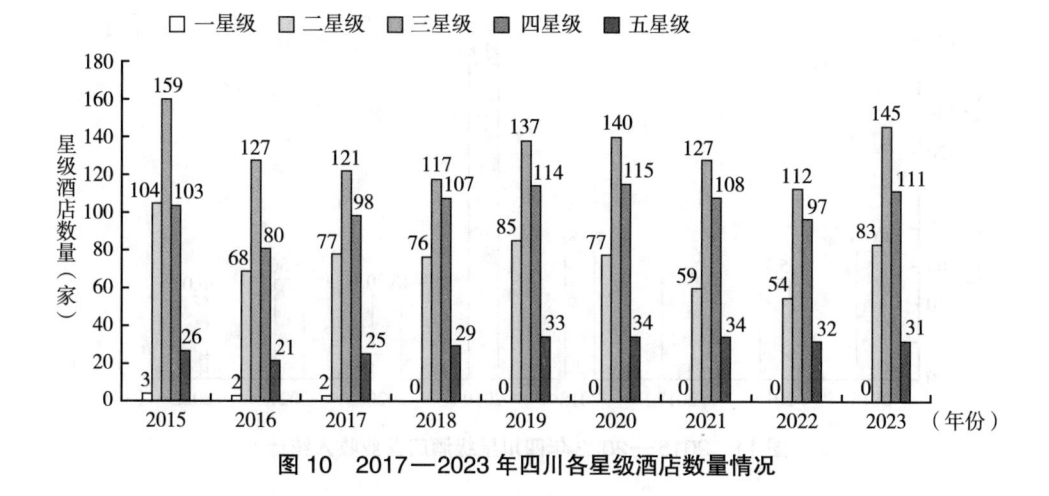

图10　2017—2023年四川各星级酒店数量情况

3.2　经营效益及其变化

随着防疫政策的全面调整，国内生产生活秩序稳步恢复，城市活力逐渐复苏，国内民众被压抑的出游热情，终于在2023年迎来释放。酒店行业在经历新冠疫情的打击后，在从业者及多方的努力下，逐渐恢复，整个酒店行业的复兴指日可待。

在经营状况方面，2019年，四川星级酒店实现营业收入171.88亿元，居全国第四位，其中餐饮收入占18.3%，客房收入占13.63%。2020年，实现营业收入46.90亿元，降幅高达72.71%，表明疫情对住宿业的打击较为严重；2021年实现营业收入55.56亿元，增幅18.46%，2022年实现营业收入46.07亿元，与上一年相比，降幅达到17.08%，四川酒店行业受疫情影响巨大。见图11。

2020年，四川星级酒店实现利润总额-4.57亿元，平均利润-13770元，首次出现负利润，与全国整体情况相一致；2021年四川星级酒店利润总额-2.24亿元，平均利润-6890元，效益较上年有所提升，但仍处于亏损状态，2022年，四川星级酒店利润-6.53亿元，出现疫情之后的最大亏损，与上一年相比，亏损幅度增大。

在平均房屋的出租比例上，2019年，四川星级酒店的平均房屋出租比例为58.47%，超过了全国的平均水平。在我国31个省区市中，四川酒店的入住率排在

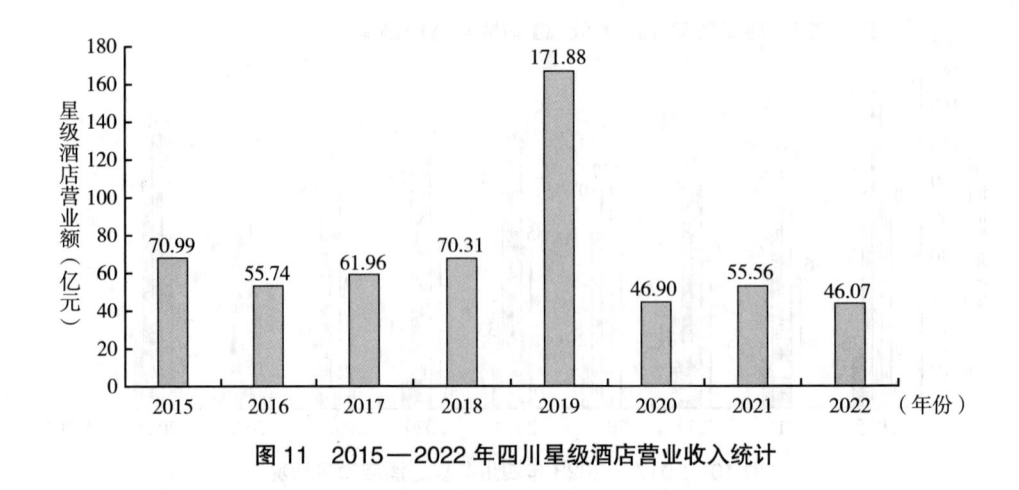

图 11　2015—2022 年四川星级酒店营业收入统计

第 7 位。2020 年，受到疫情的影响，酒店平均出租率为 44.04%，较之前有大幅下降，2021 年平均出租率为 43.96%，基本与上年持平。2022 年，受新冠疫情的影响，平均出租率为 39.03%，与上年相比，下降幅度为 11.21%。见图 12。

图 12　2015—2021 年四川星级酒店平均出租率

3.3　地区分布及其变化

在酒店供给量及酒店客房总量方面，成都平原经济区位居全省五大经济区首位，均占比 60% 以上；根据文化和旅游部数据显示，2022 年成都市营业收入 21.15 亿元，占全省总营业收入的 45.9%；平均出租率 39.39%，略高于全省的

39.09%；平均房价406.19元，显著高于全省的304.53元。

在市州方面，据2022年四川省文化和旅游厅数据显示，四川省酒店客房供给依然是成都市排第一（占21.56%），其次是绵阳市（占6.74%）、广元市（占6.20%）、乐山市（占5.66%）、凉山州（占5.66%）、泸州市（占5.66%）、南充市（5.39%）。四川省酒店客房供应主要集中在成都和"三州"等旅游热门地，其酒店客房供给占比达64.15%。同时，成都及川西北地区酒店网络评分高于整体水平，供应满意度较高。见图13。

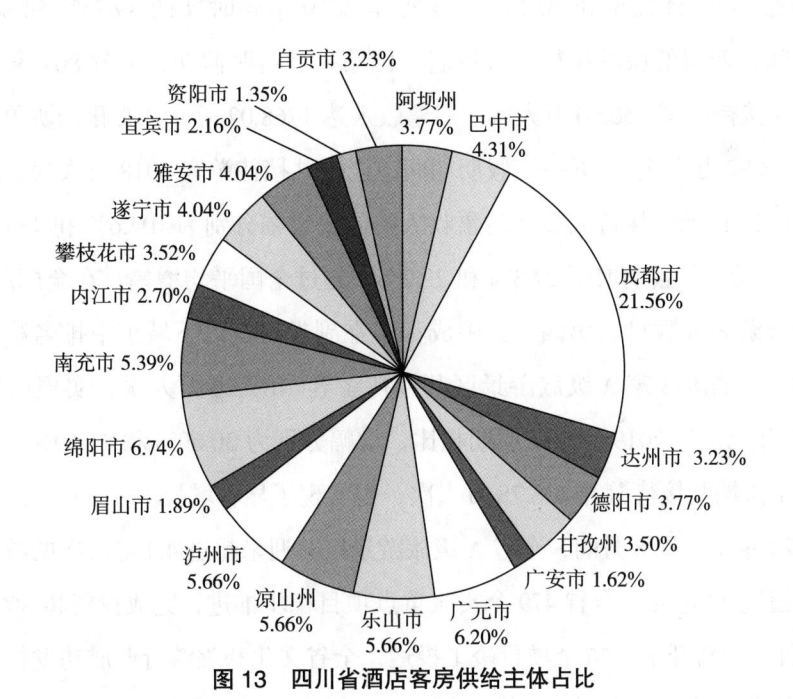

图13 四川省酒店客房供给主体占比

4 旅游新业态

4.1 总体情况

四川省人民政府办公厅发布了《四川省建设世界重要旅游目的地规划（2023—2035年）》，该规划明确了四川省成为世界重要旅游目的地的双阶段建设蓝图：

第一阶段，计划到2027年实现重要突破；第二阶段，到2035年建成世界重要旅游目的地。在近年来的发展中，四川省文化和旅游部门深入研究并全面贯彻了党的二十大精神以及习近平总书记在四川考察时的重要讲话精神，主动服务并融入国家的新发展格局，坚持以深化供给侧结构性改革为核心，在着眼于满足人民群众对文化生活和旅游休闲的新需求的同时，通过理念、模式、路径等方面的创新探索，有效推动了文化旅游业的高质量发展。

2023年春节假期，全省接待游客5387.59万人次，旅游收入达到242.16亿元，同比增幅达到24.73%和10.43%，恢复至2019年同时期的89.73%和84.75%。在此期间，四川的旅游接待人数位居全国第一。清明假期，全省804家A级旅游景区共接待游客256.90万人次，门票收入达1768.02万元，文化场所单日共接待游客13.82万人次。"五一"假期期间，全省共接待游客4018万人次，旅游收入为201.23亿元，接待人数和门票收入的同比增幅分别为104.6%和46.6%，较2019年"五一"假期增幅27.3%和22.2%，超过全国平均增幅。在全国范围内，四川接待游客人数排名第四，其中成都市在副省级及以下城市中排名第一。端午假期，全省833家A级旅游景区共接待游客1079.26万人次，实现门票收入9897.48万元，与2019年端午假期相比，增幅分别为30.69%和41.69%。文化场所在端午假期共接待游客108.78万人次，也实现了显著增长。

2023年1月到8月间，全省A级旅游景区共迎来超过4.4亿人次的游客，门票收入超过43亿元。全省479个文旅重点项目稳步推进，完成投资超860亿元，9个项目实现新开工，76个项目竣工投运，全省文化和旅游行业成功发行地方政府专项债券85亿元，数量和规模在全国范围内持续保持领先。

此外，随着入境旅游的政策窗口逐步打开，尤其是随着《四川省发展入境旅游激励办法（试行）》的实施，2023年四川省入境旅游持续回暖。入境激励按照当年实施、次年激励的原则，对促进入境旅游"引客入川"、赴境外营销的文旅机构提供激励措施。入境探亲、商务往来等刚需增长明显。全省A级旅游景区接待入境游客超132万人次，稳步推进新业态文旅项目。

4.2 新业态的经营

近年来，非物质文化遗产集市、研学旅游、户外露营体验以及提供独特文化体验的特色民宿等新兴旅游业态和产品已成为文化旅游业消费的新热点。截至2023年上半年，四川省共有1363个乡村旅游景点，55个全国重点乡村旅游村镇，共计120个天府旅游名镇和名村。这些景区共涵盖超过5.3万家经营户，乡村旅游接待规模占四川旅游市场总规模近一半，为当地经济发展和文化保护提供了新的动能，使得上百万当地居民直接受益于乡村旅游发展带来的成果。2023年四川省文化和旅游重点招商项目发布会推出了11个城市更新重点项目，涉及自贡、南充、宜宾等七个市州，其中眉山东坡故里文化旅游景区招商金额超百亿元。同时，发布了46个乡村民宿、生态旅游和康养体育重点项目，总招商金额超过1350万余元。

数字文旅加速发展。数字文旅已成为文化旅游业数字经济创新融合的新业态。2023年全省文化和旅游重点招商项目发布会发布成都奥飞数字文创产业园区、达州大型文旅高科技主题公园等五个数字文旅重点项目，覆盖成都、达州、德阳、资阳，总金额155亿元。通过数字文创品牌深化城市形象，实现深度赋能。15个重点项目包含了夜间文旅、沉浸式旅游演艺以及音乐旅游等业态，覆盖了宜宾、遂宁、巴中等十个市州，招商总金额超200亿元。以文化艺术作为重要驱动元素，不断拓展文旅发展新领域。

研学业态蓬勃发展。研学旅游在推动文化旅游业转型升级以及促进文旅经济高质量发展方面，扮演着至关重要的角色，是典型的跨界融合产业。研学旅游产业的发展，推进了文化和旅游业态融合，推动了文旅供给和消费双升级，促进了社会和谐和经济发展。2023年四川省文化和旅游重点招商项目发布会推出研学旅游重点项目16个，覆盖南充、绵阳、广元等12个城市，招商总金额超300亿元。红色研学、博物馆研学、自然科学研学成为全省投资新热点，多产业融合的特点让传统文旅产业焕发新生机。

为了更好贯彻落实国家冰雪运动的"南展西扩东进"战略，四川省自2019年起已经开始充分利用其丰富的冰雪旅游资源，开展了全民健身冰雪季活动，累计吸引2000万人参与。2022年四川冬季旅游再创新高，接待游客突破8900万人次，同比增幅超75%，昔日寒冷的冰雪景观如今成为炙手可热的消费新宠。2023年四川省文化和旅游重点招商项目发布会同步推出七个冰雪温泉旅游重点招商项目，招商总金额超200亿元，冰雪温泉旅游已成为四川省大众旅游中最具发展潜力的新兴领域，是文化与旅游融合发展的新动能。

2023年，四川省的演出市场实现了显著增长，特别是热门演出门票需求强劲。这促成了许多外地观众跨城来四川观演的新趋势，促进了当地文化旅游消费的增长。截至10月底，四川共审批引进营业性演出2万多场次，其中大型演出活动超1500场次，较2019年同期增长9倍，吸引超200万人次观众。四川在演出场次、观众数量和票房方面稳居全国首位。根据中国演出行业协会统计，四川2023年春季演出市场综合热度全国领先，观演人数同比增长409%，居全国第二。四川演出市场的收入和场次已进入全国前五，网络热度排名第二。大型演出的场均观众中超过50%来自外地，推动周边酒店预订量同比增长20倍。

4.3 新业态的培育

为促进文化与旅游的深度融合和高质量发展，不断开启文化强省和旅游强省建设的新篇章，更好助力新时代新征程四川现代化建设，四川省政府不断加大优质旅游产品和服务供给，激发旅游消费需求，改善旅游消费环境，完善消费惠民政策，推进文化和旅游深度融合发展。

2023年5月18日，由四川省文化和旅游厅主办的一场主题为"科技创新 数字赋能"的盛会——四川数字文化旅游发展大会圆满召开。大会主要围绕数字文旅发展的新趋势、新技术和新应用进行交流和探讨，旨在共同绘制数字技术赋能文旅产业高质量发展的新蓝图。值得注意的是，自2023年4月13日起正式启动的川渝智慧文旅联盟，其宗旨在于促进"文化＋旅游＋科技"相结合的发展趋势。该联盟秉承资源共享、技术革新以及互惠共赢的理念，在数字化文化旅游经济的大背景下，致力于推动巴蜀地区的文化旅游业迈向高质量发展的新阶段。

2023年10月13日，四川省大型营业性演出活动管理工作会议在文化和旅游厅成功召开，并就相关策略进行了部署。此次会议的核心在于推动地方政府通过一系列改革创新措施，如增加文化消费补贴、优化配套服务、简化审批流程以及实施全程网上办理等，以降低活动申报的时间和成本。促进发展方面，会议指出，大型演出活动能够起到拉动地区消费的重要作用，是发挥文旅经济发展"新引擎"作用的重要途径，也是提高人民群众幸福感获得感的有效手段。会议提议省内企业与景区以及购物中心合作，落实"一票通享"的优惠政策，既能为来川观演的游客提供便捷的交通服务，也能帮助省内企业在全国范围内争取稀缺的演出资源，顺势打响"跟着演出来川游"的旅游品牌，从而大力推动"演艺＋旅游"的经济模式进一步繁荣发展。

"研学＋文旅"已成为备受关注的新业态。2023年11月10日，四川省研学旅游产业促进会成立大会于成都召开，四川各市州文旅系统、业界专家、研学有关企事业单位共商四川研学旅游发展大计。四川省研学旅游产业促进会理事会会长宋铭表示，创新是研学旅游产业发展的根本动力，理事会承诺将着力做好四项创新，引导400余家会员企业发挥现有产业优势，构建全链条、多元化的研学旅游产业发展生态圈。在未来，四川省研学旅游产业促进会将以"天下熊猫情、天府研学行"为核心理念，团结广大干部群众和社会各界力量，推进文化和旅游业态融合，促进研学旅游产业良性、有序、高质量发展。

2023四川省冬季旅游、第十四届冬季乡村文化旅游节以及2023年"冬游四川消费季"活动于11月28日同步开启，全省各地持续推出优惠政策、策划文旅活动，并发放9400万元的文旅消费券，全方位激活文旅消费市场，推动四川冬季旅游热起来、旺起来，整个冬季旅游消费季持续至2024年3月。

参考文献

［1］中华人民共和国文化和旅游部. 2022年度全国旅行社统计调查报告［EB/OL］. https://zwgk.mct.gov.cn/whzx/zfxxgkml/tjxx/202304/t20230428_943499.html，2023-04-28.

［2］中华人民共和国文化和旅游部. 2021年度全国旅行社统计调查报告［EB/OL］. https://zwgk.mct.gov.cn/zfxxgkml/tjxx/202205/t20220510_932908.html，2022-05-10.

［3］中华人民共和国文化和旅游部. 文化和旅游部2020年度全国旅行社统计调查报告［EB/OL］. http://zwgk.mct.gov.cn/zfxxgkml/tjxx/202104/t20210416_923778.html，2021-04-16.

［4］四川省文化和旅游厅. 四川省旅行社名录（更新时间2023年10月24日）［EB/OL］. http://wlt.sc.gov.cn/scwlt/c100299/introduce.shtml，2023-10-24.

［5］四川省文化和旅游厅. 四川文化和旅游年鉴（2022）［EB/OL］. http://wlt.sc.gov.cn/scwlt/c100253/2023/7/20/f17f0bd538ba4688a6db31c9b660ca30.shtml，2023-07-20.

［6］四川省文化和旅游厅. 旅行社纾困再下"及时雨"［EB/OL］. http://wlt.sc.gov.cn/scwlt/hydt/2022/4/27/c54409307631437aab97f1c1dfee4006.shtml，2023-04-27.

［7］格物文化在线. 2022盘点｜《中国旅行服务业发展报告2022—2023》：直面需求的产品力［EB/OL］. https://new.qq.com/rain/a/20221230A00W5N00，2022-12-30.

［8］旅行预订. 中国旅游研究院. 中国国内旅游发展年度报告（2022—2023）［EB/OL］. http://www.199it.com/archives/1537606.html，2022-12-18.

［9］中国旅游研究院.《2022年中国旅游经济运行分析与2023年发展预测》（中国旅游经济蓝皮书No.15）在线发布［EB/OL］. https://www.ctaweb.org.cn/cta/gzdt/202302/87d-263c6c80143059ebd91fe3ed430ad.shtml，2023-2-21.

［10］戴斌. 复苏阶段的旅游政策与工作重点［EB/OL］. https://www.ctaweb.org.cn/cta/ztyj/202309/01916e14b8e4494ca76000fe2b5816e5.shtml，2023-09-04.

［11］中华人民共和国文化和旅游部. 2023年第一季度全国旅行社统计调查报告［EB/OL］. https://zwgk.mct.gov.cn/zfxxgkml/scgl/202305/t20230530_944092.html，2023-05-30.

［12］中华人民共和国文化和旅游部. 2023年第二季度全国旅行社统计调查报告［EB/OL］. https://zwgk.mct.gov.cn/zfxxgkml/tjxx/202308/t20230831_946975.html，2023-08-31.

［13］四川省文化和旅游厅. 四川省A级旅游景区名录（更新时间2023年10月24日）［EB/OL］. http://wlt.sc.gov.cn/scwlt/c100297/2023/10/24/84005935e28d4eaa9944ed75c325af9a.shtml，2023-10-24.

［14］四川省文化和旅游厅. 四川省文化和旅游厅关于2023年"元旦节"假期全省文化和旅游市场情况的报告［EB/OL］. http://wlt.sc.gov.cn/scwlt/qtwj/2023/1/2/253eb298ac-434b008c02903a70ab7570.shtml，2023-01-02.

［15］四川省文化和旅游厅. 2023年春节假期文化和旅游市场情况［EB/OL］. http://wlt.sc.gov.cn/scwlt/wlyw/2023/1/27/3a8f3e6477704b46b09baa1352e2c302.shtml，2023-01-27.

［16］四川省文化和旅游厅.2023年"清明节"假期全省文化和旅游市场情况［EB/OL］.http://wlt.sc.gov.cn/scwlt/wlyw/2023/4/5/acb70ba7af3346adace3d7fc39e6dbbf.shtml，2023-04-05.

［17］四川省文化和旅游厅.2023年"五一"假期四川省文化和旅游市场情况［EB/OL］.http://wlt.sc.gov.cn/scwlt/wlyw/2023/5/4/2c4993c6bbf542ccaee49c1db2f66041.shtml，2023-05-04.

［18］四川省文化和旅游厅.2023年端午节假期全省文化和旅游市场情况［EB/OL］.http://wlt.sc.gov.cn/scwlt/wlyw/2023/6/24/dc3918c634e24d0eb080e76d0fa06654.shtml，2023-06-24.

［19］四川省文化和旅游厅.中秋国庆假期 四川接待游客超5691万人次［EB/OL］.http://wlt.sc.gov.cn/scwlt/hydt/2023/10/7/a6f4397220d04884bd0f5916df9748da.shtml，2023-10-07.

［20］四川省文化和旅游厅.四川省旅游星级饭店名录［EB/OL］.http://wlt.sc.gov.cn/（截至2023年7月4日）.

［21］2023年二季度全国星级酒店经营数据报告［EB/OL］.网易订阅（163.com）.

［22］酒店行业第三季度成绩单：平均单间客房收入均超2019年同期［EB/OL］.https://baijiahao.baidu.com/s?id=1783992100054163891&wfr=spider&for=pc.

［23］2022年第一季度全国星级饭店统计调查报告［EB/OL］.mct.gov.cn.

［24］2022年第二季度全国星级饭店统计调查报告［EB/OL］.mct.gov.cn.

［25］2022年第三季度全国星级饭店统计调查报告［EB/OL］.mct.gov.cn.

［26］2022年第四季度全国星级旅游饭店统计调查报告［EB/OL］.mct.gov.cn.

［27］2022年度全国星级饭店统计调查报告［EB/OL］.mct.gov.cn.

［28］2021年度全国星级饭店统计调查报告［EB/OL］.mct.gov.cn.

［29］2020年度全国星级饭店统计报告［EB/OL］.mct.gov.cn.

［30］2019年度全国星级饭店统计报告［EB/OL］.mct.gov.cn.

［31］2018年度全国星级饭店统计报告［EB/OL］.mct.gov.cn.

［32］2017年度全国星级饭店统计公报［EB/OL］.mct.gov.cn.

［33］2016年度全国星级饭店统计公报［EB/OL］.mct.gov.cn.

［34］薛维睿.我省演出经济呈爆发式增长［N］.四川日报，2023-11-07.

［35］川文."安逸四川"展时代新形象［N］.中国文化报，2023-09-25.

［36］腾讯联合中演协发布《春天里的新文旅》大数据报告［EB/OL］.https://new.qq.com/rain/a/20230519A09S4100.html，2023-05-19.

［37］乔薇. 四川 A 级景区端午人气高涨［N］. 四川经济日报，2023-06-26.

［38］付远书. 忽如一夜春风来　乡村旅游遍地开［N］. 中国文化报，2023-04-20.

［39］杨金祝. 2023 四川数字文旅发展大会在蓉举办［N］. 华西都市，2023-05-19.

［40］钟兴茂. 四川省研学旅游产业促进会成立［N］. 教育导报，2023-11-14.

［41］韩民权. 游人如织消费火爆　四川天津公布多项旅游、消费数据［N］. 央视新闻，2023-05-04.

［42］吴梦琳，成博. 端午小长假，全省 A 级景区接待游客 1079 万人次［N］. 四川日报，2023-06-25.

［43］邓也. 以消费"开门红"激发更大市场活力［N］. 四川日报，2023-01-30.

［44］乔薇. 四川旅游经济强劲复苏［N］. 四川经济日报，2023-01-30.

［45］乔薇. 我省文旅市场接待人次和旅游收入创新高［N］. 四川经济日报，2023-05-05.

［46］刘鲁，余力，王嘉，杨富. 端午假期热门目的地　成都居全国前列［N］. 成都日报，2023-06-25.

［47］罗友莉，金波. 四川省发布 100 个文旅重点招商项目　释放投资新机遇［N］. 宜宾日报，2023-09-28.

［48］余如波. 大型营业性演出活动必须落实"强实名"［N］. 四川日报，2023-10-19.

II 专题报告

二、古地理史

D 四川文旅融合典型案例

乡村振兴视角下古村落修缮案例研究
——以西昌市川兴镇高山堡文旅项目为例

[作 者] 卢 波 赵艳梅（四川大学旅游学院）

摘 要： 本文基于乡村振兴视角，运用结构功能主义社会均衡理论、访谈法、文献研究法、文本分析法，探讨了西昌市川兴镇高山堡文旅项目在乡村全面发展中的驱动机制及其带来的多元效益。研究发现，高山堡文旅项目通过修缮陈家大院等文化遗产，有效传承历史文化，创新旅游开发方式，实现了保护与发展的有机平衡；通过古村修缮进一步推动特色农业、乡村旅游等乡村产业的多元融合，提升了区域经济活力与可持续发展韧性；政府引导与多元主体参与并行、生态保护与经济发展并重、人才培养与平台建设并驱的发展理念与模式，为高山堡文旅项目实现全面、系统、高质量发展提供了坚实保障。

关键词： 乡村振兴；古村修缮；结构功能主义；文旅融合

1 研究背景

1.1 宏观背景

党的二十大报告强调了全面推进乡村振兴的重要性，明确提出了实现农业农村现代化的战略目标。加强乡村文化的建设，实现乡村文化创新发展，对乡村的全面振兴具有重要影响作用。

在这一背景下，乡村旅游作为推动乡村振兴的重要途径，日益受到关注。乡村旅游不仅能够有效利用农村资源，促进农村经济多元化发展，还能够提升农村文化软实力，推动乡村文化的传承与创新。通过发展乡村旅游，可以吸引更多游客走进乡村，感受乡村风情，从而增强人们对乡村的认知与情感认同。同时，乡村旅游还能带动农村基础设施建设，改善农村人居环境，提升农民生活水平。

在这一过程中，古村落作为乡村文化的重要载体，其修缮与保护对于乡村旅游的发展具有重要意义。通过修缮古村落，可以恢复其历史风貌，彰显乡村文化的独特魅力，为乡村旅游提供更为丰富的文化内涵。同时，农文旅融合作为一种新兴的发展模式，将农业、文化与旅游紧密结合起来，通过整合资源、创新产品，推动乡村旅游向更高质量、更深层次发展。

1.2 研究对象

"高山堡乡村振兴文旅项目"位于西昌市川兴镇，地处西昌邛海北部，北临北环路，东临官坝河，距中心城区约5公里，为市州"10+3"重点项目。项目总占地面积218.7亩，总建筑面积52242m^2，分为3个地块：北区45.99亩、南区40.80亩、东侧田园景观区约132亩，项目分3期实施。高山堡是安宁河谷屯堡文化的一部分，所谓屯堡文化，是指明朝初年在各地设立军屯卫所的历史遗迹和文化遗存，此外，高山堡还有建筑文化、耕读文化等。高山堡乡村振兴文旅项目以陈家大院文物保护性修缮为核心，2023年6月，有着200多年历史的陈家大院经过修缮正式开放预约参观，此外，陈家大院还整合川兴优势文旅资源，包括川兴温泉、草扇番茄、邛海湖鲜等，力争打造兼具文化休闲与生态田园多重体验于一体的综合配套文旅项目，为川兴镇推进新型城镇化建设和乡村振兴构筑新地标。

1.3 研究意义

本研究依托"结构功能主义"研究框架，对西昌市川兴镇高山堡文旅项目进行深入研究与探讨，旨在剖析其发展历程、经验、模式，具有积极的现实意义，可用于进一步指导古村落修缮、高质量发展乡村旅游，为促进乡村全面振兴奠定坚实基础。

2 文献综述

2.1 文献梳理

自2017年中央提出乡村振兴战略以来,相关研究呈现迅猛增长态势。总体来看,乡村振兴发展的内涵研究[1]、乡村发展水平测度[2]、乡村振兴实现路径分析[3,4]、乡村振兴推动中国式现代化的逻辑[5]等研究为乡村建设、乡村重构、乡村全面发展提供了理论指导和实证经验。围绕乡村产业振兴,已有研究主要探讨乡村旅游等乡村产业对乡村振兴的促进、贡献[6],且以实证研究为主。围绕人才振兴,探析赋能乡村人才振兴的逻辑与策略、人才发展推动乡村振兴的机制模式[7]等内容,以质性研究和策略研究为主,为乡村人才振兴提供了理论基础。围绕文化振兴,关注文化资源产业化[8]、传统文化传承保护与资源化发展路径[9]、经验探索、乡村文化振兴路径[10]等研究内容。围绕生态振兴,结合生态文明建设战略,探寻推动乡村产业生态化、生态产业化的逻辑、路径、经验[11]。此外,在促农增收方面,现有研究主要有政府机构、社会资本、村社组织参与乡村振兴的路径,联农带农机制构建及其实践成效等内容[12]。

已有研究指出,乡村旅游高质量发展促进了旅游地生计转型[13]、基层组织及治理机制创新[14]、人才创新创业、生态环境优化、三次产业融合发展、经营主体组织化[15],为当地居民提供了更多的就业、增收机会,有效促进了乡村全面振兴。乡村旅游地发展路径、经验、模式及其影响因素研究为推动产业发展做出了理论贡献[16]。游客体验、感知、偏好、满意度等研究为乡村旅游发展提质增效提供了调查依据、参考信息[16]。核心旅游吸引物是乡村基础设施配套完善、促进产业结构转型升级的主要动力之一[17]。此外,依托结构功能主义、空间生产理论、核心边缘理论、中心地理论等研究范式展开的实证研究为乡村旅游融入全域旅游发展、促进乡村振兴提供了发展方向。

农文旅融合发展是发掘乡村资源多功能性的重要渠道,是以农业、文化为优势特色的乡村区域发展旅游的重要模式之一。部分区域的乡村旅游依托现代农业、地区文化,起到了发挥农业多功能性、提高产业附加值,以文塑旅、以旅彰文的相互促进作用。文化底蕴深厚的村落往往具有更强的旅游发展优势，旅游业高质量发展往往是发挥农业多功能性的重要渠道，农耕文化、耕读文化是中华优秀传统文化的重要组成部分。农旅融合、文旅融合是乡村旅游农文旅融合研究中的主要方向，同时从农业、文化、旅游三个角度展开研究的内容较少，乡村旅游文旅融合发展是推动文化振兴的重要抓手之一，已有研究主要关注文旅融合发展路径、策略、模式、成效及运营策略等内容，回答了乡村文旅融合研究范畴和内容，以及"是什么"和"怎么做"的问题。[18, 19]

古村修缮是打造乡村旅游核心吸引物的重要渠道之一。已有研究表明，古村修缮目的主要有两个，一是物质文化的保护与传承，二是为文旅融合奠定基础。从已有研究范畴来看，村落保护与建筑修缮技术、空间营造与活化利用、风貌保护与整治、游览轨迹分析等方面的研究为促进古村文化技艺传承与创新、旅游高质量发展奠定了基础；同时，古村是承载传统村落记忆和历史的现实凭据，是追忆乡愁、感触文化的物质载体。古村保护与活化开发路径、经验、模式，古村原真性，古村空间基因居民感知与传承，古村空间生产及影响机制，古村旅游与社区发展耦合协调等方向的研究回答了古村保护发展的核心内涵问题，即：如何协调古与今，乡村旅游与居民生活，经济与文化之间的关系，为如何解决发展过程中遇到的问题梳理了路径、提供了经验。[20, 21]

2.2 综合述评

在乡村振兴、全域旅游、农文旅融合的发展背景下，乡村旅游、古村修缮领域的实证研究、探索研究、案例研究内容日趋细化，为乡村旅游精细化发展、个性化发展、高质量发展奠定了坚实基础。古村修缮可以成为乡村振兴的驱动力，有效促进产业振兴、文化振兴、人才振兴、组织振兴、生态振兴。具体来说，古村修缮往往由于旅游发展需要或文物保护需要，以文塑旅、以旅彰文的互动机制为旅游业高质量发展、文物可持续保护提供了有效的互促路径，同时，乡村旅游业高质量发展进程中，需要地方政府和旅游经营主体完善基础设施、改善经营质量、丰富旅游产品、提高产品吸引力，这个过程往往涉及土地流转、资产活化、空间营造、活动组织等内容，以上内容同时具备正外部性、负外部性，一定程度上会影响、带动当地居民参与旅游发展、分享旅游收益，多方利益主体间不断协商、互动，将旅游业发展的外部性影响逐步扩大到乡村生产生活的多个维度。分析以古村修缮为抓手促进乡村旅游发展、产业兴旺、全面振兴的路径与经验有着极强的现实意义和必要性。乡村旅游领域的研究不仅要从政府、经营主体、游客的角度展开，更需考虑当地居民的发展诉求与生活感受。

综上，古村修缮不仅涉及技术层次的研究，更需要将其放在乡村旅游发展、产业发展乃至乡村全面振兴的视野中开展分析，更好推动其融入全域旅游和农文旅高质量发展的时代进程中，促进文化传承与创新发展、乡村旅游高质量发展。

3 研究设计

3.1 研究理论

为分析西昌市川兴镇高山堡文旅项目古村修缮实践在乡村振兴视角下的发展历程、经验、模式及其外部性，研究采用"结构功能主义—社会均衡论"的研究理论和范式展开分析，以达系统、全面研究之目的。

结构功能主义是一种社会学理论，它认为社会是一个有机整体，其各个组成部分在系统内相互依赖并承担一定的功能，从而使社会能够稳定地生存和发展，其主要逻辑在于系统对其各部分的功能需求。它倾向于将社会看作一个统一的整体，其中各个部分都发挥着应有的功能，从而达到整个社会的和谐发展。

社会均衡论是结构功能主义中的重要观点之一，它强调社会系统的稳定性和平衡性，认为社会结构和社会关系在动态中保持一种相对的均衡状态，这种均衡不是静态的，而是在社会变迁和冲突中不断调整和维持的。社会均衡论注重分析社会结构、社会关系和社会变迁之间的相互作用和影响，提供了一种理解社会变迁和社会稳定之间关系的理论框架。

3.2 研究方法与数据来源

通过访谈法、文献研究法获取研究所需数据信息，通过文本分析法分析数据信息，从而完成既定研究目的。本研究通过在线访谈的方式，整理了来自高山堡文旅项目规划设计单位共10个方面、10145字的文本数据，此外还通过官方网站、官方宣传平台等渠道收集了各类相关资料与数据。

访谈法，作为心理学和社会科学研究中的一种基本方法，旨在通过研究者与被访者之间的面对面交流，深入了解被访者的心理、行为、思想、态度、经验和观点等信息。该方法具有高度的灵活性，能够使用复杂的访谈提纲，从而获取更为丰富和深入的信息。

文献研究法，通过对已有文献资料的搜集、鉴别、整理和分析，旨在获取新的知识、观点或理论，从而深入理解和解释某一特定研究主题或现象。该方法具有间接性、历史性、继承性和创造性等特征，是理解和解释社会现象、推动知识创新和发展的一种有效工具。

文本分析法，通过系统而深入地分析文本的内在结构和深层意义，从而揭示文本中隐含的观点、情感、态度以及意识形态等不易被直接观察到的信息。该方法强调对文本细节的把握和对整体结构的理解，旨在挖掘文本背后的深层含义和作者真实意图。

3.3 研究设计

本文以结构功能主义—社会均衡论为研究理论框架，通过访谈法、文本分析法两种方法收集并处理研究所需数据。旨在剖析高山堡以"古村修缮"为核心的社会变迁事件，影响、带动乡村产业、生态、文化、组织、人才变革与创新发展，最终形成新的社会结构，促进乡村全面振兴的历程、经验和模式。具体来说，本研究以高山堡文旅项目开展陈家大院修缮工作前的乡村社会、经济、文化基础为初始结构，以古村修缮为关键性的变迁驱动因素，以产业融合、综合发展为后续演变特征，以实现乡村振兴为新型结构，剖析高山堡文旅项目建设的历程、经验、模式、成效。

4 案例讨论

在推动乡村全面振兴的研究视角下，以西昌市川兴镇高山堡文旅项目为研究对象，依托结构功能主义—社会均衡论的研究分析框架，以高山堡古村修缮为关键历史事件和时间节点，通过访谈法、文献研究法收集分析了古村修缮前后的发展路径、发展经验、发展模式。

4.1 初始社会结构：发展基础

发展基础与面临问题分析研判的基准年是陈家大院修缮完成前的2022年。川兴镇新农村高山堡地处邛海北岸，移民屯垦制度使其得名，历经沧海桑田，截至2022年，其经济、社会、文化发展基本特征如下：

首先，高山堡经济发展以传统农业为主，缺乏现代化的产业支撑。虽然当地人口数量相对较多，但人均收入水平不高，乡村振兴任务艰巨。高山堡距邛海国家级旅游度假区较近，由于存在"遮蔽效应"，其旅游经济发展处于较低水平状态。

其次，高山堡作为西昌保存比较完好的古村庄之一，具有深厚的"家风文化""屯堡文化""古村文化"等历史文化底蕴。然而，由于缺乏对历史文化遗产的有效保护和利用，高山堡的文化资源未能得到充分的挖掘和传承。比如，由于历史原因，陈家大院部分建筑曾垮塌或遭受被拆除的命运，导致仅有一部分得以保留下来，未能充分展现其历史文化的独特魅力。

综上所述，古村修缮前的高山堡在经济发展、基础设施建设以及历史文化保护等方面均存在不足。

4.2 变迁驱动因素：古村修缮

古村修缮是高山堡区域社会变迁的主要驱动因素之一。2023年，陈家大院一期修缮工程完工并开放预约参观。通过访谈相关项目负责人，厘清了修缮前后的起因、原则、成效等，可以发现古村修缮不仅起到了传承保护高山堡古村物质文化的作用，更成为激活地区发展潜力的主要驱动因素之一。

陈家大院作为西昌市川兴镇高山堡古村的重要历史文化遗产，具有深厚的历史底蕴和文化价值。建于清朝乾隆时期的陈家大院，曾是当地显赫的"名门望族"和"进士宅第"，其东院为"将军第"，西院为"进士第"，分别代表了武魁陈其纲和进士陈其纪的宅邸。随着西昌市对于历史文化保护的逐渐重视，陈家大院修缮工程得以启动和完成，旨在抢救性修复这一具有重要历史价值的文物，使其能够重现昔日辉煌。

通过建昌古城修缮项目，属地政府及华采堂设计集团（"高山堡文旅项目"规划设计方）积累了丰富的经验，在陈家大院的修缮过程中，多方共同坚持"保护为主、抢救第一、合理利用、加强管理"的原则，对每座建筑的用料、形制、木刻雕花纹饰等差异之处进行细致比对修复，力求"修旧如故、以存其真"。

项目设计初衷主要包含三个方面，分别是挖掘和保护历史文化遗址、打造文化旅游品牌、促进产业融合发展与乡村振兴，并将其定位为"高山堡耕读传家文化体验高地""西昌泛邛海旅游创新示范地""绿色古村落野奢温泉康养度假目的地"。陈家大院经过修缮成了西昌市的一个重要文化景点，为川兴镇推进新型城镇化建设和乡村振兴构筑了新地标，为当地文化旅游业发展注入了新活力。

4.3 相关演变特征：产业融合

陈家大院一期工程修缮完成后，当地旅游获得了市场认可，高山堡文旅项目通过深入挖掘文化、促进产业融合、创新管理运营模式、关注生态保护与可持续发展等方式实现了乡村业态持续延伸，餐饮服务、观光旅游、康养度假等业态种类逐步丰富、品质逐步提升，与原有陈家大院一期一道，形成了优势互补、相互协调的新型乡村产业结构。

首先，乡村旅游业成为高山堡的新兴主导产业。陈家大院作为重要的历史文化遗产，经过修缮后焕发出新的生机，吸引了大量游客前来参观，更衍生出了温泉民宿、度假客栈等业态，这不仅带动了高山堡的旅游业发展，也为当地村民提供了新的就业机会和收入来源。随着旅游业的繁荣，高山堡也逐渐成为西昌市乃至四川省的重要旅游目的地，吸引了成都、重庆、西安等地目标客群到访，并重点服务康养度假、观光休闲旅游群体。

其次，高山堡的农业产业也实现了转型升级。在陈家大院修缮的推动下，高山堡开始探索发展特色农业、生态农业、观光农业、休闲农业，发展"生态农业+特色旅游"的发展模式，并引进新品种、新技术，提高农产品的附加值和市场竞争力。高山堡还积极打造农产品品牌、延长产业链，提高了农业的综合效益和附加值。

最后，高山堡还依托陈家大院的文化底蕴，发展了文化创意产业。通过开发文创产品、举办文化活动等方式，高山堡成功将文化资源转化为经济资源，实现了文化与产业的融合发展。这不仅丰富了当地的文化生活，也为高山堡的经济发展注入了新的动力。

4.4 相关演变特征：综合发展

在以古村修缮带动农旅融合、文旅融合发展的基础上，高山堡以产业振兴为核心抓手，进一步开展二期项目（陈家大院周边环境整治工程）建设、三期项目（南区野奢度假区及商业街打造）规划，从而促进乡村生态振兴、组织振兴、人才振兴，形成了以古村修缮为原始驱动力，乡村社会多维度全面建设、协调发展的新局面。

在生态方面，高山堡积极推进生态文明建设，注重保护乡村的自然环境和生态系统。通过实施一系列生态保护措施，如加强林地、水源地保护，推广生态农业和绿色生产方式，高山堡生态环境得到了显著改善。这不仅提升了乡村整体环境质量，也为乡村旅游和生态农业发展提供了有力支撑。

在文化方面，高山堡充分挖掘和利用了"家风文化""屯堡文化""古村文化"等当地历史文化资源，尤其是以陈家大院为代表的物质文化遗产，通过修缮陈家大院、举办民俗活动等方式，成功将文化资源转化为经济资源，提升了乡村文化软实力，这不仅丰富了村民的精神文化生活，也吸引了大量游客前来观光体验，促进了文化产业的繁荣发展。

在组织方面，高山堡加强了基层党组织建设，建立了完善的村民自治机制。通过发挥基层党组织的领导核心作用，高山堡有效整合了各类资源，推动了乡村各项事业的发展，建立健全联农带农机制，使得当地居民有机会参与发展乡村旅游并分享乡村旅游收益。

在人才方面，高山堡积极引进和培养各类人才，为乡村建设提供了强有力的人才支撑。首先，项目建设前后，当地村民经历了从缺乏认识和期待、充满担忧与疑虑，到认识提升与积极参与、生活改善与满意度提升的转变，高山堡通过培育新型职业农民和乡村治理人才，为乡村建设提供了有力的人才保障。其次，高山堡灵活引进各类人才、招引建设运营机构，吸引了一批具有专业技能和创新精神的人才前来创业发展，这些人才不仅为高山堡带来了新的发展理念和经营模式，也带动了当地村民的就业和增收。

4.5　新型社会结构：乡村振兴

展望未来，高山堡实现全面振兴时，将建成乡村全面发展的新社会结构，即产业兴旺、生态宜居、乡风文明、治理有效、生活富裕的新型社会结构，成为既有历史文脉、又有田园风貌、更有文化乡愁的乡村田园度假目的地，并形成"一村带多村"的发展格局，促进区域乡村振兴。

在产业兴旺方面，高山堡将形成多元化、高效益的产业结构。通过深入推进农业供给侧结构性改革，发展特色种植、养殖业，培育乡村旅游、文化创意等新兴产业，高山堡将构建起现代化、智慧化、特色化、高效化的乡村产业体系。同时，高山堡将加强与外部市场的联系与合作，推动农产品深加工和品牌化经营，提高产业附加值和市场竞争力。

在生态宜居方面，高山堡将拥有优美的自然环境和宜居的生活条件。通过加强生态环境保护与治理，改善农村人居环境，高山堡将实现人与自然和谐共生。乡村道路、供水、供电、通信等基础设施将得到完善，乡村面貌将逐步改善。同时，高山堡将推广绿色生活方式，增强村民的环保意识，打造宜居宜游的美丽乡村。

在乡风文明方面，高山堡将形成积极向上、文明和谐的乡村风尚。通过加强乡村文化建设，传承和弘扬优秀传统文化，高山堡将培育出具有地方特色的乡村文化品牌。同时，高山堡将注重提高村民的思想道德素质和科学文化素养，开展形式多样的文化活动，丰富村民的精神文化生活，提升乡村整体文明程度。

在治理有效方面，高山堡将建立起科学、民主、法治的乡村治理体系。通过加强基层党组织建设，发挥村民自治机制的作用，高山堡将实现乡村治理的规范化和民主化。同时，高山堡将加强法治宣传教育，提高村民的法律意识和法治观念，确保乡村社会和谐稳定。

在生活富裕方面，高山堡的村民将享受到更加殷实富足的生活。通过发展乡村产业、促进就业创业、增加村民收入等措施，高山堡将实现村民生活水平的显著提升。同时，高山堡将持续完善社会保障体系，提高村民的社会保障水平，确保村民老有所养、病有所医、住有所居。

5 结论与展望

5.1 案例路径与经验

（1）文化传承——传承与创新并重。高山堡在文化传承方面，始终坚持保护与利用并重的原则。一方面，高山堡加强了对历史文化遗产的保护和修复工作，如陈家大院的修缮，确保了文化遗产的完整性和真实性。另一方面，高山堡也积极挖掘和利用文化遗产的价值，通过举办文化活动、开发文创产品等方式，将文化遗产转化为经济资源，实现了文化资源的有效利用。这种保护与利用并重的文化传承方式，既保留了高山堡的历史文化魅力，也为乡村发展注入了新的文化内涵。

（2）产业发展——多元与特色并进。高山堡在产业发展上，实现了多元化与特色化的有机结合。一方面，高山堡充分利用自身的自然和文化资源，发展了特色农业、乡村旅游等产业，为乡村经济注入了新的活力。例如，高山堡的特色农产品通过深加工和品牌化经营，提升了产品附加值和市场竞争力。另一方面，高山堡也注重与其他产业的融合发展，通过引入新技术、新业态，推动了产业链的延伸和产业的转型升级。这种多元化与特色化并进的产业发展路径，使得高山堡的产业体系更加完善，经济发展更加可持续。

（3）组织建设——政府与主体并行。在组织建设方面，高山堡形成了政府引导、多元主体参与的格局。政府在高山堡的发展中起到了关键作用，通过制定发展规划、提供政策支持等方式，引导乡村发展的方向。同时，政府也积极协调各方利益，推动资源的优化配置和产业的协同发展。此外，高山堡还吸引了旅游经营主体和当地居民的积极参与。旅游经营主体通过投资开发、经营管理等方式，推动了乡村旅游产业的快速发展。当地居民则通过参与乡村旅游、文化传承等方式，实现了增收致富和文化自信的提升。这种政府引导、多元主体参与的组织建设方式，为高山堡的发展提供了有力的组织保障和动力源泉。

5.2 研究不足与展望

从研究不足来看，一方面是缺乏定量研究方法的应用，目前对高山堡发展的研究主要依赖于定性描述和分析，缺乏对关键指标和数据的定量测量，包括但不限于高山堡经济增长、产业结构变化、文化传承与发展、乡风建设、基层组织改革与创新、居民收入等方面，这使得研究结果的准确性和客观性可能受到一定影响。另一方面是跟踪调查不足，高山堡的发展是一个动态过程，需要持续跟踪调查来掌握其发展变化和趋势。然而，现有的研究往往缺乏对高山堡发展的长期跟踪和动态监测，这使得难以全面且详细地了解其发展过程中的变化和问题，也无法准确评估各项政策、措施、因素的实施或影响效果。

从研究展望来看，主要可分为以下两个方面。一是加强定量研究方法的应用，通过收集和分析相关数据，对高山堡的经济、社会、文化等方面进行深入量化分析，这将有助于更准确地把握高山堡的发展现状和趋势，为制定更加科学和有效的发展策略提供有力支持。二是开展长期跟踪调查，通过定期收集和分析相关数据和信息，及时掌握高山堡的发展动态和变化，评估各项政策和措施的实施效果，并根据实际情况进行调整和优化。

参考文献

[1] 于文领. 城乡融合视域下乡村振兴战略的内涵、现实困境和路径选择[J]. 贵州社会科学, 2024 (2): 162.

[2] 周玉玺. 黄河流域数字乡村发展水平的时空演化与障碍因子分析[J]. 贵州社会科学, 2024 (4): 144.

[3] 王涛, 武友德, 陈长瑶, 等. 全面推进乡村振兴实现共同富裕的影响机制与路径分析[J]. 西北人口, 2022, 43 (5): 102.

[4] 关长坤,王亚华. 全面推进乡村振兴实现共同富裕的理论机制与政策途径[J]. 农村经济,2023(12):43.

[5] 郭提超,刘儒. 中国式现代化视域下全面推进乡村振兴的生成逻辑与实践指向[J]. 西北农林科技大学学报(社会科学版),2024,24(6):21.

[6] 唐健雄,蔡超岳,刘雨婧. 旅游城镇化驱动乡村振兴的过程与影响机制——以张家界为例[J]. 华侨大学学报(哲学社会科学版),2023(6):62.

[7] 赵志强,禹雪. 新内生发展理论视域下职业教育赋能乡村人才振兴的逻辑与策略[J]. 中国人民大学教育学刊,2024(2):113.

[8] 叶紫青,夏杰长. 文旅资源产业化的现状、困境与数字化路径[J]. 社会科学家,2024(3):76.

[9] 苏静,戴秀丽. 乡村振兴战略下乡村优秀传统文化的价值再认识[J]. 社会主义核心价值观研究,2021,7(5):34.

[10] 王超,陈芷怡. 文化何以兴村:在地文化赋能乡村振兴的实现逻辑[J]. 中国农村观察,2024(3):18.

[11] 李敏瑞,张昊冉. 持续推进基于生态产业化与产业生态化理念的乡村振兴[J]. 中国农业资源与区划,2022,43(4):31.

[12] 马青青,李海金. 乡村内源式发展:促进农民农村共同富裕的实践策略[J/OL]. 中南民族大学学报(人文社会科学版),2024-06-06(网络首发).

[13] 孟凯,王强. 乡村旅游地生计转型:国内外研究进展与展望[J/OL]. 旅游科学,2024-04-19(网络首发).

[14] 刘民坤,宋韵,邓小桂,等. 社会网络重构视角下旅游驱动村民参与乡村治理的路径研究[J]. 地理科学进展,2024,43(3):545.

[15] 刘佳,赵青华. 乡村旅游发展对乡村振兴的影响效应——基于新内源性发展理论的实证检验[J/OL]. 农业技术经济,2023-12-27(网络首发).

[16] 王淑佳,孙九霞. 普适道路还是隐形门槛?不同类型乡村旅游发展路径的外源因素[J]. 自然资源学报,2022,37(3):662.

[17] 保继刚,杨兵. 旅游开发中旅游吸引物权的制度化路径与实践效应——以"阿者科计划"减贫试验为例[J]. 旅游学刊,2022,37(1):18.

[18] 罗大蒙,吴理财. 文化为魂:乡村文旅融合中的空间重构[J]. 南京社会科学,2023(3):143.

[19] 夏杰长,刘睿仪. 农旅融合发展能否提高县域经济韧性?——基于"全国休闲

农业与乡村旅游示范县"政策的经验证据［J］.经济问题，2024（7）：1.

［20］张志国，梁永博，郑占秋，等.国土空间规划语境下古村堡保护与发展研究——基于蔚县32个古村堡实证分析［J］.城市发展研究，2021，28（10）：96.

［21］张振龙，陈文杰，沈美彤，等.苏州传统村落空间基因居民感知与传承研究——以陆巷古村为例［J］.城市发展研究，2020，27（12）：1.

文旅融合视域下建昌古城城市更新案例研究

[作　者] 耿天航（四川大学旅游学院）

摘　要： 古城是城市历史文化遗产的真实载体，其保护更新始终是城市更新的重要组成部分。在文旅深度融合的背景下，古城更新的理念、方法与路径均发生着深刻的变化。本文以建昌古城为研究对象，运用案例研究方法，基于"有机更新"理论，探讨文旅融合视域下，城市如何实现古城更新，守护延续地域文化，促进活力与繁荣。研究发现（1）古城更新在文化传承与旅游利用中达到平衡的关键在于，尊重古城的内在秩序和规律，顺应城市的机理，挖掘古城的文化内涵，采取适当的规模、尺度、方式，将文化元素与旅游业态进行深度融合，注重古城更新的可持续性。（2）文旅融合视域下，古城更新的动力来自政府、市场、社会力量的良性互动，古城更新应采取小规模、渐进式的有机更新模式，通过富有创意的策划实现古今之间的对话。（3）基于建昌古城案例实践，发现古城成功迎合文旅发展趋势实现有机更新的策略主要体现为：景观风貌保护更新、文化结构秩序更新、旅游经济业态更新。

关键词： 古城更新；文旅融合；有机更新；建昌古城

1　研究背景

在世界城市化浪潮中，城市古城的更新已成为备受关注的研究问题。古城，一般而言是指具有百年以上历史，且至今仍维持相对完整状态或经专业修缮后基本复原其原始风貌的大型古代建筑所构成的群落，此类群落通常具有城墙、护城河、古建筑群落以及风貌保护区等一系列富含历史价值的关键要素。作为现代文明与历史记忆交融的关键场景，古城不仅为有形遗产的延续提供实体空间[1]，还承载着丰富的非物质文化遗产与地方精神[2]，具有情感与审美的双重价值，在城市发展中扮演着举足轻重的角色。旅游是举足轻重的精神文化活动，是体验遗产文化、感受在地文明最直接的途径。在现代化快速发展的进程中，城市面貌日新月异，古城或因设施陈旧、存在隐患，已无法满足现代生活的需求，或因年久失修、保护缺失，在时光的洪流中逐渐衰败。但古城作为城市重要的历史文化遗产，是城市文明的具体物证，是城市发展历程和地方精神的集中体现，古建筑、遗址、故居、文物等，无不蕴含着深厚的文化内涵和独特价值，是后人学习与传承的宝贵财富。故而，在推进城市更新发展的过程中，如何将古城巧妙地融入现代环境，赋予其新的生机与活力，成为摆在我们面前的重要课题。

文化旅游深度融合的新时代背景下，旅游导向的体验活动促使古城经历了创新与再创新的过程，游客与居民的共存以及古城空间内涌现的创新实践，对城市更新的步伐产生了深远且显著的影响[3]。近年来，国家对文化旅游业发展高度重视，多次提出要坚持以文塑旅、以旅彰文，推动文化和旅游融合发展。文旅融合作为一种新兴的发展模式，为古城更新提供了新的思路。《"十四五"文化和旅游发展规划》明确提出，"鼓励在城市更新中发展文化旅游休闲街区"。在此发展趋势下，古城更新不仅关乎城市的物质空间更新，更是一次对历史文化精神与旅游资源的深度挖掘。

以往关于古城更新的相关研究多从建筑学、城市规划设计等领域展开，主要集中在景观更新设计[4]、公共空间规划[5]、修复与活化路径[6]等方面。古城更新的思路虽然逐渐从单纯的环境与土地利用功能的物质改善，转向更深层次的人的发展与城市文化传承，但总体而言，从文旅融合的视角展开对古城更新的思考与研究尚显不足。通过深入挖掘古城的历史文化内涵，将其与现代旅游业相结合，不仅能够打造文明智慧、舒适宜居的居住区，还可以形成具有独特魅力的旅游目的地。文旅融合视域下推进古城更新，二者相互渗透，对于保护和传承传统文化、促进文旅深度融合和高质量发展有着重要的现实意义。

然而，在我国古城更新改造进程中，保护与旅游利用的矛盾始终如影随形。

一方面，众多古城为追求经济快速发展，过度开发旅游业，导致古城沦为"景点化"的囚徒，丧失了原有的文化底蕴[7]；另一方面，历史建筑的保护与活化难以和谐共存，过度保护使得这些建筑在活化之路上步履维艰，陷入"矛盾化"的泥沼。此外，历史街区的运营与文化内涵之间亦存在失衡痛点，过度的商业化让古城的文化特色变得"同质化"，失去其独特魅力。正确厘清古城文化属性与旅游发展之间的内在机理，寻求合适的更新与融合思路，成为亟待解决的问题。

针对上述理论与现实实际，本研究旨在回答：城市如何适应文旅融合大势，实现古城更新。古城更新不易达到高质量文旅融合目标的重要原因是，在更新过程中，为实现旅游发展破坏了古城原有的机理和结构，以及对历史文化资源与价值的理解有限，对其进行片面化改造，导致出现"千城一面"的后果。由此，在尊重古城原有风貌与历史文化的基础上，进行空间修复、功能更新、环境提升等工作，成为文旅融合背景下古城更新的关键。故本研究需要一个充分考虑整体性、原真性和未来动态变化的理论视角，而有机更新理论提供了这样一个视角。有机更新理论是吴良镛先生根据北京旧城保护和更新的实践经验提出的[8]。所谓"有机更新"，即依据改造内容与要求，采用适当规模与合适尺度，妥善开展更新工作，使局部发展达到相对完整，从而推动全局整体环境得到改善，在当下需求与长远发展之间实现平衡。自1979年初具雏形以来，有机更新理论在城市规划领域得到了广泛应用，特别是在老旧城区、历史街区及传统社区的改造研究方面[9,10,11]。基于有机更新理论，古城更新实现文旅融合的关键在于，尊重古城的内在秩序和规律，顺应城市机理，挖掘古城的文化内涵，采取适当的规模、尺度、方式，将文化元素与旅游业态进行深度融合，注重古城更新的可持续性。在文旅融合的背景下，有机更新理论可以指导古镇在保护历史文化的同时，实现与现代旅游产业的和谐共生。

本研究选择四川西昌建昌古城（又称西昌古城）为研究对象，对其更新过程展开深入研究。建昌古城，坐落于中国四川省凉山彝族自治州西昌市境内，为明清时期的重要历史遗迹，亦是川滇地区闻名的古城，其历史根源可追溯至600余年之前。该古城自古以来即在四川西南地区兼具核心政治枢纽与军事防御重镇的双重职能，彰显出深厚的历史文化意义。古城之内，众多文物古迹遍布各处，尤其是涌泉街、北街及南街三处被认定为省级历史文化街区，广泛分布超过2400余处不可移动文物，承载着丰富非物质文化遗产，共同构成了建昌古城文化遗产体系。作为西昌市现存最为完整的古城遗址，建昌古城同时也是四川最大的木结构城市群落，是西昌悠久历史与灿烂文明的生动载体，更是西昌地区人文精神的重要依托与历史瑰宝。该古城曾多次遭受不同程度的破坏，为对这一历史街区及时进行抢救性保护，西昌市以"保护历史文物、提升城市品质、消除安全隐患、文旅融合发展"为目标，于2021年启动了针对其的更新工程，核心目标在于系统性"复活"古城，循序渐进推动建昌古城的保护性修缮，本着"修旧如旧、产业活化、有机更新"的原则，活态保护、传承物质与非物质文化遗产，成功实现文旅深度融合。作为四川省众多特色历史城区的代表，建昌古城不仅提供了新时代城市历史文化遗产微改造的成功经验，也为其他城市通过有机更新实现文旅融合发展提供了借鉴。由此，本研究的问题为城市如何适应文旅融合大势实现古城更新。本研究问题的设定，不同于已有古城更新的研究，而是从文旅融合的视角探索古城更新的可能性，其研究结论将对城市更新尤其是古城更新具有深远的理论价值与实践意义。

2 文献综述

2.1 有机更新理论

所谓城市有机更新，是对城市中已不适应现代城市生活需求的区域，采取一系列科学合理的改造手段，如整修、重建、激活与提升等，让城市空间资源得到更有效的利用，重新焕发活力，更好地服务人们的生活和经济社会的发展。主要包括对建筑等物理空间的改造，以及对生态环境、文化氛围、视觉环境、休憩空间等多个方面的优化与传承，让城市在发展中保持独特的魅力和可持续性。

"有机更新"这一概念最初源自生物学范畴，历经持续的演进与理论深化，逐步凝练出涵盖整体性、和谐性、成长性及衰退性的核心理念，现已广泛渗透并指导多领域内的理论与实践探索。1994年，吴良镛先生在综合国内外学者对城市更新领域的研究成果后，提出了有机更新理论。他主张，从城市宏观层面至建筑微观层面，从整体架构至局部细节，均存在着如同生物体般的有机联系与和谐共生，强调城市建设应遵循城市内在的秩序与规律，顺应城市原有的机理，采用适度规模与合理尺度，依据具体的改造内容与需求，妥善协调各方关系。在追求可持续发展的基础上，积极探求城市的更新路径与发展方向，不断提升城市规划的质量，以确保城市改造区域的环境与城市整体环境相一致[8,12,13]。"有机"意指元素间的相互依存与和谐统一，类似生物体的内在联结。而"更新"的本质超越了简单的拆除与重建，更倾向于在原有风貌与结构的基础上实施适应性调整，即在保持原有风貌与机理特征的基础上，进行适当且必要的调整与改良，以满足当前生活的实际需求。因此，"有机更新"可视作遵循"新陈代谢"理论的一种渐进式整治，意味着区域更新与城市发展的协同性，更新过程与自然环境的协调统一。

有机更新的过程应严格遵循三个核心原则，确保更新工作的顺利进行：（1）整体性。在更新进程中，需要重视建筑的整体性维护，审慎选择修缮材料与工艺，以保障其与周边环境的和谐相融。任何更新举措均应避免破坏原有空间布局及城市结构特征，防止新建元素对整体环境产生负面影响。（2）渐进性。一个区域的更新是一个长期且持续的过程，不能急于求成。在更新过程中，若遇到诸如土地用途限制、资金短缺等挑战，应积极应对，解决问题，而不是降低更新标准或匆忙推进，坚持逐步推进，确保更新的质量和品质。（3）延续性。在改造更新的进程中，深入探究历史脉络，分析历史演进路径，努力真实再现当地历史文化、传统习俗及民俗风貌，同时尊重并弘扬本土的文化传统与习俗，以保障改造后的区域维系其历史文化的连贯性与传承特性。

有机更新的理念契合城市可持续发展的需求，其整体规划、逐步推进及持续性的原则具有广泛适用性，同样适用于历史城区的维护与更新工作。古城更新是城市更新的重要组成部分，涵盖多个维度与方面[14,15]。从广义上讲，古城更新是指对拥有大规模古代建筑的城市聚落进行综合性的改造与发展，旨在保护历史文化遗产、提升城市品质、促进经济社会发展。具体而言，古城更新包括了对古建筑、遗址、故居等历史文化遗产的保护与修复，以及对城市功能、产业结构、空间布局等方面的调整与优化。这一过程中，需要平衡历史文化保护与现代城市发展之间的关系，既要保持古城的独特风貌和文化底蕴，又要满足现代居民的生活需求和经济发展的要求。

2.2 古城更新

古城为城市构成部分，城市更新包含古城更新，古城保护亦循相似路径。从过去的大规模拆除，到各地一度兴起的"拆真建伪"风潮，再到如今对古城保护与开发日益持理性与审慎的态度，我国古城在城市更新的浪潮中经历了从"被误解"到"被正视"的变迁。人们的关注焦点也逐渐从单纯的环境与土地利用功能的物质改善，转向更深层次的人的发展与城市文化传承，同时，对古城遗产的价值认识，也从单纯的经济价值转向了其内在的文化价值。

古城保护与更新工作跨越不同地域、年代，针对功能多样、类型各异的历史城区，需要依据改造目标与用途的差异而灵活施策。从综合视角审视，历史城区的保护与更新不仅要细致考量各区域的发展轨迹，更要秉持整体观，提升居民的生活环境质量。这一过程不仅限于对建筑、街巷的物理重构，而应基于地域空间布局、建筑特色及其与人的互动关系，结合当前与未来需求，采取策略以促进古城的可持续发展。

古城遗产的保护应强调历史文化资源价值的渐进式维护，采用精细入微的"绣花式"改造手法。对于非核心保护区，亦应避免大规模拆建，转而采用小规模、渐进性、点状触发的更新模式，维护整体风貌的同时，通过适度融入新元素，在保持古城历史风貌的基础上，激发古城活力，深挖文化旅游潜力，通过城市文化活动和历史展览等，营造文化氛围，推动文化旅游发展。

2.3 古城文旅融合

文旅融合，作为文化旅游业转型发展的必然趋势，早在20世纪八九十年代便在我国引发了广泛的理论探讨和实践尝试。2018年，文化和旅游部组建，标志着从政策层面进一步推动了文化与旅游的深度融合。这种融合不仅是两个产业的简单相加，而是两者在内涵上的"交织相融、彼此蕴含"，即文化赋予旅游更深厚的内涵，旅游为文化提供更广阔的传播平台。张朝枝等学者提出，文旅融合是一个层层递进的过程，从资源的整合利用，到产品的创新开发，再到产业的协同发展，最终达成相互促进、优势互补、互惠共赢的目标[16]。当前，学术界关于文化和旅游融合的研究已构建起一套相对完备的体系，其范畴广泛覆盖了宏观理论架构的搭建、中观融合途径的探索，以及微观具体案例的分析。研究的核心议题集中于文旅融合的学术本质、融合带来的效应、新型业态的创新、成果的评价体系以及推动策略等多个维度。

古城作为展现城市独特魅力与蓬勃活力的关键要素，蕴含着深厚的历史、美学、文化、社会、环境、建筑、经济及文脉等多维度价值。从学术研究的演进视角审视，学界对历史城区的探讨主要聚焦于其保护更新策略、可持续发展路径、规划设计理念以及旅游开发模式等方面。由于古城不仅承载着丰富的文化内涵，还是旅游目的地资源的关键构成，古城与文化旅游的融合展现出高度的天然契合性。尽管已有部分研究尝试将历史城区与文旅融合相联系，但这些研究大多侧重于古城文旅融合的发展策略探讨，而对古城文旅融合的基础性认知，尤其是其内涵与结构方面，尚缺乏深入系统的研究，这在一定程度上阻碍了古城文旅融合的深入发展进程。

鉴于文旅融合在古城保护开发、活化利用及永续传承中扮演着至关重要的角色，本文认为古城文旅融合主要包含三大组成部分：古城文旅资源融合、文旅产品融合以及文旅产业融合，三个方面相互关联、协同作用，共同推动古城在文旅融合的大趋势下，实现有机更新的发展进程[17]。

古城文旅资源融合是一个涉及多个阶段和层面的复杂过程，其中有机更新理念的应用对于实现资源、产品和产业的深度融合具有重要意义。在古城文旅资源融合阶段，有机更新的理念强调对古城原有文化资源和旅游资源的尊重与保护。通过对这些资源的重新梳理、整合与开发，不仅要重构文旅资源体系，提升资源品位和价值，更要注重保持资源的原真性和完整性；在古城文旅产品融合阶段，有机更新理念倡导在依托古城文旅资源的基础上，打造集观赏、参与和体验于一体的文旅产品，在产品设计时，既要注重产品的文化内涵和创意性，又要考虑游客的实际需求和体验感受，不断优化文旅产品，使其更加符合市场需求，提升游客的满意度和忠诚度。最后，在产业融合阶段，有机更新理念强调在资源和产品融合的基础上，打造和拓展文旅产业链。这包括加强与文化创意、旅游服务、交通运输等相关产业的联动发展，形成产业协同效应。通过有机更新，我们可以推动古城文旅产业在经济、社会、文化和生态等方面的融合发展，实现产业的可持续发展。

3 研究设计与方法

3.1 古城介绍

3.1.1 古城概况

建昌古城又名西昌古城，位于西昌市市府街。自古以来，西昌就是通往祖国西南边陲的重要通道，是古代"南方丝绸之路"和"茶马古道"的必经之地。建昌古城始建于明洪武年间，已有600余年历史，被称为西昌历史文化的"活化石"。清代西昌举人杨学述曾这样描述建昌古城，"水郭山垣绕建城，关门锁钥自天生。要知山水清佳处，二百年来享太平。"数百年来，各种重大历史事件无不在古城留下痕迹。

3.1.2 古城形态与格局

建昌古城址坐落于西昌市区东北部，与邛海遥相呼应，相距5公里，共绘"北古城、南邛海"之景。明代时，古城呈正方形，四周城墙各长1200米，占地144公顷，现存面积约130万平方米。古城保留明代街巷布局，以四牌楼为中心，辐射北街、南街、仓街、府街，四街呈"十"字相交，辅以九街十八巷，构成古城骨架。城门四座，南北东西对称，现存大通、安定、建平三门，均镌"洪武贰拾年四月吉旦立"字样。城内街巷交织，四通八达。

大通楼是建昌古城的地标建筑，建于明洪武年间。历经战争、自然灾害的蹂躏，屡次毁坏又屡次重建。1998年重建的大通楼仍保持了明代的建筑风格，复原了明代砖石城墙，还原了瓮城，恢复了昔日的壮观。城内的景净寺、发蒙寺、关帝庙、城隍庙等历史建筑和文化遗迹，见证了西昌的悠久历史。

明代建城时北西两墙完全重筑于唐嶲州城墙之上，走向一致。后东南角因水患修缮成弧，之后建昌古城形如展扇，与邛海相衬，西昌因之得"月城"雅号。2021年起，西昌启动古城保护工程，2023年确定为国家4A级旅游景区。

3.1.3 古城更新沿革

2021年，西昌全面启动建昌古城保护更新项目，整体性推进建昌古城复原建造。华采堂企业旗下白马文化发展集团主要参与本次古城更新项目，更新经历了如下三个阶段：

（1）一期修旧如旧，复原古城风貌（2021年下半年至2022年11月）

项目启动以来，西昌市按照"保护为主，抢救第一，加强管理，合理利用"的文物保护方针，特邀云南、江苏及本地古建筑修复专家与非遗传承人，对建昌古城总规中涉及的12处不可移动文物点和17处历史建筑，采用传统施工技法和传统建筑材料展开修复，严格保留现存文物建筑的基本特征，最大限度留存历史信息。一期项目抢救性保护修复了建平门、四牌楼遗址及300余米古城墙，复原了涌泉街、北街、南街风貌，并对8口古井、287棵古树及上万件老物件实施标记、收集与保护，有力维护了古城的历史机理与景观风貌。

（2）二期传承非遗，有序推进更新（2022年12月—2023年1月）

二期有机更新项目聚焦于黄家巷、府街、清真寺及肖家大院等区域，强调文化体验特色，融合展览、教育、商业与娱乐功能，构建多元文化交流平台。此外，项目还包括大通门外的全新规划，旨在优化城墙公园景观，并增设停车场及商业综合体等配套设施，整体提升了建昌古城的环境品质，打通发展命脉，提高区域服务能力，极大地提升了游客的游览体验。

建昌古城二期有机更新项目与一期保护更新项目连接互融，形成整体。院落相连，街巷相通，每到一处都能感受文化与时空的碰撞与沉淀，都是一次寻觅西昌文化脉络的体验。唐卡展示馆、马骀纪念馆、国家级和省级非遗展示馆……22处展览馆，让那些本来停留在古籍、建筑、博物馆里的历史，就这样"活"了起来。

（3）三期文旅融合，激发发展动力（2023年2月至今）

以建昌古城原生风貌机理为基底，以"一心、一片、一墙、两轴、三门"为一、二期工程，其余部分为三期工程进行重点改造。对"一心"辐射的四角区域、"两轴"纵深区域、"一片"的"五巷"覆盖区域、"一墙"深度开发区域、太子巷区域、府街北侧局部区域进行改造。主要项目包括："四牌楼国际商业中心""楚芳班老戏院""马骀艺术馆""吉羊清真寺""南丝彩路历史文化公园""建平门—北街高品质生活组团""安定门—府街生活美学组团""东园府衙园林艺术院落""南街—太子巷民俗记忆消费组团"及大型停车场等配套项目。

更新后的建昌古城在保留在地居民生产和生活方式的基础上，引进了多种商业业态入驻，特别是游客所需的体验、服务、产品，使古镇业态整体实现良性循环，成为环境优美、业态丰富、文化多元的全新"文旅街区"。有效传承古城历史根脉，激发旅游消费活力，并显著增强城市文化传播功能，有力推动了产业、城市与景观的深度融合。形成西昌"上有古城、下有邛海"的文旅新格局。通过华采堂企业的运营，吸引了海量游客。据统计，2023年该项目游客量已达到700万人次。2023年3月，被确定为国家4A级旅游景区，成为西昌又一个叫得响的"金招牌"。

3.2 研究方法

本研究选用案例研究法，基于以下考量：首先，本研究旨在回答古城如何适应文旅融合发展趋势，实现古城更新，研究目的是丰富这一领域的例证，通过理论联系实际进行分析，采用案例研究法较为贴切。其次，古城更新的过程，受到更新理念与更新目标的影响，针对特定项目而言，案例研究法更适宜深入探讨。最后，本研究专注分析文旅融合视域下古城有机更新的方法与路径，案例研究法为适宜之选。

3.3 数据收集与分析

研究整合了丰富的一手与二手数据资源，实施"三角验证"策略以减少访谈回溯偏差，包括但不限于现场观察、访谈记录及分析白马文化发展集团的官方文件与档案等。2024年4—6月，多次赴建昌古城开展田野调查，运用半结构访谈、参与观察及文本分析等研究方法收集资料。首先，初步了解古城历史与旅游发展概况，进而通过参与式观察与访谈深入探究古城更新及文化旅游的发展历程，并以游客身份观察建昌古城的古建筑及街区风貌、体验非遗文化等文化旅游活动。

本研究遵循全面覆盖与典型代表相结合的原则，选取涵盖旅游企业管理人员（G）、旅游企业工作人员（E）、古镇居民（V）、个体商户（P）及游客（T）等人员类型在内的25位受访者进行深入访谈，每位受访者的交流时长均超过30分钟。访谈议题广泛，包括但不限于建昌古城文化旅游从业人员构成，古城环境变迁、产业发展态势及文化体验感知等多个维度。访谈结束后，对音频记录及文本进行系统整理与分析，提炼有效文本资料约4万字。为便于后续研究，依据受访者的身份类别及访谈先后顺序，对每位受访者进行了分类编码（详见表1）。相应的访谈数据如图1所示。

表1 访谈对象与访谈重点

编号	性别	年龄/岁	身份	访谈重点
G01	男	45	旅游企业管理人员	建昌古城更新历程、旅游发展历程、重要事件、更新政策文件和旅游规划等
G02	男	34	旅游企业管理人员	
G03	男	36	旅游企业管理人员	
E04	男	36	旅游企业工作人员	建昌古城发展历程，企业主要经营范围及参与建昌古城修缮的主要工作等
E05	男	25	旅游企业工作人员	
E06	女	33	旅游企业工作人员	
E07	男	35	旅游企业工作人员	
T08	女	23	游客	对建昌古城文旅资源、产品、产业的评价，文化体验感受等
T09	女	23	游客	
T10	男	67	游客	
T11	女	26	游客	
T12	男	30	游客	

续表

编号	性别	年龄/岁	身份	访谈重点
P13	女	32	个体商户	开始经商的时间、原因，文旅市场的环境变化，政府政策及企业运营的影响等
P14	男	44	个体商户	
P15	男	33	个体商户	
P16	女	35	个体商户	
P17	女	57	个体商户	
V18	男	80	古城居民	对古城更新、文旅发展的感知，工作经历的变化，收入、生活和基础设施的变化情况等
V19	女	77	古城居民	
V20	女	28	古城居民	
V21	男	35	古城居民	
V22	男	44	古城居民	
V23	女	27	古城居民	
V24	男	36	古城居民	

4 案例分析

基于建昌古城案例实践，发现古城成功迎合文旅发展趋势，实现有机更新的策略主要体现为：景观风貌保护更新——坚持原真；文化结构秩序更新——全面激活；旅游经济业态更新——以文促旅。

4.1 景观风貌保护更新：坚持原真

根据有机更新理论，应着眼于古城现状，量身定制保护与发展的战略规划，维护聚落结构与古城景观的整体性，同时突出更新实践中的主体性。鉴于此，对建昌古城的历史建筑进行详尽的分类与系统性统计就显得尤为重要，需依据建筑、文物的类型风貌进行分类汇总，并据此设定不同保护级别的更新干预措施。

建昌古城严格遵循"修旧如旧、产业活化、有机更新"的原则，通过重新审视老城区的文化内涵，以"绣花功夫"代替"大改大建"，进行文物修缮，严格

D 四川文旅融合典型案例

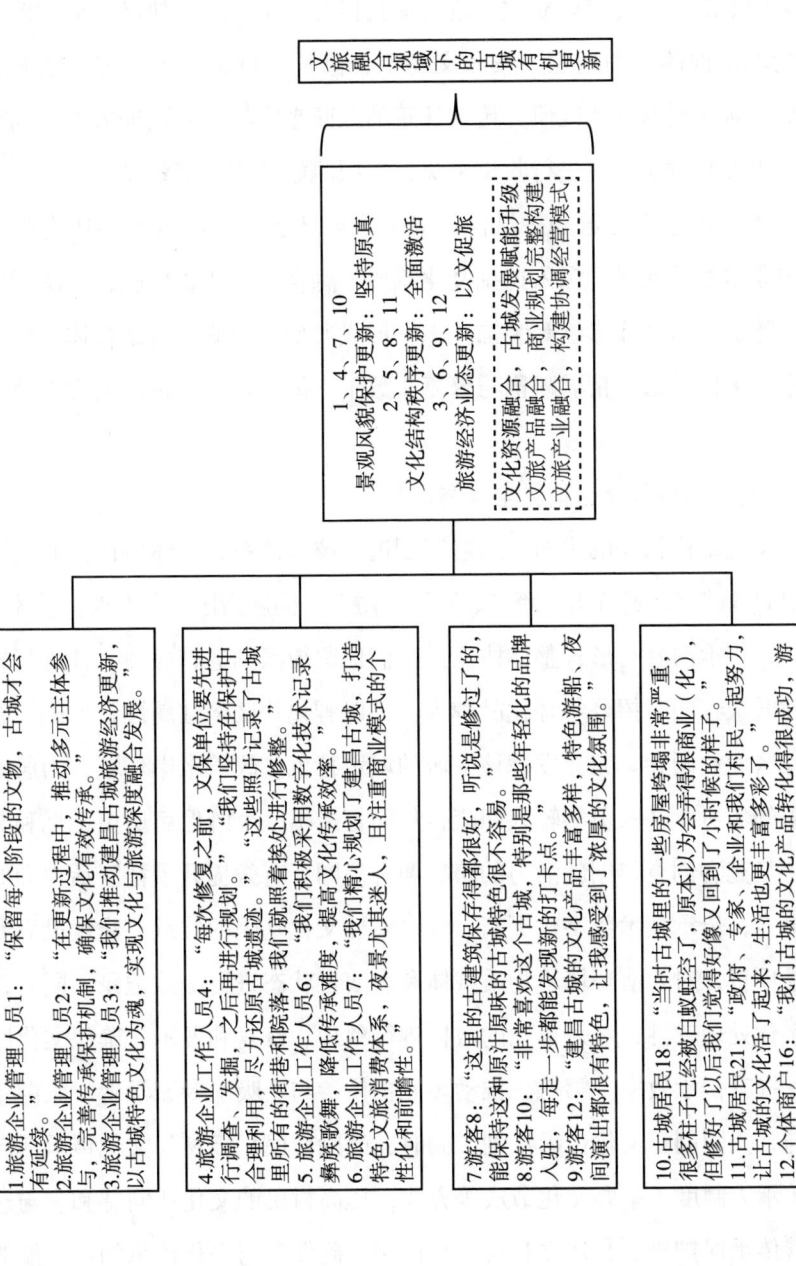

图1 文旅融合视域下的古城有机更新策略的访谈数据支持

073

保留现存文物建筑的基本特征，塑造街巷空间脉络，延续传统巷道文化肌理，实现植物和场地的共生，最大限度地保存历史信息。第一，古城风貌整体统一。针对核心保护范围内的传统风貌建筑进行原真修复展示，立足建昌古城"四川现存最大木构城市群落"的地位，按照文物工程修复原材料、原工艺、原形制的原则，修缮团队找到西南地区研究传统建筑的工匠来实施专家论证方案，同时到云南以及四川民间对老材料进行收集采买，按照原始结构修缮贸易最多、文化最多元的南北街，还原了马道和护城河，最大限度地还原建昌古城的历史原貌。第二，沿用原本建筑元素。深入挖掘文化特质，融合明清建筑精髓，广泛运用古印石刻、木雕灰塑与金漆彩绘等装饰艺术，形成典型的川滇建筑结合体。建筑集合丰富元素、多样风格、精湛雕饰与繁复灰数于一体，每栋建筑均展现出独一无二的特色。

4.2 文化结构秩序更新：全面激活

针对文化结构秩序的更新，从内容创造、技术体系、主体协作方面进行，在尊重原貌的基础上，塑造出"跨界、精致、融合"的新街区形象和时尚艺术地标。

第一，传承内容与形式整体协调。我们保留街区的老牌底商，并进行软硬件的针对性升级，同时招募年轻化品牌入驻，以孵化片区网红属性，形成"新老同框"的社区商业画卷。充分发挥该区域的滨水特色，改善水岸环境，为居民提供休闲娱乐的场所，并吸引年轻人回流，从而打造出一个既保留历史记忆和文化生活气息，又充满创意与创新活力的跨界融合商圈，有效提升了社区活力和城区吸引力。第二，传承技术数字化更新。针对隐性文化基因的传承，建议设立专项数字化记录项目，对表演环境、物质载体和表演者状态进行细致记录。同时，开发专用数字化处理软件，对采集到的数据进行整理、修复和展示，确保文化原真性的同时，提升传承效率。第三，推动多元主体参与。吸引专家学者、旅游企业和村委参与，共同制订文化传承计划。同时，鼓励村民积极参与文化传承活动，通过设立传承人制度、举办文化节庆等方式，提高村民的文化认同感和参与感。第四，完善传承保护机制，建立利益共享机制，确保参与文化传承的各方能够获得合理的回报。此外，鼓励创新传承方式，如开发文化衍生品、举办文化体验活动等，让更多人了解和参与文化传承。

4.3 旅游经济业态更新：以文促旅

推动建昌古城旅游经济业态更新，建设以彝族文化为主题、融合地域文化特色的新型消费空间，并促进从传统个体经营模式向企业组织协调经营模式转变。

第一，文化资源融合，古城发展赋能升级。针对建昌古城的自然生态及彝族民俗等文化资源，实施产品转化策略，旨在通过开发夜间实景演艺活动以及服装摄影服务等项目，实现其文化资源的创新性利用与深度体验。大量引进的省级及以上的非遗品牌，如彝族漆器、银饰、唐卡博物馆、树下美术馆、蜀绣博物馆等，将文化元素嵌入旅游产品和旅游服务中，不仅丰富了游客的观赏和体验选择，也极大地增强了景区的文化魅力和游客的互动体验。第二，文旅产品融合，商业规划完整构建。将古建筑群进行修整，梳理建昌街巷道路，形成集"吃、住、行、游、娱、购"于一体的特色文旅消费体系，巧妙运用灯光艺术，精心打造古城夜景。得益于华采堂企业"EPC+O"的模式，建昌古城的运营管理确保了建筑设计与运营策略的无缝结合。通过华采堂企业的前瞻性运营布局，针对不同商铺特点提前规划匹配合适的商业模式，有效避免商业化气息过浓和连锁品牌泛滥的问题。第三，文旅产业融合，构建协调经营模式。以白马文化集团作为核心运营主体，通过资本合作与资源共享机制，有效促进当地居民的本土化就业，推动经济效益与文化资源的双向互动与转化，构建以多元化主体协同参与为核心，以达成互信、互利、共赢为目标的综合性合作体系。

5 研究结论与讨论

本研究围绕"城市如何适应文旅融合大势推进古城更新"得出如下结论：（1）从文旅融合视角对古城保护更新进行研究，丰富了"古城更新"的理论体系。本研究在文旅融合视角下，引入有机更新理论，认为古城更新在文化传承与旅游利用中达到平衡的关键在于，尊重古城的内在秩序和规律，顺应城市的机理，挖掘古城的文化内涵，采取适当的规模、尺度、方式，将文化元素与旅游业态进行深度融合，注重古城更新的可持续性。（2）文旅融合视域下，古城更新的动力来自政府、市场、社会力量的良性互动，古城更新应采取小规模、渐进式的有机更新模式，通过富有创意的策划实现古今之间的对话。（3）基于建昌古城案例实践，发现古城成功迎合文旅发展趋势实现有机更新的策略主要体现为：景观风貌保护更新、文化结构秩序更新、旅游经济业态更新。

本研究存在以下不足：案例选取的建昌古城，属于历史文化城区。由此，研究结论在解释其他类型的城市街区时可能存在局限。

参考文献

［1］岳晓燕，孙业红. 遗产旅游：构建入境旅游跨文化交流的重要桥梁［J］. 旅游学刊，2024，39（4）：12.

［2］林春水. 历史性城镇景观（HUL）数字化保护与满族传统文化传承研究——以沈阳盛京皇城为例［J］. 黑龙江民族丛刊，2021（5）：135.

［3］王庆歌. 以文化为导向的古城空间生产研究［J］. 东岳论丛，2023，44（7）：182.

［4］卢济威，张力. 基于城市复兴的古城更新——连云港海州古城城市设计［J］. 城市规划学刊，2016（1）：80.

［5］周艺，李志刚. 城中村公共空间的重构与微改造思路研究［J］. 规划师，2021，37（24）：67.

［6］杨滔，李晶，李梦垚，等. 苏州古城历史文化遗产保护与活化的数字孪生方法［J］. 城市规划学刊，2024（1）：82.

［7］彭丹，黄燕婷. 丽江古城旅游地意象研究：基于网络文本的内容分析［J］. 旅游学刊，2019，34（9）：80.

［8］吴良镛. 北京旧城居住区的整治途径——城市细胞的有机更新与"新四合院"的探索［J］. 建筑学报，1989（7）：11.

［9］刘会晓，邱小亮，耿红生. 焦作市中心城区旧城更新规划探析［J］. 规划师，2021，37（22）：66.

［10］张旭璐，吴亮芳．历史文化街区有机更新实践与策略研究——以某街区有机更新为例［J］．建筑经济，2023，44（S2）：588．

［11］邵任薇，卢雪莹，岳艺霖．"双碳"目标下老旧小区绿色改造的有机更新策略研究——以广州为例［J］．上海城市管理，2024，33（2）：28．

［12］吴良镛．从"有机更新"走向新的"有机秩序"——北京旧城居住区整治途径（二）［J］．建筑学报，1991（2）：7．

［13］邵健健．超越传统历史层面的思考——关于上海苏州河沿岸产业类遗产"有机更新"的探讨［J］．工业建筑，2005（4）：32．

［14］俞振武．苏州古城保护更新实施优化策略研究——基于政府行为与角色视角［J］．城市规划，2022，46（S1）：13．

［15］苗红培．空间生产视野下我国古城更新的演进机理与路径展望［J］．东岳论丛，2022，43（6）：156．

［16］张朝枝，朱敏敏．文化和旅游融合：多层次关系内涵、挑战与践行路径［J］．旅游学刊，2020，35（3）：62．

［17］章坤，谢朝武，张江驰，等．历史文化街区文旅融合的内涵结构与实证测度——以晋江五店市为例［J］．旅游论坛，2023，16（5）：89．

现代艺术与古镇建筑融合案例研究
——以李庄古镇月亮田景区为例

[作　者] 李潇涵（四川大学旅游学院）

摘　要： 现代艺术和古建筑的融合发展是传统建筑发展的必然趋势。本文通过访谈法和问卷法对李庄古镇月亮田景区为例进行实地调研，分析了影响景区现代艺术和古建筑融合发展的主要因素和景区游览体验等方面的内容。研究发现文化融合与创新、游客体验与满意度、社区参与与共建、市场竞争与地域特色和管理与维护策略是实现现代艺术与古镇建筑融合的关键。李庄古镇月亮田景区在游客满意度方面存在下降的问题，与人文街等其他景点相比，新建的24院落对游客更具吸引力。游客对景区内的特色建筑抱有更高的期待值，对李庄古镇月亮田景区的环境卫生、消费价格合理性以及酒店住宿条件、服务的满意度相对较低，对特色手工艺品、特色美食、特色服饰以及秀美的自然环境满意度较高。这为其他景区在现代艺术与古镇建筑的融合建设方面提供了有益借鉴。

关键词： 现代艺术；古镇建筑；访谈法；问卷调研

1　研究背景

现代艺术和古建筑融合发展为传统建筑谋求了一条新的出路。随着现代社会的发展和城市化进程的加速，古镇建筑作为中国传统文化的重要载体，逐渐成为人们追寻历史记忆和文化根源的重要场所。然而，古镇在现代化的冲击下，往往面临着发展与保护的困境。为了保护古镇建筑的历史文化价值，同时满足现代社会的需求，人们开始探索如何将现代艺术元素融入古镇建筑中，以实现文化传承与时代发展的有机结合。

李庄古镇，作为中国传统水乡古镇的典型代表之一，其建筑风貌、历史文化底蕴深厚。然而，面对着现代旅游业的崛起和文化产业的发展，李庄古镇也面临着如何在传承中发展、在保护中创新的挑战。月亮田景区作为李庄古镇的重要景点之一，其融合了现代艺术元素的开发与建设，成为古镇与现代文化交融的典范。

因此，本文将聚焦李庄古镇月亮田景区，探索现代艺术与古镇建筑融合的具体实践。通过访谈法和问卷调查深入了解月亮田景区的规划、设计理念以及艺术元素的运用情况，可以揭示现代艺术是如何与古镇建筑相互融合，以及这种融合是如何促进了古镇的文化传承和发展的。通过对月亮田景区的案例研究，可以总结出现代艺术与古镇建筑融合的成功经验和关键因素，为其他古镇的文化保护与发展提供借鉴和启示。同时，我们也可以为现代艺术在传统文化场景中的应用提供实践经验和理论支持，促进中国古镇文化的传承与创新，推动古镇旅游业的可持续发展。

2 文献综述

近年来，随着中国城市化进程的不断加速，古镇建筑作为中国传统文化的珍贵遗产备受关注。在这一背景下，如何在古镇保护与发展之间找到平衡，如何将现代艺术与古镇建筑相融合，成为学术界和实践者们关注的焦点之一。本文将围绕"现代艺术与古镇建筑融合"的主题，以李庄古镇月亮田景区为例，对相关文献进行综述和分析。

众多学者关注古镇建筑的保护与发展问题。其中，有学者从历史文化、建筑风貌、社会经济等方面分析古镇建筑的独特价值，强调其在当代社会中的重要性。如于越（2022）将位于山西省晋城市泽州县的大阳古镇传统民居院落作为主要研究对象，通过多次实地走访与文献收集，研究此地民居院落的形成过程及建筑特色，为晋东南地区的旅游开发提供新的思路[1]。张跃华（2018）实地考察研究，从黄龙溪古镇的传统建筑特色入手，对古镇的街道布局形态，古镇房屋建筑的构筑之美、环境之美等多方面的文脉因素进行深入探讨[2]。

也有学者指出古镇建筑在现代化进程中面临的挑战，如商业化、城市化对传统文化的冲击等，并对古镇建筑保护提出建议和措施。周红等（2015）指出古镇旅游开发存在定位不清晰、忽视优势资源、单打独斗、古镇核心文化区域缩减、生态资源破坏严重、旅游基础设施建设薄弱等问题[3]。陈子仟等（2020）提出恢复性重建马桑溪古镇老码头村落，宜采用经济、易实施的重建模式等，以重构还原文化特征及传统民居的特性[4]。张中华和韩蕾（2018）以陕南柞水县凤凰古镇为例，以人类学领域中的"地方性知识"理论为基础，系统阐释了古镇聚落景观的地方性知识构成体系，分析了地方性知识的生成环境、类别以及表达形式，从而为传统聚落景观的保护规划提供支撑[2]。董征（2019）以同里古镇的新型能源技术实践作为实例，指出采用清洁可再生能源新技术可在不破坏古镇空间风貌特征的基础上，提升古镇基础设施的规模、稳定性及分布程度，应利用绿色生态建筑的新技术对建筑进行改造[5]。林小如等（2021）基于韧性城镇生命体系理论，从白水营古镇当前特色产业链断裂、传统街巷空间肌理破碎等现状出发，探索出一套由形态、文态、业态合成的内生推力和由生态与政策制度势态构成的外在拉力共同合成的古镇复兴动力机制，从产业、生态、文化、空间和制度层面提出了白水营古镇复兴的韧性发展策略[6]。

关于现代艺术与古镇建筑的融合，学术界总结了许多理论与实践探索。一些学者主张通过艺术创作和文化活动，使现代艺术与古镇建筑相互融合，实现文化传承和创新。谢亮等（2021）通过实地勘测，运用HSL色谱分析法，从色相、饱和度、明度等角度探究皖中传统建筑色彩的使用规律，分析比较色彩的属性、中心和离散程度，并举皖中地区的仿古街区的案例进行比较分析，提出以古为根，谋求创新的应用策略[7]。郑鹏（2023）利用虚拟仿真技术对古建筑进行模拟，再现古建筑原有历史场景，借助VR虚拟仿真技术、可视化漫游技术等方式展示出来，通过数字技术展示古镇的传统民俗文化，为游客创造出一个丰富的精神世界，提升游客在听觉、视觉以及触觉方面全方位、多角度的参观感受，也可以更好地保护古建筑[8]。总体来看，一方面，现代艺术的引入可以为古镇注入新的文化活力，激发人们对传统文化的兴趣；另一方面，也需要在融合过程中注重对古镇传统文化的尊重与保护，避免过度商业化对古镇文化的侵蚀。

李庄古镇月亮田景区作为一个成功的案例，吸引了众多学者和专家的关注。这一景区通过引入现代艺术装置、雕塑等元素，与古镇建筑相融合，形成了独特的文化景观。相关文献对该景区的规划设计与古镇历史文化的关联等进行了深入研究，总结了其成功经验和启示[9,10]。

通过对现有文献的综合分析，发现李庄古镇月亮田景区具有重要的研究价值，进一步了解现代艺术与古镇建筑融合的过程、方法和挑战，可以为其他古镇的文化保护与发展提供借鉴和启示，同时，也可为进一步探讨现代艺术在传统文化场景中的应用提供理论基础和实践经验。

3 研究设计与方法

3.1 案例地介绍

四川宜宾市境内的"李庄古镇"，是一座曾经在历史上拥有辉煌人文历史的千年古镇，位于四川省宜宾市翠屏区李庄坝，被誉为"万里长江第一古镇"。古镇致力于打造5A级旅游景区，不断转型升级，古镇中的月亮田园区是国内古镇首创的山水田园风光类特色景区。李庄古镇在原有基础上最大限度地保留了古镇的古朴韵味，这是其区别于其他古镇的最大优势。古镇中至今保留了完整的18条明清古街巷和大量古建筑房屋。李庄古镇发展历程如下：

（1）粗具规模。唐宋时期李庄古镇已形成规模。这里曾是茶马古道上的重要驿站，商贸繁荣，人文荟萃。明清时期，李庄依托长江水道的交通优势成为川南地区重要的商贸物资集散地。搭建出"码头聚核格网 + 滨江延展 + 放射性乡道"的结构雏形。

（2）格局形成。在抗日战争期间，李庄古镇是与成都、重庆、昆明齐名的

"四大文化中心"。1937年7月7日卢沟桥事变爆发至1940年，因战事趋紧，同济大学、中央研究院、中央博物院筹备处、北京大学文科研究所、中国营造学社等机构先后转往李庄古镇。由于物质条件艰苦和借驻的临时性，这些科研机构并没有开展大规模的新建设，只是在李庄向东扩建新园村区域时，形成了以主要商业街市、赶场乡路为骨架的放射状聚核格局[11]。

（3）转型升级。20世纪初至20世纪60年代，李庄古镇第一次向现代化（近代化）转型，呈现出传统集市功能向工业及其他现代功能发展动力转变的特点，形成了初代工业驱动下的内边缘带，包含古镇沿江向东延伸的新园村、李庄滨江糖厂片区，以及古镇向西南发展的种猪场（服务于南部腹地的乡村）。20世纪60—90年代，第二代民营酒厂和机械厂陆续植入两条斜街所在的区域。2000年至今，古镇从圈层放射状扩张模式转变为新区组团模式，逐渐触碰到外围山体交界地带，形成外边缘带，包括滨江区域、外围村落与浅丘农田。2016年开始，安置房小区、商品房小区、大型文旅项目陆续置入，并分布在古镇外围边缘。

（4）步入现代化。2020年4月，李庄古镇景区全面启动月亮田景区建设，通过将现代艺术与古建筑相互结合重塑了川南古镇清末民初时期的街坊形态。开发前，月亮田片区除中国营造学社旧址作为展览馆之外，无其他公共及商业服务设施。目前，月亮田景区已初步建成，形成了"一馆一址一池一街24院"，"一馆"即中国李庄文化抗战博物馆，"一址"即中国营造学社旧址，"一街"即营造人文街，"24院"即月亮田景区新建院落。重点培育夜间观光、特色餐饮、文化休闲、演艺体验、购物娱乐等夜间经济产业，依托新景观打造集李庄红色文化、抗战文化、古镇文化等于一体的主题情景剧，构建出以文化旅游为主、兼具娱乐功能的多元旅游区域。景区的建设进一步完善了李庄古镇的旅游服务功能、补齐了李庄古镇景区文化旅游功能短板，提升了景区发展潜力。

3.2 数据收集

3.2.1 访谈

本研究严格遵循量表开发程序，通过半结构访谈，采用扎根理论对访谈文本进行开放式编码和轴心式编码，识别出影响现代艺术与古镇建筑融合发展因素的范畴和主范畴。在此基础上，结合文献回顾设计初始测项，经与多位专家和课题组成员研讨，对初始测项进行筛选和净化，最终形成初始量表。接着展开预调研，检验量表的可靠性并确定正式量表。随后，以李庄古镇乡村居民和游客为正式调研对象，对收集的问卷数据依次进行探索性因子分析和验证性因子分析。最后，对量表的效标效度进行检验，进一步验证量表的有效性。

回顾相关研究，发现学者们往往从不同的角度诠释现代艺术与古建筑融合发展的影响因素，但大多强调传统建筑特色、现代艺术和传统建筑与现代艺术的融合等内容。为了识别影响现代艺术与古建筑融合发展因素的初始维度，进一步发展初始测项，团队于2024年4月1日—20日在李庄古镇月亮田景区进行了实地调研，访谈平均时间为30分钟，包括游客、当地居民、景区策划者、景区管理者等共22人，受访对象中16人为初中及以下学历，多为中老年人。访谈问题包括"您认为李庄古镇月亮田景区最吸引您的地方是什么？""您认为李庄古镇中的建筑设计是否能打动您？""您认为现代艺术和古建筑的融合是否有冲突？"等内容。本研究对李庄古镇月亮田景区收集的访谈文本进行开放式编码和轴心式编码。其中，开放式编码是将原始访谈资料中有意义的语句、段落进行编码，并从中提炼初始概念，发展概念范畴。本研究从22份原始访谈资料中随机选取15份访谈资料进行编码，最终提炼出17个概念。因部分概念存在交叉，通过进一步提炼，概括出15个范畴，分别为：传统文化传承、现代审美与创意、文化交流与对话、景区导览与解说、互动体验项目、游客反馈与调研、社区活动与参与、社区合作与资源共享、社区反馈与建议、目标市场定位、品牌推广与营销、地域文化价值挖掘、艺术品保护与维护、安全管理与风险控制和人才培养与团队建设。通过对上述15个范畴的逻辑进行分析，紧接着进行了轴心式编码，最终将影响现代艺术与古镇建筑融合的发展因素归纳为5个主范畴，分别为文化融合与创新、游客体验与满意度、社区参与与共建、市场竞争与地域特色、管理与维护策略。为保证研究效度，本研究将预留的5份访谈记录进行了理论饱和度检验，按同样方法进行编码分析，并未发现新的概念和范畴，表明本研究所归纳的范畴和维度在理论上是饱和的。见表1。

表 1 影响现代艺术与古建筑融合因素的维度开放式编码和轴心式编码结果示例

主范畴	范畴	概念	访谈文本
文化融合与创新	传统文化传承	探讨传统文化的传承和保护	这里的建筑真的太美了，很有明清特色（游客）
	现代审美与创意	分析现代艺术元素如何在古镇建筑中体现创新和现代审美观念	咖啡馆、书店在这些古老建筑里面并不突兀，反而带给了我一种新奇感（游客）
	文化交流与对话	考察现代艺术与古镇建筑融合过程中不同文化间的交流与对话，是否有促进跨文化理解的作用	一座古老的民居里摆放着现代艺术家创作的装置艺术品，让我感受到了传统文化的底蕴，也展示了当代艺术对传统的致敬与延续
游客体验与满意度	景区导览与解说	研究景区导览服务对游客体验的影响，以及对现代艺术与古镇建筑融合的解说是否增强了游客的理解与欣赏	一位游客在采访中提到，在参观景区时，导游详细解说了每个现代艺术装置的历史渊源和创作灵感，使得游客们对这些艺术品有了更深入的了解。导游的专业解说不仅增加了游客的参与感，也提升了他们对景区的认知和欣赏度
	互动体验项目	分析景区是否设计了互动体验项目，如艺术工作坊、互动装置等，以提升游客的参与度和满意度	我们在景区设计了一系列互动体验项目，旨在提升游客的参与度和满意度。其中包括艺术工作坊和互动装置等。在艺术工作坊中，游客可以亲自参与到艺术创作的过程中，与艺术家互动交流，感受艺术的魅力
	游客反馈与调研	了解游客对景区的实际体验和反馈，通过调研评估游客满意度，并据此改进景区服务	我会给游客发放问卷，也会走访我们的商铺，包括餐馆、文创店，询问游客的整体意见（景区管理者）
社区参与与共建	社区活动与参与	调查当地社区是否组织了相关活动，如艺术展览、文化节庆等，以增强社区对景区的认同感和参与度	我参与了古镇文化艺术节的筹备工作，通过展示自己的手工艺品和艺术作品，我感受到了与古镇文化的紧密联系。这次活动不仅增强了我的归属感，也让我更加珍惜古镇的文化遗产。我希望未来能有更多这样的活动，让居民可以更多地参与到古镇的文化建设中来
	社区合作与资源共享	研究景区管理者与当地社区的合作模式，包括资源共享、人才培养等方面的合作关系	我们有招聘一些当地的工作人员，你看到的周围的商铺里面很多工作人员都是当地居民（景区管理人员）

续表

主范畴	范畴	概念	访谈文本
社区参与与共建	社区反馈与建议	了解社区对现代艺术与古镇建筑融合的态度和意见，是否积极支持，以及提出了哪些建设性的意见和建议	我们在做设计的时候是有过多次实地调研的，从建筑风格到居民的满意度，我们都有考量（景区策划者）
市场竞争与地域特色	目标市场定位	分析景区管理者如何确定目标市场，以及如何在市场上突出景区的独特地域特色和卖点	我们将目标市场定位在年轻一代和艺术爱好者群体上，因为他们更容易接受现代艺术与传统文化的结合。通过在市场上突出古镇独特的地域特色和文化底蕴，我们吸引了大量目标客群的关注。我们将继续挖掘和展示古镇的地域文化价值，以保持景区的竞争力和吸引力（景区管理者）
市场竞争与地域特色	品牌推广与营销	探讨景区在市场竞争中采取的品牌推广和营销策略，以提升景区的知名度和吸引力	我们在携程、大众点评等多个线上平台都进行了宣传和推广，也有打算去做专门的网红打卡地，这一方面我们还是会高度重视的（景区管理者）
市场竞争与地域特色	地域文化价值挖掘	研究景区如何挖掘和展示本地的地域文化价值，以吸引更多游客和提升竞争力	李庄古镇是多文化集聚的一个场所，像抗战文化，这里当年可是文化中心，还有这个清末的古建筑，现在改造修建得也很好，我们肯定是愿意带孩子来看的（游客）
管理与维护策略	艺术品保护与维护	了解景区管理者如何保护和维护古代建筑，以确保其长久地保存和展示	我们实际上是在保护古建筑的基础之上，添加现代元素对其进行部分改造的（景区管理者）
管理与维护策略	安全管理与风险控制	分析景区管理者在融合过程中采取的安全管理措施和风险控制策略，以确保游客和景区设施的安全	我们在修建的过程中以及建成后都是有景区安保工作人员的，也进行日常的防火、防拥挤的演练（景区管理者）
管理与维护策略	人才培养与团队建设	研究景区管理团队的人才培养和团队建设措施，以确保管理工作的高效运行和良好管理效果	现在景区的工作人员会越来越多，后面我们也会在学历和工作经历方面去考虑，招收一些更加高素质的人员，来提升我们整体的人员素养（景区管理者）

3.2.2 问卷

本研究采用网络和现场两种途径发放问卷，共发放 192 份，收回 150 份，有效率为 78.12%。问卷分基本信息、游客旅游信息和旅游形象游客感知调查三部分，第三部分中涉及景点印象打分、对李庄古镇月亮田景区旅游期待值和实际感受值打分、对李庄古镇月亮田景区旅游形象打分和对李庄古镇月亮田景区旅游服务满意度打分五个维度。通过 SPSS22.0 软件进行可靠性分析，五维度 Cronbach's Alpha 值分别为 0.801、0.828、0.886、0.835 和 0.851，满足信度检验标准。验证性因子分析后 KMO 值为 0.887，Bartlett 球形度检验 P 值为 0.000，旋转后因子得分矩阵证明维度划分合理，问卷效度高。通过调研，获得游客基本信息，见表 2。

表 2　李庄古镇月亮田景区旅游者结构一览

性别所占比例 /%	男		女	
	（45.3）		（54.7）	

年龄所占比例 /%	22 岁及以下	23～30 岁	31～40 岁	41～50 岁	50 岁以上
	（4.7）	（24.7）	（33.3）	（32）	（5.3）

学历所占比例 /%	研究生及以上	本科	大专	大专以下
	（5.3）	（38.7）	（16.7）	（39.3）

收入所占比例 /%	10000 元以上	6001～10000 元	2501～6000 元	2500 元以下
	（14）	（40）	（37.3）	（8.7）

问卷中旅游形象打分结果参见表 3，满分 5 分，最低分 1 分。

表 3　李庄古镇月亮田景区旅游形象打分均值一览

	样本量	均值	标准差
旅游前	150	3.78	0.785
旅游后	150	3.39	0.933
旅游整体满意度	150	3.39	0.873

由表3可知游客在旅游前对李庄古镇月亮田景区旅游形象满意度较高，旅游后和整体满意度较低。因此，李庄古镇月亮田景区旅游形象存在问题，导致游客体验感下降。

李庄古镇月亮田景区游客印象最深的景点打分结果参见表4，满分5分，最低分1分。

表4　李庄古镇月亮田景区印象最深景点打分均值一览

景点	样本量	均值	标准差
中国营造学社旧址	150	3.12	0.326
月映荷池	150	3.79	0.406
中国李庄文化抗战博物馆	150	4.58	0.495
营造人文街	150	3.65	0.507
新建24院落	150	3.56	0.511
螺旋殿、奎星阁、九龙石碑、百鹤窗	150	3.17	0.391
慧光寺、东岳庙、旋螺殿	150	3.28	0.451
禹王宫、文昌宫、南华宫	150	3.05	0.225

由表4可知，游客印象最深刻的景点得分排序依次为：中国李庄文化抗战博物馆，月映荷池，营造人文街，新建24院落，慧光寺、东岳庙、旋螺殿，螺旋殿、奎星阁、九龙石碑、百鹤窗，中国营造学社旧址，禹王宫、文昌宫、南华宫。相较于其他景点，中国李庄文化抗战博物馆更具吸引力。

游客对李庄古镇月亮田景区期待值结果参见表5，满分5分，最低分1分。

表5　李庄古镇月亮田景区旅游期待值打分均值一览

旅游资源	样本量	均值	标准差
秀美的自然环境	150	3.51	0.693
特色美食（三白二黄一花）	150	3.88	0.785
特色服饰	150	3.96	0.767
特色建筑（古戏台、古民居、殿堂、庙宇、仿古建筑）	150	3.57	0.999
特色手工艺品（木雕）	150	3.75	0.882

由表5可知，游客对旅游景点旅游资源的期待值排序依次为：特色服饰、特色美食、特色手工艺品、特色建筑和秀美的自然环境。

问卷最后一个维度旅游服务满意度结果参见表6，满分5分，最低分1分。

表6 李庄古镇月亮田景区旅游服务满意度打分均值一览

服务	样本量	均值	标准差
您对景区交通便捷舒适度（进出、内部交通、停车）	150	3.47	0.857
您对景区环境卫生	150	1.26	0.511
您对景区旅游设施、设备完备情况	150	3.45	0.902
您对景区消费价格合理性（门票、吃、住等）	150	2.75	1.347
您对景区工作人员服务情况（形象、态度、讲解等）	150	3.38	0.849
您对景区公交、出租车等其他公共交通服务	150	3.48	0.880
您对景区或周边酒店的住宿条件	150	3.20	0.912
您对景区技术手段的应用（网站信息实时更新、电子解说服务、直播运作等）	150	3.21	0.902

据表6可知游客对李庄古镇月亮田景区的环境卫生、消费价格合理性与酒店住宿条件的满意度较低，是重点需要改进的地方。

4 研究结论

根据上述编码和分析过程，本研究构建了影响现代艺术与古镇建筑融合发展因素模型，该模型包括了文化融合与创新、游客体验与满意度、社区参与与共建、市场竞争与地域特色和管理与维护策略5个层面，具体又细分为传统文化传承、现代审美与创意、文化交流与对话、景区导览与解说、互动体验项目、游客反馈与调研、社区活动与参与、社区合作与资源共享、社区反馈与建议、目标市场定位、品牌推广与营销、地域文化价值挖掘、艺术品保护与维护、安全管理与风险控制以及人才培养与团队建设这15个层面。这些因素涵盖了现代艺术与古镇建筑融合发展过程中的各个关键方面，其中包括对传统文化的传承与发展，现代审美与创意的融合，以及游客体验和满意度的提升等。通过对这些因素的综合考量和分析，可以为现代艺术与古镇建筑融合发展提供系统性的指导和支持。

在实际运营过程中，景区管理者可以根据这些因素模型，有针对性地进行规划和管理，以实现艺术与建筑的融合发展目标。同时，通过不断调整和优化这些因素，可以不断提升景区的吸引力和竞争力，为游客提供更加丰富和深入的文化体验。通过综合考虑各个层面因素的影响，可以帮助景区实现可持续发展和文化传承的目标。

研究发现，传统文化传承是促进现代艺术与古镇建筑融合发展的基础和核心。通过传承和挖掘当地的历史文化资源，可以为现代艺术注入更丰富的内涵和灵感，同时也可以让游客更深入地了解当地的文化底蕴。现代审美与创意则是推动艺术与建筑融合发展的动力，引入创新的设计理念和艺术形式，可以为古镇带来新的活力和吸引力。

文化交流与对话是古镇发展的桥梁，通过与外界的交流合作，可以让古镇的文化得以更广泛地传播和发挥影响。景区导览与解说、互动体验项目、游客反馈与调研等因素则是提升游客体验和满意度的关键。通过设计丰富多样的体验项目和服务，可以使游客更加亲近古镇文化，增强他们的参与感和归属感。

社区活动与参与、社区合作与资源共享、社区反馈与建议则是古镇发展的社区基础。通过当地居民的合作和参与，可以更好地保护和传承古镇文化，同时也可以让居民分享发展成果，共同推动古镇的繁荣。目标市场定位、品牌推广与营销是古镇建筑吸引游客和市场关注的关键手段，通过精准的市场定位和有效的品牌推广，可以吸引更多游客前来参观和体验。

地域文化价值挖掘、艺术品保护与维护、安全管理与风险控制和人才培养与团队建设是古镇建筑发展过程中不可或缺的因素。通过挖掘和保护地域文化，可以让古镇建筑更具历史价值和吸引力，同时也需要注重人才培养和团队建设，以保证古镇的可持续发展和管理。

具体而言，李庄古镇月亮田景区在游客满意度方面存在一定的问题。与其他景点如营造人文街，月映荷池，新建24院落、慧光寺、东岳庙、旋螺殿、螺旋殿、奎星阁、九龙石碑、百鹤窗，中国营造学社旧址，禹王宫、文昌宫、南华宫等相比，中国李庄文化抗战博物馆对游客具有更强的吸引力。游客对景区内的特色服饰、美食、手工艺品和建筑抱有更高的期待值，这显示了相对于自然风景，具有地方典型文化特色的旅游产品更具吸引力。另外，游客对李庄古镇月亮田景区的环境卫生、消费价格合理性以及酒店住宿条件的满意度相对较低，这些方面需要重点改进。总体而言，李庄古镇月亮田景区可以通过加强具有地方典型文化特色的旅游产品的展示和介绍，改善环境卫生和服务质量、完善景区住宿服务等方式来提升游客满意度，提升李庄古镇月亮田景区知名度。

参考文献

［1］于越. 晋东南地区传统民居建筑空间类型分析——以大阳古镇为例［J］. 美术观察，2022（5）：77.

［2］张中华，韩蕾. 传统聚落景观地方性知识的挖掘与传承——以陕南柞水县凤凰古镇为例［J］. 中国园林，2018，34（8）：50.

［3］周红，胡敏. 文化生态视角下沅水流域少数民族古镇旅游开发研究［J/OL］. 贵州民族研究，2015，36（9）：156. https://doi.org/10.13965/j.cnki.gzmzyj10026959.2015.09.039.

［4］陈子仟，李丽华，别佳. 古镇恢复性重建探索与研究——以马桑溪古镇为例［J/OL］. 装饰，2020（5）：136. https://doi.org/10.16272/j.cnki.cn11-1392/j.2020.05.033.

［5］董征. 江南水乡古镇新型能源技术应用的策略与方法初探——以同里古镇为例［J/OL］. 城市规划学刊，2019（S1）：234. https://doi.org/10.16361/j.upf.201907028.

［6］林小如，黄惠珠，姜珊. 基于韧性理论的古镇复兴机制与策略研究——以白水营古镇为例［J］. 现代城市研究，2021（3）：69.

［7］谢亮，傅宇挺，孙超，等. 皖中传统民居建筑色彩在现代仿古街中的应用研究［J/OL］. 家具与室内装饰，2021（12）：34. https://doi.org/10.16771/j.cn43-1247/ts.2021.12.008.

［8］郑鹏. 虚拟仿真技术在古建筑场景再现中的应用［J］. 建筑经济，2023，44（12）：111.

［9］李炜，李鹏举. 基于网络评价的乡村旅游可持续发展路径研究——以李庄古镇为例［J/OL］. 智慧农业导刊，2023，3（16）：109. https://doi.org/10.20028/j.zhnydk.2023.16.026.

［10］张敏. 文旅融合背景下文创产品的设计策略研究——以李庄古镇为例［J/OL］. 美与时代（上），2022（12）：132. https://doi.org/10.16129/j.cnki.mysds.2022.12.016.

［11］钟舸，白晴. 城镇边缘带视角下历史古镇认知及未来保护更新策略研究——以李庄古镇为例［J］. 当代建筑，2023（11）：38.

文旅融合背景下新城市地标的特征与作用
——以成都东安阁为例

［作　者］王圣斌（四川大学旅游学院）

摘　要： 本文通过案例研究方法，以成都市东安阁为例，分析了在文旅融合背景下新城市地标的建筑特征与城市功能。文章首先分析了东安阁的建筑特征，包括其基于四川历史的创新应用、安全性以及环保特点。接着分析了东安阁在城市功能方面的作用，特别是其社会经济功能以及旅游功能。东安阁作为一个历史文化与现代技术结合的典范，不仅增强了社区的凝聚力，提高了居民生活质量，也显著提升了成都市的旅游吸引力和国际形象。通过深入的案例分析，本文展示了新型城市地标如东安阁在推动城市文化、经济发展以及国际交流中的重要作用，为其他城市提供了关于如何利用城市地标功能促进文旅融合的新见解。

关键词： 东安阁；城市地标；铜阁

1 引言

党的二十大报告明确提出，高质量发展是全面建设社会主义现代化国家的首要任务，也是中国式现代化的本质要求[1]。旅游业被视为增长最快和最重要的产业之一，2023年，我国国内出游人数达48.91亿人次，出游总花费4.91万亿元[2]。随着消费升级和文化旅游需求的日益增长，文化与旅游的融合成为新的发展趋势。文旅地标作为融合的产物，不仅承载着丰富的文化价值，还具有吸引游客、提升地区形象的双重作用。这些地标通常结合了历史元素与现代设计，不仅是城市的象征，也是推动经济发展和文化交流的重要建筑。

2018年12月13日，成都市获2021年世界大学生夏季运动会举办权（简称"成都大运会"）[3]。主场馆设立在成都市东安湖体育公园，公园项目包括"一场三馆"在内的大运会主建筑及配套建筑群。其中，东安阁是东安湖公园的地标性建筑、成都大运会重点配套项目、大运会国际会客厅，也是场馆建筑中唯一的仿古建筑、中国首座铜阁。在成都大运会期间，东安阁成为世界各地青年的打卡地。东安阁结合了古代建筑风格与现代设计理念，灵感来源于古代观星楼，阁楼整体呈中轴对称式布局，体现了中国传统的严谨和秩序，建筑依地势层层抬高，又暗含了尊重自然、天人合一的思想，旨在向公众展示四川丰富的历史与文化遗产，迅速成为成都市新的文旅地标。

本文将采用文化地理学的理论框架，通过分析东安阁，探讨文旅地标在城市文化与经济系统中的作用和影响。此外，本文还将利用案例研究方法，详细探讨东安阁在增强城市吸引力、促进文化遗产保护和提高居民生活质量方面的具体实践。通过这种深入的分析，本文旨在提供对其他城市文化与旅游融合策略的有益见解，并为文旅地标的未来发展提供理论与实践的参考。

2 文献综述

2.1 城市地标

"地标"（landmark）一词，是指人们对地面空间方位的标记与指示物。城市地标的功能和作用，主要是为公众标识和指明地面事物之间的相对方位以及地面和空间的距离关系。而城市地标通常是指在城市中因其独特的设计、历史意义或象征性而广为人知的建筑或地点。这些地标在城市的空间组织中起着核心作用[4]，不仅是导航的依据，更是城市认同和形象的重要承载物。从功能上来看，城市地标通常具有几个基本特征：易于识别、历史价值、文化象征和视觉冲击力。它们对城市风貌的影响深远，通过塑造独特的城市视觉记忆，增强了城市的吸引力和竞争力[5]。

城市地标的形式和功能在国内外各有差异。例如，纽约的自由女神像不仅是美国的象征，也是重要的旅游景点，而巴黎的埃菲尔铁塔则是法国浪漫与工艺的标志。在中国，北京的天安门广场因其政治和文化的重要性成为国家的象征。这些地标不仅体现了各自城市的文化特色，也展示了不同国家在建筑风格和城市规划上的差异。城市之间的地标，如上海东方明珠、北京电视台、成都东安阁，也反映了地方文化的多样性和城市发展的不同阶段。

2.2 文化地理学

文化地理学是研究人类文化产品和文化行为与地理空间之间相互作用的学科[6]。它关注如何通过地理环境来解释社会现象和文化表达，以及地理环境如何被文化所塑造。在城市地标的研究中，文化地理学提供了一个理解地标如何反映和塑造城市文化身份的框架。地标不仅是物质建筑的存在，更是文化意义的集聚地，它们通过历史的沉淀和文化的象征，加深了人们对城市特定部分的情感连接和记忆。通过文化地理学的视角，可以更深入地探讨城市地标如何在全球化和地方化之间建立联系，如何在城市景观中发挥其作为文化和历史传承的角色[7]。

3 研究设计

3.1 研究方法

本文采用案例研究法来探讨文旅地标在新型城市发展中的角色和作用。案例研究法是一种定性研究方法，适合回答"怎么样"和"为什么"之类的问题，通过深入研究单个或少数实例来探索复杂现象，使研究者能够详细了解实例背后的背景、过程和结果[8]。该方法特别适用于那些现有理论无法充分解释的新领域或极具特色的情境。

3.2 案例选择

东安阁位于中国四川省成都市龙泉驿区，是成都大运会主场馆东湖体育公园中唯一的仿古建筑，也是成都市文旅融合背景下的新城市地标。东安阁用地面积约20亩，总建筑面积1.13万平方米，基座层两层，基座以上三层，建筑高度从负一层至宝顶约50.8米，取自"龙泉驿自命名到名扬世界，走过508年时光"之意。

东安阁的设计方案于2019年10月在全球招标，由中国优秀文旅及大消费全设计技术营建服务商华采堂企业主导设计。东安阁是全国首座铜阁，内部装饰大量使用四川传统木雕艺术，完美展现了现代工艺与传统元素的结合。同时，集萃了太阳神鸟形象、蜀锦与宝相花纹（芙蓉花）等元素，展现成都深厚的文化底蕴。东安阁内设有展览馆、观光台、文化体验中心以及咖啡书店等多种设施，全方位满足了文化展示和社交需求。东安阁于2020年4月19日动工，同年9月20日完成主体结构封顶，并于2021年4月竣工。东安阁不仅为游客提供休闲旅游观光服务，还承担宴宾、观礼等重要功能，在成都大运会期间是重要的国际会客厅[9]。

案例选择的理由如下：（1）文化与现代性的结合：东安阁将传统四川建筑元素与现代设计理念相结合，成为一个融合了历史文化与现代功能的复合型地标。这种设计反映了城市在全球化影响下对本土文化的保护与创新尝试。（2）社会经济影响：作为城市中心的标志性建筑，东安阁在推动当地旅游业和经济发展中起到了积极作用。研究其经济影响有助于理解文旅地标对城市经济活动的贡献。（3）公共空间功能：东安阁不仅是观光地，更是市民日常生活的一部分。它如何作为公共空间服务于城市居民，是本研究关注的重点之一。（4）城市品牌形象：东安阁作为成都向外界展示的城市形象之一，其在塑造城市品牌和提升城市知名度方面的作用值得深入研究。

3.3 数据来源

本研究的主要数据来源于对华采堂设计团队的采访。采访的对象涵盖东安阁灯光设计、建筑工程、阁楼设计负责人等，采访围绕东安阁的设计理念、实现过程、预期功能及其对周边社区的影响等方面进行，以半结构化的形式访谈，旨在获得深入的见解和第一手的设计背景信息。

4 案例分析

4.1 东安阁的建筑特征

4.1.1 唐式仿古建筑

东安阁作为国内首座仿唐风格的现代铜阁，实际设计建造过程中面临新的结构形式与传统建筑方式相悖的问题。为此，设计团队多方考察成都武侯祠、文殊院、大慈寺、金沙遗址博物馆、西安大唐不夜城、大唐芙蓉园等优秀项目，探索寻找成都本土特色文化、中国传统建筑文化与新结构空间之间的融合方式。

设计之初，设计团队就该项目的设计方案专程请教张锦秋先生（中国工程院首批院士，师从建筑学家梁思成），在张锦秋先生的指导下大胆创新，其间经历了六七十版的方案调整优化，最终采用了内基外饰的双层结构施工方案，内外展示面采用仿古设计并融入成都本土文化符号，如龙泉驿桃花、成都芙蓉花、蜀锦、川蜀传统纹饰等，展示成都与龙泉驿的历史底蕴与文化内涵。

阁楼整体采用唐代风格，展示了中国古代建筑的严谨美学和精细工艺。在外观设计上，东安阁采用了唐式高阁的形制，结合金属铜的独特自然色泽，构建了厚重且富有质感的钢骨铜身。这种设计不仅再现了成都大唐时期的繁华景象，也彰显了蜀地的历史深度和文化独特性。碧瓦朱甍的屋顶、飞阁流丹的建筑线条，都体现了四川古典建筑的风格和美感。

在内部设计中，华采堂设计团队巧妙地将巴蜀三千年的人文历史与自然风光融入建筑空间。一层的设计灵感来源于四川壮阔的山河，地面上以石材雕刻的四川地图和四周墙面的手绘山水画，展现了四川盆地的自然美景和文化气息。以东面的龙泉山、西面的贡嘎山、北面的青城山、南面的峨眉山为设计基础，共同勾勒出富有诗意的四川画卷。二层则聚焦于成都市的文化和自然景观，通过结合地标性的形象和景观，展现了成都的繁荣与自然之美。三层更是深入描绘了天府之国的文化底蕴，强调成都作为"国家历史文化名城"的文化深度和历史传承，展现了一幅时代与古色交融的现代城市画面。

与此同时，东安阁负一层的设计保留了老成都的记忆，以近代老成都风貌为背景，提取川西民居的建筑精髓，如青石板、小青瓦与灰塑艺术的组合。丰富的文物陈列和互动性强的全息投影技术相结合，为游客提供了高度情景化的游览体验，仿若穿越回古代成都，体验原汁原味的地道生活。

通过这些设计细节，东安阁成功地将传统艺术与现代技术结合，不仅成为四川文化的展示平台，也成为传承和教育的空间，让每一位访客都能深刻感受到成都乃至四川的文化魅力和厚重历史。

4.1.2 灯光设计

东安阁照明设计重点考虑建筑照明，以阁为首，合理布局周边建筑夜景。收缩景观照明范围，与周边环境相融合，适度照明，减少对自然生态的影响。灯光设计力求突出建筑与日月山峦的交相辉映、层峦叠嶂的诗意感，对夜间建筑形象进行了提炼，用灯光重塑建筑与自然的融合，突出高台筑阁的威仪感及标志性。在具体的设计上，采用了绿化、水岸照明为映衬，主要景点建筑照明点睛的手法，通过屋檐上下亮度的变化形成独特的层次感，保证了不同视角的灯光效果，再调整古建筑整体的亮度，使其成为区域中的核心，进而体现它的宏伟体量与气势，充分体现中国古建筑的造型美，灯光投射到瓦上，给人以素雅、沉稳、古朴、宁静的美感。

此外，东安阁采用巧妙的设计手法隐藏灯具，做到了"见光不见灯"的效果。灯具刻画结构、融入结构，灯具的安装也贴近结构，这不仅需要甄选与建筑本身颜色、外观契合的灯型，还要精准地刻画每一个空间结构，做到一灯一位一尺寸，让灯具与建筑真正融为一体。也正因其独具匠心的灯光设计，东安阁荣获了第十二届阿拉丁神灯奖（照明板块）及全国优秀设计奖（公共建筑外立面照明类别）。

4.1.3 安全性

在东安阁的建设中，安全性是一个核心考虑因素，特别是在满足高防火标准和结构稳定性方面。东安阁设计初期考虑使用主体钢结构外包木质材料方式，以保持古建筑的质感和美学，然而，由于大运会的安全和防火要求极为严格，柚木或菠萝格经防火处理后为难燃材料，并非不燃，考虑到古建实木材质明显达不到大运会防火及安保要求，为保障阁楼的安全性，设计团队不得不调整方案，采用内基外饰的双层结构施工方案，以确保建筑的安全性能满足最高标准。

最终建筑仍以钢结构作为主体支撑，这是因为钢结构提供了较高的强度和抗震性能，能够承受较大的灾害影响，如地震和强风等。外部装饰则采用了包铜工艺，替代了初期计划中的木材。因为铜具有持久的耐候性和独特的自然色泽，不仅满足了建筑的安全性要求，还能够增加建筑的外观美感和历史感，使阁楼可以再现成都大唐时期"扬一益二"的繁华盛景，尽显川蜀之美。

此外，建筑屋面及外装饰的瓦、脊、柱、枋等建筑构件均采用紫铜锻造，不仅美观，而且具有很高的安全性。这种内基外饰的双层结构施工方案使得外部的装饰层与承重的内部结构层有一定的隔离，增加了建筑的防火安全性。

项目在防火设计中还有一个难点，即一层平台消防车的可达性，设计团队为此多次与消防等相关部门探讨并反复研讨方案，为保证项目整体景观风貌和东安阁的昭示性，方案放弃了传统的消防车道，大胆采用了新型的消防车升降机，利用新型科技为传统建筑的呈现助力。同时为满足场地消防需求，本项目根据建筑设计方案反推场地总平和竖向设计，充分考虑建筑与环境的融合设计。

4.1.4 低碳节能

东安阁作为国内首座铜阁，其环保和节能特性在设计和建设的每个细节中都得到了体现。传统的砖石结构或木结构的建筑，按国家现行标准，在抗震、节能、保温、隔热、环保、消防、防腐、防虫等方面，总是会存在一些缺陷，某种程度上制约了传统建筑的发展和普及。而东安阁主体采用的钢结构，外立面的铜质材料镶包工艺以及铜质仿古门窗、屋面脊饰、宝顶、瓦件、椽子、封檐板、博风板等结构均采用铜质或不锈钢锻压加工制成，既满足了抗震环保和消防要求，又兼顾防腐、防虫的需要，同时符合古建筑的形制和色调，且易于回收利用，符合现代建筑对可持续性的高标准要求。此外，铜的热反射性能有助于改善建筑的保温和隔热效果，从而在炎热的夏季减少对空调系统的依赖，达到节能减排的效果。

4.2 东安阁的城市功能

4.2.1 社会经济功能

东安阁作为一个体育、娱乐和社交综合体，它不仅提供了体育活动的场所，还成为举办各类文化活动和社交聚会的中心等。

社交功能方面，东安阁提供了一个高品质的公共空间，能够满足市民、游客或会议等多种社交功能需求。无论是举办文化展览、艺术表演还是私人聚会，东安阁都能提供一个集文化体验与社交功能于一体的平台，增强了社区的凝聚力和活力，除成都大运会外，东安阁还承办了诸如四川省旅游饭店行业协会第二届六次会员代表大会等多个会议项目。

在经济层面，东安阁的设计和运营吸引了大量的企业和组织选择在此举办活动，提升了周边地区的商业机会，增加了周边商业地产的价值，带动了当地餐饮、住宿和交通业的发展，提升了相关行业的收入。同时，随着大运会的成功举办，东安阁作为会议承办地也提升了成都市的国际形象。它作为一个现代化的公共设施，展示了城市对于高质量文化生活的追求和承诺，同时也作为城市经济战略的一部分，有效推动了成都向国际化大都市的转型。

4.2.2 旅游功能

东安阁作为成都市新兴的文旅地标，具有一定的旅游吸引力。作为一个集历史、文化与现代设计于一体的地标性建筑，东安阁有效展示了成都市以及四川省的文化特色和历史魅力，不仅吸引了国内游客，也成为国际游客了解四川文化的重要窗口。这座建筑独特的设计和丰富的文化展示活动，为游客提供了深入了解四川历史和文化的机会。

东安阁的建立显著提升了周边区域的旅游业务。通过与当地旅游业者的合作，东安阁常常成为各类旅游路线和文化体验活动的核心部分。例如，围绕东安阁的各类节日庆典、文化演出和展览活动，都极大地丰富了游客的旅行体验，提高了成都市的旅游吸引力和知名度。同时，东安阁周边的商业发展，如特色餐饮、纪念品销售和文化艺术品市场，也由于游客的增加而得到了快速发展。

5 结论与展望

本文通过案例研究方法对成都市东安阁进行了深入分析，探讨了在文旅融合背景下，东安阁的建筑特征与城市功能。东安阁不仅展现了现代工艺与传统文化的完美结合，而且在促进城市社会经济发展和文化旅游上发挥了重要作用。通过对东安阁的建筑特征和城市功能的分析，本文揭示了新型城市地标在当代城市发展中的多重价值和意义。

在建筑特征方面，东安阁展现了如何通过现代设计手法重新解读传统建筑元素，其采用的钢结构和铜材料不仅确保了建筑的安全性和环保性，也赋予了建筑独特的视觉和文化标识。这种设计不仅反映了对历史文化的尊重和保护，也展示了创新和技术在传统文化传承中的应用。此外，东安阁内部设计的巧妙和功能的多样化配置，使其成为一个集文化展示、社交活动和市民休闲于一体的综合性公共空间。

在城市功能方面，东安阁有效充当了文化传播、社区服务和旅游推广的多功能角色。它不仅增强了社区的凝聚力，提升了居民的生活质量，也推动了周边商业的繁荣和地区经济的发展。作为一个文旅地标，东安阁成功吸引了大量国内外游客，通过各类文化活动和节庆活动，极大地提升了成都市的国际知名度和旅游吸引力。这些活动不仅加深了游客对四川文化的理解和体验，也为城市带来了显著的经济效益。

总之，东安阁作为成都市的新城市地标，在文旅融合的大背景下，不仅展示了城市的文化自信和历史底蕴，也展示了城市设计和功能规划在现代城市发展中的重要性。其成功的实践为其他城市提供了宝贵的经验和启示，特别是在如何通过建筑设计和功能规划来促进城市的文化传承和经济发展方面。未来，随着城市化进程的加速和文化旅游业的不断发展，新型城市地标如东安阁将继续在城市的文化景观和社会经济中扮演更为关键的角色。

参考文献

［1］曹文萍，许春晓. 基于旅游价值链模型的旅游业态团化进程及模式探究——以华侨城为例［J］. 旅游学刊，2024，39（4）：109.

［2］中华人民共和国文化和旅游部. 2023年国内旅游数据情况［EB/OL］. https://zwgk.mct.gov.cn/zfxxgkml/tjxx/202402/t20240208_951300.html，2024-02-09.

［3］庄洁. 成都大运会场馆利用促进城市公共体育服务发展的研究［D］. 四川：成

都体育学院，2024.

［4］郭睿，郑伯红. 城市文化风貌物质载体的量化研究［J］. 经济地理，2020，40（11）：208.

［5］王雪霏，陈梓聪，廖书琪，等. 街区记忆视角下历史地标街巷空间更新模式［J］. 城市发展研究，2023，30（6）：25.

［6］郭文. 面向新唯物主义的文化地理学研究［J］. 地理学报，2023，78（12）：2922.

［7］陈浩然，梁邦兴，朱竑. 资本与地方发展的研究述评——基于发展地理与社会文化地理的整合框架［J］. 经济地理，2022，42（1）：37.

［8］孟晓彤，于晓宇，李炜文，等. 创业者幸福感的演化机制——基于自组织理论的纵向单案例研究［J］. 管理案例研究与评论，2024，17（2）：223.

［9］王宁，古良凤，许洪滔，等. 东安湖体育公园运营优劣势分析［J］. 现代园艺，2023，46（10）：97.

文旅融合背景下地域文化特色景区开发案例研究
——以阿坝州尘埃落定红色文化旅游城为例

［作　者］潘庆馀（四川大学旅游学院）

摘　要： 本研究聚焦于文旅融合与地域文化特色景区开发，以阿坝州尘埃落定红色文化旅游城为案例探讨基于地域文化的景区开发模式。研究认为通过深入挖掘和活化地域文化特色，结合知名IP，可以实现文化传承与旅游发展的双赢。并指出在规划过程中，要把握好原真性与商业化的度，应充分尊重并保护地域文化的历史风貌，同时结合现代设计，为游客提供深度文化体验。研究强调，影视作品作为独特的旅游营销手段，能有效提升旅游目的地的品牌识别度和市场竞争力，打造知名IP，以提升目的地品牌识别度与吸引力。然而，本研究也指出，基于特定文学IP和地域文化的旅游项目具有独特性，其经验对于其他类型的文化旅游目的地具有局限性。因此，未来研究需进一步拓展，以提供更广泛适用的文旅融合发展模式、基于地域文化的文化景区开发模式。

关键词： 文旅融合；地域文化；旅游IP；影视旅游；案例研究

1　研究背景

《"十四五"文化和旅游发展规划》明确指出："坚持以文塑旅、以旅彰文，推动文化和旅游深度融合、创新发展""提升旅游的文化内涵""以旅游促进文化传播""培育文化和旅游融合发展新业态""探索推进文旅融合IP工程，用原创IP讲好中国故事，打造具有丰富文化内涵的文旅融合品牌"。

原世界旅游组织《关于旅游和文化协同作用的报告》（2018）证实了文化旅游的重要性，该报告基于对该领域的60余名专家学者的在线调查，覆盖了43%的UNWTO成员国，其中文化旅游是其旅游政策的一部分这一观点被绝大多数国家的旅游相关管理部门所认可[1]。同时调查数据还显示，广义上的文化旅游者占比为47%。这也展示了文旅市场规模之大，以及文旅市场巨大的潜力[2]。

根据日本银行熊本县分行研究数据显示，熊本熊诞生后的两年里，为熊本县赚到65.93亿元人民币（约1087亿日元）的旅游及商品收入。由河南开封公布的数据显示，2024年春节期间（年初一至年初八）清明上河园游客人数超70万人次，最高单日游客量接近10万，营收超1亿元。这让我们深刻意识到旅游IP的发展潜力，迪士尼、环球影城也让我们认识到影视IP与旅游结合的巨大能量。

文化是旅游的灵魂，文旅融合更要立足于目的地的地域文化，深入挖掘并充分利用该区域的文化资源优势。本研究选择以嘉绒文化为基底，以《尘埃落定》为IP的尘埃落定红色文化旅游城作为案例，探讨如何唤醒和活化地域文化，以推动地域文化景区的开发以及文化旅游融合发展。

2 文献综述

2.1 文化遗产与旅游融合研究

文化遗产是历史给予我们的财富，也是旅游业赖以发展的重要资源。因此，围绕文化遗产与旅游融合发展为主题的相关研究是最为丰富的，同时文化遗产的保护与开发一直是一个争议性话题。

张朝枝认为大众化是当今世界旅游发展的一个普遍特征，而普通游客所关心的就是那些能够被人们直接感知到的文化要素，所以在旅游发展当中应当将文化活化[3]。在旅游市场中，当地的传统文化和文化遗产起着举足轻重的作用，是提升旅游目的地品牌认知的关键因素。用文化品牌来保证旅游目的地在市场上的竞争优势，不让它被边缘化，这对保持文化品牌的原汁原味和传统有很大帮助，同时也提高了旅游目的地的文化软实力与亲和力[4]。

2.2 地域文化

地域文化一般指特定区域内特色鲜明、传承至今仍发挥价值的文化内涵，其不仅包含景观等实物，也涵盖了地方人文精神[5]。有人将旅游形容为"从一个自己待烦了的地方去到别人待烦了的地方"，可以看出，地域文化是区别于其他旅游目的地的核心吸引力之一。叶华英深入探讨了地域文化在导视系统设计中的应用，要深入挖掘地域文化的内涵，加速探索最合适的传达方式，将更多的地域文化融入旅游产业[6]。

2.3 文化误读、文化商业化与原真性

文化误读是跨文化交流中一种常见的文化现象，由于不同的文化背景和语言习惯的差异导致对文化的理解出现偏差和错误。在景区开发中不乏因开发商对地域文化的误读而导致地域文化异化的现象，使得在地文化没有被尊重，游客也对异化后的地域文化产生不满。

长期以来，人们一直将旅游景观的真实性与商业价值联系在一起，并对其进行了批判，并将其归咎于其形成的一个重要因素，但是，在旅游目的地开发和活化传统文化的过程中，商业化也被视为一种重要途径[7]。过度商业化才是破坏地方旅游景观的罪魁祸首[8]。

2.4 旅游IP

在我国旅游业中，旅游IP是个备受推崇但又语焉不详的概念，学界对其内涵与本质尚未有定论。夏蜀对旅游IP的定义为：它是旅游业以生成信息产品的方式创造出的智力劳动成果，是旅游知识产权在互联网时代背景下的一种新范式[9]。徐帅韬、胡辉伦认为，"旅游IP"是"一种基于旅游资源，具有一定独特性和文化性的符号，这种符号并不具象于某一独立个体或单个形象，而是对具有相应属性的事物的概括性表达"，具有主题性、文化性、独特性、融合性[10]。

2.5 影视旅游

刘滨谊和刘琴将影视旅游的概念界定为：影视旅游是指将影视拍摄和制作的

整个过程等与影视有关的东西作为卖点的一种旅游行为[11]。在我国，大多数学者都持这种观点。

影视作品作为旅游营销的有效手段具有其他营销方式所不具备的优势：一部成功的影视作品有着长盛不衰的艺术魅力，从而对旅游目的地有更长时间的展现；故事情节能够使人产生强烈的旅游欲望，加上特技效果的应用、明星效应和最佳的拍摄角度更强化了旅游目的地的形象，影视作品对旅游目的地的宣传是全方位、立体和持久的，并可以在一定时期内为本地创造经济效益[12]。

由马蜂窝与中国旅游研究院共同推出的《全球旅游目的地分析报告》显示，综艺节目、影视作品、动漫景点的影响力是推动国内游客出行的第二大动因，好的影视作品在一定程度上具有传播区域形象的作用，塑造受众对这些地理空间的景观印象与基本认知[13]。

3 研究设计与方法

3.1 案例概况

尘埃落定红色文化旅游城位于四川省阿坝州马尔康市，马尔康在藏语中意为"火苗旺盛之地"，是嘉绒文化腹地。马尔康拥有丰富的自然、人文旅游资源，由于位于嘉绒县的腹地，在漫长的种族融合中，嘉绒县具有了独特的风情。嘉绒藏族戏曲艺术历史悠久，饮食文化独特，嘉绒服装丰富多彩，锅庄舞蹈气势恢宏，民族手工技艺精湛，唐卡画精美绝伦，酥油花举世无双。

20世纪三四十年代，卓克基十七代土司索观瀛声望如日中天，达到顶峰，与松岗、梭磨、党坝合称"四土"。后"四土"成为居住在马尔康境内嘉绒藏族的代称，以四个土司官寨及其属地为雏形，马尔康由此建立。卓克基土司索观瀛自幼接受汉文教育，深受汉文化影响。在汉藏文化的熏陶下，索观瀛在1938年至1940年重建卓克基土司官寨时，既采用了传统典型藏式"邛笼"建筑风格，又大胆借鉴汉民族中轴线对称，侧立面前低后高，拖厢结构，透雕、露雕栏杆、窗格等建筑技术精华。重建后的卓克基土司官寨，建筑规模庞大、高大雄伟、构造精巧，融世俗与宗教建筑理念为一体，堪称是藏汉民族建筑艺术高度融合的典范，被美国记者索尔兹伯称为"东方建筑的一颗明珠"。

同时，马尔康也是当年红军长征所经过的"雪山草地"，红军曾在这里打土匪，除恶霸，建立苏维埃政权；各族人民拥护红军，支持红军北上抗日，谱写了许多军民团结的壮丽诗篇，也留下了宝贵的红色文化。

《尘埃落定》是著名小说家阿来的代表作，以魔幻现实主义的手法，描绘了四川阿坝地区藏族土司家族的兴衰历史和命运。该作品充分展示了藏族特有的民俗风情，以及土司文化中的传奇与神秘。2000年，他凭借《尘埃落定》荣获茅盾文学奖，《尘埃落定》于2019年被"新中国70年70部长篇小说典藏"丛书收录，并再版发行。

3.2 研究方法

本研究采用案例研究方法，遵循案例研究方法提出的典型性和可行性两原则。本研究试图探讨以地域文化为基底的旅游景区开发，景区开发成功与否与管理者的管理有着密切联系，因此适用案例研究[14]。典型性原则上，尘埃落定红色文化旅游城扎根于独特的文化IP内核，并以独特的嘉绒藏族文化为基底，因此采用单案例研究；可行性原则上，研究团队与项目开发方有着良好的合作关系，有利于实地调研和数据收集与分析。

3.3 数据收集与分析

本研究的主要数据为对该项目文旅策划规划院院长的半结构访谈，采访主要围绕项目定位、IP的选择、文化遗产的保护和开发、如何将地域文化融入项目之中以及该项目的运营方式等问题开展。笔者收集整理了一手和二手资料，一手资料包括但不限于访谈资料，并关注公司官方微信公众号以及宣传材料和新闻报道，多重数据收集方式可对研究结果进行三角验证，从而保证研究结论的效度。

4 案例分析

4.1 地域文化

4.1.1 项目定位

该项目通过市场调研，分析目标游客的需求偏好，包括对文化深度游的兴趣、增长趋势以及对个性化、高品质游体验的追求，并评估同类文旅项目的市场表现，识别出市场空缺与潜在机会。在此基础上，依托项目所在地的独特的文化遗产资源，分析嘉绒官寨、民居、寺庙等建筑的文化价值与历史意义，以及与红军长征、茶马古道故事的关联性，明确自身在文化资源上的独特优势。同时，通过对区域内及其他类似文旅项目的定位，明确了必须强调文化的深度挖掘和体验的创新。将尘埃落定红色文化旅游城打造成为一个集文化体验、教育传承、休闲度假于一体的文化旅游目的地。通过深入挖掘《尘埃落定》的文学价值、红军长征的历史意义，以及嘉绒民居、土司官寨和茶马古道的地域文化，为游客提供一个全方位多层次的文化沉浸式体验平台。

4.1.2 文化误读、原真性与文化商业化问题

鉴于马尔康独特的地域文化，该项目在开发与展示文化元素时提高了文化敏感性且抱有对当地文化的尊重。通过与当地社区的深度合作，邀请嘉绒文化的传承人参与项目的策划与运营，将传统文化以表演艺术、手工艺展示、民俗体验等多种形式生动展现，不仅保护和传承了地方文化，也形成了旅游发展与社区共荣的良好循环。

保持文化景观的原真性需要对商业化的度有精准的把握。文化景观可以具有一定的艺术性和创造性，而不是人为的捏造；文化景观可以通过技术手段进行维修改善，增强表现能力，但要与传统的建筑风格相和谐；文化景观可以活化用于商业经营，但不能出现负面商业氛围[7]。

尘埃落定红色文化旅游城项目在规划初期就进行了详尽的文化遗产影响评估，确保所有开发活动对现有的文物古迹的影响降到最低。采用"最小干预"原则，对原有的嘉绒官寨、民居和寺庙等建筑进行必要的修缮和维护，保持其历史

风貌和文化特色。在建筑设计与景观营造上，该项目在设计时深入挖掘嘉绒藏族的建筑艺术，如采用传统的垒石为室的建筑技艺，复原和新建具有嘉绒特色的民居、官寨、寺庙等建筑，既保持了原有的民族风格，又融入了现代设计理念，确保了实用性和美观性的统一。

原真性并非一种客观现实，旅游者所经历的通常只是旅游对象的符号，现实情景未必美观，有的甚至十分粗糙，完全不能满足旅游者的审美需求。经过艺术加工后的乡土文化与生活形态，已不再是虚幻的，按照实际情况进行艺术加工，勾勒、提炼、烘托出当地文化的特征，以最具表现力的方式，使人们能够更好地掌握当地文化的元素和内涵[7]。

该项目通过组织丰富多彩的文化体验活动，如藏历年节庆、嘉绒锅庄舞、藏戏表演等，让游客直接参与到藏族传统节日和日常生活中，亲身体验嘉绒藏族的风俗习惯和民间艺术。此外，还设置了手工艺工作坊，教授游客制作藏式唐卡等，促进文化的传承。

在餐饮服务上，引入地道的嘉绒藏族美食，如糌粑、酥油茶、牦牛肉等，设立特色餐厅和茶馆，让游客通过味蕾感受藏族饮食文化。同时通过举办美食节等活动，展示藏族食材收集、烹饪过程，提升文化体验的深度。

根据《尘埃落定》的故事线索，结合多媒体技术，利用现代科技手段，如VR、AR技术以及实体展览，讲述嘉绒藏族的历史变迁、英雄传奇和日常生活故事，通过这种形式，让游客能更加直观地理解这片土地上的文化故事。

从建构主义原真性视角来看，原真性是客体在社会文化建构下产生的符号象征而非客体本身，同时随着时间的推移，人造的、非真实性的景观也会变得逐渐真实。

4.2 旅游IP

影视文学作品作为独特的旅游营销手段，能有效提升旅游目的地的品牌识别度和市场竞争力。IP是目的地形象的一张重要名片，对游客的目的地选择有着显著的影响，诸如清明上河园、迪士尼等旅游IP对游客有着强大的吸引力。

《尘埃落定》是著名藏族小说家阿来所著的长篇小说，曾获第五届茅盾文学奖，富有文学价值和广泛的认可度，并且于2003年改编为由刘威、宋佳、范冰冰、李解主演的同名电视剧并上映播放，收获了豆瓣评分8.3的高分，进一步展示了其广泛的知名度以及认可度。这些都为项目提供了深厚的文化底蕴和知名度基础。小说通过土司家二儿子的视角描绘了藏族地区的风土人情、民俗传统、宗教信仰等，展现了嘉绒藏族独特的文化景观，为项目提供了丰富的内容资源。此外，《尘埃落定》不仅讲述了特定时期的历史故事，还反映了社会变迁、人性探索等普遍主题，与当下社会有着深刻共鸣，为项目提供了连接过去与现在的桥梁。小说中的内容也具有较强的视觉化和体验化的潜力，便于转化为多元化的旅游产品和服务，如演艺演出、文化展览等。鉴于以上《尘埃落定》的文化影响力和其蕴含的丰富文化多样性，该项目取其为核心IP，深度挖掘其文学价值并将之与独特的地域文化结合，打造文化旅游目的地，吸引目标游客。

4.3 运营模式

项目规划是其能否成功的一大关键，但项目建成后的运营也对项目起着重要的作用。该项目有着区别于同类竞争对手的几大运营方面的特点。一是文化深度体验和教育相结合，不仅提供表面的观光游览，还深入挖掘并展示嘉绒文化的内涵，通过教育基地、文化研究机构等，将旅游与学习研究相结合，形成独特的文化教育旅游产品，区别侧重于娱乐的其他文旅项目。二是社区参与与共荣，项目强调与当地社区的紧密结合，通过就业、培训、手工艺品销售等方式，让社区直接受益，形成良性互动，区别于那些孤立运营、忽视当地社群利益的项目。三是可持续生态旅游，运营中贯彻生态优先的原则，通过绿色建筑、环保交通、垃圾回收等措施，减少对环境的影响，提升游客的生态意识。四是科技赋能的智慧旅游，利用大数据、人工智能、虚拟现实等技术，提供个性化服务，提升游客体验，更适合现代游客的需求。五是多元盈利模式，除门票收入，还能通过文化衍生品销售、特色餐饮、住宿服务、文化活动赞助、教育课程收费等多元化渠道盈利，这比单一的依赖门票收入的运营模式更为稳健和灵活。除此之外，还为项目的规划、建设、运营提供"一条龙"式服务，相较于其他项目各部分独立的运营模式，全过程的运营模式使项目的后期运营更加契合项目规划，保障项目的规划意图等被良好执行。

5 结论

本文通过地域文化、原真性与文化商业化、旅游IP等视角，采用案例研究的方法对尘埃落定红色文化旅游城项目进行分析。研究发现独特的地域文化是一个项目区别于其他项目的最根本的核心竞争力，要将地域文化深度融入项目的规划之中，同时立足于其独特的优势资源精准定位。在项目开发过程中要保持文化敏感性和对当地地域文化的尊重，把握好文化原真性与商业化的度，合理运用现代科技，使其"修旧如旧"。在旅游IP视角下，旅游目的地依据本地独有的文化资源将其打造成为该旅游目的地的IP，并深入挖掘该IP的文化内涵，围绕该IP进行规划，将该IP打造成为一张知名的目的地名片。

总之，尘埃落定红色文化旅游城项目为我们揭示了文旅融合背景下，依据独特的地域文化开发、运营文化旅游目的地的模式和路径，为其他文化旅游目的地提供了宝贵的经验。

本研究也存在不足，由于该项目独特性，如依托《尘埃落定》的文学IP、嘉绒藏族文化的独特性，其结论对其他类型的文化旅游目的地具有一定的不可复制性和局限性。在今后的研究中应关注多种不同类型文化旅游目的地的建设运营。

参考文献

［1］Richards G. Cultural Tourism: A Review of Recent Research and Trends［J］. Journal of Hospitality and Tourism Management，2018（36）12.

［2］龙云，江金波，徐强，等. 文旅融合政策创新体系研究——基于中央政策文本的"主体—路径—工具"三维框架分析［J］. 旅游学刊，2024，39（5）：31.

［3］张朝枝，孙晓静，卢玉平."文化是旅游的灵魂"：误解与反思——武夷山案例研究［J］. 旅游科学，2010，24（1）：61.

［4］郭英之．基于文化软实力的旅游目的地品牌文化营销［J］．旅游学刊，2013，28（1）：18．

［5］张祝平．乡村旅游如何激活地域文化密码［J］．人民论坛，2020（25）：138．

［6］卢松．旅游对传统地域文化景观影响的研究进展及展望［J］．旅游科学，2014，28（6）：13．

［7］周其楼．原真性视域下文化旅游景观商业化评价研究［J］．社会科学家，2023（9）：63．

［8］李倩，吴小根，汤澍．古镇旅游开发及其商业化现象初探［J］．旅游学刊，2006（12）：52．

［9］夏蜀．旅游IP概念探微：范式转换与信息产品［J］．人民论坛·学术前沿，2019（11）：102．

［10］徐帅韬，胡辉伦．文旅融合背景下旅游IP开发策略研究［C］//中国旅游研究院（文化和旅游部数据中心）．2020中国旅游科学年会论文集 旅游业高质量发展．中国知网-会议论文库，2020．

［11］刘滨谊，刘琴．中国影视旅游发展的现状及趋势［J］．旅游学刊，2004（6）：77．

［12］吴普，葛全胜，席建超，等．影视旅游形成、发展机制研究——以山西乔家大院为例［J］．旅游学刊，2007（7）：52．

［13］刘叶子．"影视+旅游"的意义空间生产与文旅产业发展［J］．中国电视，2023（12）：85．

［14］毛基业，陈诚．案例研究的理论构建：艾森哈特的新洞见——第十届"中国企业管理案例与质性研究论坛（2016）"会议综述［J］．管理世界，2017（2）：135．

E
旅游景区

文旅融合视域下非遗影像与旅游景区耦合机制研究

[作　者] 龚　宇（四川旅游学会、四川景区管理协会）

陈陶然（四川师范大学）

摘　要： 在文旅深度融合的发展背景下，非遗借助影像的力量，为传统文化传承提供了一种新的表现方式，也为旅游景区数字化提供了新的发展方向。非遗影像与旅游景区耦合机制从要素内容来说，包含丰富的民俗、传统技艺等文化元素的影像内容，以及旅游景区独有的自然和人文景观。影像技术、传播学理论为非遗影像制作与传播提供支持，旅游学、文化地理学等助力景区开发与规划。非遗影像与旅游景区耦合机制建构主要体现在：非遗影像能将景区的文化内涵广泛传播，景区为影像提供活态场景；在旅游营销方面，技术革新的影像吸引游客前往景区实现更全方位的旅游体验；在产业协同上二者资源互补，共同构建文旅融合新路径，推动产业创新发展。

关键词： 非遗影像；文旅融合；耦合机制；旅游景区

1　非遗影像与旅游景区耦合理论基础及文献综述

2022年12月，习近平总书记对非遗保护工作作出重要指示，强调要扎实做好非物质文化遗产的系统性保护，更好满足人民日益增长的精神文化需求，推进文化自信自强。2021年5月，文化和旅游部在发布的《"十四五"非物质文化遗产保护规划》中强调，非遗保护要融入重大国家战略，而非遗影像拥有独特的时空构造，它能够打破时空使人们更好地了解这个地区的特色以及文化。自2001年昆曲入选联合国教科文组织首批《人类口头和非物质遗产代表作名录》以来，我国非遗保护工作已开展二十余年，此间，非遗研究持续推进，非遗影像作为一个子课题渐成热点。[1] "非遗影像是用影像记录非遗、表现非遗、传播和传承非遗的文化实践活动，丰富多元的影像实践使其成为当今最为活跃的影像类型。"[2] 中国非遗影像研究常关注民族志、节日志，与人类学影像密不可分，整体上呈现出在地性特征，各省、自治区、直辖市充分挖掘本地影像资源，积极探索利用动态影像推广非遗的有效路径，在文化传播中做好在地性推广，做好在地性发展，通过影像展现地域文化的神秘，同时吸引游客产生深入探访的兴趣。

非遗影像与旅游景区的耦合发展是近年来文化与旅游研究领域的一个新兴话题。这一话题旨在探索如何通过影像手段促进非遗与旅游景区之间的协同发展，既实现非遗的有效传承与保护，又推动旅游景区的特色化、可持续发展。从目前研究来看，主要围绕非遗影像相关研究、非遗进景区、非遗影像促进旅游景区产业发展研究三个方面。

首先，非遗影像强调影像手段对非遗的抢救性保护与创新性传承。许多学者强调了影像在非遗记录中的不可替代的作用，主要强调记录价值。例如，朱靖江（2022）指出，影像能够以直观、生动的方式捕捉非遗的形态、流程和文化内涵。它可以记录下诸如传统手工艺制作过程中的每一个精细动作、民间舞蹈表演中的独特舞步和表情等，为非遗的传承留下珍贵的资料。马伟华、张宇虹（2021）的研究表明，影像记录还有助于弥补传统文字记录的不足。文字难以完整描述非遗在动态和情感方面的特征，而影像能够很好地解决这一问题。同时，非遗影像的传播功能也愈发突出。刘广宇、王成莉（2021）通过案例研究发现，非遗影像在网络平台上的传播可以极大地扩大非遗的受众范围。像一些少数民族的传统音乐和舞蹈，通过制作成精美的短视频在社交媒体上传播后，吸引了国内外众多观众的关注，提高了非遗的知名度。谈国新、何琪敏（2021）认为非遗影像的传播能够促进文化交流。不同地区的非遗影像在传播过程中相互影响，推动了多元文化的融合与发展。

其次，非遗与景区结合的案例较为普遍，因此在理论方面，宋晓、梁学成、张新成、赵媛（2022）总结了非遗与景区之间的多主体价值共创逻辑与机制，多案例分析构建了非遗与旅游景区耦合发展的理论模型。该模型阐述了两者之间存在的资源共享、功能互补等关系。旅游景区为非遗提供展示的平台和客源，而非遗为旅游景区增添文化内涵，提升景区的吸引力。苑利、顾军从文化生态学的角度分析了非遗与旅游景区的耦合关系，认为两者的耦合是一种文化生态系统的自我调节和优化过程，有利于文化的传承和旅游的可持续发展。在实践方面，何丽（2012）以云南丽江古城为例进行研究。丽江古城作为著名的旅游景区，将纳西族的东巴文化等非遗项目融入景区的游览线路、表演节目等之中。这种耦合方式不仅让游客更好地体验了当地的文化特色，也促进了东巴文化的传承与发展。杨洋、徐颖儿、蔡溢、陈小连、周星（2024）对贵州西江千户苗寨的研究发现，通过将苗族的银饰制作技艺、苗歌等非遗元素与景区的旅游开发相结合，打造独特的文化旅游产品，能提高景区的竞争力，同时也为非遗传承人的收入增加提供了途径。

最后，非遗影像促进旅游景区产业发展研究也有论述，在促进游客体验提升方面，夏云帆、何小芊（2023）的研究表明，非遗影像在旅游景区中的展示，如在景区的游客中心播放非遗纪录片或提供互动式影像体验项目，可以提前让游客对景区的非遗文化有直观的了解，从而在后续的实地游览中有更深入的体验。李江敏、李薇（2018）指出，非遗的旅游活化之道需要高质量的非遗产品，如影像能够塑造旅游景区的独特文化形象，使其在众多旅游目的地中脱颖而出。

让·鲍德里亚在《消费社会》中提出，现代社会已经从传统的生产型社会转变成了消费型社会，符号和象征意义替代使用价值和交换价值，处于主导地位。商品不再单纯是为了使用，而是变成了传递社会地位和个人身份的符号，以迪士尼乐园为例，它是一个典型的"拟像"，因为它创造了一个理想化的、高度符号化的环境，游客在其中消费的是一种脱离日常生活的幻想体验。迪士尼乐园中的各种景点和角色扮演，都是精心设计的符号，它们共同构建了一个超越现实的"超真实"世界。与《消费社会》中所呈现的社会形态类似，IP打造过程中，消费价值逐渐主导了游客消费行为，也成为各景区求同存异的思路。我国旅游业发展迅速却又同质化严重的情况下，各大旅游景区开始发掘自身的文化底色与文化内涵，开始通过不同的文化特色反哺旅游业。例如，敦煌通过敦煌壁画"出圈"，河南深入挖掘自己的在地性文化，打造出戏剧幻城。无论是历史文化的非遗保护，还是历史文化的当今解构重演，都体现出各地在把独特的自身文化与旅游相融合，从而形成一股特殊的竞争优势，这有利于发展当地的旅游，带动当地的经济发展，也有利于非遗的创造性转化。同时，《消费社会》也警醒我们，过度的符号化可能导致现实与虚构之间的界限模糊，影响旅游业的可持续发展。在旅游景区发展中，这意味着需要在利用符号吸引游客的同时，保持对真实体验和环境保护的关注，避免过度商业化和符号化带来的负面影响。

2 非遗影像与旅游景区耦合要素：内容、受众、技术

非遗影像是文化＋保护＋旅游下的完整模式，在融合非遗影像的新形势下深挖文化内涵，赓续历史文化，同时在非遗影像的指引下创新旅游模式。"我国非物质文化遗产数字化影像记录保护工作开展以来，静态影像和动态影像记录是民俗学、社会学、人类学等研究学者记录非遗文化的主要方式，而动态影像因其更加直观、形象、完整的记录方式，在时间和空间上可以对非遗文化的活态生产过程进行全息化的存储和保护。"[3]在当今旅游元素越来越冗杂的阶段，非遗影像更像是一种文化的指导，它提升了旅游景区的文化竞争力与文化涵养。而从实践层面来看，各地都不同程度出现了非遗与旅游融合发展的实例，其对非物质文化遗产的保护和利用都产生了一定的影响，以凉山火把节来举例，各种影像定格了彝族村落的时空，无论是对于凉山火把节的影像纪实还是艺术加工，都融入了一个符号。彝族的火把节为凉山提供了具象的旅游指征，火把节早已成为彝族文化

的符号及文化内涵的外延。抖音平台的大凉山官方宣传短片，收获了3.6万次点赞，50余万次观看。在小红书、中国国家地理、地道风物等非官方平台发布的宣传普及视频也极大地拓宽了"火把节"的传播深度与广度。在"彝族火把节"这个话题下有1287.5万次浏览，"非遗影像+网络媒体+旅游景区"三者有机结合，共同构建了宣传的外化空间，非遗影像投放在网络媒体上与旅游景区耦合，而网络媒体又让人们加深了对此地的印象，客观上增加了人们前往旅游的热情。非遗影像中一个个凝结的符号、一个个鲜活的画面无疑更利于让人想到关于此地的记忆。

在互联网急速发展的背景下，"互联网+"系列的概念被提出并深化，"互联网+农村"带动乡村振兴，"互联网+经济"共创直播经济，互联网无疑承担了沟通消费者与在地的桥梁。消费者通过网络平台，对某地产生印象并进行消费和尝试性打卡。同时，随着互联网进程的深化，抖音、快手、小红书等一系列适应年轻人的平台相继出现，小红书更是通过博主推荐旅游、美妆、美食等形成应用形象、品牌效益并由此成功出圈。所以，笔者认为非遗影像与旅游景区的深度融合须依靠互联网的补充和支持，其受众群体是适应互联网新形态销售模式与销售形式的新一代群体。在目前的新样态下，人们通过多类型平台"种草"相关旅游景点，这些非遗影像便是"种草"的媒介。消费者通过观看、浏览这些碎片化影像成功锁定某地，并将其加入自己的旅游计划中。正如《在互联网语境下对"种草"文化的总结》中所言："消费者在互动中与新媒体共同塑造出一种新的消费环境，'拟态环境'逐渐被越来越多的人接受并认可，消费者在此过程中也实现了个体差异与群体相似性的转换，实现了自我身份的认同与社会构建，对旅游业的发展带来了新的变现路径和内生动力。"[4]

随着技术的不断发展，非遗影像与旅游景区之间的耦合将会变得更加紧密和多样化。5G、人工智能、大数据等新兴技术的应用，将进一步提升非遗的数字化水平，使非遗的传播和体验更加智能化、个性化。第一，在非遗数据采集方面，利用三维重建、图像处理等技术，将采集到的数据转换成可用于虚拟现实（VR）、增强现实（AR）等应用的数字模型和图像。例如，通过三维重建技术，可以将非遗物品还原成栩栩如生的3D模型,并通过图像处理技术优化其视觉效果。如在浙江省的一些非遗主题酒店和民宿中,游客可以通过AR技术体验传统的制陶技艺。这种互动体验不仅让游客感受到非遗文化的魅力,还大大增强了他们的参与感和获得感。第二,数字化存储与管理方面,高效的数据检索、备份,庞大的数据存储及恢复能力,能确保数据的安全和长期保存。第三,开发与应用中,基于云计算和大数据技术的管理系统,能对非遗数据进行分类、标签标注和元数据管理。这样不仅可以方便快速查找所需的信息,还可以通过数据分析挖掘非遗之间的内在联系,为进一步的研究和应用提供数据支持。如中国非遗数字博物馆就是一个典型的例子,它不仅存储了大量的非遗数据,还通过先进的管理系统实现了对这些数据的有效管理和利用。第四,实际运用中,非遗影像可以为旅游景区带来互动体验。利用VR和AR技术,创建虚拟的非遗体验场景,使游客能够在虚拟环境中感受非遗的魅力。例如,在虚拟现实中重现一场传统的京剧表演,让游客不仅能观看,还能参与到表演中去。通过多媒体互动装置、全息投影等技术,打造沉浸式的非遗体验馆。上海迪士尼乐园的"飞越地平线"项目就是沉浸式体验的典范,虽然内容不限于非遗,但类似的原理和技术完全可以应用于非遗的沉浸式体验中,让游客"飞跃"不同的文化场景,感受非遗之美。第五,通过数据分析技术可以进行用户画像与个性化推荐,了解游客的兴趣爱好、参观习惯等信息,为个性化服务奠定基础。如敦煌莫高窟的"数字敦煌"项目,通过分析游客的浏览数据和反馈信息,为每位游客提供个性化的参观建议,极大地提高了游客的满意度和体验质量。

目前,非遗影像与旅游景区耦合的应用场景主要分为保护与传承场景、传播与体验场景、创作与消费场景、非遗购物体验等类型。在旅游景区内设立非遗展示馆或体验区,通过影像、实物展示等方式,活态展示非遗的制作过程和文化背景。例如,杨柳青年画、泥人张彩塑等非遗项目都可以通过这种方式进行展示。结合传统节日和地方风俗,举办非遗主题的节庆活动,吸引更多游客参与。例如,春节期间举办的秦淮灯会,吸引了大量游客,同时也传播了非遗文化。在交通枢纽、公共场所设置非遗展示区,通过影像、实物展示非遗文化。例如,北京大兴国际机场的非遗展示专区，让过往旅客在旅途中也能感受到非遗的魅力。开发非遗主题的文创产品，将非遗元素融入现代生活用品的设计中，满足游客的消费需求。例如，梁平竹编蓝牙音箱、苏州缂丝手提包等都是成功的非遗文创产品。在景区内设立非遗产品销售店，通过互动体验的方式，让游客在购物过程中了解非遗文化。例如，贵州黔东南苗族侗族自治州的非遗旅游商品，如苗绣、侗族刺绣等，不仅在国内市场上受欢迎，还远销国际市场。

3 非遗影像与旅游景区耦合机制建构

"非遗影像是一种记录非物质文化遗产的手段，它完整地记录了非物质文化遗产的历史、技艺和传承。其丰富的内容和唯一性使其成为旅游景点十分重要的补充，可以为景点提供独特的文化体验和吸引力。"[5]一方面，非遗在全球化和现代化的背景下，传承方式、价值观念以及在社会生活中的作用发生了明显的变化，影像化转型对非遗本身的存续构成挑战，也对非遗的传承者、文化实践及其社会功能提出了新的要求。另一方面，随着旅游需求的不断提升，单纯的观光游览已经不能满足游客的需求，游客更愿意融入目的地体验当地民俗文化活动、参与到具有当地特色的非遗表演互动中来，非遗相关文创、美食、习俗活动融入旅游服务场景，为旅游景区增添了丰富文化内涵。因此，非遗影像与景区的耦合成为实现"以文塑旅，以旅彰文"，适应新环境、新时代的必然选择。

非遗影像与旅游的结合是文化旅游的重要内容，影像作为非遗活态保护的重要方式，是一种直观生动的表达方式，带给人们深刻的记忆。"云游非遗·影像展"通过腾讯视频、爱奇艺等八大网络平台展映非遗影像，吸引了高达18.3亿的网络曝光量，显著提升了非遗文化的关注度。[6]短视频平台以更为广泛的影响力和吸引力使非遗影像作品的展示变得更加快捷便利，丰富的内容设计，加深了游客对非遗文化的理解和参与。通过与旅游景区的耦合，可迅速实现经济利益与文化价值的双丰收，非遗影像在景区前期预热、特色产品打造、增加旅游收入、提升景区的知名度和吸引力方面成果显著。在以往的非遗研习所、非遗展示空间、非遗博物馆、非遗文创馆等诸多非遗场馆中，都存在着真实性缺失、同质化严重、过度商业化等问题。非遗影像创作过程"依托于真实空间和载体的非遗场景构建，将非遗融入真实场景，提升游客身临其境之感，让游客获得审美享受"。[7]如优酷集中展映的《尺八·一声一世》《了不起的匠人》《指尖上的非遗》《大国匠人遇见非遗》《非遗公开课》等非遗影像，全面展示了非遗技艺在日常生活场景中的运用。

在移动互联网时代，"网红"概念的外延不断扩大，从最初只指代着意见领袖、网络达人，变成了现如今的一种符号消费的概括，小到一杯奶茶大到景点街区或是城市都有可能成为"网红"。[8]"网红目的地"是指在社交媒体宣传和推广刺激下，大量游客前往观光的旅游空间。"网红目的地"的出现与社交媒体密切相关，这也反映了社交媒体对城市空间产生影响的动态过程。[9]以小红书平台为例，广州东山口相关词条累计34万篇笔记，浏览量超过2.2亿，该地区也成为近年来广州地区火爆的"网红地"之一。

河南卫视发掘中原文化的底脉，开发出了一系列节目如《唐宫夜宴》《洛神水赋》《龙门金刚》等，这些节目不仅发扬了传统文化，也使河南地域符号变得更加广为人知，让埋没在历史当中的文化重新熠熠生辉。2024年国产网络游戏《黑神话·悟空》横空出世，成功引发了山西等地旅游爆火。游戏中的大量取景地，如小西天、十八洞天等山西文化景观成功出圈，同时，陕北小调的融入不仅使这项非遗技巧得到大众的喜欢，更是成为陕西文化符号的独特代表。大众通过社交媒体了解不同地区的文化特色，又在旅游时更深入地了解当地文化底蕴，此类"打卡式"的体验可以增加互动体验感与旅游的惊喜。综艺、游戏、短视频等带来的独特的异想空间，为游客提前预设了文化底色，他们在实地探访中体验文化，在一次次互动中深化记忆，并通过分享与展示，引发新一轮的文化传播，形成集体文旅消费。

在国家及地方政府的支持下，各地旅游业结合非遗更新换代。例如，乌镇在政府支持下依托江南小镇融合评弹、小调等非遗打造乌镇戏剧节，景区通过打造地区特色且运用社交媒体宣传吸引游客前往，促进了景区的经济增长，与景区宣传与景观设施更新形成了良性循环。此外，各大景区逐渐成立宣传部，借助非遗的影像记录或艺术加工进行宣传。国家的政策支持、景区内生动力、非遗的内部构建、宣传的相互融合共同构成了良性的经济循环。

旅游景区与非遗影像结合不乏如戏剧幻城、乌镇戏剧节等成功范例，但各地的实际案例中，许多问题也逐渐显露。网红经济下的风潮效应难以为景区提供稳定的客源，消费者抱着打卡猎奇等心态去往各大景点时，易形成一次性客流，同时，各大旅游景区构建的内容较为同质化，从消费者角度上看，难以形成特色以及再消费的愿景。例如，在部分观众看来，苏州评弹和南京的戏剧之间相差无几，所以他们难以形成再消费激情。同时，景区的维护仍显拙劣，难以吸引复购式的消费者。故未来依靠互联网渠道营销的景区应在挖掘自身传统文化的情况下，适时更新且推出更加适合年轻人的一些活动内容。例如将非遗与现代的一些创新文化相结合，力求抓住年轻人的心，由外部宣传转化为内部宣传。

4　小结

文旅融合视域下，在互联网新发展、国家政策支持以及景区"求变"融合的多重因素下，非遗影像与旅游景区耦合机制逐步建立并完善，但仍有一系列的问题。笔者期待各个景区在挖掘自身特色的同时，也要融合更新，创造出一套吸引游客重游回流的体制机制，从而更好地促进旅游业的发展与非遗影像的完善。非遗影像与旅游景区相互呼应，是在创新中传承、传承中创新，让文化在历史的长河中不断向前，通过一次次的观赏与体验让优秀传统文化、非遗文化深深植入每一个游客心中，最终凝聚内化为民族的文化精神。

参考文献

[1] 王邵军，李晓冰. 黄河流域高质量发展目标下非物质文化遗产与旅游业耦合协调发展研究——以山东省沿黄九市为例[J]. 东岳论丛，2023（11）.

[2] 刘广宇. 非遗影像：传统、定义及论题域[J]. 民族艺术，2024（1）：18.

[3] 刘广宇，王成莉. 短视频语境下非遗影像化创作与传播研究——以抖音、快手为例[J]. 当代电视，2021（2）：95.

[4] 李嘉雯. 互联网语境下的"种草"文化浅析——以小红书为例[J]. 声屏世界，2022（21）：117.

[5] 杜壮泉，张捧. 非遗影像耦合旅游景区促进文化传承研究[J]. 采写编，2024（3）：181.

[6] "云游非遗·影像展"：以现代传播方式践行活态传承理念[EB/OL]. http://mp.weixin.qq.com/s?__biz=MzU1ODQ5NDI2Mw==&mid=2247495305&idx=1&sn=ca9548289ba9d59274544e2e7e4d1045.

[7] 钟晟，代晴. 场景理论视域下的非遗和旅游融合发展举措[N]. 中国旅游报，2020-06-19.

[8] 蒋晓丽，郭旭东. 媒体朝圣与空间芭蕾："网红目的地"的文化形成[J]. 现代传播（中国传媒大学学报），2020，42（10）：12.

基于双向长短期记忆网络的景区游客量预测

[作 者] 王梦瑶 王 俊 赵淳宇（四川师范大学商学院）

摘 要： 在旅游业的高速发展中，对景区客流量的预测成为关键。这不仅影响景区的管理和运营，也直接关系到游客的体验。为此，本研究聚焦于四姑娘山和九寨沟两大知名景区，探索了双向长短期记忆网络（Bi-LSTM）的预测表现。实验结果显示，Bi-LSTM模型在预测精度和稳定性上显著优于其他传统方法。特别是在客流量高峰时段的预测中，其准确性和稳定性尤为突出。这主要得益于 Bi-LSTM 模型对数据长期依赖关系的有效捕捉和上下文信息的利用。预测结果的统计分析进一步印证了 Bi-LSTM 模型的显著性。这意味着 Bi-LSTM 模型不仅提高了预测精度，还为景区管理者提供了一个强大的工具，有助于更精确地预测客流量趋势，优化资源分配、工作人员安排和服务设施规划。

关键词： 客流量预测；旅游需求预测；深度学习；双向循环神经网络；旅游景区

1 引言

在过去几十年里，随着全球化进程的不断加速和交通方式的改进，旅游业呈现出爆炸式增长。据统计，全球旅游业的年增长率一直保持在3%~5%，远高于全球GDP的增长速度。旅游业的发展对于国家经济具有重要意义[1]。在我国，由于受到多种因素的影响，如气候特点、特殊的休假制度等，很多旅游景点有时会出现游客"过多"或"过少"的情况，客流量呈现出复杂的非线性特征，这使得准确预测变得更具挑战性。这不仅对相关旅游产品如酒店、公路、航空等基础设施带来了挑战，也对景区管理提出了更高的要求。通过科学合理的预测方法，景区管理者可以提前制定应对方案，更合理地调配资源，从而提高游客的满意度和安全保障。此外，这些预测结果也为提供相关旅游产品的管理部门提供了有价值的信息，有助于他们进行资源的统一管理和合理调度[2-3]。

2 预测方法的原理与设计

2.1 客流量预测的深度学习算法基础

提取基于趋势的时间特征是预测景区客流量的关键步骤。为了实现这一目标，本文采用了 Bi-LSTM 深度学习模型。Bi-LSTM 最早由 Jürgen Schmidhuber 和 Sepp Hochreiter 等人在 1997 年的论文 *Long Short-term Memory* 中提出，它是 LSTM 的一种扩展形式[26]。Bi-LSTM 通过添加一个反向层来实现双向读取，从而能够从两个方向上捕获时间序列数据中的重要信息。正向 LSTM 按顺序处理输入序列，而反向 LSTM 则按反向顺序处理输入序列[27]。这种双向处理方式结合了正向和反向的信息，为每个时间步生成一个更为丰富的特征表示。Bi-LSTM 神经元结构的每个神经元包括遗忘门（f_t）、输入门（i_t）、输出门（o_t），通过以下公式来计算 LSTM 的状态：

细胞状态（Cell State）：细胞状态是 LSTM 中的内部记忆单元，可以在不同时间步之间传递信息。细胞状态可以存储长期依赖关系，使网络能够记住重要的信息。

输入门（Input Gate）：输入门控制着新信息何时被添加到细胞状态中。它使用 sigmoid 激活函数来决定哪些信息应该被更新。

$$i_t = \sigma(W_i \cdot [h_{t-1}, x_t] + b_i) \tag{1}$$

$$\tilde{c}_t = \tanh(W_c \cdot [h_{t-1}, x_t] + b_c) \tag{2}$$

遗忘门（Forget Gate）：遗忘门决定细胞状态中哪些信息应该被删除或遗忘。它也使用 sigmoid 激活函数，决定要遗忘多少先前的细胞状态。

$$f_t = \sigma(W_f \cdot [h_{t-1}, x_t] + b_f) \tag{3}$$

输出门（Output Gate）：输出门决定细胞状态的哪些部分应该被输出到当前时间步的预测。这是通过 sigmoid 和 tanh 激活函数来完成的。

更新细胞状态（Updating Cell）：通过遗忘一些旧的细胞状态值，并添加一些新的候选值，来更新细胞状态。

$$c_t = f_t \times c_{t-1} + i_t \times \tilde{c}_t \tag{4}$$

输出门（Output Gate）：决定哪些信息将被用于隐藏状态，然后更新隐藏状态。

$$o_t = \sigma(W_o \cdot [h_{t-1}, x_t] + b_o) \tag{5}$$

$$h_t = o_t \times \tanh c_t \tag{6}$$

在上述公式中，$[h_{t-1}, x_t]$ 表示连接 h_{t-1} 和 x_t，σ 是 sigmoid 函数，$\times$ 表示元素对元素的乘法，W 和 b 是模型参数，它们在训练过程中被学习。

在正向 LSTM 中，输入序列按照时间顺序从 $t=1$ 到 $t=T$ 进行处理，每个 LSTM 单元都能够访问前一个时间步（$t-1$）的数据信息。而在反向 LSTM 中，输入序列是反向处理的，从 $t=T$ 到 $t=1$，每个 LSTM 单元同样能够访问后一个时间步（$t+1$）的数据信息。这种双向处理方式使得 Bi-LSTM 能够更好地理解时间序列数据的内在规律和上下文信息。在每个时间步，正向和反向 LSTM 的隐藏状态被连接起来，形成一个综合的特征表示。这种连接机制允许 Bi-LSTM 同时考虑历史和未来的信息，从而更好地捕捉时间序列数据的动态变化。通过训练 Bi-LSTM 模型并优化参数，我们可以进一步提高景区客流量预测的准确率。

2.2 客流量预测的深度神经网络模型

本研究构建了一个深度神经网络模型用于客流量预测，如图 1 所示。该模型以双向长短时记忆网络（Bi-LSTM）为基础。Bi-LSTM 模型的优势在于其融合了 LSTM 处理高频率长时间序列的能力以及双向循环网络捕捉双向时间序列信息的特点。由于该模型是由多层神经网络叠加构成的深度网络，因此能够深入挖掘高频率客流量数据中的深层信息。在这个模型中，我们将历史客流量序列作为输入特征，预测的客流量序列作为输出特征。网络结构方面，我们采用了包含四层神经网络的 Bi-LSTM 网络架构，其中前三层为双向循环网络层，负责处理输入序列并提取特征，最后一层为全连接神经网络层，将双向循环网络层的输出转换为最终的客流量预测序列。为了避免模型过拟合，我们在每层双向循环网络层之后引入了随机失活层（Dropout）。Dropout 层通过随机关闭一定比例的神经元，减少每层参与计算的神经元数量，从而简化网络结构并有效防止模型过拟合。这种方法能够提高模型的泛化能力，使其更好地适应新的客流量数据[28]。见图 1。

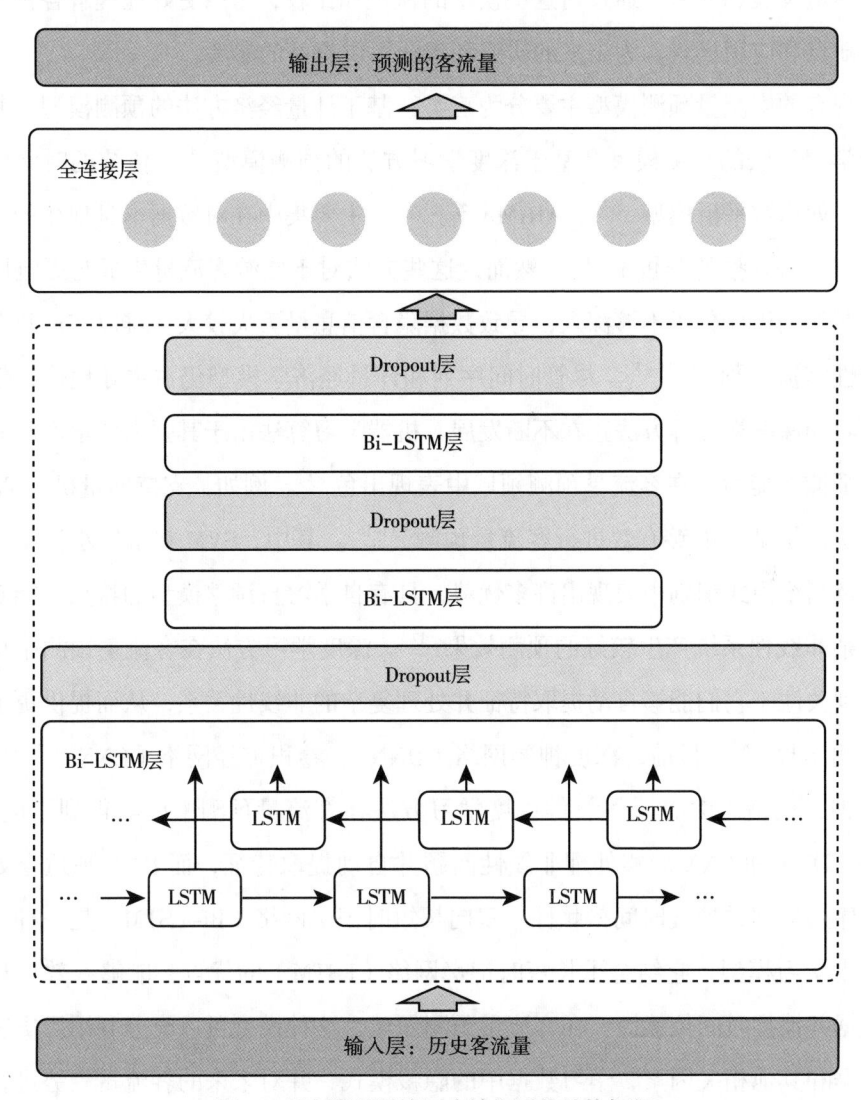

图 1　客流量预测的深度神经网络结构框架

3 文献综述

随着旅游业的发展和人们对旅游需求的不断增加，对客流量进行准确预测成为景区管理的重要任务。为了实现这一目标，研究者们不断探索和尝试各种预测模型。从早期的计量经济模型到现代的机器学习和深度学习算法，各种预测模型在不断地发展和完善。通过对这些模型的梳理和比较，可以更好地理解各种模型的优缺点和应用场景，为未来的研究和实践提供有益的参考。

现有的客流量预测模型主要分为三类：基于计量经济方法的预测模型、基于机器学习算法的预测模型和基于深度学习方法的预测模型[4]。传统的时间序列模型，如指数平滑模型[5-7]、ARIMA等[8-9]，主要集中在对数据本身规律的回归和时间趋势外推的分析上[10]。然而，这些方法对于旅游客流量生成与影响因素的内在作用机理分析不够深入，导致数据隐含信息量丢失较大，难以实现复杂的非线性客流量预测[11-13]。尽管时间序列和计量经济学模型仍占主导地位，但机器学习和深度学习等方法正在不断发展。机器学习算法由于其强大的学习和非线性特征捕捉能力，在客流量预测领域中表现出色[2]。例如，支持向量机（SVM）等方法已被证明能够有效进行客流量预测[14-16]。其中，SVM在解决小样本、非线性及高维模式识别中表现出许多优势，具有自学习自调整模型的特点，能对各种复杂非线性系统产生较好的预测效果[17]。深度学习方法在客流量预测中也逐渐受到关注。它们能够自动提取特征并处理复杂的非线性关系，从而提供更准确的预测结果[18]。目前，深度神经网络（DNN）、卷积神经网络（CNN）[19-21]和循环神经网络（RNN）[22-25]等深度学习方法在客流量预测中已经得到了应用。其中，DNN和CNN能够处理非线性问题并自动提取特征，而RNN则适合处理时间序列数据并捕捉时间依赖性。双向长短时记忆网络（Bi-LSTM）是一种先进的深度学习模型，它结合了长短时记忆网络（LSTM）的优点，能够有效处理序列数据并捕捉时间依赖性。在客流量预测领域，这种模型可以充分利用历史客流量数据和其他相关因素，学习数据中的隐藏模式，并对未来的客流量趋势进行准确的预测。尽管深度学习方法在客流量预测中具有巨大潜力，但它们仍然面临一些挑战。例如，深度学习方法需要大量的数据来训练模型，并且模型的泛化能力有待进一步提高。此外，选择合适的网络架构和超参数也是一大挑战。

本文将深入研究如何利用双向长短时记忆网络（Bi-LSTM）对两个知名旅游景区四姑娘山和九寨沟的客流量进行预测。这两个景区在国内乃至全球都具有很高的知名度，因此对它们的客流量进行准确的预测对旅游管理具有重要意义。本文充分利用历史客流量数据进行景区的客流量预测。通过构建基于 Bi-LSTM 的预测模型，捕捉这些数据中的隐藏模式，并准确预测未来的客流量。因此，本研究的核心目标是利用深度神经网络技术对旅游景区的客流量进行预测。研究目的主要有两个方面。首先，提出一种基于深度神经网络模型的景区客流量预测方法。这个模型充分利用历史客流量数据，通过学习和挖掘数据中的隐藏模式，对未来的客流量进行预测，从而为旅游景区的运营和管理提供更为精准的决策依据。其次，通过实验的方式对所提出的深度神经网络模型的预测准确性和性能进行评估。为了确保评估的客观性和公正性，我们将选取多种深度学习模型作为对照用的基线模型，客观评价不同算法在客流量预测中的表现和效果。

4 模型设计

4.1 数据来源

本文数据来自四姑娘山和九寨沟景区官方网站。数据的时间范围分别为 2020 年 4 月 1 日至 2023 年 12 月 26 日以及 2020 年 1 月 1 日至 2023 年 12 月 29 日，并且这些数据是以每日为单位进行采集的。样本容量分别为 653 和 663。图 2 和图 3 分别展示了这两个景区的每日客流量情况。从图 2、图 3 中可以直观地看到，两个景区的客流量均呈现了一定的波动性，这可能是受到多种因素的影响，如季节变化、节假日以及特定的事件或活动等。例如，在中国的传统长假期间，如国庆节和春节，人们往往会选择出游，这很可能会导致景区客流量的显著增长。此外，夏季是许多人选择外出旅游的时期，因此，在夏季，两个景区的客流量也可能会有所上升。除了季节性和节假日因素，景区自身的营销策略和推广活动也可

图2 四姑娘山每日客流量

图3 九寨沟每日客流量

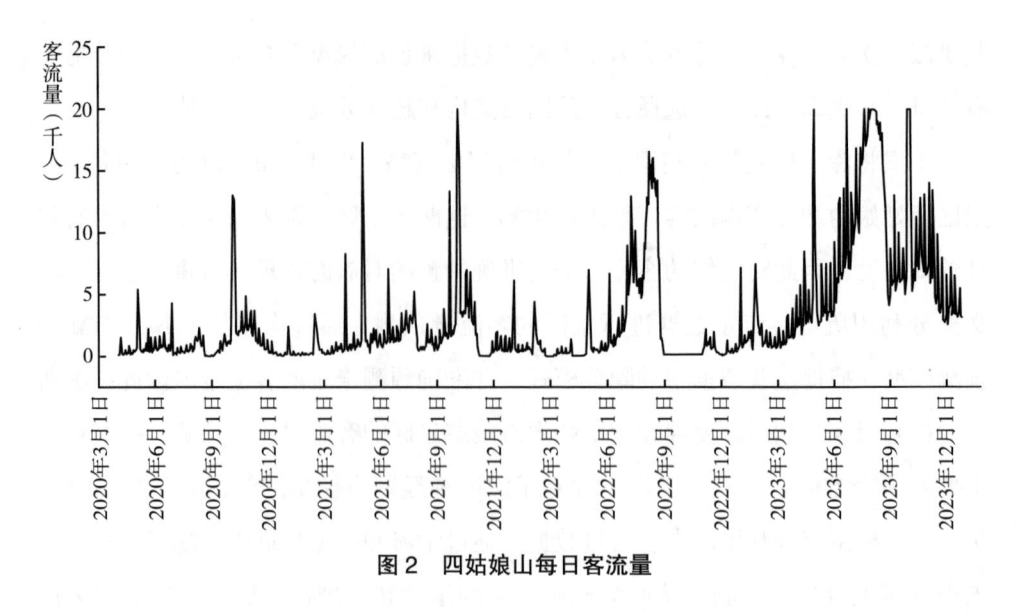

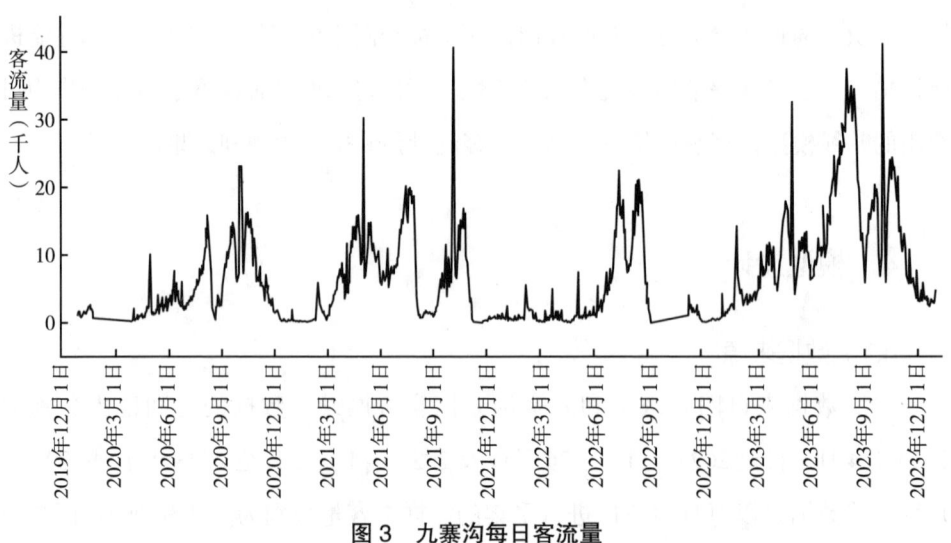

能对客流量产生影响。如果景区在特定时间推出新的旅游项目或优惠活动，可能会吸引更多的游客前来参观，从而增加客流量。这些数据不仅让我们能深入了解两个著名景区的客流量变化，而且对于制定旅游策略、预测未来趋势以及评估市场反应等方面具有重要的参考价值。

客流量的数据范围和方差都较大且由于特征分布的不均匀性，模型可能会过度关注方差较大的特征而忽视方差较小的特征，这会对模型的迭代收敛速度产生影响。因此需要先对数据序列进行预处理，然后再用于模型预测。数据预处理的常用方法有最小最大值归一化处理和标准化处理。本文选择使用归一化处理方法，这样可以将输入到预测模型的数据缩放到 [0，1] 的范围内，然后再对模型的预测结果进行反归一化。

在归一化处理中，对于每个样本指标 x，假设 μ 和 σ 分别为该样本的均值和标准差，将 x 的原始值标准化映射为区间 [0，1] 中的值 x^*，其公式为：

$$x^* = \frac{x-\mu}{\sigma} \tag{7}$$

对于时间序列数据，由于数据具有时间顺序，因此不能采用随机采样的方式划分数据集。本文将数据集划分为测试集和预测集，取前 90% 的数据作为训练集，后 10% 的数据作为测试集。在进行预测之前，需要先对原始数据进行数据预处理并确定预测模型。

4.2 模型超参数调整

为了获得最佳预测效果，深度学习模型的超参数调试至关重要。这个过程需要对各种参数进行反复调整和优化，以便找到最适合特定任务的模型设置。在深度学习模型中，超参数的选择和调整对模型的性能具有显著影响。这些超参数可以分为三类：网络参数、优化参数以及正则化与训练参数。网络参数主要涉及神经网络的结构，如层数、每层的神经元数量以及激活函数的选择等。优化参数则控制模型的训练过程，例如学习率、批大小和迭代次数等。正则化与训练参数则用于防止模型过拟合和增加泛化能力。超参数的调试是一个组合优化的过程。这一过程涉及多种参数的调整，最终目的是确定最佳的模型参数设置。在深度学习模型中，超参数分为网络参数、优化参数以及正则化与训练参数。对于网络参数，它涉及深度神经网络的结构。以本文中讨论的深度双向循环神经网络为例，该网络共有 3 层，包括 2 层双向循环网络层和 1 层全连接网络层。选择 ReLU 函数作为激活函数，因为它有助于减少梯度消失的可能性，并能缓解模型可能出现的过拟合现象。这样的参数配置有助于提高模型的泛化能力，使其在实际应用中更加稳定和可靠。通过选择和调整这些超参数，深度双向循环神经网络在预测景区客流量方面展现出优越的性能。与其他模型相比，它在误差指标和预测准确性方面均表现出显著的优势。这表明合适的超参数配置对于深度学习模型的性能至关重要，对于实际应用中的预测任务具有重要意义。

4.3 客流量预测的基准模型

本实验旨在比较不同预测模型在客流量预测精度方面的性能。为此，本文选取了LR模型、SVR模型、MLP模型、LSTM模型和1D-CNN模型进行比较。这些模型在预测时间序列数据方面具有广泛的应用，并且被认为是基准预测模型。

LR模型：一种经典的统计预测模型，通过建立因变量与自变量之间的线性关系来进行预测。

SVR模型：基于统计学习理论，通过寻找能够最大化不同数据点分隔的最优超平面来进行预测，对于处理复杂的非线性问题具有显著优势。

MLP模型：通过构建多层神经网络结构来模拟复杂的非线性关系。它能够学习和识别数据中的复杂模式，尤其在处理高度非线性和不确定性的客流量数据时具有显著优势。

LSTM模型：作为循环神经网络的一种，能够处理具有长期依赖性的数据序列，尤其在处理具有周期性和季节性特征的客流量数据时表现出色。

1D-CNN模型：1D-CNN模型主要用于处理一维序列数据，比如时间序列等。与传统的全连接神经网络相比，1D-CNN可以更好地处理序列数据中的局部关系，因此在时间序列预测等任务中表现较好。

4.4 模型评估指标与模型验证

本研究从旅游市场作为背景单元，对各个模型的预测精度进行了详细分析。为了客观比较不同模型的性能和适用范围，本研究采用了四个传统的回归分析指标，分别是平均绝对误差（MAE）、平均绝对百分比误差（MAPE）、均方根误差（RMSE）和相关系数平方（R^2）。这些指标在研究中被广泛应用，以准确地展示各模型对数据进行建模和分析的能力。具体公式如下：

$$MAE=\frac{1}{N}\sum_{i=1}^{N}|y_i-\hat{y}_i| \qquad (8)$$

$$MAPE=\sum_{i=1}^{N}\left|\frac{\hat{y}_i-y_i}{y_i}\right|*100\% \qquad (9)$$

$$RMSE=\sqrt{\frac{1}{N}\sum_{i=1}^{N}(y_i-\hat{y}_i)^2} \qquad (10)$$

$$R^2=\frac{\sum_{i=1}^{N}(y_i-\hat{y}_i)^2}{\sum_{i=1}^{N}(y_i-\bar{y})^2} \qquad (11)$$

式中，y_i 和 $\hat{y}_i$ 分别表示景区客流量的真实值和预测值；$\bar{y}$ 表示的是 y_i 的均值；N 表示样本量。R^2 值越大，意味着模型的预测效果越理想；MAE、$MAPE$ 和 $RMSE$ 这三个指标的值越小，表示预测效果越佳。除此之外，本研究还运用 Diebold-Mariano（DM）检验，以确定不同模型之间的性能差异是否具有显著性。

5 实验结果与分析

5.1 四姑娘山客流量预测效果的评估结果

四姑娘山曲线拟合评估结果如图 4 所示，曲线的时间跨度为 35 天，时频为 1 天。从各种模型的预测效果来看，大部分模型的预测趋势与实际客流量趋势相吻合，这说明模型具有一定的预测准确性。在这其中，Bi-LSTM 模型的表现最佳。其预测曲线与实际客流量曲线的契合度明显高于其他模型。这表明 Bi-LSTM 模型在预测四姑娘山客流量方面具有很高的实用价值。它能够更好地捕捉到客流量的变化趋势，为相关部门的决策提供更为精准的依据。此外，在相同的神经网络结构下，Bi-LSTM 模型的预测效果要优于 LSTM 模型。这说明 Bi-LSTM 模型在处理序列数据和预测时间序列方面具有更大的优势。

在预测景区客流量方面，LSTM 模型表现出了独特的优势。然而，通过其预测曲线与真实客流曲线的对比，发现 LSTM 模型在数据低谷附近产生了一定的偏离。这可能是模型在处理序列数据时，对长期依赖关系的捕捉能力有限。而基于双向网络的 Bi-LSTM 模型在该时段预测效果则相对理想，这反映出双向网络模

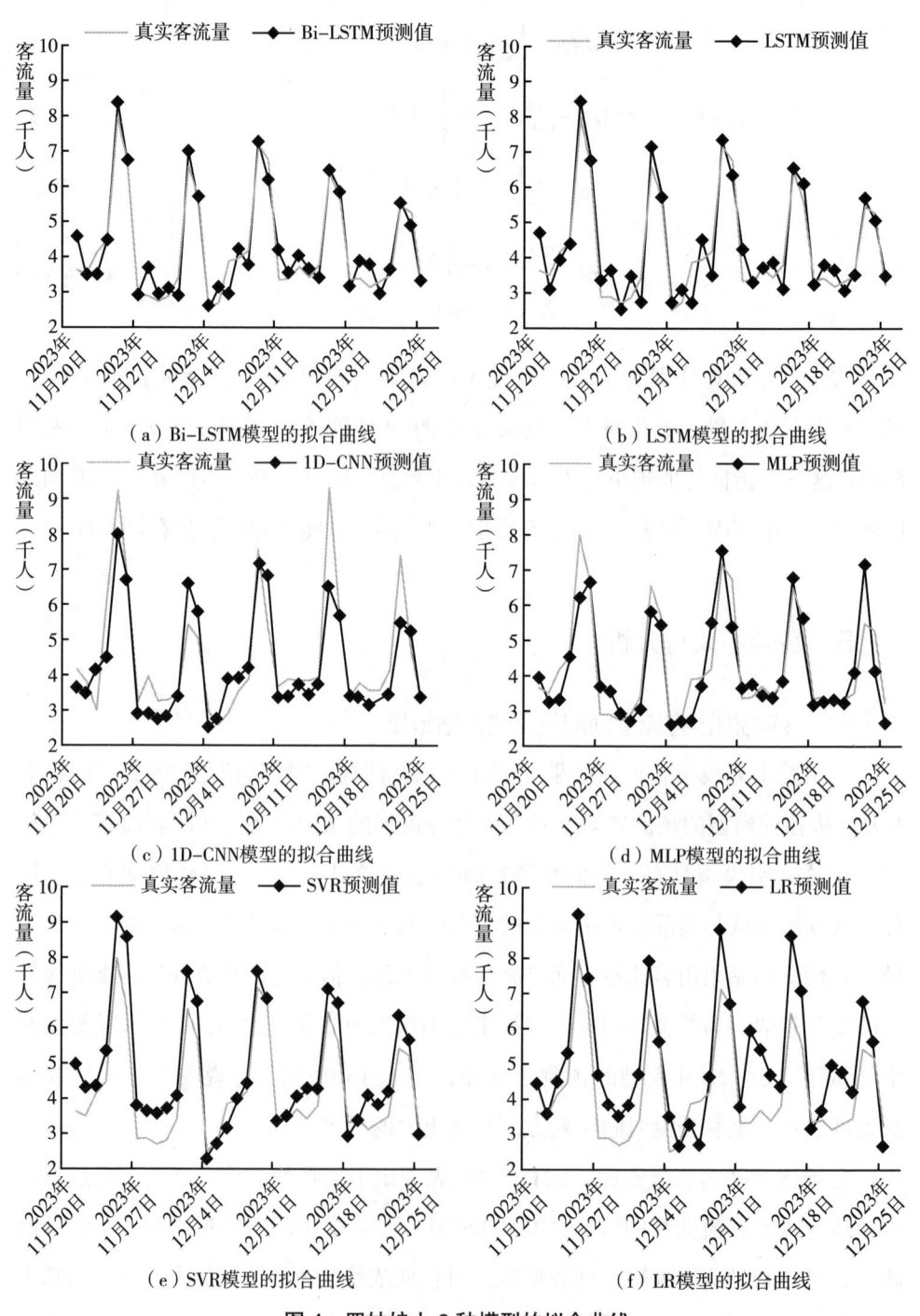

图4 四姑娘山6种模型的拟合曲线

型整体较常规网络模型能更精准地预测的景区客流量。这一定程度上体现了双向网络模型较常规网络模型在景区客流量预测方面的相对优越性。如表1所示，在未来一步的客流量预测的结果中，Bi-LSTM模型的表现均最为出色。具体来说，*MAE*值为0.3319，*RMSE*值为0.4186，*MAPE*值为0.0870，这些数值都相对较低，表明模型预测的准确性较高。此外，R^2值为0.91。这表明Bi-LSTM模型在景区客流量的高时频预测方面性能十分优越，比基于其他深度学习算法的5种模型的预测准确度更高。

此外，误差指标评估的结果还表明LSTM模型的预测结果也较为理想，其*MAE*、*RMSE*和*MAPE*值虽然略高于Bi-LSTM模型，但仍然低于其他模型。同时，其R^2值也超过了0.8，表明LSTM模型在预测景区客流量方面具有一定的准确性。尽管LSTM模型在某些误差指标上略逊于Bi-LSTM模型，但在实际应用中仍具有较好的预测效果，能够为景区管理提供较为准确的客流量预测。相比之下，MLP模型和SVR模型的预测性能相对较差。虽然它们的*MAE*、*RMSE*和*MAPE*值低于LR模型，但仍然高于LSTM模型和Bi-LSTM模型。这表明MLP模型和SVR模型在预测景区客流量方面存在一定的误差，可能无法为景区管理提供准确的预测结果。在实际应用中，需要谨慎考虑使用MLP模型和SVR模型进行客流量预测。最后，1D-CNN模型和LR模型的预测性能最差。具体而言，1D-CNN模型的*MAE*、*RMSE*和*MAPE*值分别为0.6054、0.8524和0.1373，LR模型的*MAE*、*RMSE*和*MAPE*值分别为0.9424，1.1268和0.2418。同时，其R^2值也很低，分别为0.6513和0.3908。这表明1D-CNN模型和LR模型在预测景区客流量方面存在较大的误差，无法为景区管理提供准确的预测结果。在实际应用中，应该避免使用1D-CNN模型和LR模型进行客流量预测。

表1 四姑娘山6种模型的评估指标值

	MAE	*RMSE*	*MAPE*	R^2
Bi-LSTM	0.3319	0.4186	0.087	0.917
LSTM	0.4007	0.4866	0.1066	0.8878

续表

	MAE	RMSE	MAPE	R^2
CNN	0.6054	0.8524	0.1373	0.6513
MLP	0.5055	0.6925	0.1139	0.7728
SVR	0.6214	0.7575	0.1517	0.7282
LR	0.9424	1.1268	0.2418	0.3908

5.2 九寨沟客流量预测效果的评估结果

九寨沟的曲线拟合评估结果如图5所示，曲线的时间跨度为60天，时频为1天。整体看来，6种模型的客流量预测曲线的走势都较为贴合真实客流量曲线。其中Bi-LSTM模型的预测曲线与真实客流量曲线的重叠度最高，反映出这个模型的预测效果最为优异，在相同神经元算法下，Bi-LSTM模型的预测曲线与真实客流曲线的重叠度要高于LSTM模型。

在九寨沟的数据评估中，我们同样对比了六种不同的模型，各模型的评估指标值如表2所示。从各项评估指标来看，Bi-LSTM模型展现出了显著的优势。首先，从 MAE 和 RMSE 这两个关键的误差衡量标准来看，Bi-LSTM 的表现最为出色。MAE 值仅为1.0482，而 RMSE 值也仅为1.4880，这两个数值都明显低于其他模型。这表明 Bi-LSTM 模型在预测九寨沟数据时，其误差的平均绝对值和均方根都相对较小。其次，从 MAPE 的角度来看，Bi-LSTM 模型同样最低。其 MAPE 值为0.2088，这一数值明显低于其他模型，说明 Bi-LSTM 模型的预测精度更高。此外，R^2 值作为一个重要的评估标准，Bi-LSTM 模型为0.8010。这表示模型的预测值与实际值之间有着高度的线性关系，模型的拟合度非常高。SVR 模型和 LR 模型在各项指标上次之。但 LSTM 模型在九寨沟游客数量预测任务上的预测效果差于 SVR 模型和 LR 模型。首先，从 MAE 和 RMSE 这两个关键的误差衡量标准来看，LSTM 模型的 MAE 值为1.3611，而 RMSE 值为1.9132，这两个数值都高于SVR模型和LR模型。这表明LSTM模型在预测九寨沟数据时，其误差相对较大。其次，从 MAPE 的角度来看，LSTM 模型同样比SVR模型和LR模型高。其 MAPE 值为0.2509，说明LSTM模型的预测精度更差。此外，R^2 值作为一个重要的评估标准，

E 旅游景区

（a）Bi-LSTM模型的拟合曲线

（b）LSTM模型的拟合曲线

（c）1DCNN模型的拟合曲线

（d）MLP模型的拟合曲线

（e）SVR模型的拟合曲线

（f）LR模型的拟合曲线

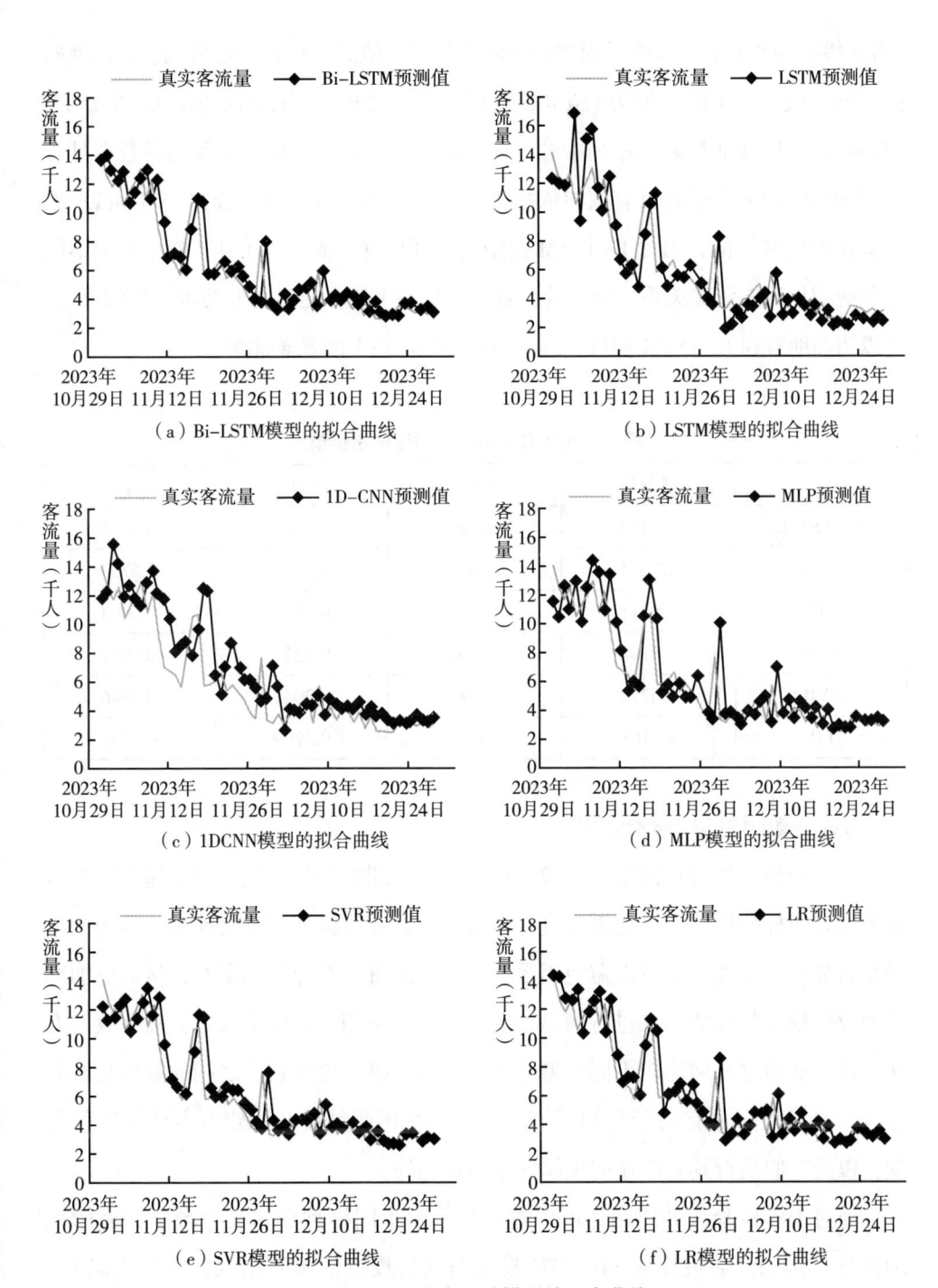

图5 九寨沟6种模型的拟合曲线

LSTM 模型为 0.6759。这表示模型的预测值与实际值之间存在一定的偏差，模型的拟合度一般。这可能是因为 LSTM 模型通常用于处理时间序列数据，而 Bi-LSTM 模型可以更好地捕捉时间序列中的双向依赖关系。如果景区游客预测的数据具有强烈的时间相关性或者具有双向依赖关系，那么 Bi-LSTM 模型会比 SVR 和 LR 更能够捕捉这些特征，因此 Bi-LSTM 模型会表现更好。而普通 LSTM 模型可能不能充分地捕捉双向依赖关系，导致效果较差。总的来说，通过对九寨沟数据的评估，可以明确地看到 Bi-LSTM 模型在预测精度和稳定性上的显著优势。

表2 九寨沟6种模型的评估指标值

	MAE	$RMSE$	$MAPE$	R^2
Bi-LSTM	1.0482	1.4880	0.2088	0.8010
LSTM	1.3611	1.9132	0.2509	0.6759
1D-CNN	1.5311	2.0929	0.2899	0.6064
MLP	1.3188	1.8672	0.2511	0.6867
SVR	1.0772	1.5483	0.2041	0.7846
LR	1.1108	1.5713	0.2209	0.7781

5.3 模型性能的检验结果

为了全面评估各种深度学习模型在客流量预测方面的性能，除了超参数的拟合和误差指标的评估外，还需要进一步通过统计方法验证模型之间预测能力的差异是否显著。这种方法可以避免因数据波动或随机误差导致的误判，从而更加准确地评估模型的性能。在进行模型性能检验时，采用 DM 检验法是一种有效的方法。该方法通过两两比较不同模型之间的预测结果，检验它们之间的差异是否具有统计显著性。这有助于我们了解不同模型在预测精度和稳定性方面的实际表现，以及它们是否具有明显的优越性或不足之处。

通过 DM 检验法的应用，可以进一步了解不同模型在客流量预测方面的性能差异。例如，通过比较 Bi-LSTM 模型与其他模型的预测结果，可以明确 Bi-LSTM 模型在预测精度和稳定性方面的优势。同样地，通过比较不同模型之间的预测结果，可以发现哪些模型在客流量预测方面表现不佳，并进一步分析其潜在原因。DM 检验的结果见表 3 和表 4。在差异显著的情况下若 DM 的值为负，表示模型 1 较模型 2 的性能更优。DM 的值为正则反之。

5.3.1 四姑娘山的预测模型性能检验结果

如表 3 所示，在四姑娘山景区客流量预测方面，本文所提出的 Bi-LSTM 模型性能显著优于所有深度学习模型。这可能是因为 Bi-LSTM 模型能够更好地捕捉景区客流量的时间序列特性和非线性关系。相比之下，常规的深度学习模型如 LSTM 模型、MLP 模型、1D-CNN 模型等在预测景区客流量方面可能存在一定的局限性，无法充分挖掘数据中的复杂模式。首先，Bi-LSTM 模型相比 LSTM 模型其优势在于能够同时处理正向和反向的序列信息，从而更全面地理解时间序列数据。此外，Bi-LSTM 模型还具有更强的表达能力和泛化能力，能够更好地适应景区客流量数据中的复杂模式和变化。其次，与其他模型相比，LSTM 模型在处理具有时序依赖性和非线性关系的客流量数据时可能更具优势。这可能是因为 LSTM 模型能够更好地捕捉数据中的长期依赖关系和复杂的动态模式，从而提高了预测精度和稳定性。

表 3 四姑娘山 DM 检验结果

评估模型		DM 指标	
模型 1	模型 2	DM 值	P 值
Bi-LSTM	LSTM	−2.2228**	0.0262
	MLP	−2.2563**	0.0241
	SVR	−3.1208***	0.0018
	1D-CNN	−2.2166**	0.0266
	LR	−4.4336***	0.0000
LSTM	MLP	−1.7403*	0.0818
	SVR	−2.6420***	0.0082
	1D-CNN	−1.9243*	0.0543
	LR	−4.1252***	0.0000

注："*""**"和"***"分别代表 2 个模型的性能差异在 10%、5% 和 1% 的水平上显著。

5.3.2 九寨沟的预测模型性能检验结果

如表4所示，Bi-LSTM模型相对于其他模型在预测准确度上有显著提高。具体来说，与LSTM模型、MLP模型、1D-CNN模型和LR模型相比，Bi-LSTM的 DM 值显著为负，这意味着Bi-LSTM模型的预测准确度明显高于这些模型。同时，P 值小于0.05，这进一步证实了这种差异的显著性。LSTM模型与MLP模型和1D-CNN模型在预测准确度上没有显著差异。观察表格数据，我们可以看到LSTM模型与MLP模型、1D-CNN模型之间的 DM 值非常接近于0，这意味着它们的预测准确度相当。此外，P 值大于0.05，这也支持了这一结论。LSTM模型与SVR模型和LR模型在预测准确度上存在显著差异。观察表格数据，我们可以看到LSTM模型与SVR模型、LR模型之间的 DM 值较大，这表明它们的预测准确度存在明显的不同。同时，P 值小于0.05，这进一步证实了这种差异的显著性。MLP模型与SVR模型和LR模型在预测准确度上存在显著差异，而与1D-CNN模型相比没有显著差异。观察表格数据，我们可以看到MLP模型与SVR模型、LR模型之间的 DM 值较大，这表明它们的预测准确度存在明显的不同。同时，P 值小于0.05，这进一步证实了这种差异的显著性。而MLP模型与1D-CNN模型之间的 DM 值接近于0，且 P 值大于0.05，这意味着它们的预测准确度相当。

综上所述，通过对比不同模型的预测准确度差异，我们可以得出以下结论：Bi-LSTM模型在预测准确度上具有显著优势。

表4 九寨沟DM检验结果

模型1	模型2	DM 值	P 值
Bi-LSTM	LSTM	−2.3464**	0.0190
	MLP	−2.6507***	0.0080
	SVR	−0.9261	0.3544
	1D-CNN	−2.2068**	0.0273
	LR	−1.5755	0.1151

续表

模型1	模型2	DM值	P值
LSTM	MLP	0.1829	0.8549
	SVR	2.0163**	0.0438
	1D-CNN	−0.6251	0.5319
	LR	1.9607**	0.0499

注:"*""**"和"***"分别代表2个模型的性能差异在10%、5%和1%的水平上显著。

6 结论

本文深入探讨并验证了Bi-LSTM模型在景区客流量预测中的卓越表现。通过实证研究，证实了Bi-LSTM模型在预测精度和稳定性方面显著优于其他深度学习模型。这一发现为景区管理和旅游规划提供了宝贵的决策依据。为了全面评估不同模型的预测性能，本文采用DM检验法对各模型进行了严格的比较。结果显示，Bi-LSTM模型在预测景区客流量方面具有显著优势。与其他模型相比，Bi-LSTM模型能够更准确地捕捉时间序列数据中的动态模式和长期依赖关系。这使得Bi-LSTM模型在预测客流量时能够更精确地把握游客的流动规律，为景区的人流管控、资源分配和安全预警提供更为可靠的依据。虽然其他模型如LSTM模型、MLP模型、SVR模型、1D-CNN模型和LR模型在某些误差指标上表现出了一定的预测性能，但与Bi-LSTM模型相比仍存在明显的差距。特别是1D-CNN模型和LR模型的预测性能较差，无法为景区管理提供准确的客流量预测。在实际应用中，应谨慎考虑使用这些模型进行客流量预测。

6.1 研究结论

从实验结果来看，本研究提出的Bi-LSTM模型在预测效果和模型性能上都有了卓越的表现。相对于其他基于深度学习算法的模型，Bi-LSTM模型在客流量预测方面表现更为稳定和准确。即使在客流量变化幅度较大的高峰时段，该模型也展现出较高的预测准确性，因此可以成为景区客流量预测的一种新方法。此外，通过分析DM值和P值，可以发现Bi-LSTM模型相对于LSTM模型、MLP

模型和 1D-CNN 模型在预测准确度上存在显著优势，因为对比其他模型时其 DM 值均为负数且 P 值均小于 0.05，表明差异具有统计学意义。另外，相比较 LSTM 模型，Bi-LSTM 模型在预测准确度上也具有显著优势，并且相对于 SVR 模型和 LR 模型，Bi-LSTM 模型也呈现出显著的优势。因此从实验结果和统计分析来看，Bi-LSTM 模型在景区客流量预测中具有显著的优势，可以为相关领域提供一种新的有效方法。

Bi-LSTM 模型在时序数据预测方面展现出了卓越的性能，这为利用深度学习技术来解决实际的时序预测问题提供了新的思路和方法。它能够有效地捕捉数据中的长期依赖关系，提供更准确的预测结果。这种预测准确性的提高对于景区管理者和相关领域决策者来说具有重要意义，可以为实际工作带来积极的影响和指导。

6.2 实践启示

基于实验结果，可以清晰地认识到深度学习模型在客流量预测领域的实践意义。特别是 Bi-LSTM 模型，它为景区管理者提供了一种革新性的预测工具。通过使用这种模型，管理者能够更准确地预测未来的客流量趋势，从而更有效地配置资源、安排人员和规划服务设施。

在实践中，景区管理者可以利用 Bi-LSTM 模型来制定科学的营销策略和经营决策。例如，在预测到客流高峰期时，他们可以提前进行人员调配和资源准备，以应对可能的突发情况或提高服务质量。这种前瞻性的策略不仅有助于确保游客的舒适体验，还能有效提升景区的运营效率。客流量预测不仅有助于景区的日常运营管理，还能为游客提供更好的体验。通过提前了解客流情况，景区管理者可以优化游览路线的安排、减少游客的等待时间，从而提供更加顺畅和愉悦的游览体验。这种做法将有助于提高游客满意度，进一步促进景区的可持续发展。除了在景区客流量预测中的应用，这种预测方法还可以扩展到其他相关领域。例如，交通流量预测和零售销量预测等。通过借鉴和运用类似的预测模型，这些领域也可以从更准确的数据分析中受益，为决策提供更有力的支持。

综上所述，基于实验结果的理论启示为景区管理者和相关领域决策者提供了一种全新的、更为准确的客流量预测方法。这种方法不仅有助于提升景区的管理水平，还有望为实际工作带来积极的影响和指导。通过不断优化和改进预测模型，有望为游客和管理者创造更多价值，推动各行业的持续发展。

6.3 研究不足与展望

然而，本研究也存在一定的局限性。首先，本文未能涵盖所有可能的预测算法，未来研究可以考虑引入更多的算法进行比较。其次，本研究主要关注了景区客流量的预测问题，而未能涉及其他可能影响客流量变化的因素，如天气、节假日和特殊事件等。这些因素可能在未来的研究中被纳入预测模型中，以提高预测的准确性和实用性。未来研究的方向包括进一步拓展 Bi-LSTM 模型的应用范围，探索其在其他时间序列预测问题中的性能表现。此外，可以通过引入更多的影响因素和优化模型结构来提高 Bi-LSTM 模型的预测性能。同时，可以考虑将 Bi-LSTM 模型与其他预测算法进行融合，以充分利用各自的优势并弥补各自的不足。

参考文献

[1] Chen K Y. Combining Linear and Nonlinear Model in Forecasting Tourism Demand [J]. Expert Systems with Applications, 2011, 38 (8).

[2] Song H, Qiu R T R, Park J. A Review of Research on Tourism Demand Forecasting: Launching the Annals of Tourism Research Curated Collection on Tourism Demand Forecasting [J]. Annals of Tourism Research, 2019 (75): 338.

[3] Ma Y, Xiang Z, Du Q, et al. Effects of User-Provided Photos on Hotel Review Helpfulness: An Analytical Approach with Deep Leaning [J]. International Journal of Hospitality Management, 2018 (71): 120.

[4] Song H, Li G. Tourism Demand Modelling and Forecasting: A Review of Recent Research [J]. Tourism Management, 2008, 29 (2): 203.

[5] Cho V. A Comparison of Three Different Approaches to Tourist Arrival Forecasting [J]. Tourism Management, 2003, 24 (3): 323.

[6] Goh C, Law R. Modeling and Forecasting Tourism Demand for Arrivals with Stochastic

Nonstationary Seasonality and Intervention[J]. Tourism Management, 2002, 23 (5): 499.

[7] Lim C, Mcaleer M. Forecasting Tourist Arrivals[J]. Annals of Tourism Research, 2001, 28 (4): 965.

[8] 杨东方, 高振会, 于子江, 等. ARIMA 模型在国内旅游市场预测中的应用[J]. 科学决策, 2008 (11): 151.

[9] 张娜, 佟连军. 基于 SARIMA 模型的黑龙江省冰雪旅游国际需求预测[J]. 资源开发与市场, 2012, 28 (07): 660.

[10] Xie G, Qian Y, Wang S. Tribe J. A Decomposition-Ensemble Approach for Tourism Forecasting Ann[J]. Tour. Res., 2020, 81: 1.

[11] Chen T, He T, Benesty M, et al. Xgboost: Extreme Gradient Boosting[J]. R Package Version 0.4-2, 2015, 1 (4).

[12] Liaw A, Wiener M. Classification and Regression by Random Forest[J]. R news, 2002, 2 (3): 18.

[13] Zhang G, Patuwo B E, Hu M Y. Forecasting with Artificial Neural Networks: the State of the Art[J]. International Journal of Forecasting, 1998, 14.

[14] 李志龙, 陈志钢, 覃智勇. 基于支持向量机旅游需求预测[J]. 经济地理, 2010, 30 (12): 2122.

[15] Chen R, Liang C Y, Hong W C, Gu D X. Forecasting Holiday Daily Tourist Flow Based on Seasonal Support Vector Regression with Adaptive Genetic Algorithm[J]. Applied Soft Computing, 2015, 26.

[16] Chen P, Lin C, Schölkopf B. A Tutorial on N-support Vector Machines[J]. Applied Stochastic Models in Business and Industry, 2005, 21 (2): 111.

[17] Song H, Qu R, Park J. A Review of Research on Tourism Demand Forecasting[J]. Annals of Tourism Research, 2019, 75: 338.

[18] Hinton G E, Osindero S, Teh Y W. A Fast Learning Algorithm for Deep Belief Nets[J]. Neural Computation, 2006, 18 (7): 1527.

[19] He K, Ji L, Wu C W D, et al. Using SARIMA-CNN-LSTM Approach to Forecast Daily Tourism Demand[J]. Journal of Hospitality and Tourism Management, 2021, 49: 25.

[20] Kim D K, Shyn S K, Kim D, et al. A Daily Tourism Demand Prediction Framework Based on Multi-head Attention CNN: The Case of The Foreign Entrant in South Korea[J]. arXiv e-prints, 2021: 1.

[21] Wu S B. Forecasting Museum Visitor Behaviors Using Deep Learning [J]. 2019 International Conference on Machine Learning, Big Data and Business Intelligence (MLBDBI), 2019, 186.

[22] Tasyurek M, Celik M. RNN-GWR: A Geographically Weighted Regression Approach for Frequently Updated Data [J]. Neurocomputing, 2020, 399: 258.

[23] Law R, Li G, Fong D K C, et al. Tourism Demand Forecasting: A Deep Learning Approach [J]. Annals of Tourism Research, 2019, 75: 410.

[24] Feng L, Hao Y. Optimization Algorithm of Tourism Security Early Warning Information System Based on Long Short-Term Memory (LSTM) [J]. Computational Intelligence and Neuro Science, 2021: 9984003.

[25] Mo K C, Shin S-H, Hlee S, et al. Online Tourism Review: Three Phases for Successful Destination Relationships [J]. Asia Pacific Journal of Information Systems, 2015, 25 (4): 746.

[26] Hochreiter S, Schmidhuber J. Long Short-Term Memory [J]. Neural Computation, 1997: 1735.

[27] Graves A, Fernandez S, Schmidhuber J. Bidirectional LSTM Networks for Improved Phoneme Classification And Recognition [J]. International Conference on Artificial Neural Networks, 2005: 799.

[28] Wielgosz M, Skoczeh A, Mertik M. Using LSTM Recurrent Neural Networks for Monitoring The LHC Superconducting Magnets [J]. Nuclear Instruments and Methods in Physics Research Section A. Accelerators Spectrometers Detectors and Associated Equipment, 2017, 867: 40.

考虑游客体验的景区观光车灵活调度研究

[作　者] 陶　勇　廖治学（西南财经大学工商管理学院）

摘　要： 在众多旅游景区中，观光车被认为是景区内部的主要交通方式，帮助游客实现便捷的游览。然而现有的观光车大多有固定线路并严格按照特定时刻表运行，因此要兼顾游客满意的体验和降低多余的成本对于景区来说是一项极具挑战性的任务。为此，本研究旨在通过优化景区观光车灵活调度（FSS）来实现景区观光车总成本和游客总延误时长之间的有益平衡，对该问题进行了双层优化模型的建模，并且设计了一个嵌套混合启发式算法。同时，通过对中国西南部九寨沟的案例研究，验证了本研究提出的模型与算法的性能。实验结果表明，本研究提出的方法能够为景区管理方提供更加真实和低成本的调度安排，为游客提供更加快捷、多样化的路线选择。

关键词： 旅游景区；灵活观光车调度；双层优化；混合启发式算法

1　引言

我国幅员辽阔，一些风景名胜区往往占地广袤，包含众多景点，并且在地理上彼此相隔遥远。典型例子如新疆喀纳斯景区，面积达一万平方公里，囊括55个大小景点，而浙江省的千岛湖景区则占地达982平方公里，拥有至少十二个可供游览的岛屿。因此，游客在大型风景区游览时必须依赖相应的交通工具。然而，私家车的大量涌入导致众多景区变得拥挤不堪。景区的拥堵和超载不仅对旅游体验造成负面影响，也给景区管理带来巨大压力。因此，替代性出行系统在缓解旅游景区面临的日益增加的车辆压力方面发挥着重要作用。早在1972

年，Denali 国家公园就开始使用观光车作为私家车的替代方案（Singer & Beattie，1986）[1]。这一观光车系统在最初几年的使用中展现出积极效果，提升游客体验、保护资源并提高容量。至今，观光车在许多旅游景区得到了广泛认可，例如约塞米蒂国家公园和大峡谷公园（Mace 等[2]，2013；Wilson 等[3]，2018）。

然而，观光车在旅游景区中的使用仍面临一些困难和挑战，特别是涉及游客体验质量和观光车运营成本方面。许多旅游景区规定或指定了观光车的运行线路，如大峡谷公园的四条固定线路。然而，游客非常注重自由的观光体验（Holly[4] 等，2010；Taff 等[5]，2013；White[6]，2007），因此大多数游客对强制性的观光车选择不太感兴趣（Sims 等，2005）。与自驾相比，观光车的可达性存在明显不足，游客需要多次换乘才能到达感兴趣的地点（POIs），甚至有时可用的观光车并未覆盖所有的 POIs（Wilson 等[3]，2018）。此外，长时间等待和拥挤的车内空间等负面体验也较为普遍。由于这些原因，提供令游客满意的体验仍然是观光车系统面临的挑战（Pettebone 等[7]，2011；Wilson 等[3]，2018）。此外，观光车的实时占用率严重依赖游客流量（例如，高峰期满载，非高峰期空载），这对其价值产生了负面影响（Cachon[8]，2020）。观光车上的空座位等于不必要的资源消耗（例如，能源和人力资源）。因此，通过有效匹配观光车的供应和乘车需求，降低多余的运营成本，值得特别关注。

为了解决该问题，Zhang 和 Liu（2021）[9]将景区车辆调度与旅游路线设计相结合，提出了灵活观光车调度（Flexible Shuttle Scheduling，FSS），并提出了一种嵌入 TGDB 模型的 TRSE 方法来有效解决该问题，将景区车辆调度与游客线路设计进行了综合考虑。FSS 主要有三点特征，首先，观光车不与单一旅游团绑定，也即一个旅游团可能会被多个不同的观光车服务；从而既保证游客等待时间不会太长，又降低景区运营成本。其次，FSS 同步进行游客的线路推荐和车辆的调度优化，游客线路和车辆调度之间存在相互影响，因此 FSS 更加贴合现实。最后，目标函数上至少包括景区运营成本和游客游玩体验相关的考虑。

尽管 Zhang 和 Liu（2021）在同时兼顾景区和游客的观光车运营调度上做了开拓性研究，但是在其研究当中，仍然有两个关键地方没有得到充分的考虑。首先，仅适用于团体游客的出行，无法适应现在大众游客和散客出游的趋势，并且观光车的使用率较低，资源没有得到有效利用，同时也忽视了车辆容量和旅游团队规模，人数众多则无法满足需求，过少的时候则空载率较高，从而导致调度方案是不可行或者次优的。其次，对游客的关注程度仍然不够高，所提出模型是最小化景区运营成本的单目标函数，游客的等待时长仅作为景区成本的惩罚附加值。

本研究通过引入双层优化模型，包括领导层和追随层[10]，给予了游客和景区管理者相同的重视程度，建立游客的延误时长和景区的成本两个目标函数，并综合考虑团体游客和散客的搭载模式，以增强研究在现实景区的应用性来弥补上述提到的不足。此外，本研究还开发了一种嵌套式混合启发式算法——WOA-PSO（鲸鱼—粒子群算法）来求解该双层优化模型。为验证所提出方法的有效性，本研究以国际著名旅游景区——九寨沟为例开展案例研究。

本文剩余部分的结构如下：第二部分建立了双层优化模型，求解灵活车辆调度问题。第三部分详细介绍了本研究所提出的混合启发式算法。第四部分通过九寨沟案例研究，验证方法的有效性。第五部分对研究结果进行了讨论与总结。

2 景区灵活观光车调度模型

2.1 问题描述

在本节中提出了一个数学模型，用于计算制定符合游客和景区各自利益的行程安排和观光车调度计划。为了兼顾旅游者体验和景区观光车运营成本，本研究将景区灵活观光车调度问题构建成双层优化模型。其中游客是上层决策实体，决定自身的行程路线，并以游客的总延误时长 D 来体现游客的体验值高低；景区是下层决策实体，决定景区观光车的调度安排，目标是最小化景区车辆调度的运营成本 C，包括每辆车的固定成本和车辆的行驶里程成本，模型框架见图1。

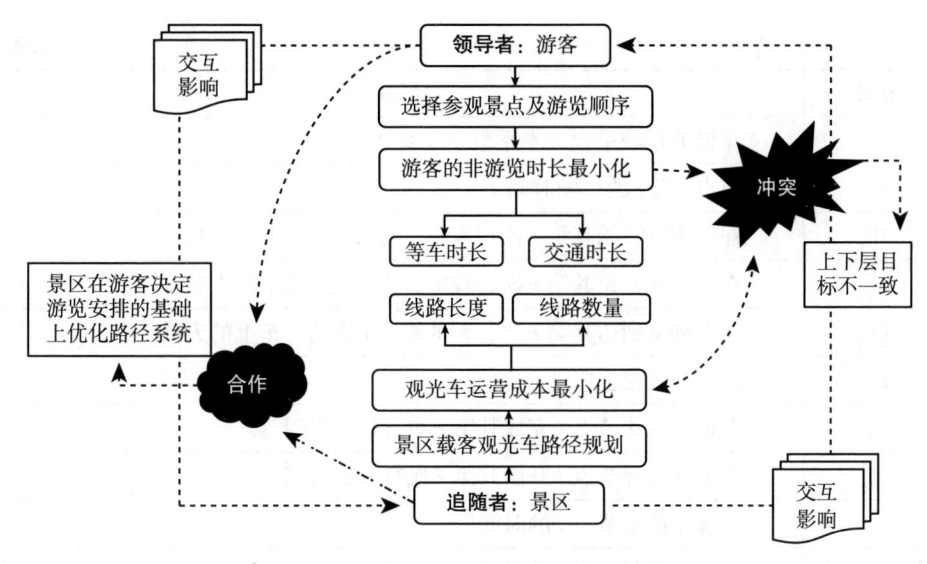

图 1　景区灵活观光车调度双层优化模型

2.2　模型构建

这项研究旨在优化旅游景区的灵活观光车调度（FSS），以实现观光车总成本和游客总延误时长之间的有益平衡，为景区管理方提供更加真实和低成本的调度安排，为游客提供更加快捷、多样化的线路。本节构建了一个双层优化模型，为了清晰起见，表1列出了本研究中使用的参数符号及其含义。在接下来的部分，将详细介绍并解释该双层优化模型。

表 1　各参数含义

参数	描述
K	游客的集合，$K=\{1, 2, 3, \cdots, j\}$
V	车辆的集合，$V=\{1, 2, 3\cdots, m\}$
N	景点的集合（含景区大门），$N=N_p \cup e$，e 为景区大门
N_p	可游览的景点的集合，$N_p=\{1, 2, 3, \cdots, i\}$
N_k	游客 k 所选择的一组景点，$N_k \in N$
R_v	车 v 的行程次序集合，$v \in V$，$R_v=\{1, 2, 3, \cdots, n\}$
c_1	每辆车的成本系数，$c_1 \geq 0$

续表

参数	描述
c_2	车辆的行驶里程成本系数，$c_2 \geq 0$
t_{ij}	节点 i 到 j 的行驶时间
P_{ivr}^a	在车辆 v 开始其第 r 次行程前，在节点 i 的上车人数
P_{ivr}^b	在车辆 v 开始其第 r 次行程前，在节点 i 的下车人数
Q_{ivr}	在车辆 v 到达其第 r 次行程的终点 i 之前，车上的人数
L	车辆的容量上限
y_{ivr}^f	车辆 v 抵达节点 i 完成其第 r 次行程的时间
y_{ivr}^s	车辆 v 离开节点 i 开始其第 r 次行程的时间
z_{ki}^a	游客 k 抵达节点 i 的时间
z_{ki}^d	游客 k 离开节点 i 的时间
t_{kivr}	游客 k 在节点 i 等待车 v 开始第 r 次行程的时长
t_k	游客 k 抵达景区入口的时间
T_i	游客在节点 i 的平均游览时间
T_{ki}	游客 k 在节点 i 结束游览的时间
φ_{kij}	游客 k 游览完 i 后紧接着游览 j 时 φ_{kijr} 为 1，否则为 0
ε_{ijvr}	车辆 v 的第 r 次行程是从 i 到 j 时 ε_{ijvr} 为 1，否则为 0
ε_{kijvr}	游客 k 于车辆 v 的第 r 次行程从 i 到 j 时 ε_{kijvr} 为 1，否则为 0

上层游客的优化目标是保证游客游玩时间不变的情况下最小化游客的总时长，也即最小化延误时间，包括搭乘摆渡车绕路所延误的时间以及等车时间，如目标函数（1）所示。

$$\min D = \sum_{k \in K} \left(\left(\sum_{j \in N} t_{ij}\varepsilon_{kijvr} - \sum_{i \in N} t_{ij}\varphi_{kij} \right) + \sum_{i \in N} t_{kivr} + \sum_{i \in N_k} T_i \right) \quad (1)$$

约束条件（2）和（3）确保游客 k 所选择的一组景点在游览路线当中，且在转移过程中有摆渡车服务。约束条件（4）和（5）表明每个游客能够准确地离开和抵达相应集合中的节点。等式（6）和（7）分别为游客在各个景点的结束游玩时间以及之后在该景点的等车时长的计算公式。约束条件（8）表明车辆 v 的第

r次行程开始时间不会早于搭乘该车游客的结束游玩时间，其中M为一个足够大的常数。约束条件（9）保证车辆v从大门e出发的第r次行程不会早于搭乘该车乘客抵达景区的时间。约束条件（10）和（11）将每个游客在每个节点的抵达时间与相应行程的车辆的抵达时间联系起来。约束条件（12）和（13）将每个游客在每个节点的出发时间与相应行程和车辆的出发时间联系起来。

$$\sum_{i\in N}\sum_{j\in N}\varphi_{kij}=\text{card}(N_k), \forall k\in K \tag{2}$$

$$\sum_{v\in V}\sum_{r\in R_v}\sum_{i\in N_k}\sum_{j\in N}\varepsilon_{kijvr}=\sum_{v\in V}\sum_{r\in R_v}\sum_{j\in N_k}\sum_{i\in N}\varepsilon_{kijvr}=\text{card}(N_k), \forall k\in K \tag{3}$$

$$\sum_{v\in V}\sum_{r\in R_v}\sum_{j\in N}\varepsilon_{kijvr}=1, \forall k\in K, \forall i\in N \tag{4}$$

$$\sum_{v\in V}\sum_{r\in R_v}\sum_{i\in N}\varepsilon_{kijvr}=1, \forall k\in K, \forall j\in N \tag{5}$$

$$T_{ki}=(y^f_{ivr}+T_i)\varepsilon_{kijvr}, k\in K, i\in N_k, \forall j\in N, \forall v\in V, \forall r\in R_v \tag{6}$$

$$t_{ki}=\max\{0, \varepsilon_{kijvr}(y^s_{ivr}-T_{ki})\}, k\in K, i\in N_k, \forall j\in N, \forall v\in V, \forall r\in R_v \tag{7}$$

$$y^s_{ivr}\geq z^a_{ki}+T_{ki}-M\left(1-\sum_{j\in N}\varepsilon_{kijvr}\right), \forall i\in N, \forall v\in V, \forall r\in R_v \tag{8}$$

$$y^s_{evr}\geq t_k-M\left(1-\sum_{j\in N_p}\varepsilon_{kejvr}\right), \forall v\in V, \forall r\in R_v, \forall k\in K \tag{9}$$

$$z^a_{ivr}\geq y^f_{ivr}-M\left(1-\sum_{j\in N}\varepsilon_{kijvr}\right), \forall i\in N, \forall v\in V, \forall r\in R_v, \forall k\in K \tag{10}$$

$$z^a_{ivr}\leq y^f_{ivr}+M\left(1-\sum_{j\in N}\varepsilon_{kijvr}\right), \forall i\in N, \forall v\in V, \forall r\in R_v, \forall k\in K \tag{11}$$

$$z^d_{ivr}\geq y^s_{ivr}-M\left(1-\sum_{j\in N}\varepsilon_{kijvr}\right), \forall i\in N, \forall v\in V, \forall r\in R_v, \forall k\in K \tag{12}$$

$$z^d_{ivr}\leq y^s_{ivr}+M\left(1-\sum_{j\in N}\varepsilon_{kijvr}\right), \forall i\in N, \forall v\in V, \forall r\in R_v, \forall k\in K \tag{13}$$

下层车辆调度中心的优化目标是最小化车辆调度运营成本，包括每辆车的固定成本和车辆的行驶里程成本，如目标函数（14）所示。

$$\min C=c_1\sum_{s\in N_s}\sum_{j\in N_p}\sum_{v\in V}\varepsilon_{sjv1}+c_2\sum_{i\in N}\sum_{j\in N}\sum_{v\in V}t_{ij}\varepsilon_{ijvr} \tag{14}$$

等式（15）和（16）分别表示车辆v第r次行程前在节点i上车与下车的游客人数。车辆v第r次行程到达节点j之前，车辆v中的游客人数根据等式（17）计算。约束条件（18）表明车辆v不会超过其最大容量L。等式（19）表示车辆v到达其第r次行程终点j的时间等于车辆v离开其第r次行程的节点i的时间

和 i 到 j 的行程时间之和。约束条件（20）保证了车辆线路的连续性。约束条件（21）和（22）确保车辆 v 在景区大门 e 的出发时间和车辆 v 到达景区大门 e 的时间不超过景区的开放时间。约束条件（23）保证每辆车每次行程的起始节点与该车上一次行程的结束节点相同。约束条件（24）要求每辆车最终返回到景区大门 e。约束条件（25）说明每辆车都是从景区大门 e 开始第一次行程。约束条件（26）确保每辆车的每次行程最多可与一对节点关联。约束条件（27）表明如果前一次行程处于空闲状态，则这辆车不会进行下一次行程。约束条件（28）意味着，如果没有车辆被安排行程从节点 i 到 j，则任何游客都无法从节点 i 移动到 j。

$$P^a_{ivr} = \sum_{k\in K}\sum_{j\in N} \varepsilon_{kijvr}, \quad \forall i \in N, \forall v \in V, \forall r \in R_v \tag{15}$$

$$P^b_{ivr} = \begin{cases} \sum_{k\in K}\sum_{j\in N} \varepsilon_{kjiv(r-1)}, & \forall v \in V, \forall i \in N, \text{ and } r \geq 2 \\ 0, r=1 \end{cases} \tag{16}$$

$$Q_{jvr} = \begin{cases} \varepsilon_{ijvr}(Q_{iv(r-1)}+P^a_{ivr}-P^b_{ivr}), & r \geq 2, j \in N_p, i \in N \\ 0, r=1, j=e \end{cases}, \forall v \in V \tag{17}$$

$$Q_{ivr} \leq L, \quad \forall i \in N, v \in V, r \in R_v \tag{18}$$

$$y^f_{jvr} = \sum_{i\in N}\sum_{j\in N} \varepsilon_{ijvr}(y^s_{ivr}+t_{ij}), \quad r \in R_V, \forall v \in V \tag{19}$$

$$y^f_{iv(r-1)}+t_{ij} \leq (1-\varepsilon_{ijvr})M+y^f_{jvr}, \quad r \geq 2, \forall i,j \in N \tag{20}$$

$$y^s_{ei1} \geq T^O, \quad \forall i \in N_p, \forall v \in V \tag{21}$$

$$y^f_{ier} \leq T^C, \quad \forall r \in R_v, \forall i \in N_p \tag{22}$$

$$\sum_{l\in N} \varepsilon_{jlvr} \leq \sum_{i\in N} \varepsilon_{ijv(r-1)}, \quad \forall v \in V, \text{ and } r \geq 2, j \in N \tag{23}$$

$$\sum_{i\in N_p} \varepsilon_{ievr} \geq \sum_{i\in N_p}\sum_{j\in N} \varepsilon_{ijv(r-1)} - \sum_{i\in N_p}\sum_{j\in N_p} \varepsilon_{ijvr}, \quad \forall v \in V \text{ and } r \geq 2 \tag{24}$$

$$\sum_{i\in N_p} \varepsilon_{ejv1} = \sum_{i\in N_p}\sum_{j\in N} \varepsilon_{ijv2}, \quad \forall v \in V \tag{25}$$

$$\sum_{i\in N}\sum_{j\in N} \varepsilon_{ijvr} \leq 1, \quad \forall v \in V, \forall r \in R_v \tag{26}$$

$$\sum_{i\in N}\sum_{j\in N} \varepsilon_{ijvr} \leq \sum_{i\in N}\sum_{j\in N} \varepsilon_{ijv(r-1)}, \quad \forall v \in V, \forall r \geq 2 \tag{27}$$

$$\varepsilon_{kijvr} \leq \varepsilon_{ijvr}, \quad \forall k \in K, \forall i \in N, \forall j \in N, \forall r \in R_v \tag{28}$$

3 混合启发式算法

鲸鱼算法（Whale Optimization Algorithm，WOA）是由 Mirjalili 和 Lewis 于 2016 年提出的一种模拟座头鲸捕猎行为的启发式优化算法，它在许多数值优化和工程问题的求解中表现出较好的性能。WOA 算法有着更新机制相互独立、控制参数少、通用性强等优点，能够应用于各种复杂的优化问题。粒子群优化算法（Particle Swarm Optimization，PSO）是一种基于群体智能的优化算法，由 Kennedy 和 Eberhart 于 1995 年提出。该算法模拟了自然界中鸟群或鱼群的觅食行为，通过个体之间的信息交流和协作，寻找最优解。PSO 算法具有简单、易实现、无需梯度信息、适应性强等优点，被广泛应用于函数优化、神经网络训练、数据挖掘、图像处理、机器学习等领域。

因此，本研究综合鲸鱼算法和粒子群优化算法的优点，开发了一个嵌套式混合启发式算法，以此提高模型整体的优化效率。图 2 展示了优化过程的总体框架（WOA-PSO）。

3.1 编码及初始化阶段

上层编码。上层染色体编码整体由两部分组成，即矩阵首行为第一部分，其余行为第二部分，其中各个部分对应的变量类型和维度均有所差异，如图 3 所示。具体而言，第一部分是一个维度为 $n \times 1$ 的矩阵，由连续的实数组成，表示不同线路的发车间隔；而第二部分是一个维度为 $n \times n$ 的矩阵，均由二进制数值组成，表示不同线路经过的节点，其具体数值表示线路中每个节点存在与否，即 1 表示节点存在，0 表示不存在，以第一列为例，它表示线路 1 的发车间隔为 A_1，并且线路 1 将会经过 A_{11}、A_{12}、A_{13}、A_{14}、…、A_{1n} 等 n 个节点（并不代表先后顺序）。

下层编码。当上层编码代入下层模型当中，上层变量将作为参数，此时下层染色体编码整体也由两部分组成，包括游客编码部分和车辆编码部分。

下层游客编码为一个 $n \times 1$ 的矩阵，每个矩阵元素为一个游客的行程编码，游客行程编码为一个 $n \times 6$ 的矩阵，每一行代表游客到访的一个节点，如图 4 所示。前四列为离散变量，分别表示线路编号、车辆编号、出发节点、到达节点，

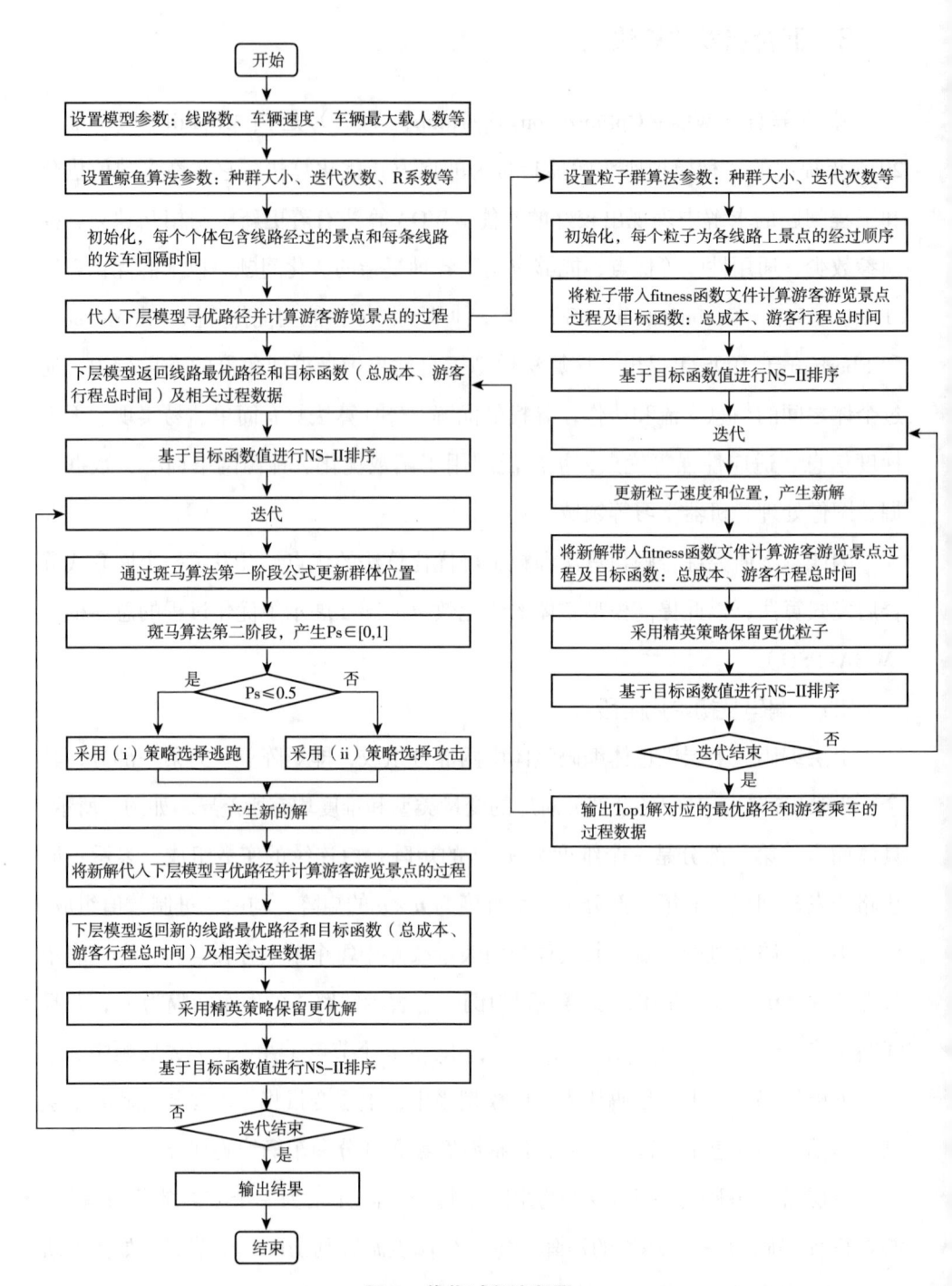

图2 优化过程流程图

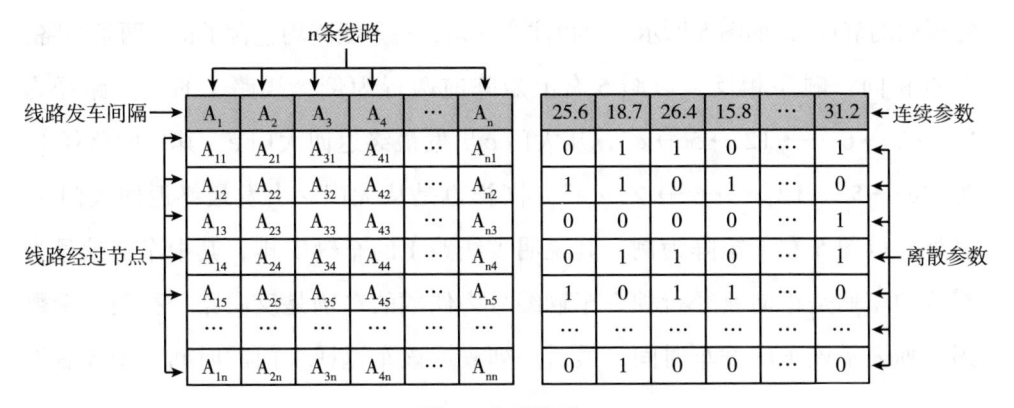

图 3 上层编码

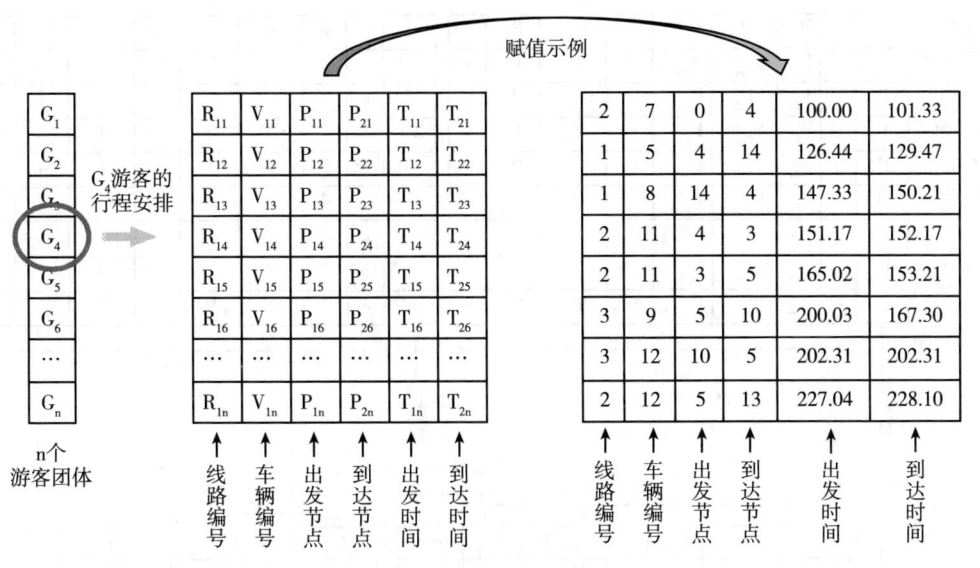

图 4 下层游客编码

且后一行的第三列等于前一行第四列,也即前一个到达节点为下一个出发节点,从而保证行程的连续性。后两列为连续变量,通过上层编码与前四列的变量计算可得。以图 4 右侧第一行为例,其表述了游客 G_4 先搭乘线路 2 的编号为 7 的摆渡车,从大门 0 到达了景点 4,这段行程的出发时间为 100,到达时间为 101.33。

下层车辆编码为一个 $2n \times (m+2)$ 的矩阵,第一列为线路编号,2 至 $m+2$ 列表示线路先后经过的节点顺序,其中 e 代表的是景区大门(也是摆渡车出发和最终返回的节点），如图5所示。值得注意的是，每条线路均包含了正反两条线路，节点相同，顺序相反。以图5右上矩阵前两行为例，线路1的正向路径为"$e \to 2 \to 6 \cdots \to 12 \to 5 \to e$"，从大门 e 出发最终返回大门 e，其反向路径1'为"$e \to 5 \to 12 \cdots \to 6 \to 2 \to e$"，同样也是从大门 e 出发最终返回大门 e。另外，以图5左下矩阵为例，其说明了线路1的车辆安排，其中车辆编号为奇数的车辆是正向路径行驶，车辆编号为偶数的车辆是反向路径行驶，倒数第二列表示该车的发车时间，最后一列表示该车返回大门的时间。图5右下

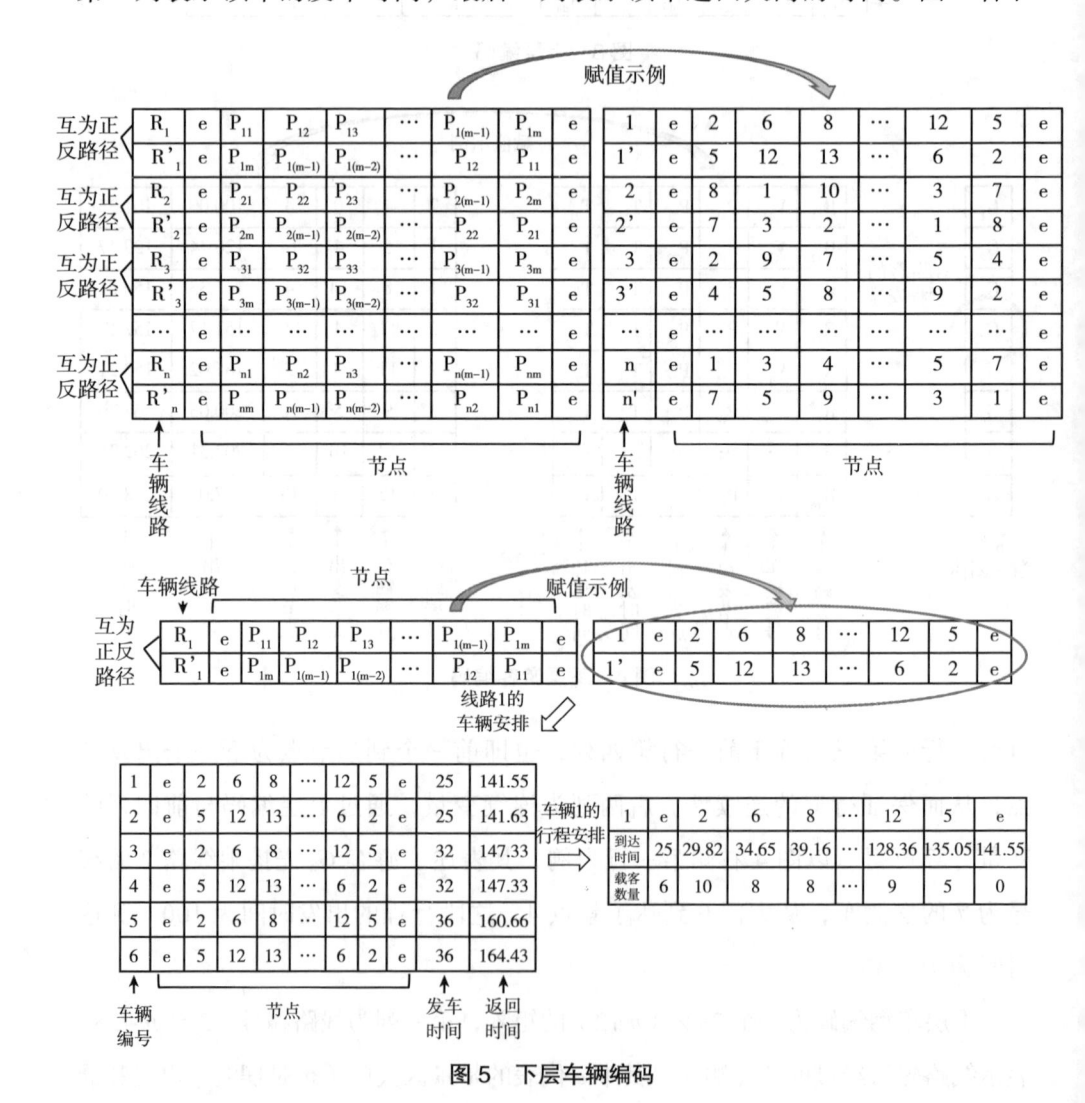

图 5 下层车辆编码

矩阵意在说明每一辆车的行程安排，包括各个节点的到达时间以及到达节点换乘后的载客情况。

完成染色体编码之后，进行混合进化之前，本研究需要对各染色体进行初始化。在初始化过程中，矩阵中每个元素都需要初始化，且初始化的值需要满足数学模型的约束条件。

3.2 混合进化阶段

在本研究中，上层模型主要寻优线路经过的景点以及不同线路观光车的发车间隔，然后代入到下层模型寻优不同观光车的路径，下层模型选择最优的路径解返回到上层模型。因此，上下层模型都有各自的进化阶段，是一个混合进化模式。考虑到上层模型属于混合整数规划而下层模型属于"0-1规划"，本研究采用鲸鱼算法（WOA）作为上层模型的优化策略，粒子群优化算法（PSO）作为下层模型的优化策略。上层优化算法WOA的进化阶段分为包围捕食、螺旋更新、搜寻猎物三个阶段[11]。

（1）包围捕食阶段。在WOA中，假设鲸鱼种群的规模为N，搜索空间为d维，第i只鲸鱼在第d维空间中的位置可以表示为$X_i=(x_i^1, x_i^2, \cdots, x_i^d)$（$i=1, 2, \cdots, N$），猎物的位置对应于问题的全局最优解。通过模拟鲸鱼觅食行为，包围捕食阶段的数学模型为：

$$D=|C \cdot X_p(t)-X(t)| \tag{29}$$

$$X(t+1)=X_p(t)-A \cdot D \tag{30}$$

其中，t为当前迭代的次数；$X(t)$为个体位置向量；$X_p(t)$为猎物位置向量（当前的最优解）；A和C分别为系数向量，且有：

$$A=2a \cdot r_1-a \tag{31}$$

$$C=2 \cdot r_2 \tag{32}$$

其中，r_1和r_2分别为[0, 1]的随机数；a为控制参数，随着迭代次数的增加从2线性递减到0，即：

$$a(t)=2-\frac{2t}{\max\_iter} \tag{33}$$

其中，max_iter 为最大迭代次数。

（2）螺旋更新阶段。首先要计算与猎物此时（用当前最优个体代替）之间的距离，然后以螺旋的方式逐渐逼近猎物，其数学模型如下：

$$X(t+1)=D\cdot e^{bl}\cdot\cos(2\pi l)+X_p(t) \tag{34}$$

其中，D 如式（29）所示；b 为用于限定对数螺旋形状的常数；l 为 [-1, 1] 的随机数。为了实现收缩包围和螺旋更新同步，引入了概率 p 去判别鲸鱼个体执行哪种位置更新方式，p 属于 [0, 1]，其数学模型为：

$$X(t+1)=\begin{cases}X_p(t)-A\cdot D & p<0.5\\ D\cdot e^{bl}\cdot\cos(2\pi l)+X_p(t) & p\geqslant 0.5\end{cases} \tag{35}$$

（3）搜寻猎物阶段。当 |A|>1 时，此时，鲸鱼无法获取到猎物的有效信息，鲸鱼则需要通过随机的方式不断尝试找到猎物的线索信息，其搜寻猎物的数学模型如下所示：

$$D=|C\cdot X_{rand}(t)-X(t)| \tag{36}$$

$$X(t+1)=X_{rand}(t)-A\cdot D \tag{37}$$

其中，X_{rand} 为从当前群体中随机选取的鲸鱼个体的位置向量。

下层优化算法 PSO 的进化阶段是每个粒子根据自身的历史最优解（个体极值，p_{best}）和全局的历史最优解（全局极值，g_{best}）来更新自己的速度和位置，从而向最优解逼近[12]。算法由 N 个粒子组成，在搜索过程中，第 i 个粒子在第 j 维空间中的位置定义为：

$$X_{ij}=\{x_{i1}, x_{i2}, \cdots, x_{ij}\} \tag{38}$$

每个粒子的当前速度为：

$$V=\{v_{i1}, v_{i2}, \cdots, v_{ij}\} \tag{39}$$

粒子自身历史最优位置为：

$$P_{ij}=\{p_{i1},\ p_{i2},\ \cdots,\ p_{ij}\} \quad (40)$$

整个粒子群的最优位置为：

$$P_{gj}=\{p_{g1},\ p_{g2},\ \cdots,\ p_{gj}\} \quad (41)$$

粒子速度状态更新公式如下：

$$V_{ij}^{(t+1)}=V_{ij}^{(t)}+c_1r_1(p_{ij}^{(t)}-x_{ij}^{(t)})+c_2r_2(p_{gj}^{(t)}-x_{ij}^{(t)}) \quad (42)$$

其中，t 为当前迭代次数，c_1 和 c_2 为学习因子，r_1 和 r_2 为 [0，1] 之间的随机数。上式中，右侧第一项是粒子上一次移动的速度，第二项是当前位置与之前自身最优位置之间的距离，第三项是与整体粒子群最优位置之间的距离。

为了加强 PSO 算法的求解能力，引入惯性到其速度更新公式中。当有较大惯性时，粒子能够在解空间进行快速搜索，当具有较小的惯性权重时，粒子能够在某一局部范围进行仔细搜索，引入惯性后的速度更新公式如下：

$$\begin{cases} V_{ij}^{(t+1)}=w_iV_{ij}^{(t)}+c_1r_1(p_{ij}^{(t)}-x_{ij}^{(t)})+c_2r_2(p_{gj}^{(t)}-x_{ij}^{(t)}) \\ x_{ij}^{(t+1)}=x_{ij}^{(t)}+V_{ij}^{(t+1)} \end{cases} \quad (43)$$

惯性因子主要参考粒子群中的平均适应度水平 f_{ave} 和最优适应度 f_{min}，具体更新公式如下：

$$\begin{cases} w=w_{min}+\dfrac{(f_i-f_{min})(w_{max}-w_{min})}{f_{ave}-f_{min}} & f_i \leqslant f_{ave} \\ w=w_{max} & f_i > f_{ave} \end{cases} \quad (44)$$

惯性因子 w 一定程度上决定了粒子的运动范围，以此来调节全局和局部的搜索能力的平衡，使得粒子拥有较好的局部搜索能力和较快的移动速度。

本研究混合进化伪代码如图 6 所示。

3.3 评价与选择阶段

本研究所构建的模型是一个双目标模型，因此很难确定可以同时实现这两个目标最优化的方案。为此，本研究采用帕累托理论来评估生成方案的性能。有关帕累托理论的详细介绍，请参阅 Zheng 和 Liao（2019）文章[13]。使用帕累托理

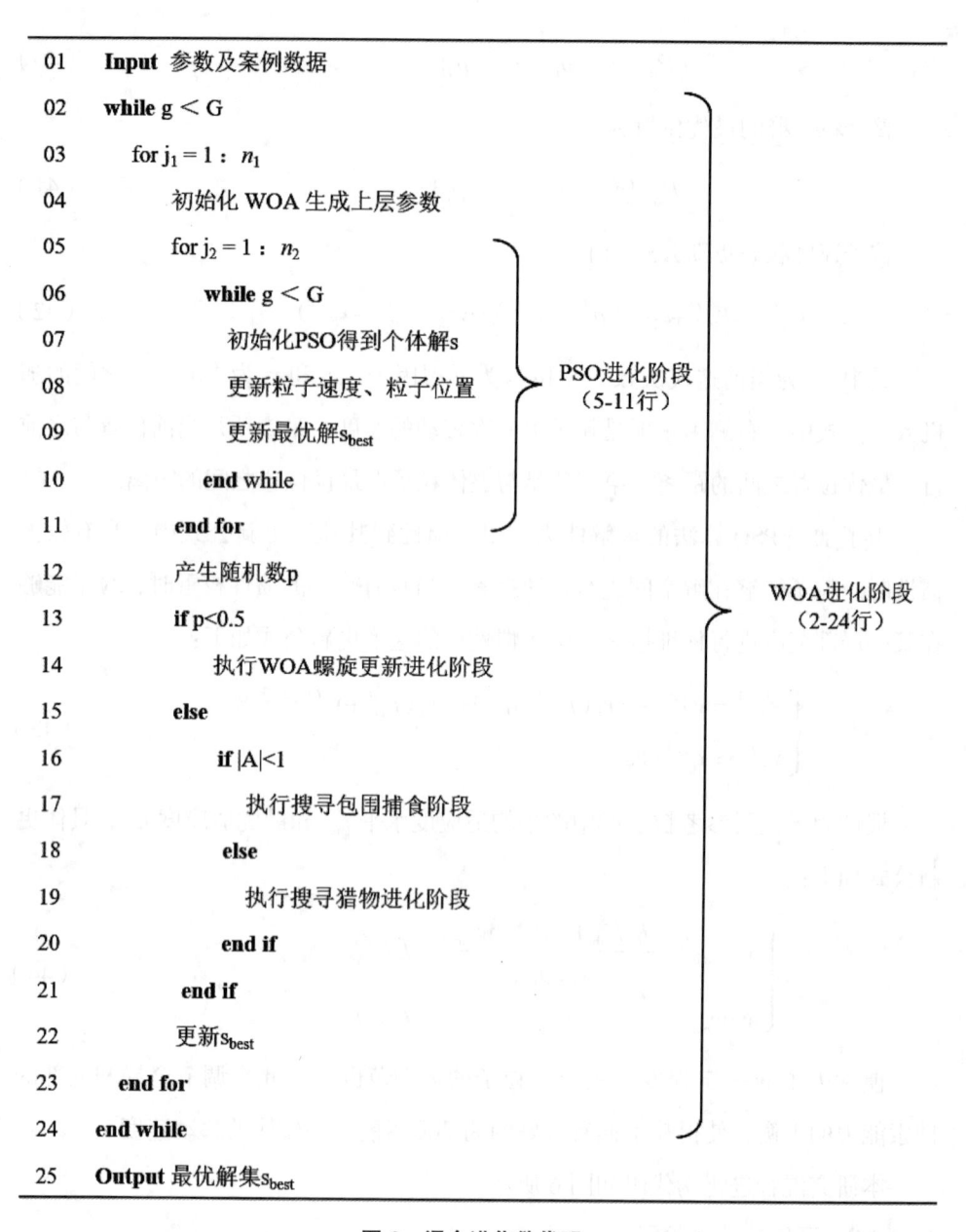

```
01  Input 参数及案例数据
02  while g < G
03      for j₁ = 1 : n₁
04          初始化WOA生成上层参数
05          for j₂ = 1 : n₂
06              while g < G
07                  初始化PSO得到个体解s
08                  更新粒子速度、粒子位置
09                  更新最优解s_best
10              end while
11          end for
12          产生随机数p
13          if p<0.5
14              执行WOA螺旋更新进化阶段
15          else
16              if |A|<1
17                  执行搜寻包围捕食阶段
18              else
19                  执行搜寻猎物进化阶段
20              end if
21          end if
22          更新s_best
23      end for
24  end while
25  Output 最优解集s_best
```

PSO进化阶段（5-11行）

WOA进化阶段（2-24行）

图6 混合进化伪代码

论的快速非支配排序法需要计算每个个体 i 的被支配个数 n_P 和该个体支配的解的集合 S_P 这两个参数。假设种群大小为 P，该算法的伪代码如图7所示。

01	计算出种群中每个个体i的两个参数n_p和S_p
02	将种群中参数n_p=0的个体放入集合F_1中
03	for 个体$i \in F_1$
04	for 个体i支配的解$l \in s_l$
05	$N_L = n_L - l$;(该步骤即消除Pareto等级1对其余个体的支配)
06	if n_L=0
07	将L加入集合F_2中
08	end if
09	end for
10	end for
11	上面得到Pareto等级2的个体的集合F_2，对集合F_2中的个体继续重复执行第3—10行，以此类推直到种群等级被全部划分

图7　快速非支配排序伪代码

4　案例研究

4.1　案例背景

本研究旨在探讨当游客和景区在面对相互冲突目标时，如何为景区制定更加真实和低成本的调度安排，为游客提供更加快捷、多样化的线路。九寨沟的原始秀丽风光主要分布在呈"丫"字形的3条主沟中，总面积720平方公里，有剑悬泉、芳草海、天鹅湖等24个著名景点。当前九寨沟景区所提供的交通服务有限，而服务的游客数量却在不断增长，为了降低景区调度成本并提高游客满意度，需要为游客设计更合理的行程安排，同时制定更高效的观光车调度计划。因此，本研究以九寨沟国家级自然保护区作为研究案例，以检验模型与算法的有效性。

景区大门及景区内各景点位置分布如图8所示。

九寨沟景区内的各景点间的时间距离如表2所示。本研究选取50个游客团体，他们的出发时间、人数、游览景点信息如表3所示（表3仅展示前10个游客团体的相关信息）。

本研究假设游客会从九寨沟景区大门出发，依次乘坐观光车前往他们期望参观的所有景点，最终回到景区大门，并且各个景点的参观顺序对于游客体验值没有影响。景区观光车在速度和容量上是同质的，每辆观光车的行驶里程成本和

图8 九寨沟主要景点示意

车辆租赁固定成本也是相同的。考虑到九寨沟景点数目以及到访游客数量，本研究将利用提出的研究模型与混合启发式算法，拟为九寨沟景区设计多条观光车路线，并为每位游客提供独立的行程安排，旨在为景区灵活观光车调度提供一个基于实际数据的、科学合理的参考模型。

E 旅游景区

表2 各景点间的时间距离

	0	1	2	3	4	5	6	7	8	9	10	11	12	13	14	15	16	17	18	19	20	21	22	23	24
0	0.0	1.8	8.4	8.7	10.5	12.0	12.2	13.1	13.8	14.7	15.3	20.3	23.0	25.2	26.6	27.9	29.3	31.2	42.9	43.7	46.5	29.6	42.6	45.6	47.7
1	1.8	0.0	6.6	6.9	8.7	10.2	10.4	11.3	12.0	12.9	13.5	18.5	21.2	23.4	24.8	26.1	27.5	29.4	41.1	41.9	44.7	27.8	40.8	43.8	45.9
2	8.4	6.6	0.0	0.3	2.1	3.6	3.8	4.7	5.4	6.3	6.9	11.9	14.6	16.8	18.2	19.5	20.9	22.8	34.5	35.3	38.1	21.2	34.2	37.2	39.3
3	8.7	6.9	0.3	0.0	1.8	3.3	3.5	4.4	5.1	6.0	6.6	11.6	14.3	16.5	17.9	19.2	20.6	22.5	34.2	35.0	37.8	20.9	33.9	36.9	39.0
4	10.5	8.7	2.1	1.8	0.0	1.5	1.7	2.6	3.3	4.2	4.8	9.8	12.5	14.7	16.1	17.4	18.8	20.7	32.4	33.2	36.0	19.1	32.1	35.1	37.2
5	12.0	10.2	3.6	3.3	1.5	0.0	0.2	1.1	1.8	2.7	3.3	8.3	11.0	13.2	14.6	15.9	17.3	19.2	30.9	31.7	34.5	17.6	30.6	33.6	35.7
6	12.2	10.4	3.8	3.5	1.7	0.2	0.0	0.9	1.7	2.6	3.2	8.0	10.8	13.1	14.4	15.8	17.1	19.1	30.8	31.5	34.4	17.4	30.5	33.5	35.6
7	13.1	11.3	4.7	4.4	2.6	1.1	0.9	0.0	0.8	1.7	2.3	7.2	9.9	12.2	13.5	14.9	16.2	18.2	29.9	30.6	33.5	16.5	29.6	32.6	34.7
8	13.8	12.0	5.4	5.1	3.3	1.8	1.7	0.8	0.0	0.9	1.5	6.5	9.2	11.4	12.8	14.1	15.5	17.4	29.1	29.9	32.7	15.8	28.8	31.8	33.9
9	14.7	12.9	6.3	6.0	4.2	2.7	2.6	1.7	0.9	0.0	0.6	5.6	8.3	10.5	11.9	13.2	14.6	16.5	28.2	29.0	31.8	14.9	27.9	30.9	33.0
10	15.3	13.5	6.9	6.6	4.8	3.3	3.2	2.3	1.5	0.6	0.0	5.0	7.7	9.9	11.3	12.6	14.0	15.9	27.6	28.4	31.2	14.3	27.3	30.3	32.4
11	20.3	18.5	11.9	11.6	9.8	8.3	8.1	7.2	6.5	5.6	5.0	0.0	2.7	5.0	6.3	7.7	9.0	11.0	22.7	23.4	26.3	9.3	22.4	25.4	27.5
12	23.0	21.2	14.6	14.3	12.5	11.0	10.8	9.9	9.2	8.3	7.7	2.7	0.0	2.3	3.6	5.0	6.3	8.3	20.0	20.7	23.6	12.0	25.1	28.1	30.2
13	25.2	23.4	16.8	16.5	14.7	13.2	13.1	12.2	11.4	10.5	9.9	5.0	2.3	0.0	1.4	2.7	4.1	6.0	17.7	18.5	21.3	14.3	27.3	30.3	32.4
14	26.6	24.8	18.2	17.9	16.1	14.6	14.4	13.5	12.8	11.9	11.3	6.3	3.6	1.4	0.0	1.4	2.7	4.7	16.4	17.1	20.0	15.6	28.7	31.7	33.8
15	27.9	26.1	19.5	19.2	17.4	15.9	15.8	14.9	14.1	13.2	12.6	7.7	5.0	2.7	1.4	0.0	1.4	3.3	15.0	15.8	18.6	17.0	30.0	33.0	35.1
16	29.3	27.5	20.9	20.6	18.8	17.3	17.1	16.2	15.5	14.6	14.0	9.0	6.3	4.1	2.7	1.4	0.0	2.0	13.7	14.4	17.3	18.3	31.4	34.4	36.5
17	31.2	29.4	22.8	22.5	20.7	19.2	19.1	18.2	17.4	16.5	15.9	11.0	8.3	6.0	4.7	3.3	2.0	0.0	11.7	12.5	15.3	20.3	33.3	36.3	38.4
18	42.9	41.1	34.5	34.2	32.4	30.9	30.8	29.9	29.1	28.2	27.6	22.7	20.0	17.7	16.4	15.0	13.7	11.7	0.0	0.8	3.6	32.0	45.0	48.0	50.1
19	43.7	41.9	35.3	35.0	33.2	31.7	31.5	30.6	29.9	29.0	28.4	23.4	20.7	18.5	17.1	15.8	14.4	12.5	0.8	0.0	2.9	32.7	45.8	48.8	50.9
20	46.5	44.7	38.1	37.8	36.0	34.5	34.4	33.5	32.7	31.8	31.2	26.3	23.6	21.3	20.0	18.6	17.3	15.3	3.6	2.9	0.0	35.6	48.6	51.6	53.7
21	29.6	27.8	21.2	20.9	19.1	17.6	17.4	16.5	15.8	14.9	14.3	9.3	12.0	14.3	15.6	17.0	18.3	20.3	32.0	32.7	35.6	0.0	13.1	16.1	18.2
22	42.6	40.8	34.2	33.9	32.1	30.6	30.5	29.6	28.8	27.9	27.3	22.4	25.1	27.3	28.7	30.0	31.4	33.3	45.0	45.8	48.6	13.1	0.0	3.0	5.1
23	45.6	43.8	37.2	36.9	35.1	33.6	33.5	32.6	31.8	30.9	30.3	25.4	28.1	30.3	31.7	33.0	34.4	36.3	48.0	48.8	51.6	16.1	3.0	0.0	2.1
24	47.7	45.9	39.3	39.0	37.2	35.7	35.6	34.7	33.9	33.0	32.4	27.5	30.2	32.4	33.8	35.1	36.5	38.4	50.1	50.9	53.7	18.2	5.1	2.1	0.0

注：数据来源于实地调研结果。

表 3　游客信息

游客编号	出发时间	人数	参观景点
1	99	3	5.6.7.8.12.14.16.17.21.22
2	13	5	2.3.4.6.7.9.10.11.15.19.22
3	91	3	2.3.4.5.6.9.13.15.17.19.20.22
4	53	5	1.3.4.6.8.9.11.12.15.18.19.21.22.23.24
5	41	2	4.6.8.9.13.14.15.16.17.18.19.20.21.22.23.24
6	27	5	2.3.5.7.9.10.12.14.15.19.20.21
7	89	2	1.3.4.6.7.8.9.11.15.17.18.19.20.21.23.24
8	26	1	1.2.3.5.9.10.11.12.13.15.16.20.21.23.24
9	14	2	3.4.5.11.15.17.18.19.21.22.23.24
10	30	3	3.6.8.9.10.11.14.15.16.17.18.20.21.22.24
…	…	…	…

4.2　算法参数

4.2.1　算法组合选定

为评估所提出研究模型以及比较所开发算法的求解效率与优化性能，本研究基于两个方面的考虑选择了以下几类算法组合。见表4。

（1）为了验证研究模型整体的有效性，本研究根据上下层优化问题的特性选择了四类优化算法，即斑马优化算法、粒子群优化算法、鲸鱼优化算法与灰狼优化算法，这些优化算法将在上层或下层优化阶段当中应用。

（2）为了验证所提出的WOA-PSO混合启发式算法上下层的协同优化效果，本研究设计了另外四种嵌套混合启发式算法，即斑马+粒子群、斑马+鲸鱼、斑马+灰狼与灰狼+粒子群，并将以上四个混合启发式算法的优化性能与WOA-PSO混合启发式算法进行比较。

表4 本研究使用的优化算法组合

算法类型	上层算法	下层算法	算法内涵
鲸鱼+粒子群 WOA-PSO	鲸鱼优化算法 WOA	粒子群优化算法 PSO	使用搜索、包围、攻击进化策略优化上层变量；使用速度、惯性进化策略优化下层变量
灰狼+粒子群 GWO-PSO	灰狼优化算法 GWO	粒子群优化算法 PSO	使用领导狩猎进化策略优化上层变量；使用速度、惯性进化策略优化下层变量
斑马+鲸鱼 ZOA-WOA	斑马优化算法 ZOA	鲸鱼优化算法 WOA	使用觅食、防御进化策略优化上层变量；使用搜索、包围、攻击进化策略优化下层变量
斑马+粒子群 ZOA-PSO	斑马优化算法 ZOA	粒子群优化算法 PSO	使用觅食、防御进化策略优化上层变量；使用速度、惯性进化策略优化下层变量
斑马+灰狼 ZOA-GWO	斑马优化算法 ZOA	灰狼优化算法 GWO	使用觅食、防御进化策略优化上层变量；使用领导狩猎进化策略优化下层变量

注：在路径优化问题的运用中，斑马优化算法由 Eva Trojovská 等提出[14]；粒子群优化算法由 Kennedy 和 Eberhart 等提出[12]；鲸鱼算法由 Mirjalili 和 Lewis 等提出[11]；灰狼算法由 Mirjalili 等提出[15]。

4.2.2 参数设定

对于混合启发式算法，需要设定迭代次数以及种群大小这两个核心参数。对于迭代次数的设定，该数值通常依赖于算法具体的收敛情况。至于种群规模的设定，种群规模设定过小可能导致算法陷入局部最优，种群规模设定过大可能会导致计算效率低下。因此，鉴于对九寨沟景区的每日到访游客的交通服务需求以及九寨沟交通服务供给的分析，以下给出了WOA-PSO参数设定的具体数值，其余四种混合启发式算法的种群大小与迭代次数与WOA-PSO相同。见表5。

表5 "鲸鱼+粒子群"参数设定

	参数	取值
上层鲸鱼算法参数	种群大小	20
	迭代次数	15
	控制参数 a	从2递减为0
	随机数 r_1	[0，1]
	随机数 r_2	[0，1]
下层粒子群算法参数	粒子总数	10
	迭代次数	10
	学习因子 c_1	0.4
	学习因子 c_2	0.6
	惯性权重 ω_{max}	0.5
	惯性权重 ω_{min}	0.01

4.3 效率分析

本研究为了减少随机因素的干扰，每个混合启发式算法为景区与所有游客进行了10次方案的计算，并对10次运行结果的各项评价指标进行平均。这五种算法获得的解的质量如表6所示。

表6 评价指标比较

算法组合	前沿解个数	质量度量	多样性度量	HV
WOA-PSO	12	0.60	0.84	323762817.39
GWO-PSO	10	0.50	0.91	214261641.54
ZOA-WOA	12	0.60	0.71	157166209.73
ZOA-PSO	10	0.50	0.68	171213602.14
ZOA-GWO	10	0.50	0.67	221831573.62

从前沿解个数来看，WOA-PSO 与 ZOA-WOA 得到 12 个前沿解，解的数量最多，而其余三个优化组合得到的前沿解数量为 10 个。但是由于本研究问题属于混合整数规划模型，另外双层优化模型导致解的获取难度增加，从而得到的帕累托前沿解的数量为 10 个也是可接受的范围。从质量度量来看，度量质量的值越大，说明算法的收敛性越好，WOA-PSO 和 ZOA-WOA 的质量度量大于其他三种。从多样性度量来看，多样性度量的值越大，说明算法的性能多样性越好，可以看到 GWO-PSO 的值最高，略高于 WOA-PSO，但是从超体积指标（HV）来看，HV 是一种综合性的性能评价指标，它同时考虑了解集的收敛性和多样性，这个值越大，说明解集的质量越高，可以看到 WOA-PSO 的 HV 值显著高于其他四种混合启发式算法。综合所有评价指标可看出，五个算法组合中综合性能最佳的是"WOA-PSO"。

5 结论

在过去几十年间，我国旅游业发展迅猛并成为许多地区的支柱性产业。然而，现有的灵活观光车调度问题仍然是更加侧重于景区方面的交通运输成本最小化，没有将游客的等待时长、交通时长等体验价值放在突出位置上。为克服现有模型存在的局限，本文将这些因素纳入数学模型之中以便设计相应的算法来解决这些问题，建立了双层优化模型。在目标函数中，该问题涉及两个潜在的冲突目标，即保证游客游玩时间的情况下最小化游客的总时长和最小化景区的成本。在约束条件中，分别考虑了游客线路设计的个性化限制和车辆调度的技术性限制两方面的限制条件。前者保证了游玩线路的个性化偏好，而后者考虑的是车辆调度的连通性和可行性，使得生成的调度方案同时让游客景区双方满意。为了验证研究模型整体的有效性，本研究根据上下层优化问题的特性开发了嵌套式混合启发式算法——WOA-PSO，并以九寨沟国家级自然保护区为例开展案例研究，从而评估所提出双层优化模型与嵌套式混合启发式算法的性能。

研究得出以下结论：(1) 灵活观光车调度问题包含游客与景区两个主体，是具有层次性和冲突性的问题，使用双层优化模型能够充分考虑上下层之间的相互影响和约束，同时提升模型的精度和泛化能力。（2）WOA-PSO 的嵌套式混合启发式算法在求解双层优化模型的灵活车辆调度问题时获得的解集多样性丰富且分布均匀性良好，接近帕累托前沿的收敛性良好，优化表现与性能表现优异。

参考文献

［1］Singer F J，Beattie J B. The Controlled Traffic System and Associated Responses in Denali National Park［J］. Arctic，1986，39（3），195-2.

［2］Mace B L，Marquit J D，Bates S C. Visitor Assessment of the Mandatory Alternative Transportation System at Zion National Park［J］. Environmental Management，2013，52（5），1271.

［3］Wilson D L，Hallo J C，McGuire F A，Sharp J L，Mainella F P.Transportation Mode Choice among Baby Boomer Visitors in National Parks：Exploring the Concept of Freedom［J］. Travel Behaviour and Society，2018，13，61.

［4］Holly F M，Hallo J C，Baldwin E D，Mainella F P. Incentives and Disincentives for Day Visitors to Park and Ride Public Transportation at Acadia National Park［J］. Park Recreation Administration，2010，28（2），74.

［5］Taff D，Newman P，Pettebone D，White D D，Lawson S R，Monz C，Vagias W M. Dimensions of Alternative Transportation Experience in Yosemite and Rocky Mountain National Parks［J］. Journal of Transport Geography，2013，30，37.

［6］White D D. An interpretive Study of Yosemite National Park Visitors' Perspectives toward Alternative Transportation in Yosemite Valley［J］. Environmental Management，2007，39（1），50.

［7］Pettebone D，Newman P，Lawson S R，Hunt L，Monz C，Zwiefka J. Estimating Visitors' Travel Mode Choices along the Bear Lake Road in Rocky Mountain National Park［J］. Journal of Transport Geography，2011，19（6），1210.

［8］Cachon G P. A Research Framework for Business Models：What is Common among Fast Fashion，e-tailing，and Ride Sharing？［J］. Management Science，2020，66（3），1172.

[9] Ruiyou Zhang, Zhujun Liu, Xuehao Feng. A Novel Flexible Shuttle Vehicle Scheduling Problem in Scenic Areas: Task-divided Graph-based Formulation and Algorithm [J]. Computers & Industrial Engineering, 2021.

[10] Zhang G, Han J, Lu J. Fuzzy Bi-level Decision-Making Techniques: A Survey [J]. International Journal of Computational Intelligence Systems, 2016, 9 (SUPPL.1): 25-34.

[11] Seyedali Mirjalili, Andrew Lewis. The Whale Optimization Algorithm [J]. Advances in Engineering Software, 2016, 95: 51.

[12] J. Kennedy, R. Eberhart. Particle Swarm Optimization [J]. Institute of Electrical and Electronics Engineers, 1995, 0-7803-2768-3.

[13] Zheng W, Liao Z (2019). Using a Heuristic Approach to Design Personalized Tour Routes for Heterogeneous Tourist Groups [J]. Tourism Management, 72, 313.

[14] Eva Trojovská. Zebra Optimization Algorithm: A New Bio-Inspired timization Algorithm for Solving Optimization Algorithm [J]. IEEE Access, 2022, 10, 49445.

[15] Seyedali Mirjalili. How effective is the Grey Wolf optimizer in training multi-layer perceptrons [J]. Appl Intell, 2015, 43: 150.

多维视角下景区游客流动过程碳足迹研究

——以成都文殊院为例

［作　者］颜文豪　杨虎斌　骆毓燕（成都理工大学管理科学学院）

摘　要： 立足多维视角探究景区游客流动过程碳足迹，有助于厘清游客游览中碳排放产生情形。研究以成都市文殊院游客为研究对象，运用生命周期法分析其旅游过程中游客流动及碳排放情况。研究表明，游客在旅游活动中的碳排放贡献差异显著。游客群体在旅游模式、目的地距离、住宿选择以及消费行为上的差异，导致部分游客的碳排放水平显著升高；相反，那些具有较强环境保护意识、倾向于选择低碳旅游服务与产品的游客，则展现出较低的碳排放水平。游客碳排放特征随时间和情境变化多样，如随节假日和特定旅游活动的出现而变化。因此，仅从游客个体或景区管理视角估算碳排放量易导致偏差。综合考虑游客特征、旅游活动和目的地管理措施，采用多元化方法进行碳排放估算和研究，便于更准确地评估旅游活动的碳排放情况。最后根据分析结果，进一步提出管理启示，切实推动旅游业的绿色发展。

关键词： 多维视角；游客流动；碳排放核算；碳足迹

1　引言

2020年，习近平总书记在第75届联合国大会首次针对绿色发展提出"2030碳达峰，2060碳中和"的具体目标。生态环境保护和旅游经济可持续性发展成为新时代旅游业发展的必然趋势。2021年9月22日，中共中央和国务院发布了《关于完整准确全面贯彻新发展理念做好碳达峰碳中和工作的意见》，强调了生态环境保护和低碳发展的重要性[1,2]。我国作为这一发展理念的积极践行者，以实现碳达峰、碳中和为目标，大力推进产业结构的绿色转型和高质量发展。在旅游业中，通过实施一系列创新政策和措施，取得了显著的成效。本研究的目标是深入探讨多维视角下游客流动过程的碳足迹，丰富和拓展相关领域的研究框架体系，有助于指导旅游业在绿色低碳发展上的实践，更能促进旅游业与环境保护的和谐共生，实现经济发展与生态环境保护的双赢[3]。

2 文献综述

针对低碳旅游，目前众多研究正在基于加拿大学者 Willian E. Rees 于 1996 年提出的生态足迹理论[4]进行扩展性的研究，创造了碳足迹这一理论。其中，就旅游流而言，旅游相关基本概念、影响因素及其作用机理[5]、时空异质性及其演化影响[6,7]等方面的研究尤为突出。其次，利用多因素耦合分析[8]、大数据技术分析的方法开展定量分析也广受欢迎。另外，调查问卷[9]、统计数表等数据收集方式运用广泛。基于多种方法，区域旅游时空研究更加精确、更有新意，如张家界国家森林公园信息流、旅游流与碳排放耦合研究，发现区域旅游中游客的时空信息流动与环境碳排放的内在关系[10]；黄登斌等基于游客旅游耦合协调度，研究了广东省区域旅游对经济和生态的影响和发展趋势[11]；王凤霞根据游客及景点空间特点得出三亚旅游流空间结构，凝练出不同类型旅游者在不同时空下的游览特征[12]。通过对文献的梳理与总结，本研究将从生命周期分析（LCA）的视角出发，结合数据来源与实际，对案例景区的游客旅游过程中的碳排放进行多情景的系统分析，为旅游业的绿色化转型升级及高质量发展提供战略支撑。

3 研究方法与数据来源

3.1 生命周期模型

生命周期评价（Life Cycle Assessment，LCA）是一种日益成熟并在产品环特征分析及决策支持工具中广泛应用的方法[13,14]。该方法在清洁生产审计、产品生态设计、废物管理以及生态工业等多个领域都有显著的应用。LCA在各领域中扮演着关键角色，能为企业和社会部门的决策者提供全面而精确的环境影响评估数据，进而推动企业和社会的可持续发展。碳足迹则是通过计算活动主体在整个生命周期中产生的温室气体排放来确定的[15]。

3.2 流动排放清单

3.2.1 游客流动行为

在实地调研过程中，本研究对文殊院内外若干关键区域的游客流量进行了详细的统计分析，通过高密度的观测，本文获得了如图1所示数据，研究发现在文殊院东西牌坊及入出口等关键位置之间存在显著的相互关联性。这种关联可能源于游客的行为模式、景区的空间布局设计或其他外部因素的作用。

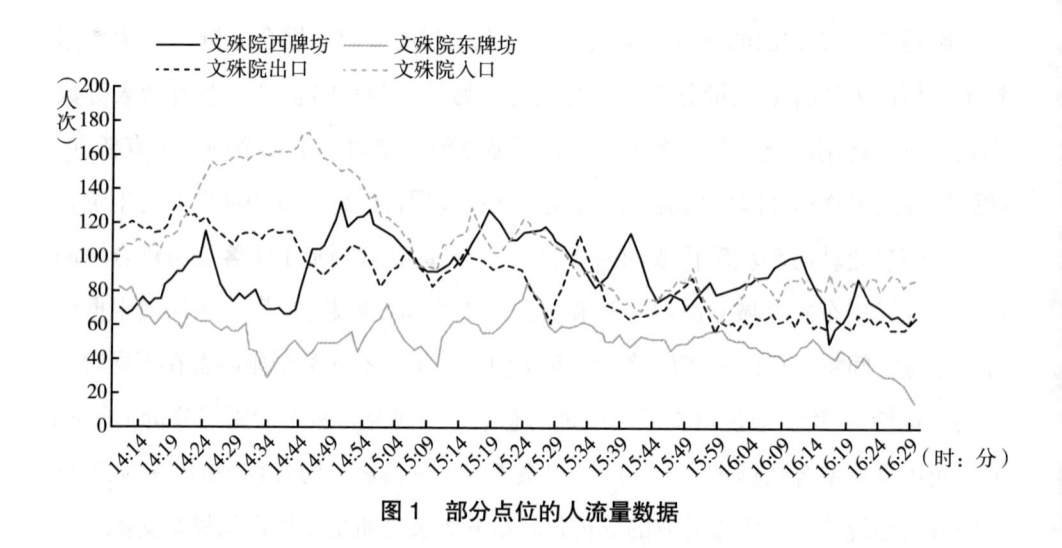

图1 部分点位的人流量数据

从关联性角度，如图1所示，可以明显观察到不同点位间的流量关联体现在游客流量高峰和低谷的出现时间及地点的差异，或是特定事件对游客流量的影响等方面。上述发现为本研究的时间序列分析及预测提供了关键的数据基础，为进一步探讨游客流动模式和碳排放分析提供了重要思路。

3.2.2 排放清单

本研究以旅游的六大核心要素——"食、住、行、游、购、娱"为基础，对目标景点进行了碳排放量测算。鉴于交通在旅游活动中扮演的关键角色及其对碳排放的显著影响，研究特别着重分析了交通领域在旅游活动中的重要性及其环境效应。通过这些关键领域的综合考虑，旨在为旅游业的高质量发展提供数据支持和策略建议。因此，排放清单应包含这六大要素中的能源消耗、物品消耗和废弃消耗三个部分。同时，由于"游、购、娱"三个要素在实际情况中存在较多交叉，故在清单构建时将其合并在"游"这一组份。另外，"行"组分的物品消耗和废弃消耗相对较少，因此在清单中未单独列出[16]。

3.3 数据来源

本文的数据来源于2023年12月30日至2024年1月1日对成都文殊院内外（包括附近的商业体文殊坊）进行的实地问卷调查。该调查通过抽样统计和实地测算的方法，收集了约450份有效问卷数据，并记录了该时间段内连续的人流量时间序列。

研究选取文殊院作为重点研究区域。文殊院是成都保存最完整的佛教寺庙之一，位于成都市中心，面朝南方，其建筑风格体现了典型的川西平原古建特色，主要以木结构为主。寺庙由六重殿宇组成，从山门进入后，依次是天王殿、三大士殿、大雄宝殿、说法堂和藏经楼，均为清代建筑风格。文殊院不仅是佛教圣地，集禅林圣迹、园林古建、朝拜观光和宗教修学于一体，也是游客和朝圣者的重要目的地[17]。选择在文殊院进行问卷调查，能够让研究者接触到广泛的游客群体，收集到多样化的数据，以便更全面地理解游客对景点的认知、评价和需求。

4 结果与分析

碳排放评估是一个涉及多维度和多个层面的分析过程，旨在全面考虑和计算碳排放的来源、类型和影响。在宏观层面，分析的重点在于国家和地区的总体碳排放量，这包括能源生产、工业过程和其他相关领域。在中观层面，研究集中于特定行业或部门的排放状况，为这些行业内的减排策略制定提供数据支持。在微观层面，企业或项目层面的评估有助于单个实体优化运营并设定具体的减排目标。从个人消费视角出发，评估鼓励公众认识到日常生活决策对碳排放的影响。生命周期评估（LCA）则从产品或服务的整个生命周期出发，分析其全面的环境影响。此外，生态系统视角评估了自然系统的碳吸收能力，为生态保护和恢复工作提供了指导。这些不同视角的评估相互补充，为决策者提供了全面的信息，帮助他们制定有效的减排策略和应对气候变化的措施。本研究将结合旅游业的实际情况和碳核算方法，从游客和景区的视角出发，运用LCA方法进行综合评估。

4.1 碳足迹影响因素

4.1.1 内在因素

本研究对不同群体及其特征进行了详细的匹配，并将这些匹配关系以矩阵形式呈现。具体而言，本文将数据分为各种关系类型，例如，收入与受教育程度等，然后在矩阵中表达这些关系。通过这种方式，可以更清晰地洞察不同群体间的相互关系特征（见表1和表2）。

表1 统计内"受教育程度—月收入"情况矩阵

收入＼教育	小学	初中	高中	大专	本科	硕士	博士
无收入/学生群体	20	3	30	20	71	18	2
<1500元	1	0	5	2	0	0	0
1501～4000元	4	0	0	0	7	0	0
4001～6000元	4	1	2	7	20	0	0
6001～10000元	14	3	0	13	28	8	0
10001～20000元	1	0	0	10	33	15	0
20001～50000元	0	0	0	2	5	5	0
>50000元	0	0	0	0	3	0	0
退休	1	0	0	0	0	1	0
其他收入	0	0	0	0	2	2	0

本次统计特别关注了19~28岁以及相邻年龄段的青壮年群体。这个年龄段的人群通常拥有较强的消费能力和较高的旅游需求，就景区而言，景区对其具有较强的吸引力。同时，可以观察到一部分年龄在38岁及以上的中年群体也在此区域或周边进行观光旅游。这些中年游客可能对文化、历史等类型的景点更感兴趣，也可能因为退休或其他原因，拥有更多的时间和精力进行旅游活动。

表2　统计内"年龄—受教育程度"情况矩阵

教育＼年龄（岁）	0~12	13~18	19~28	29~38	39~48	49~58	59~65	大于65
小学	10	14	18	2	0	0	0	1
初中	0	2	0	0	2	2	1	0
高中	0	8	27	0	1	1	1	0
大专	0	0	33	9	5	13	0	0
本科	0	0	135	43	15	4	2	0
硕士	0	0	28	29	0	0	0	0
博士	0	0	2	0	0	1	0	0

根据数据分析，受教育程度较高（本科及以上学历）的游客在样本中所占比例较大，同时，收入水平较高的人群也较为常见。这类人群通常拥有更多的经济资源和闲暇时间，从而能够承担旅游相关的费用。此外，如表2所示，随着年龄的增长，受教育程度总体上呈现下降趋势，不同年龄段的游客在受教育程度上也存在差异，这些因素都可能影响他们对旅游的态度[18,19]。

文殊院以其祈福还愿的特色而著称，具有浓厚的佛教文化氛围，因此吸引了大量前来祈求学业进步、成绩理想的学生，以及希望为家人祈求平安和顺的中老年人。此外，青少年作为游客的重要组成部分，他们大多没有稳定的经济收入。由于文殊院对游客免费开放，青少年游客可以无须承担门票费用，便前来游览和欣赏，这进一步吸引了他们来到这里。

同时本文基于上述情况进行了碳排放贡献的比较，研究结果如表3所示。

表3 不同人群旅游过程中的碳排放不同贡献组分占比

年龄		青少年						中年						老年					
收入		低		中		高		低		中		高		低		中		高	
受教育水平		低	高	低	高	低	高	低	高	低	高	低	高	低	高	低	高	低	高
食	能源	0	0	1	1	3	3	0	0	1	1	3	3	0	0	1	1	3	3
	物品	1	0	2	1	4	3	1	0	2	1	5	3	1	0	2	1	4	3
	废物	0	0	1	0	3	3	0	0	1	0	3	3	1	0	1	0	3	3
住	能源	1	1	3	2	3	3	1	1	3	2	5	4	1	1	3	2	5	4
	物品	1	1	3	2	4	3	1	1	3	2	6	4	1	1	3	2	6	4
	废物	1	0	4	1	4	3	0	0	4	1	6	3	1	0	4	1	6	4
行	能源	1	1	3	2	5	4	2	2	3	2	5	4	2	2	3	2	5	5
游	能源	0	0	2	2	4	5	0	0	2	2	4	6	0	0	2	2	3	3
	物品	0	0	2	2	4	4	1	0	2	3	5	5	1	0	2	2	4	5
	废物	0	0	2	1	5	4	0	0	2	1	5	4	1	0	2	1	4	4
合计		5	3	23	15	39	37	7	4	23	15	47	39	9	4	21	14	43	38
		122						135						129					

注：0代表极低、1代表低、2代表较低、3代表中等、4代表较高、5代表高、6代表极高。

如表3所示，可以分析得到以下结论：

（1）收入水平对碳排放的影响：在每个年龄群体中，随着收入水平的提高（从低到高），碳排放量也呈现增加趋势。这可能表明高收入群体在旅游过程中可能会选择更远距离的目的地、更高级的住宿、更多的休闲活动等，从而导致更高的能源消耗和碳排放量。

（2）教育水平对碳排放的影响：在每个年龄和收入群体中，中等教育水平的碳排放量通常高于低和高等教育水平。这可能暗示中等教育水平的群体在旅游活动中的环保意识可能低于其他两个群体，或者他们可能有更多的消费能力和旅游需求，但缺乏相应的环保行为引导。

（3）不同年龄群体的碳排放特点：青少年群体的碳排放量相对较低，尤其是在低收入和高教育水平的组合中。这可能反映了青少年旅游活动的局限性，如短途旅行、低成本消费等。中年群体的碳排放量最高，特别是在高收入和中等教育水平的组合中。这可能是由于中年人群拥有相对稳定和较高的收入,以及较多的旅游经验和较高的消费能力。老年群体的碳排放量介于青少年和中年之间,但在高收入和中等教育水平的组合中,其碳排放量接近中年群体。这可能表明老年人在有足够经济能力的情况下也会进行较大规模的旅游活动。

不同旅游活动方面的碳排放贡献:在"食""住""行""游"等方面,能源消耗通常是碳排放的主要来源,尤其是住宿和交通方面。物品消耗和废物处理也对碳排放有一定的贡献,但相对较小[20]。

4.1.2 外在因素

分析游客在不同时间趋向景区的程度时,需要考虑几个关键因素,如景区的特性、游客的行为模式以及特定节假日的文化意义。本文可从以下几个情景进行分析:在工作日,文殊院可能会吸引一些本地的信徒或对佛教文化有兴趣的游客。由于工作日大多数人需要上班,因此游客数量可能相对较少。文殊院作为一个宁静的宗教场所,可能会成为寻求精神慰藉和放松的游客的目的地。周末时,更多的人有空闲时间参观文殊院,可能会有家庭游客、学生团体和文化爱好者等。游客数量可能会有所增加,源于人们利用休息时间进行休闲活动。周末也可能是举办一些小型文化活动或宗教仪式的时间,进一步吸引游客。

在普通节假日(如国庆节、劳动节等),游客数量可能会显著增加,因为这些时候人们通常会有较长的假期。文殊院可能会成为旅游线路的一部分,吸引外地游客。节假日期间,文殊院可能会举办特别的活动或展览,吸引更多游客。

在与传统文化相关的节假日(如春节、中秋节、佛诞节等),文殊院的游客数量可能会达到高峰。这些节日通常具有重要的文化和宗教意义,吸引了大量寻求宗教体验和文化沉浸的游客。文殊院通常会举办特别的宗教仪式和文化活动,如祈福、讲座等,进一步增加吸引力。

总结来说,成都文殊院作为一处具有宗教和文化意义的景点,其游客流量受时间因素的影响较大。在工作日游客较少,而到了周末和节假日,尤其是与传统文化相关的节假日,游客数量会显著增加。这些趋势对于景区管理、活动策划和服务提供都有重要的指导意义。同时,游客数量的变化与碳排放之间存在直接关系。所以不同情境下的旅游碳排放也会呈现出不同的特点与特征[20, 21]。

4.2 碳足迹评估

4.2.1 游客视角评估

从游客的视角出发，对景点内部进行分析。由图 2 可以清晰地观察到文殊院内部存在着由人行道路自然形成的引导轨迹。这些道路巧妙地串联了文殊院内部的各个重点游览区位，为游客提供了一条便捷的游览路径。游客可以沿着这些道路进行游览，欣赏文殊院内的各种美景和文化名胜。同时，这些道路也为单个景区内的游客微循环搭建了一个基础的空间架构，对游客在景区中的活动做了重点引导，例如，游客会在图中标注"文殊院"与"千佛塔广场"处进行烧香祈福与供灯等行为，这是其"游"组分中碳排放的重要因素。

以一炷香为例，将其等价为同等质量木材（1.2g）；一盏油灯燃烧 2 小时，将其等价于同等质量煤油（100ml），同时协同当日游客进入数量进行估算。基于在文殊院附近获得的相关数据，可以得到如表 4 所示的估算量。

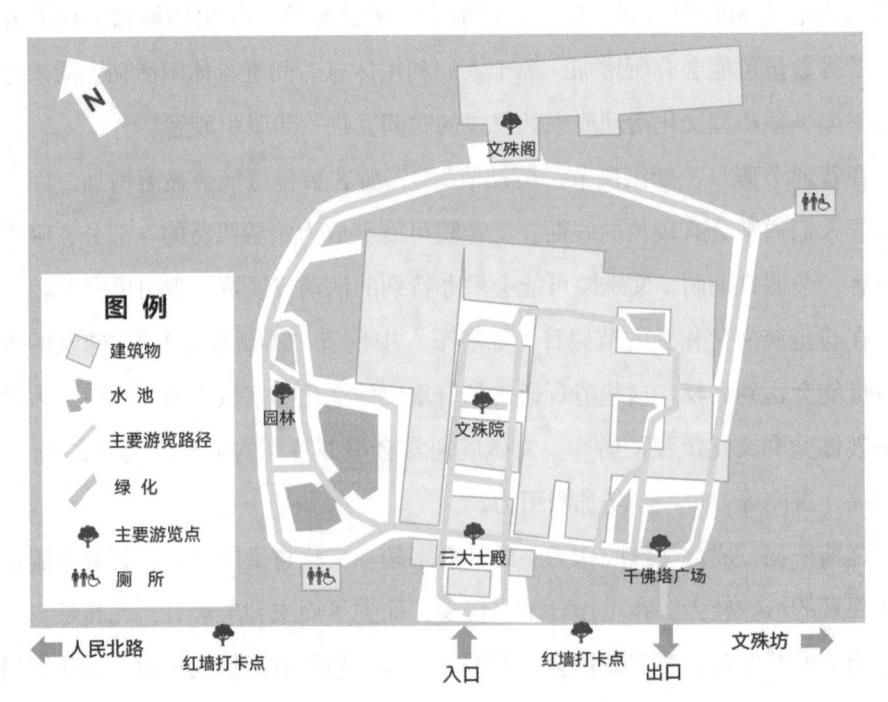

图 2 文殊院内部主要结构与游览路径图

表 4 文殊院"游"组分碳排放估算数据

游览日期	游客人数（人次）	游客行为（人次）		
		接茶	烧香	供灯
传统节假日	25000	5000	20000	500
一般节假日	15000	3000	12000	150
周末	10000	2000	8000	50
工作日	6000	1200	4800	30
不同游客行为产生碳排放情况				
接茶	烧水煮茶	0.025		g/次
	免费纸杯	7.5		g/次
烧香	燃烧	2.4		g/次
供灯	燃烧	60		g/次

注：接茶中烧水煮茶计 150ml 水/次，电热效率 η 为 75%，四川省电力排放因子估算为 0.117kg/kWh。

游览日期	游客人数（人次）	游客行为碳排放（kg）		
		接茶	烧香	供灯
传统节假日	25000	37.625	48	30
一般节假日	15000	22.575	28.8	9
周末	10000	15.05	19.2	3
工作日	6000	9.03	11.52	1.8

4.2.2 景区视角评估（客观分析）

文殊院地处成都市核心地区，公共交通方便快捷。同时其周边存在着文殊坊商业体系。这为游客的"食、行、购、娱"组分的碳排放做出贡献。其中本文侧重对"行"组分进行分析。首先是公共交通，如地铁的碳排放因子，本文根据轨道交通年度运行与运营总能耗、轨道交通年度周转量等数据，获得基础平均碳排放因子。

对路面公交的碳排因子可基于对成都市公共交通体系的摸排[22, 23]，通过如表 5 所示的公式进行计算[24, 25]。

表5 路面公共交通碳排放因子与排放总量计算体系

j	能源类型	公交型号	基础排放因子	组成比例	基础平均排放因子
1	燃油动力	ICEB	EF_1	P_1	$EF=\sum_{j=1}^{4}EF_j \cdot P_j$
2	纯电动	BEB	$EF_2=EF_e \times W$	P_2	
3	混合动力	HEN	EF_3	P_3	
4	天然气	NGB	EF_4	P_4	

其中

1. EF 为碳排放因子，EF_j 为对应能源排放因子，EF_e 为电网排放因子。
2. 四川省 EF_e 使用 113g/kWh 计算。
3. P_j 为对应公交车组成比例或者运营比例。

通过本文的计算可以得出相关排放因子，如表6所示。

表6 成都市公共交通碳排放因子估算

交通类型	线路类型	运营能源	碳排放因子（g/km·人） 低峰期	平峰期	高峰期	预计误差
路面	BRT	电力	0.72	0.41	0.30	±5%
路面	主线公交	电力	0.65	0.38	0.26	±5%
路面	支线公交	电力	0.51	0.28	0.21	±5%
路面	城乡公交	多种能源	0.55	0.30	0.24	±5%
路面	社区公交	电力	3.77	0.77	0.49	±10%
路面	旅游专线	电力	4.53	1.20	0.81	±10%
轨道	地铁	电力	5.00	2.00	0.50	±10%

注：按市公共交通集团与轨道集团运力情况估算。

基于表6，与在文殊院统计到的游客数据相互比对与关联，可以得到如图3和图4所示的情况。

在此基础上结合相关里程与碳排放因子进行计算，可得到相关的构成情况。可见长途旅行对旅游过程中的碳排放贡献巨大，具有很高的影响权重。而市区内的游客偏向公共交通，对碳排放的影响较小。同统计到的人流量占比存在很大差距。

E 旅游景区

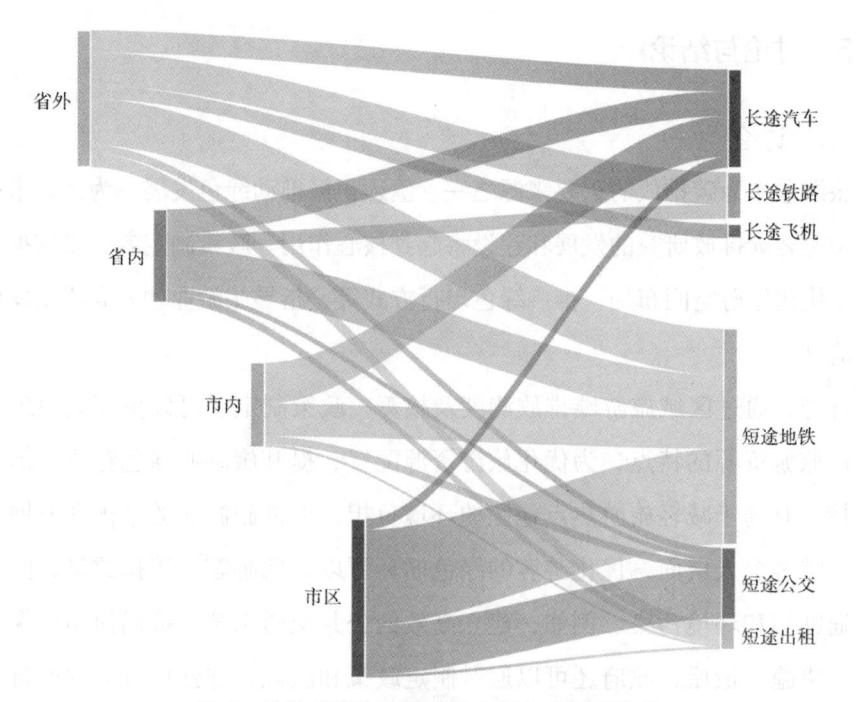

图 3 统计的产生碳排放的交通方式构成情况

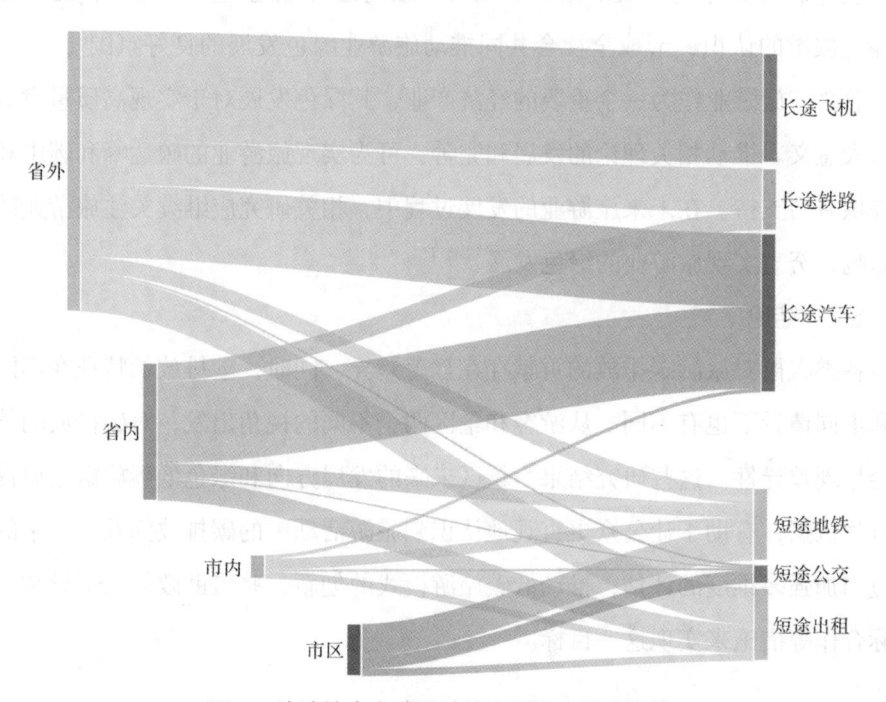

图 4 统计的产生碳排放的交通方式基本估算

179

5 讨论与结论

5.1 讨论

旅游业作为碳排放的重要来源之一，亟须积极推动绿色发展。为此，未来旅游业中游客碳排放研究的发展和建设将起到核心作用。政策制定者可以依据相关指标，优化旅游空间布局、推广绿色出行方式等，指导旅游业朝着高质量发展的方向前进。

首先，通过区域旅游碳排放测度及核算，政策制定者可以更深刻地理解不同地区旅游资源的特点，为优化旅游资源配置、提升旅游业绿色竞争力提供决策支持，有助于减轻旅游热点地区的环境负担，促进旅游业的平衡和发展。其次，在游客个人层面，优化游客的绿色循环可以降低游客的碳排放量，同时减少交通拥堵和环境污染。例如，建立高效的公共交通系统、提倡使用环保交通工具等措施。最后，政府还可以通过制定政策和法规，加强旅游业的监督和管理，确保旅游业绿色发展的落实。同时，政府还可以通过宣传教育，提升公众对绿色旅游的认识，形成全社会共同推动旅游业绿色发展的良好氛围。

总之，旅游业作为一个重要的经济产业，其绿色发展对于实现高质量发展具有重大意义。推动相关理论的发展和完善，可为实现旅游业的碳达峰和碳中和目标提供有力支持。在未来旅游业的发展过程中，相关研究应继续关注旅游业的环境影响，努力实现旅游业的绿色发展[26,27]。

5.2 结论

各类人群对旅游碳排放的贡献存在显著差异，同时，碳排放的特征在不同时间和不同情景下也有不同。从游客和景区两个不同的视角出发，对碳排放的估算也会呈现差异性。这些研究结果为景区未来的发展方向和绿色低碳旅游建设提供了科学依据，有助于让公众更直观地认识到旅游活动中的碳排放问题。未来的研究应当加强多维度的评估，推动低碳旅游模式的创新，并借助政策的引导和加强国际合作等措施来实现这一目标。

5.3 展望

旅游业碳排放研究的未来展望是多方面的，可以通过综合性的评估、创新的实践、政策的引导和公众的参与，共同推动旅游业向更加可持续和低碳的方向发展。

在科研方面进行多维度评估，从不同视角（如宏观的国家/地区层面、中观的行业/部门层面、微观的企业/项目层面、个人消费层面以及产品/服务的生命周期层面）综合评估旅游业的碳排放，形成全面的认识和理解。同时基于数据驱动的决策支持，利用更精细化的数据来分析旅游业的碳足迹，提供更准确的决策支持，帮助制定更有效的减排策略。

在旅游管理方面实现低碳旅游模式的创新，通过创新旅游模式和管理实践，来减少旅游业的整体碳排放。依靠政策与法规的推动，制定和实施相关政策法规，以促进旅游业的绿色发展。同时鉴于旅游业的全球性特点，未来的研究将加强国际合作与交流，分享最佳实践和经验，共同应对全球气候变化挑战。探索如何通过生态保护和恢复项目来增强自然系统的碳汇功能，实现旅游业与生态环境的和谐共存[28,29]。

参考文献

[1] 中共中央 国务院关于完整准确全面贯彻新发展理念做好碳达峰碳中和工作的意见[EB/OL]. 中央人民政府官网, https://www.gov.cn/zhengce/2021-10/24/content_5644613.htm.

[2] 刘志坚. 习近平生态文明思想研究述要[J]. 毛泽东邓小平理论研究, 2022(3): 15.

[3] 张云飞, 李娜. 习近平生态文明思想的系统方法论要求——坚持全方位全地域全过程开展生态文明建设[J]. 中国人民大学学报, 2022, 36(1): 1.

[4] Willian E Rees. Ecological Footprints and Appropriated Carrying Capacity: Measuring the Natural Capital Requirements of the Human Economy.[J]. Focus, 1996, 6(2): 121.

［5］Parte-Esteban L，Alberca-Oliver P. Tourist Flow and Earnings Benchmarks：Spanish Hotel Industry［J］. Journal of Hospitality & Tourism Research，2016，40（1）：58.

［6］戈艺澄，陈方，戢晓峰. 旅游业驱动的云南交通运输业时空响应特征及影响因子研究［J］. 旅游研究，2024.

［7］闫闪闪，靳诚. 基于多源数据的市域旅游流空间网络结构特征——以洛阳市为例［J］. 地理科学，2019，39（10）：10.

［8］窦开龙. 入境旅游与城市经济耦合关系的时空演化［J］. 经济问题，2019（12）：6.

［9］李磊，陆林，穆成林，等. 高铁网络化时代典型旅游城市旅游流空间结构演化——以黄山市为例［J］. 经济地理，2019，39（5）：11.

［10］杨敏，李君轶，徐雪. ICTs视角下的旅游流和旅游者时空行为研究进展［J］. 陕西师范大学学报（自然科学版），2020，48（4）：46.

［11］黄登斌，宋阳春. 广东省旅游产业、区域经济及生态环境耦合协调发展研究［J］. 当代经济，2024，41（1）：51.

［12］李屹，王凤霞. 三亚旅游流空间结构及旅游者游览特征研究［J］. 热带地理，2024，44（2）：326.

［13］王泽森，石岩，唐艳梅，等. 考虑LCA能源链与碳交易机制的综合能源系统低碳经济运行及能效分析［J］. 中国电机工程学报，2019，39（6）：1614.

［14］矫旭东，吴佳，王韬，等. 基于全生命周期管理的固体废物分类资源化利用研究［J］. 环境工程，2021，39（10）：201.

［15］李素珍，任家琪，崔玉玮，等. 武夷山旅游产业碳足迹核算［J/OL］. 环境工程，2023，41（12）：312.

［16］周君蕊，邱培培，肖凯，等. 长江武汉段船舶大气污染物排放清单研究［J/OL］. 武汉大学学报（理学版），2024，70（5）：623.

［17］陆琦. 成都文殊院［J］. 广东园林，2016，38（5）：5.

［18］张斌，何艳，王丹萍. 碳标签食品的消费者行为相关研究：一个文献综述［J］. 华东经济管理，2013，27（4）：41.

［19］张敬京，王建玲. 居民低碳消费行为及低碳措施偏好联合分析——以江苏省为例［J］. 现代管理科学，2022（2）：23.

［20］赵先超，滕洁. 湖南省旅游业碳排放估算及Tapio脱钩效应分析［J］. 湖南工业大学学报，2017，31（1）：9.

［21］赵先超，朱翔. 湖南省旅游业碳排放的初步估算及脱钩效应分析［J］. 世界地

理研究, 2013, 22 (1): 166.

[22] 王静宇, 黄晟. 净零碳转轨与多元协同——高校碳足迹核算与碳中和路径优化 [J]. 河北经贸大学学报, 2024, 45 (1): 36.

[23] 郑群明, 陈子奇. 基于碳足迹的旅游生态效率研究——以江西九江市为例 [J]. 湖南师范大学自然科学学报, 2022, 45 (5): 74.

[24] 姚治国, 陈田. 基于碳足迹模型的旅游碳排放实证研究——以海南省为案例 [J]. 经济管理, 2016, 38 (2): 151.

[25] 汪清蓉, 谢飞龙. 城市旅游业 CO_2 排放态势及旅游业低碳化发展模式 [J]. 旅游学刊, 2014, 29 (8): 98.

[26] 陈佳平. 旅游业影响国民经济的关联分析 [J]. 中州学刊, 2009 (5): 271.

[27] Lenzen M, Sun Y Y, Faturay F, et al. Author Correction: The Carbon Footprint of Global Tourism [J]. Nature Climate Change, 2018.

[28] Chen S, Tan Z, Chen Y, et al. Research Hotspots, Future Trends and Influencing Factors of Tourism Carbon Footprint: A Bibliometric Analysis [J]. Journal of Travel & Tourism Marketing, 2023, 40: 131.

F
旅游住宿业

四川省旅游民宿产业发展现状调研报告

［作　者］龚　宇（四川华可酒店管理有限公司）
　　　　　张　立（四川十图文化旅游有限公司）
　　　　　曾尹嬿（四川七维旅游规划设计有限公司）

1　前言

《旅游民宿基本要求与评价》（LB/T 065—2019）对旅游民宿的定义为：利用当地民居等相关闲置资源，经营用客房不超过4层、建筑面积不超过800m^2、主人参与接待为游客提供体验当地自然、文化与生产生活方式的小型住宿设施。

近年来，随着人民生活水平的提高，大众旅游时代的到来，旅游民宿越来越受到游客的青睐。依托四川优越的自然禀赋和各级地方政府的政策支持，四川旅游民宿产业发展迅速，成为四川旅游要素建设中一支新兴力量以及促进城乡融合发展的有力抓手。但四川民宿产业在发展的同时，也面临着诸多问题，亟须因势利导、精准施策，促进行业规范建设，确保行业健康可持续发展。

为摸清四川省旅游民宿行业家底，掌握行业发展现状，提供民宿行业发展决策参考依据，四川省旅游协会民宿客栈与精品酒店分会联合都江堰市旅游协会、彭州市民宿协会、凉山州民宿协会、峨眉山市民宿协会、雅安市民宿联盟、宜宾市两海新区民宿协会、甘孜州民宿协会等行业组织，采用问卷调查、电话访问、现场调研等方式开展四川省旅游民宿产业发展现状调研，共采集有效数据1099份，通过分析，形成调研报告如下。

2 规模

2019年,文化和旅游部发布《旅游民宿基本要求与评价》(LB/T 065—2019),标志着行业主管部门对旅游民宿的规范化管理正式拉开序幕。在此背景下,四川省明确将旅游民宿纳入文化和旅游管理部门监管范围,但尚未明确旅游民宿统计归口,未开展全行业全口径数据统计,也暂未全面推行旅游民宿认证评定。到目前为止,尚缺乏有效的民宿统计渠道,未形成准确的统计数据结果和监管依据。

根据四川省政府发布的数据看,2020年四川共有民宿服务企业法人单位203个,同比增长28%。2020—2022年期间,民宿数量每年保持10%以上的速度增长。其中,限额以上(年营业额超过200万元)民宿业法人企业12个,同比增长50%,民宿数量总体呈上升趋势。根据各大线上民宿预订平台的不完全统计,到2023年第一季度全省民宿客房总数约14.7万间,约占全省住宿设施总量的12%,其中,乡村民宿(含客栈)占四川省民宿总量的13%,突破6000家。截至2024年7月四川省民宿注册相关企业1.88万家。

根据问卷调查数据,四川省单体旅游民宿建筑面积普遍在600～800平方米之间,大多数民宿客房数量为6～14间(套),投资金额大多处于300万～600万元之间。

3 类型

按所处地域划分,四川旅游民宿分为城镇民宿和乡村民宿。

按行业管理划分,纳入四川省文化和旅游厅管理的主要为等级民宿和天府旅游民宿。

按照经营主体划分,四川旅游民宿主要分为以下几类:

一是传统民宿型。此类模式以村民(居民)自身作为投资经营主体,村民(居民)本身居住在民宿内,利用自家宅基地或房屋,经过改建装修后将闲置的多余房间出租，用于开办民宿，实际参与经营的人员多为其家庭成员或者亲属，餐饮提供方式为客人可以与主人共同就餐，真正意义上实现主客共享。这种类型多集中在低端民宿，这是民宿本身发展的基础源头类型。

二是自有物业运营型。此类模式以村民（居民）家庭为单位，自行对自家宅基地或者房屋进行投资，装修改造后专门用于民宿业态经营，主人本身并不居住在民宿内，实际经营人员以家庭成员或亲属为主，也有小部分聘请民宿管家运营，设置专门的早餐厅，这种类型近几年多集中在旅游资源富集目的地及乡村振兴重点村等，多为中端及中低端民宿，但产品专业度和舒适性不足。

三是联合经营型。此类模式为民宿投资者或企业与村委会或村集体以及村民作为共同主体，村委会和村民负责提供宅基地、房屋，政府部门倡导并给出配套政策，企业出资装修和提供管理支撑，往往采用收益分成的合作模式而非承担固定租金；也有一部分扶贫项目和对口支援项目属于此种类型，最后由企业聘请专业团队进行统一策划规划和管理培训。这种类型多集中在欠发达地区，以乡村民宿为主，联营行为与扶贫政策、乡村振兴结合。

四是传统租赁承包经营型。此类经营模式是一个或多个主体组建的投资企业对宅基地及配套土地采用承包、租赁、流转的形式进行投资建设，向村民（居民）缴纳固定或浮动租金，聘请设计单位对民宿进行设计、自主建设，投资人（企业）自行或者聘请主理人对民宿进行市场销售和推广、提供住宿服务、餐饮服务等工作。目前这种类型 2017—2021 年期间在四川较为普遍，但由于前期出现局部地区盲目求快求发展的原因，后期比较容易受到土地、环境保护等政策影响。

五是带前置条件的经营型。由于民宿自身受规模体量和客源流量等诸多限制因素影响，单一投资民宿的行为很难真正实现盈利，因此现在出现了诸如：O+EPC 运营前置加设计施工采购总承包的经营模式，这种类型多出现在运营方与地方国有平台企业或者政府的合作中，在满足上述条件的情况下，运营方可以采用缴纳租金、承包费、收益分成、前期免费智力投入等不同合作方式。此种带前置条件的经营类型是近两年来的主要趋势之一。

4 分布

调查显示，四川省民宿主要分布在成都市、乐山市、阿坝州、雅安市、西昌市、攀枝花市、甘孜州、眉山市、绵阳市、南充市等传统旅游资源富集区。其中，都江堰市登记的旅游民宿有1031家，主要分布在青城山、赵公山、虹口。

其中，城市民宿超过一半分布在成都市，占到全省民宿总量的49.11%，近4年数据显示，成都旅游民宿网络访问及预订量长期排全国第一，成都成为全国游客入住最多的民宿目的地城市。同时，四川省乡村民宿占比最高的县（区市）有都江堰市、彭州市、米易县、雅安市雨城区、汉源县、九寨沟县、康定市、稻城县、阆中市。从2021年网络平台预订数据看，民宿旅游热门地主要分布在：成都市（三圣乡）、都江堰市（青城山）、彭州市（龙门山）、邛崃市（天台山）、乐山市（峨眉山）、雅安市（蒙顶山）、南充市（阆中市）、西昌市（环邛海景区）、甘孜州（大香格里拉景区和318国道沿线）、阿坝州（汶川和理县）等地；客源以家庭出行为主，占民宿预订总量的57%；根据单一平台实时数据来看，39%的旅客选择传统热门景区附近的民宿，14%的旅客选择乡村民宿。民宿平均房价位居第一的是成都市，达到320元/间夜，而入住率最高的是凉山州西昌市区域。

5 经营情况

由于2021年至今，四川民宿经营情况统计存在多个口径和统计方法以及民宿认定的差异，故笔者以2018—2020年从四川省政府网站公布的数据为例进行分析。见表1。2020年四川限上民宿服务业企业法人单位营业收入2819.7万元，由于受到疫情的影响，比2019年稍有下降，但相较2018年增长较快，营业收入达到了2018年的1.7倍。[1]

表1 2018—2020年四川民宿服务业经营情况

	2018年	2019年	2020年
营业额（万元）	1683.4	2879.9	2819.7
企业法人单位数（个）	125	159	203
限上企业法人单位数	—	6	12

从表2和表3统计的三年四川限上民宿服务业经营业态情况看，占营业额比重较高的是客房收入以及餐饮费收入，2018年两者合计占比96.9%，2019年为97.0%。2020年，四川限上民宿服务业营业额2819.7万元，其中客房收入占比高达63.5%，餐饮费收入占比达到26.7%，两者合计占比虽低于2018年、2019年，但仍超过90%，商品销售额收入以及其他收入占比仅分别为1.2%、8.6%。[1]

表2 2018—2020年四川限上民宿服务业经营业态情况

	营业额（万元）	客房收入	餐费收入	商品销售额	其他收入
2018年	1683.4	725.8	905.9	27.0	24.7
2019年	2879.9	1762.8	1032.1	45.9	39.1
2020年	2819.7	1790.7	752.5	34.6	241.9

表3 2018—2020年四川限上民宿服务业经营业态占营业额比重

	客房收入占比（%）	餐费收入占比（%）	商品销售额占比（%）	其他收入占比（%）
2018年	43.1	53.8	1.6	1.5
2019年	61.2	35.8	1.6	1.4
2020年	63.5	26.7	1.2	8.6

从问卷调查数据看，2022年，受疫情多点散发影响，四川省旅游民宿经营情况相较2020年有一定程度下滑。民宿全年营业总收入大多不超过300万元，客房平均出租率多数为40%~60%，平均房价两极分化，221~400元占比

25.71%左右，800元以上平均房价占比较高，超过37%。见表4～表6。

表4　四川旅游民宿2022年全年平均客房出租率统计

全年客房平均出租率	比例
30%以下	7.89%
30%～40%	15.79%
40%～50%	23.68%
50%～60%	28.95%
60%～70%	13.16%
70%～80%	7.89%
80%以上	2.63%

表5　四川旅游民宿2022年平均房价统计

全年客房平均房价	比例
220元以下	14.28%
221～400元	25.71%
401～650元	11.43%
651～800元	11.43%
801～999元	17.14%
1000元以上	20%

表6　四川旅游民宿2022年收入统计

全年收入	比例
50万元以下	28%
51万～100万元	20%
101万～300万元	32%
301万～500万元	10%
501万～999万元	4%
1000万元以上2	8%

6 行业培育

6.1 加强行业管理，强化属地管理

2019年，四川省文化和旅游厅将证照齐全且完成备案的旅游民宿纳入行业监管范围，提供人才培训，强化标准和规范宣贯引导，开展等级评定，加大日常监管力度和业务指导。指导市（州）出台政策、建立机制，引导强化民宿属地化管理，建立联合审批和会审制度，加强规范引导和监督管理，推动民宿业发展。

6.2 开展等级评定，引导品质提升

由四川省文化和旅游厅牵头，四川省文化和旅游产业领导小组多部门参与，自2019年起在全省范围内开展等级旅游民宿和"天府旅游名宿"评定。截至写稿时，四川共有天府旅游民宿38家，国家甲级民宿5家，乙级民宿5家，标志着全省旅游民宿标准化建设正式拉开序幕，极大地促进了旅游民宿管理和服务质量提升。

6.3 组织专项培训，提升人才素质

四川省旅游协会民宿客栈与精品酒店分会在四川省文化和旅游厅的指导下，自2019年12月成立以来，联合人社、农林、妇联、共青团等部门和机构针对全省旅游民宿经营管理和服务人员积极组织开展专业技能、安全防范、经营管理等培训，培育专业化民宿人才队伍，提升从业人员的设计策划、经营管理、应急处置等能力。

6.4 整合营销平台，助推品牌建设

由四川省文化和旅游厅牵头，联合行业组织和主流媒体，在"四川文旅政务网""智游天府"等官方平台以及新华网、携程等宣传平台，分季节、分主题推出四川旅游民宿专线，配合四川景区营销，推出景区免门票、景区+民宿消费券补贴、"天府旅游民宿"品鉴、"四川民宿主人访谈"等营销活动，助推四川优质旅游民宿品牌建设，提升旅游民宿美誉度和影响力。

6.5 鼓励行业自治，推动行业自律

由四川省文化和旅游厅牵头，指导组建四川省旅游协会民宿客栈与精品酒店

分会，同时引导地方成立民宿协会或联盟组织，搭建政府与行业的桥梁，赋予民宿行业协会相应的监管和服务职责。协会一方面联合政府进行行业监管；另一方面为民宿从业者服务，制定业主经营公约，推行自治管理，促进民宿行业形成服务标准，推广民宿等级制度或服务质量认证制度，开展行业资源整合与提升，保护行业经营者合法利益。

截至2021年12月，四川省都江堰市、彭州市、凉山州、乐山市、雅安市、宜宾市、甘孜州七地已成立地方民宿行业协会并有效开展行业自治。

6.6 探索政策创新，破解发展瓶颈

彭州市以"六深化，六破解"为抓手，从政府层面出台《关于乡村民宿发展的指导意见（试行）》《关于加快龙门山湔江河谷生态旅游区民宿产业发展的实施方案》《彭州市促进龙门山湔江河谷生态旅游区高质量发展特色专项政策措施》等政策文件，大力发展民宿产业。一是深化镇域区位认识，破解发展定位不清。二是深化农村产权改革，破解投资恒产愿望。三是深化招引方法转变，破解行政干预现象。四是深化集体经济培育，破解群众看客心理。五是深化发展要素保障，破解基础配套难题。六是深化营商环境建设，破解项目落地缓慢。

温江区积极探索，以"三个一"破解民宿发展瓶颈。研究创新出台《成都市温江区促进乡村民宿发展的指导意见（试行）》《成都市温江区促进全域旅游发展若干政策措施》，并匹配全域旅游发展专项资金，对乡村民宿项目给予奖励扶持。同时，通过"一套标准"规范引导、"一幅流程"主动服务、"一张联签"共同监管，有力保障，有效服务，为民宿发展创造良好营商环境。

眉山市通过《眉山市全域旅游发展总体规划》《眉山市建设文化旅游强市中长期规划纲要》《眉山市"十四五"文化和旅游发展规划》，明确了民宿产业发展目标、发展重点等；通过品牌培育，促进行业提档升级，形成了盘桓小筑、木言兰舍、幸福古村民宿群、如是梨宿、洪金客栈等一批特色鲜明的旅游民宿。出台《关于加快旅游业发展的若干政策意见》，提供资金支持，推动全市旅游民宿高质量发展；按照"谁审批谁负责"的监管原则，强化监管规范市场。

7 行业发展特点

7.1 二元化趋势较明显

一是相当一部分家庭投资者投资的民宿均为中低端民宿，投资高端民宿占比不超过10%。调研显示，现阶段四川中端及中低端民宿占比较多，占全省民宿数量的75%左右，高端及中高端民宿相对而言占比较少，占全省民宿数量的25%左右。2022年开始新投资及开业的民宿，尤其是地方平台公司参与投资的民宿，呈现明显的高端化发展趋势。这是民宿产品投资的二元化趋势，即中低端和高端民宿投资集中度较高，而中端民宿产品投资不足。

二是分为疫情前和疫情后的二元化发展趋势。以成都为例，疫情期间由于人们无法长途旅行，在确保安全的前提下需要尽量避免跨市州出行，围绕在成都周边尤其是具有较好旅游资源和自然环境的民宿，经营情况较好，青城山区域的民宿客房出租率甚至达到近70%。根据途家民宿数据统计，截至2022年5月，成都民宿接待游客人数同比疫情前增长35%。但是相当一部分其他市州的民宿情况不容乐观，仅有少量品质和口碑民宿得以持续发展和存活，这是区域位置和客源基础在特定条件下导致的二元化趋势。因此疫情期间成都周边民宿投资热度虽有减缓但并未消退，短途旅游目的地、核心城市周边微度假概念应运而生。但疫情后情况发生了重大变化，川西、攀西、雅安及省内周边各旅游目的地区域的民宿迎来了快速增长和发展，并且层出不穷地涌现出各类高品质民宿，2022—2024年的天府旅游民宿和国家等级民宿70%均诞生在成都以外，对成都周边民宿形成了分流效应，尤其从2023年至今，叠加经济下行和远途旅游的恢复，成都周边区域民宿客房出租率降到不足60%，个别区域甚至降到50%以下，这是另外一种此消彼长的二元化趋势。

7.2 集聚区、整村化、品牌化发展趋势显著

单独一家民宿打造和投入都需要达到"麻雀虽小，五脏俱全"的标准，所以导致投资成本与传统住宿业相比每平方米及每间房造价均居高不下，再加上民宿本身体量小导致的营收天花板有限，造成了运营成本偏高、民宿类专业人才匮

乏、民宿所在区域基础配套设施不完善等天然不足。为了能有效生存与发展，四川现阶段民宿业逐渐呈现集聚化、整村化、品牌化发展趋势。比较典型的是在一个或者多个天府旅游民宿或者影响力品牌民宿的周边逐渐发展出更多其他风格的民宿，从而形成民宿集聚区。这种发展趋势可防止民宿业"内卷"，多元共生；可传帮带，品牌民宿可带动其他民宿发展；可促进基础设施以及公共服务配套的共享，节约经营成本；可抱团营销，促使游客有更多消费选择，停留时间更长，二销收入增加，提升民宿经营者收入。目前，四川已在青城山、彭州市龙门山、龙泉驿区山泉镇、蒲江县明月村、雅安汉源九襄镇等区域形成了一批民宿发展集聚区。四川首个地州市民宿聚集区标准于2024年7月在雅安市正式发布实施。

7.3 民宿成为乡村振兴"后半篇文章"的重要抓手

一是看待民宿不应该仅仅局限在住宿业的视角，民宿产业是乡村振兴"后半篇文章"的重要抓手，促进民宿产业高质量发展可以使乡村风貌发生翻天覆地的改变，促进原住居民和村民返乡创业、带动老百姓实现收入增加。民宿尤其是天府旅游民宿或者等级旅游民宿的成功创建将有效提升所在区域的知名度，随着不断增加的高品质和品牌民宿，不断增长的外来消费人群，民宿所在区域的经济发展将逐步改善，也会促使所在地的地方政府加大投入以完善基础设施。阆中市的五龙村，原先是省定贫困村，自2016年以来，政府累计投入1.2亿元大力发展"旅游+民宿"，打造的素清民宿、野舍天下等品牌民宿声名远播，五龙村交通、水电气网等基础设施配套逐步完善。同时，民宿可充分吸纳农村劳动力，通过体系化的培训使得村民掌握基本服务技能，实现在地化就业。

二是民宿业发展对改善在地老百姓的精神面貌有显著成效。近年来越来越多的人返乡创业，投身民宿，逐步实现资金回流，人才回流，这些人和消费者为乡村和居民（村民）带来了更多的信息和先进理念，更进一步促进居民（村民）的内生驱动力，使居民（村民）自愿提高个人素质和服务技能以便更好地吸客引流。位于成都邛崃市的守拙民宿，业主充分发挥农民对自然、农村熟悉的特性，聘用当地16名45岁左右的农妇做职业向导，带领游客辨草木、捡酸枣、捕萤火虫、捉螃蟹，一年四季花样不断，在丰富了民宿业态的同时，也充分激发了当地村民的自信心、积极性，古老的农耕文化重新焕发光彩，农民真正依靠自身的知识技能发家致富。在以风水文化著称的阆中，在政府的倡导、企业的运营下，在当地民宿就业的农民都养成了读书的习惯，一些服务人员可流畅地背诵《黄帝内经》《道德经》，甚至让来研学的北大学子自叹弗如，当地农民自信心倍增。目前还开设了美学提高班、摄影技能培训班等，有效促进了当地老百姓精神面貌的改变。

8 行业贡献

8.1 对促进文化交流的贡献

民宿是人们体验旅游地风俗和文化的良好载体，是促进就业、实现文化交流的重要途径；是满足人民对更高层次旅游住宿产品需要的有效补充；是助力四川建设世界级旅游目的地并带动当地经济发展的有效载体。

四川省民宿业的繁荣不但丰富了来川游客的深度体验，有力承担了四川历史人文展示窗口作用，提高了四川旅游资源大省的价值，而且有效利用了城乡闲置房屋资源，提供了就业岗位，刺激了大众创新和创业，与国家倡导的大力发展共享经济战略高度一致，是共享经济时代的重要业态。

8.2 对带动就业、促进脱贫的贡献

目前，尚无准确统计数据可以反映四川乡村民宿在带动就业、促进贫困户脱贫方面的贡献。

但通过调研及对行业规律的把握，可提供以下数据作参考：按照《四川省旅游住宿业发展统计报告》中公布的数据，四川省客栈民宿单店客房平均数为16.1间或套，按照平均10∶5人房配备数或单店员工人数5～15人粗略估算，四川客栈民宿直接从业人员近60万人，解决间接就业130万人以上，在一定程度上解决和带动了地方就业，拉动了地方经济。另外，民宿不仅直接带动就业，还会集结新技术、吸引大批创业人才，其对地方文化传播、旅游业态丰富以及地方脱贫事业的贡献远大于税收贡献。

8.3 对促进地方经济的贡献

据2021年网络统计数据显示,四川省民宿月总销售额达1.52亿元,其中成都1.2亿元、凉山州(西昌为主)830万元、乐山市(峨眉山)576万元。

9 存在的突出问题和制约因素

9.1 物业条件制约,经营定性模糊

乡村民宿由于面临用地类型复杂、政策解读和执行不一、村民合约意识淡薄等问题,发展极为受限。另外,乡村民宿主大多是租用村民私有房产进行经营,根据《中华人民共和国民法典》第二百七十九条规定:业主不得违反法律、法规以及管理规约,将住宅改变为经营性用房。业主将住宅改变为经营性用房的,除遵守法律、法规以及管理规约外,应当经有利害关系的业主一致同意。目前,民宿是"住"还是"商"存在极大争议,民宿建设和经营常常受到抵制和干扰。

9.2 证照办理渠道不畅,行业发展监管难

一是民宿相关证照办理难。以四川省天府旅游民宿创建为例,在各项前置许可中,民宿创建需要"一照三证",即工商营业执照、卫生许可证、食品经营许可证以及特种行业许可证,工商营业执照取得较为容易,但特种行业许可证取得非常困难,主要因素之一是需要消防部门开具《消防意见书》。许多民宿未达到诸如营业面积、土地性质或消防设施等相关要求,按现行法规未完全纳入旅馆业管理办法。

据调查数据来看,全省约有九成民宿证照不齐全。证照不齐全,就不能进入政府管理系统,监管部门就无法监管。四川省文化和旅游厅专门对住宿餐饮业监管的"智游天府"平台,现阶段纳入的民宿寥寥无几,目前只有等级民宿和天府旅游民宿纳入监管范围。未纳入监管范围,就无法匹配相关政策支持,也使得对民宿业的监管陷于"三不管"的状态,不利于行业健康快速发展。见表7。

表7 四川省旅游民宿取得证照情况统计表

证照名称	获证比例
营业执照	100%
税务登记证	100%
卫生许可证	89.47%
餐饮服务许可证	85.1%
食品经营许可证	68.42%
消防意见书	1%
环保审批书	1%
特种行业经营许可证	2.13%

二是监管机制和机构缺乏。民宿产业涉及公安、自然资源、国土、应急、消防、文化和旅游等多个政府部门，目前四川省既没有一个统一机制也没有统一机构对民宿业发展进行统筹协调。各部门在民宿监管上权责不分、责任不明，缺乏联动协调机制。

9.3 配套政策不清晰，产业发展基础不健全

一是土地供给至今未完全厘清政策和机制。目前，四川少部分区域实施点状供地，个别区域农村集体建设用地或宅基地可以入市交易，但同时绝大多数地区配套政策不清晰，相当一部分民宿投资企业或者经营者只能采用租赁房屋形式进行民宿经营，国有地方平台企业也在参与民宿项目的投资运营，但许多地方国有平台投资企业投资的民宿项目同样存在土地性质不合规、未批先建等问题。"无恒产者无恒心"，民宿投资主体如果不能从长远上解决土地供给问题，则近期投资动能丧失，后期不稳定性较高会成为一个趋势，不利于民宿产业的可持续发展。

二是普遍出现的基础设施与公共服务配套设施不完善的问题。大部分民宿尤其是中端及中低端民宿都没有规范的消毒、食品卫生安全防控措施；民宿及周边区域道路系统、导视标识标牌、停车场、网络通信、排污管网等公共配套设施建设滞后，由此影响消费者放心舒心的满意度，很多消费者因上述原因不会再复购同类产品，同时也影响了民宿投资者和经营者的信心，从长远看不利于四川民宿

产业高质量发展。因此，2023年6月四川省市场监督管理局发布了四川省第一个民宿地方标准《放心舒心消费服务规范　第7部分：民宿行业》。

三是缺乏专业人才的体系化建设。目前四川省民宿管理服务水平参差不齐，人才匮乏，服务和技能的专业性亟待加强。民宿需要民宿管家或者从业人员在对客服务中提供热情、周到的服务同时要展现良好的专业技能。而现状是四川民宿大多还停留在粗放式的人才培养和管理模式上。近三年来，各级行业主管部门已经认识到问题所在，从彭州的"龙门山民宿学院"到各级民宿行业协会都介入到民宿专业人才的体系化建设中，但这项工作还需要进一步抓落实，看成效。民宿行业专业人才的体系化建设需要长期坚持，行业主管部门和行业协会、民宿从业者三方协调联动方能解决问题。

9.4　内涵特色不鲜明，民宿运营不"亲民"

一是四川有很多民宿没有找到符合自身特色和结合在地文化的发展方向，即使其具有较好的资源禀赋，也没有打造出独特并有吸引力的产品，民宿形态上同质化现象非常突出，提供的服务也大同小异，不能形成持续的吸引力。

二是民宿运营不"亲民"。

（1）民宿主人不在民。四川省乡村民宿主人大致可以分为三类：一是资本型主人。二是情怀型主人。三是本土型主人。

（2）民宿的功能不亲民。主要问题，一是乡土气息不浓郁。二是服务设施不完善。

（3）民宿的运营不安民。由于乡村民宿业近乎爆发式的增长，引导监管没有及时跟上，带来了一些扰民问题，突出表现在：一是消防安全隐患。一些乡村民宿没有取得消防等方面的许可证以及准营证就开始营业，日常消防安全监管形同虚设，给消防安全埋下了隐患。二是治安矛盾纠纷。这既包括民宿业主与房屋业主之间的纠纷，也包括民宿业主与当地村民、游客与村民之间的矛盾纠纷。三是生态环境破坏。乡村生态环保设施和能力都还存在较大不足，乡村民宿发展过程中带来的噪声、污水、垃圾等难以得到及时有效处置，严重影响了当地村民生产生活，也对环境造成了损害。

（4）民宿的收益不富民。目前，乡村民宿总体对当地经济的拉动作用还比较小，对农民增收的带动作用也不强。主要原因在于：一是民宿老板挣不了钱。随着民宿发展的饱和、竞争的激烈，加之初始投资大、回收周期长，不少民宿勉力维持乃至倒闭关张。二是村民参与方式单一。四川省大部分乡村民宿投资者与村民的关系主要是租赁关系，村民的主要收入是租金。民宿业主为了保证经营稳定，和房屋业主的租约一般签订10年乃至更长时间，基本没有对未来收益增长进行分享的具体条款，导致一些民宿即便过几年赚钱了但村民收入并不会随之增长，有可能引发投资者与房屋业主、当地村民的矛盾纠纷。

9.5 经营业态单一，与在地资源融合度不高

从现状看，四川省旅游民宿与所在地的资源和经济社会融合度不足，成为独立发展的个体，个别民宿甚至被当地居民排斥，断道拦截时有发生，甚至无故停水断电干扰经营。在地文化和乡村存量资源没有被充分加以利用，民宿经营项目单一，以解决住宿、用餐等功能性需求为主，浅表性的观光引领为辅，经营效益不佳。根据问卷调查数据显示，在食、住、行、游、娱、购六大基本要素中，全省近三成的民宿只具备"住"和"食"两大功能，个别极小规模民宿甚至不具备餐饮提供能力，仅为单项产业要素经营；部分具备资源禀赋条件的民宿略有"游"的产业要素雏形，而"娱""购"环节的产品较为匮乏，"娱"基本停留在农家乐业态中的棋牌、烧烤等简单活动上，而"行"主要依赖于自驾方式，更谈不上在目的地中凸显"快进慢游"的体验。"购"在民宿经营中仅限于粗放的未加包装和修饰的在地农特产品，整个产业链纵向延伸和横向拓展均不完整，产业链开发深度欠缺。

10 对促进行业发展的建议

10.1 加强规划引导，促进科学发展

一是将旅游民宿的发展纳入全省旅游发展总体规划和全省"十四五"文化和旅游发展规划中，作为旅游发展的重要配套要素进行规划设计，提出发展目标、

发展重点等，为旅游民宿发展指明方向。

二是科学规划。编制全省旅游民宿发展规划，规划一批具有鲜明文化特色、体现地域特色、与文化旅游资源深度融合的旅游民宿，实现片区化、特色化、差异化发展，满足各类游客不同的市场需求。积极引导专业投资者和返乡创业者有序进入，本地国有平台企业做好引领示范和带动效应，杜绝盲目跟风，大拆大建。

10.2 探索政策创新，加大监管力度

一是政策引导。及时研究出台民宿产业高质量发展指导意见、行业管理暂行办法和扶持奖励办法，加强民宿业发展的事前、事中监管，严防无序、粗放发展，防止行业内卷。

二是进一步理顺监管机制，厘清监管职责，形成部门之间相互协调、齐抓共管的工作格局。着眼民宿的特点，将民宿纳入公安监管系统；文旅主管部门联合市场监管部门加大对民宿服务监管力度；卫健、税务、消防等部门根据各自职能职责提前介入，规范民宿经营行为，在审批手续、税收优惠等方面支持民宿发展。

同时，借鉴民宿发展先行地区的良好经验，破解证照办理难的问题。2016年浙江发布《民宿（农家乐）治安消防管理暂行规定》，对民宿（农家乐）仅从建筑结构、安全疏散和消防设施三个方面提出了消防安全基本要求，要求虽低于国家标准，却抓住了消防安全重点，能够保证人身的基本安全。业主申报时只需提供简单的资料，不要求提供房屋质量安全证明、产权证明，消防方面也只要提供包含必要内容的建筑平面示意图。申报后公安派出所实施消防安全现场检查，检查合格后由治安部门批准特种行业许可，许可证从申请至到手仅需10天。四川可借鉴相关经验，破解民宿业特种行业经营许可证办理难题。

三是地方政府加强管理保障服务。确定民宿行业主管部门建立协调机制，明确各部门职责，加强相关部门之间的统筹协调，在证照办理、经营管理、治安管理、建设施工方面提供有力保障。组建当地民宿行业协会，积极发挥协会职能职责，订立行规行约，政府主管部门监督实施，引导行业自律，维护行业发展生态。

10.3 培育优质品牌，引导品质升级

一是规范。积极出台对等级旅游民宿的奖励政策，在策划规划、宣传营销、奖励资金等方面给予等级旅游民宿大力支持。指导旅游民宿提升管理水平和服务品质，积极引导和支持符合条件的民宿提档升级，按程序申报等级民宿和天府旅游名宿，力争尽快创建成一批精品特色的优质品牌旅游民宿。

二是培优。合理引导民宿走等级民宿、品牌民宿、精品民宿、品质民宿的发展路线，重点培育乡村民宿微度假旅游目的地，带动当地旅游发展，满足不同消费人群尤其是中高端消费人群对品质旅游、品质服务、品质生活的需求。通过在地方培育行业龙头企业或者示范项目，带动民宿集聚区发展，形成产业集群，提高地方知名度和市场占有率。

三是宣传。做好目的地营销宣传，整合营销资源，丰富宣传手法，讲好在地文化，推进民宿主理人形象的丰富化和多元化，条件具备的情况下发展品牌民宿。整合境内外优质媒体和 KOL 等影响力资源，借助移动互联网、新媒体、自媒体进行重点策划发力，扩大区域品牌传播效率，提升市场影响力。

10.4 引导差异发展，促进百花齐放

特色鲜明的文化能够有效提升民宿产品的附加值，也能使得消费者拥有更丰富的消费体验。四川有多种多样的地域文化，行业主管部门要在全面梳理资源的基础上，分类指导，结合在地文化和民宿实际，引导民宿从业者及各关联方深入挖掘在地文化，提炼核心竞争力，在规划建设、业态策划、新场景、特色农创产品挖掘打造等方面融入在地文化，形成要素鲜明的特色文化。同时积极搭建沟通平台，加强民宿业经营者与高校、科研机构、专业设计机构的合作，探索将丰富多彩的天府文化融入民宿的细节之处的合适方法，提升四川民宿的体验感。

10.5 研究资源供给，强化要素保障

一是加强用地保障。积极进行农村闲置房屋摸底调查，尝试对农户宅基地进行有偿腾退，将土地由农民个人住宅用地腾退为村集体建设用地，并按程序公开挂牌，出让土地使用权给民宿投资者进行建设，最大限度减少土地使用风险，让民宿投资者放心投资。

二是加强基础设施及公共服务的保障。科学规划引导民宿集聚式发展,提升基础设施及公共服务配套投入性价比;完善公共配套服务体系,加大基础设施投入,补齐配套建设短板,进一步完善民宿内部和周边交通、水电气管网、卫生配套设施、消防安全设施、休闲休憩设施、体育健身配套设施、导览导视系统、通信基础等配套服务设施建设力度;加强旅游民宿周边环境长效管理,完善各主要地段、景点的环保设施和养护工作;鼓励社会资本参与基础设施、配套服务设施的建设和运营等。

三是加强人才保障。积极推动将民宿业从业人员纳入职业分类大典,促进民宿业人才职业化发展;依托现有教育培训资源,如专科旅游学校、培训机构等,加大对民宿从业者的培训力度,加强法律法规、卫生安全、服务技能等基础培训和民宿所在区域的习俗、文化传承、地理风貌等专业培训;由政府牵头组织区内星级酒店和旅游服务社等为民宿经营户和工作人员开展"帮带传"帮扶活动,推动星级酒店、国际品牌酒店与民宿结对互助,以民宿外在形式上的"非标化"展现和内涵孕育中的"标准化"管理以及服务对民宿开展专业指导,带动民宿整体服务水平的提高。

(部分数据来源:四川省人民政府网站、携程网络平台)

参考文献

[1] 四川省统计局:四川城市民宿超一半在成都[EB/OL]. http://travel.newssc.org/system/20211104/003217922.html.

民宿宿集的概念内涵与当代发展

[作　者] 龚　宇（四川华可都市文化旅游集团）
　　　　 张　立（四川十图文化旅游有限公司）

摘　要： 依托我国美丽乡村、乡村振兴工作的不断推进，近年来近郊乡村民宿获得了较大的关注与快速发展。民宿业品牌化、专业化的趋势凸显，且在很多地区形成了集群分布。民宿宿集是民宿产业近几年的发展趋势，可以有效整合资源，优化组合，形成完整的产业链，解决民宿扩大规模、连锁发展的瓶颈困境，形成规模经营和集聚效应。后疫情时代民宿宿集遇到新机遇与挑战，应实现专业运营和管理，挖掘"真、善、美"的价值内涵，带动周边业态发展，构建完整文旅综合体。

关键词： 民宿集聚区；民宿宿集；民宿集群；乡村振兴；当代发展

我国民宿产业产生于20世纪80年代，经历了最早以个人闲置房屋市场化租赁、依托旅游资源景观改造的"农家乐"民宿1.0模式，到自发、零散的小规模村落单一业态民宿集群2.0模式，以及2017年以后向群落化、区域集群化、品牌化演进的3.0模式。民宿3.0时代的集群式发展是民宿升级的体现，不能简单归结为未来民宿发展的必然产物，但这种发展方向可以有效整合资源，优化组合，形成完整的产业链，解决了民宿扩大规模、连锁发展的瓶颈困境，形成规模经营和集聚效应。

2019年，中共中央、国务院《关于坚持农业农村优先发展做好"三农"工作的若干意见》指出："要发展壮大乡村产业，拓宽农民增收渠道。加强乡村旅游基础设施建设，改善卫生、交通、信息、邮政等公共服务设施。"在乡村旅游转型升级的过程中,民宿作为乡村振兴的商业形式之一和大住宿业中的新生力量,整合利用农村空置房屋资源,满足旅游休闲度假市场需求,在助推农村产业转型、提高农户经营收入、拓展劳动力就业和创业渠道、稳定就业人口数量、提升乡村人文形象等方面发挥了积极作用。[1]中研产业研究院《2023—2028年中国民宿行业市场深度调研及投资战略研究报告》分析,国内民宿市场客群主要集中在年轻一代,民宿需求呈持续增长态势,大部分选择民宿的消费者,主要看重民宿的个性化、丰富的在地体验、多元业态、多品牌选择等方面,消费者更注重个性化与独特的体验感。

1 民宿宿集、民宿集群和民宿集聚区

2019年7月文化和旅游部发布的《旅游民宿基本要求与评价》中,对民宿有明确的定义:利用当地民居等相关闲置资源,经营用客房不超过4层、建筑面积不超过800m²,主人参与接待为游客提供体验当地自然、文化与生产生活方式的小型住宿设施[2]。从"新国标"中可以看出旅游民宿与其他住宿业态的区别在于:旅游民宿利用的是当地民居等相关闲置资源,民宿主人参与接待,建筑物主体是民居以及民居中的闲置资源,建筑面积有具体限定。特别注意的是,民宿无论等级高低,主人是必备要求,且"民宿主人"不单单是民宿投资者、拥有者,也可以是运营者,主人与"民宿管家"有明确的功能区别。民宿的核心文化是"主人"文化,主人参与接待,达成有效、友好的主客互动,不同地域的民宿呈现出不同的主人文化,带给游客截然不同的体验价值。

民宿宿集是民宿产业近几年的最火的名词,发端于以夏雨清为代表的"莫干山派"在宁夏中卫打造的"黄河宿集"。电视综艺节目《亲爱的客栈》爆火,将"宿集"推上了流量的顶点。夏雨清曾言:"宿集营造社,是我们营造宿集的平台。我们把国内外最好的民宿、小酒店和跨界品牌、生活方式品牌,引到一个需要他们而他们又乐意去的地方,形成一个全新的旅行度假目的地,这就是宿集。"从运营主体的角度来看,宿集可能是一个或者是多个投资主体在同一区域或者同

一项目投资的民宿，涉及一个品牌旗下的多个子品牌或者多个不同品牌，但运营主体原则上为1~3个。

民宿集群，则是由多家民宿品牌共同打造，多个投资主体共同参与，在空间上汇聚多元业态、多类型产品，从而形成的以民宿为主体的住宿业集群；也是在特定区域内，由竞争与合作关系的民宿及民宿上下游服务产业链，在地理上聚集而形成的住宿业态聚落。

受山东"民宿集聚区"新概念的启发，《"十四五"旅游业发展规划》中，提出"乡村旅游集聚区"的概念。换个角度，从历史和经济视野来看，"集聚"是规模经济发展的高级阶段，产业的规模化发展，无一不是由小到大、从少到多，从单体到群体的集聚，民宿集聚区也同理。相对于民宿宿集和民宿集群，民宿集聚区是由多家民宿品牌共同打造的，以资源整合、业态激活、文化重塑的方式，从不同的角度活化在地历史遗产和自然人文景观，形成具有影响力的集群效应，从空间上汇聚多家民宿以及其他商业业态，实现业务互补、分工明确、协同经营、整体传播营销等一体化运营，使之有效地实现乡村经济振兴。民宿集群的定义与宿集甚至民宿集聚区常常被混为一谈，我认为三者之间不仅是规模上的差异，还在于民宿集聚区不仅是拥有多家民宿，每个民宿都是一个独立的运营主体，也可能是独立的投资主体，大大小小的民宿分布集中于同一区域，更是多业态、多要素的集合和聚集，也是乡村微度假的重要载体，在这样的民宿集聚区中，可以实现民宿+文创、采摘、乐园、宠物、运动、游戏、团建，等等。

2 民宿集聚区的发展优势

2021年，山东省公布首批34家民宿集聚区创建单位，"民宿集聚区"这一新概念被引入文旅市场。经过近两年全国各地"民宿集聚区"的创建推进，各地和各创建单位也逐渐认同这一概念。在数学概念中，"集合"是指某些指定的对象集在一起，它们共同组成集合，集合中每个对象被称为元素。因此，可以从以下三方面来理解民宿集聚区的要素集合。

首先,是资源的集合。目前民宿集聚区均呈现出空间集聚的特征,即某一空间或区域内民宿数量增加,那么土地、资金、交通、水电、人工等基础资源和设施就可以实现最大化利用,节省整体的投资成本。民宿集聚区有利于在地文化的整理和再生产,通过民宿各自的展演、展示,重塑在地文化生活方式。民宿聚集也可形成强大的内容传播力,以更快的速度在互联网广泛传播,形成"网红效应"。以黄河宿集为例,主要依托宁夏独特的文化基础,打造当地特色手工艺产品和服务,如文创空间、地方特色餐饮、手工艺人工作坊、地方集市等。"民宿+生活"方式体验、户外探索、在地文创,使其成为一个多元文化体验的度假目的地,也成为各大平台的流量担当。

其次,是人的集合。民宿的主角是人,每间民宿都具备独特的生活理念和生活哲学与感悟,民宿的主人更像是代言人,这些理念的实现就是创造美好生活的过程。社会学领域指出,个体身份的有效呈现或构建是社会互动的基础。民宿主人承担着投资者、经营者、服务者等多重角色,作为投资者和经营者,主人首先需建立自我展演的平台,通过建筑物改造、布景、装饰等过程,使民宿呈现独特的视觉景观情境;作为服务者,主人需在面对面互动中付出情感劳动,以维持民宿有情怀、有温度的情境定义。民宿的配角是消费者、体验者,消费与体验的过程伴随情感认同与社会交往互动、消费认同、意识形态认同、价值认同等。人与人之间都拥有自己的个性和节奏,依据某些共性集聚起来,凝聚魅力、温度和能量,民宿集聚区正是这一种共性相吸的真切实现。

最后,产品的集合。第一,民宿宿集与集群强调清晰且突出的主题和调性,尤其展现在建筑设计与当地自然景观的融合和在地文化属性的表达上,也展现在民宿品牌的召集和选择上。在深度挖掘在地文化和保护传承在地建筑的过程中,在激活自然和文化资源可持续的生命力中,通过调动各种文化、经济和社会资源,创造新的平台协作共生,进而达到深度体验的效果。在内容方面,深挖特色文化资源,以创新旅游产品和服务,满足特定客户群体的需求,避免雷同,实现差异化。第二,引入国内知名且符合调性的生活方式品牌,如黄河宿集引入的卷宗书店、LOST 咖啡、小黑面包坊、春夏农场等业态。第三，创造新业态，在引入当地自然资源与人文资源的基础上，产生具有在地人文特色的生活新业态，如文创店、美术馆、特色餐厅、小剧场等。

3 民宿集聚区的发展模式

目前开发民宿宿集有五种常见模式，如下：

3.1 租赁经营模式——企业投资 + 村集体宅基地入股 + 租赁经营

村民将其宅院采用入股或者流转的形式进入村集体，村集体或者村集体组建的合作社与意向企业签订合作协议，由该企业进行相应投资，并对宅院进行针对性的装修改造建设。后期企业自身或者委托专业主理人、运营团队对项目进行运营管理。企业采用缴纳租金或管理费的形式给村集体或合作社，由村集体或者合作社给村民支付房屋租金。在这种模式之下，由企业负责承担民宿的日常经营成本开支，收益归企业所有。

3.2 运营合作模式——对外招专业委托运营，村民投资 + 企业运营 + 联营分配

由村民作为投资主体，按照企业或者运营主体制定的统一标准对自家宅院进行对标改造，改造后由企业或运营主体进行验收审核，合格后交企业运营。运营产生的收入分配按照双方事前协商的比例进行分成。在这种模式下，需要村民自行负担本项目的日常人工成本、能耗等基础运营成本的支出。北京市延庆区下虎叫村按照这两种方式开发了"隐居乡里·山楂小院"项目，有效盘活了村里 8 个农家小院、10 处房屋，32 户低收入户全部"脱低摘帽"。统筹实现了集体经济发展、企业经营收益、农宅出租收入和村民就业增收，构建了完整的民宿产业生态链、多方共赢的发展格局，保证了产业的长期可持续发展。

3.3 招商引资模式———次招投资 + 二次招运营，企业承包投资经营 + 二次租赁经营

由一家或者多家企业组建的投资公司独立收购（租赁）整个民宿村落，往往

以民居宅院的使用权获得为出发点,由投资公司对村落与民居进行整体策划与规划,建设施工、形象包装,再进行招商引资,以此吸引有投资能力或者有民宿实际运营经验的经营者进行二次租赁并投入具体民宿的装修及物资,村民只收租金,这种模式既有统一建设规划带来的品牌效应,也能体现二次租赁者的差异化经营特色。江西婺源篁岭村就采用的此种模式,由县政府指导、婺源县乡村文化发展有限公司对村庄进行全面产权收购,以此为基础投资人民币数亿元,建设篁岭民俗文化村。

3.4 合资经营模式——合资后整体承包经营

在这种模式下,村集体合作社与企业共同组建投资运营公司,由该运营公司对单个民宿或者整村可运营项目进行整体租赁或者承包,统一规划、统一设计、统一建设改造、统一运营,村集体参与经营利润分成,实现企业、村集体双增收。北京市门头沟清水镇梁家庄村采用此种模式,北科建集团出资3000万元与梁家庄村合作,村企合办民宿运营企业"北京梁家庄创艺乡居文化有限公司"挂牌驻村办公,村集体占股份51%,企业占股份49%。梁家庄创艺乡居高端精品民宿第一批项目通过承包闲置农宅,和村民签署为期20年的流转合同,共签约12套房屋、1800多平方米,根据面积大小每年支付流转费,每满五年涨幅10%。

3.5 村集体承包经营模式——村集体自行成立合作社或者专业公司进行投资运营

村集体自行成立民宿运营企业,村民以资金、自家宅院运营权作价、提供各阶段服务等方式入股,村民的宅院在相对统一的装修改建完成后,以整体的方式统一运营。

这种民宿经营模式常见于组织化程度比较高、具有天然旅游资源的村。比如江浙一带的农村,旅游资源丰富,村社联系紧密。这种模式能在一定程度上带来村民收入增加,也是目前许多地方常用的重要手段,通过民宿宿集或者集群发展的模式,将乡村治理、乡村环境、乡村资源等进行了一次整合与升级。

4 民宿集聚区的发展展望

4.1 专业团队运营与管理

面对后疫情时代宿集、集群的新机遇，如何更好地运营和管理，实现完整的文旅综合体是重点工作。在这一过程中最为需要的是运营经验的不断积累和沉淀、运营模式的不断革新。各类资源优势互补下，可以繁衍出形式多样的文化体验形式，比如美学活动、文创集市、主题体验式的文化场景等，民宿集群实现资源利用最大化。民宿集聚区规划与建设是一方面，而具备超强整合运营能力的专业运营团队，才能解决运营盈利的问题，实现投运相适配。

4.2 发展前景广阔

随着乡村振兴的全面推进和乡村旅游市场的开拓，民宿已然成为旅游经济的重要组成部分。"共享经济"下，单体民宿难以适应产业竞争的压力。民宿集聚区能促进资源与模式的交互，创造更大的市场空间，提供更多元化的消费体验，打造整个行业的有机生态，创造民宿良好的发展前景。[3]传统民宿体量较小，对乡村建设、乡村振兴的影响不会太大，一旦民宿集聚区形成，就可以短时间内快速地改变当地的现状。乡村民宿可以提供体面的工作，收益也颇丰，可以吸引年轻人返乡就业。同时吸引当地的年轻人与城市来乡村度假的消费者，乡村才会有活力，破解乡村人才振兴难题。民宿集聚区的形成有助于不断适应乡村旅游市场变化，增强民宿产品差异化丰富的能力。[4]在实现文旅融合和乡村振兴方面，民宿集聚区作为创新载体，符合时代发展趋势，是乡村振兴战略实施的有效抓手，可促进城乡文化交流，推动逆城镇化建设，前景十分广阔。

4.3 传播真、善、美的核心内涵

民宿集聚区这一形式打通了一条传播美好的双向通道。民宿最核心的价值主张是"真""善""美"，即使进入3.0时代，这也应该是民宿行业的共识。所谓真，就是返璞归真、回归田园山水、融入周边环境；所谓善，就是尊重自然发展、顺应自然趋势、保护自然生态；美，则是观美景、品美食、培美育、养美性。民宿生活是一种态度，它代表沉淀、代表安适、代表回归自然。这是民宿未

来发展的动力源泉。

2023年年初发布的中央一号文件明确提出在促进乡村产业高质量发展中"推动乡村民宿提质升级"的要求。结合这一点来看，我国旅游民宿的发展目标更加清晰，就是要通过做强"小"民宿，做"大"集聚区，提升民宿周边，实现空间环境景区化、产业业态度假区化、游客生活社区化，进而实现以点带面，逐步提升旅游品质，最终形成文旅融合背景下"以文塑旅，以旅彰文"的大格局，为文化旅游业高质量发展、助力乡村振兴奠定坚实基础。

民宿产业在未来大有可为，国家正在大力支持鼓励民宿行业发展，在各地的"十四五"规划中，有15省区市将民宿写入其中，要求培育发展旅游民宿等新兴业态，加强对乡村客栈及民宿的标准化建设和管理，深入推进民宿高质量发展。民宿集聚区的建设发展作为乡村振兴的举措之一，广纳各方资源，打通各路渠道，推动文旅产业发展，带动当地就业和经济发展，同时辐射周边地区。民宿3.0时代，运营要做的就是完善内功，丰富多维体验，获得游客的青睐，这样才能长期在行业扎根前行。

参考文献

［1］龙飞，戴学锋，张书颖．基于L-R-D视角下长三角地区民宿旅游集聚区的发展模式［J］．自然资源学报，2021（5）：1302.

［2］中华人民共和国文化和旅游部．LB/T 065—2019：旅游民宿基本要求与评价［S/OL］．https://zwgk.mct.gov.cn/zfxxgkml/hybz/202012/t20201205_915538.html.

［3］刘相军，孙九霞．民族旅游社区居民生计方式转型与传统文化适应：基于个人建构理论视角［J］．旅游学刊，2019（2）：16.

［4］祁峥．美丽乡村建设下乡村民宿旅游可持续发展策略分析［J］．农业经济，2020（8）：64.

G
旅游规划

《四川省"十四五"文化和旅游发展规划》编制回顾与"十五五"规划展望

[作　者] 张先智　李树信　张海芹（四川旅游规划设计研究院）

摘　要：《四川省"十四五"文化和旅游发展规划》自2021年10月公布实施以来，产生了广泛的社会影响。规划编制组回顾了厘清发展目标路径、厘清文旅发展内在逻辑、确定发展增量等方面进行的规划探索与创新，希望通过总结规划编制的宝贵经验和启示，对"十五五"规划编制提出相应思考和路径剖析。

关键词： 文化和旅游发展规划；规划编制；回顾；展望

1　引言

《四川省"十四五"文化和旅游发展规划》（简称《规划》）是全省"十四五"规划体系中的一般专项规划。《规划》编制于2020年6月全面启动，2021年10月经省政府批准公布实施，历时一年零四个月。规划编制期间，编制团队开展了系列基础研究工作，对全省五大片区进行了实地调研座谈，积极对接文旅部门、发展改革委等相关部门，先后多次征求省内外专家、企业，29个省级部门、21个市（州）以及文化和旅游厅机关处（室、局）意见。作为文化和旅游部门合并后编制的首个五年规划,《规划》的出台对指导全省文旅发展、推动文旅深度融合，具有重要意义。

2 《规划》编制主要成效

2.1 厘清全省文旅发展目标、路径与主要任务

2018年6月印发的《中共四川省委关于全面推动高质量发展的决定》中明确指出,"推动文化产业成为国民经济支柱性产业,加快建设文化强省。""促进文旅深度融合发展,加快建设旅游强省和世界重要旅游目的地。"[1]文化强省、旅游强省(简称"两个强省")和世界重要旅游目的地这一长远战略目标的实现,不可能一蹴而就,应该将长远目标分解为多个阶段性目标。为此,《规划》提出了五年近期目标和到2035年远景目标,近期目标是到"十四五"末,要实现"文化及相关产业增加值占地区生产总值比重超过5%""旅游产业主要指标稳居全国前列,入境旅游实现稳步增长""基本建成文化强省旅游强省,世界重要旅游目的地建设取得突破";2035年远景目标则是要成为世界重要旅游目的地、全面建成两个强省。《规划》明确的两个阶段性目标是有机关联、相互衔接的,既立足近期实际工作,又谋划长远稳步发展,为推进两个强省目标的实现提供了清晰的路线图。

《规划》还明确提出,"十四五"时期要实现巴蜀文化影响力、四川旅游供给力、文化和旅游竞争力、文化和旅游软实力四个方面的显著提升。为此,要落实好"十四五"时期文旅发展7个方面的重大任务,即推进文化事业繁荣发展、深化旅游业供给侧结构性改革、健全现代文化和旅旅产业体系、完善现代文化和旅旅市场体系、提升科技支撑水平、深化宣传推广和对外开放、加强生态环境保护。

2.2 厘清文化和旅游的内在逻辑及其与两个强省建设的关系

2018年11月全省各级文旅部门陆续整合以来,各地忙于理顺机构、熟悉业务,对于下一阶段文旅如何发展、文旅如何融合多是"摸着石头过河",缺乏顶层设计引领。因此,《规划》作为全省真正意义上的文旅融合发展的纲领性文件,其出台对指导今后一段时期的文旅健康发展具有十分重要的意义。《规划》编制团队充分认识到,文化和旅游既紧密关联、相互促进,又有各自不同的发展规律,既有可以深度融合的一面,也有各自相对独立的一面。

基于此,《规划》编制团队对标文化和旅游部《"十四五"文化和旅游发展规

划》的安排部署，从构建两个强省目标体系着手，充分考虑全国、全省文旅发展宏观战略，四川省自身的文旅发展特点及要求，将两个强省目标体系分为文化事业、文化产业、旅游业三大板块，每一板块下再划分多项目标任务，进而对实现每一个目标任务的路径举措进一步细化分解，然后根据每项路径举措的性质，归纳总结为"十四五"时期文旅发展的定量定性具体目标，而"文旅规模稳步增长""四个显著提升"目标也是两个强省长远战略目标的阶段性目标（详见图1）。

两个强省目标体系的构建，一方面，遵循了"宜融则融、能融尽融"的原则，找准了文化和旅游独立发展的侧重点和融合发展的连接点，为文旅融合融什么、怎么融指明了方向路径。另一方面，明确了目标（长远目标和"十四五"阶段目标）、手段（三大板块的目标任务）与实现路径（每一个目标任务的路径举措）的内在统一和有机闭环。

2.3 确定全省文旅发展的最大增量所在

改革开放以来，四川文旅发展突飞猛进，产业规模不断扩大，文化产业增加值在2005年突破100亿元，用9年时间增长10倍，又用6年时间再增长10倍，达到1000亿。旅游总收入从1997年开始，分别用10年、4年、3年的时间增收1000亿元，再到2015—2017年期间每年增收1000亿元，最终于2018年突破万亿元大关。但近年来，文化和旅游产业增加值在GDP和第三产业中的占比趋于下降。文化产业增加值占第三产业增加值和GDP比重分别在2012年、2017年达到最高，2019年分别回落到7.55%、3.98%；旅游产业增加值占第三产业增加值和GDP比重分别在2013年、2016年达到最高，2019年分别回落到15.5%、8.1%。按照旅游地生命周期曲线，四川文旅发展经过快速增长后进入了平缓期。放眼全球，对比国内发展先进地区，四川文旅发展仍有较大的增量空间，但急需找到新的"增量""创新点""动能"，助推复苏增长和高质量发展。见图2～图4。

当前，文旅客源市场发展呈现以下新趋势。年轻消费群体崛起，"90后""00后"成为出行主力军，而且出游频次高；尤其是"95后"和"00后"，每年旅行2～3次的人群占比达到45.34%，每年出游4次及以上的人群占比也达到

G 旅游规划

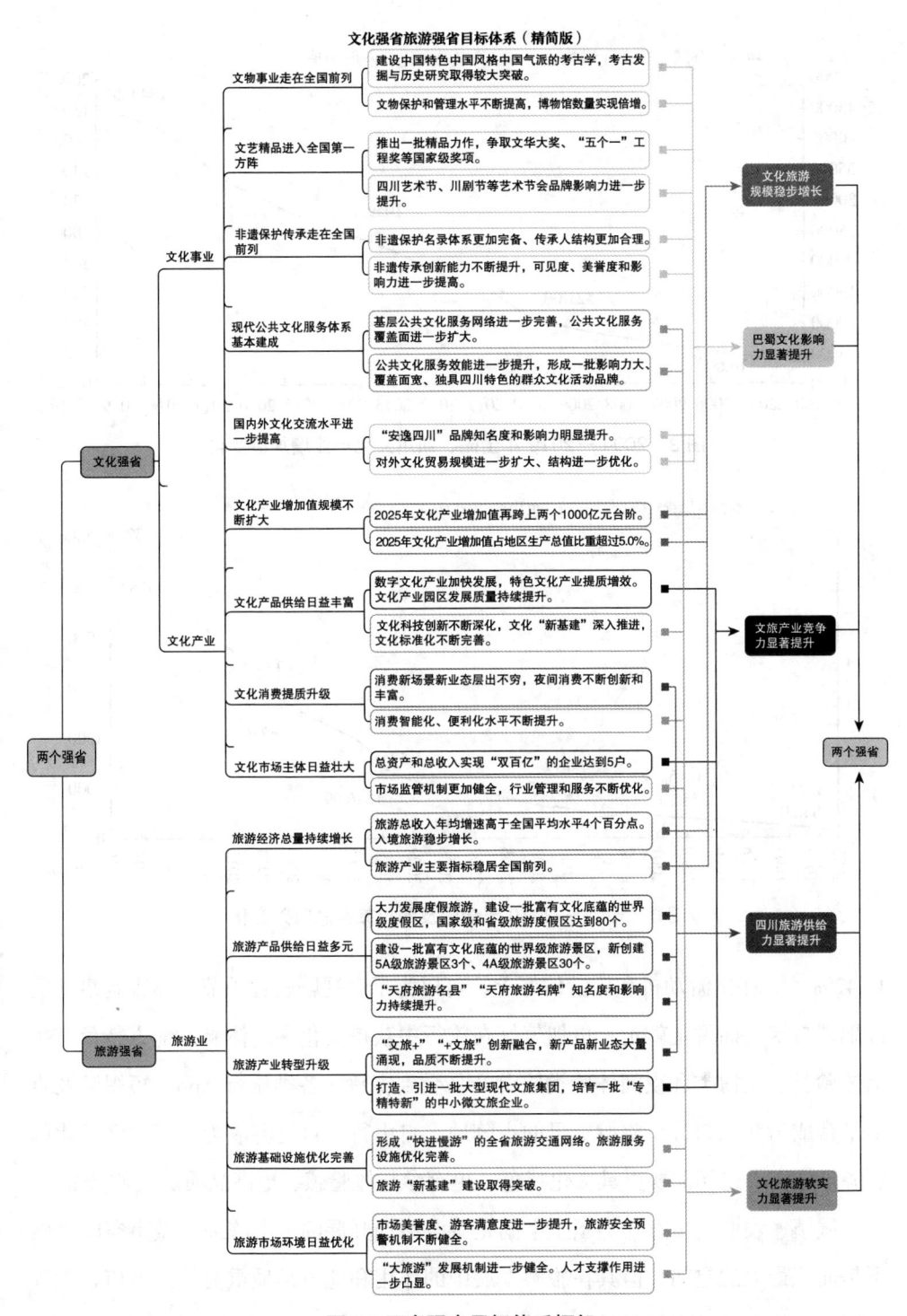

图1 两个强省目标体系框架

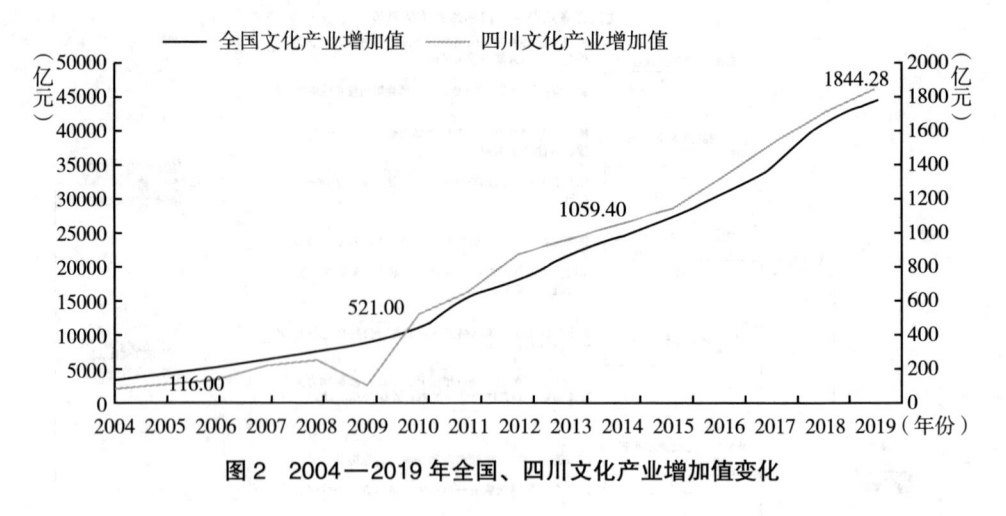

图 2　2004—2019 年全国、四川文化产业增加值变化

图 3　1995—2019 年全国及四川旅游总收入变化

12.42%[2]。在出游动机和旅游偏好上，可以为了影视剧、音乐节、体育赛事、网红地"打卡"而说走就走，更加偏好在旅行中获得文化深度体验，地方特色、生活体验类、文博类和夜间体验类旅游产品受到青睐。各类旅行 App、短视频及直播平台成为获取与分享旅游资讯的主阵地，自由行、自驾游成为主流。多元化的客源市场需求迫切需要更具文化特色、更有参与体验感、更高品质的文旅产品。

城镇、农业、生态三类国土空间是旅游活动开展的三大阵地。城市空间虽然不是面积最大的空间，但其在旅游发展中的作用和地位是最重要的。城市是世界旅游的主要客源地和目的地，全球 80% 的旅游活动通过城市这个载体得以实现。

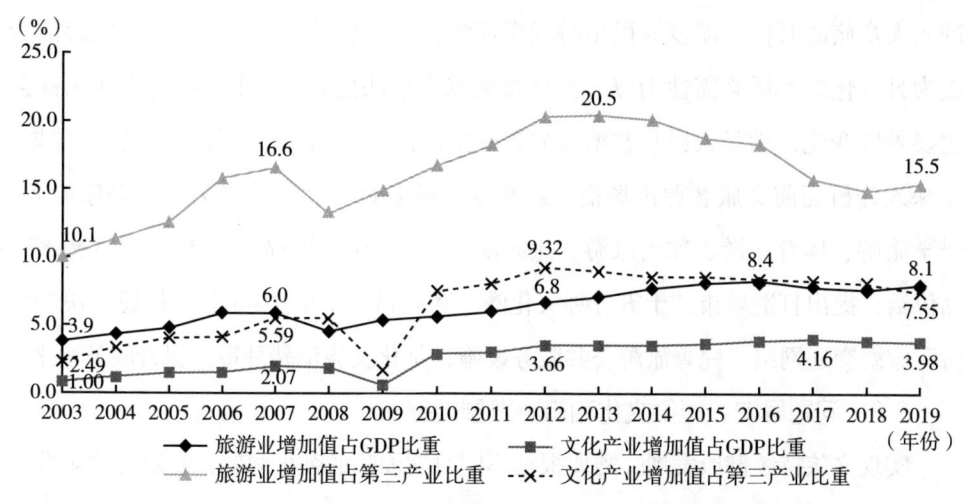

图4 2003—2019年四川文化产业和旅游业增加值占GDP和第三产业增加值比重变化

据世界旅游业理事会统计，每年都有超过5亿次的国际旅行是前往城市区域的，占全球国际旅游的45%[3]，城市旅游是未来旅游业发展的主要趋势。《规划》明确提出支持成都"做优做强'中国最佳旅游城市'品牌"，"拓展环成都、川南、川东北文旅经济带协调发展，着力构建文化和旅游空间发展新格局，……打造一批优秀旅游目的地城市……创建一批国家级和省级旅游休闲城市……打造环成都经济圈城市文化产业支点"，构建由1个世界旅游名城、8个国际旅游城市、7个区域旅游中心城市、8个特色旅游城市组成的旅游城市体系。

实践也证明，城市已经成为接待容量最大、市场需求最强、我国旅游发展最大增量之所在。淄博、哈尔滨等城市旅游火爆出圈；2023年中秋国庆期间，成都市继春节、"五一"之后，再次夺得旅游第一城之位，旅游总人数位列全国之首[4]；2023年6月以来大唐不夜城主题街区日均客流量高达30万人次[5]。

3 《规划》编制的经验

3.1 将满足人民对美好生活的需要作为根本目标

2019年我国共接待国内游客60.1亿人次，约合人均旅游4.3次；人均教育文化娱乐消费支出增长12.9%，占人均消费支出的比重为11.7%[6]。我国已全面进入大众旅游时代，城乡居民出游规模还将扩大、出游频次还将提高，旅游消费成为日常化的生活必需性消费。在全面建成小康社会的背景下，伴随着我国社会主要矛盾变化，满足人民日益增长的美好生活需要成为文旅发展的关键。《规划》在深入分析当前文旅客源市场消费趋势变化的基础上，提出大力发展健康旅游、研学旅游、体育旅游、冰雪旅游、旅游演艺，打造夜间消费新场景，丰富文旅产品供给；提出打造城市"十五分钟文化圈"和农村"十里文化圈"，构建"快进慢游"旅游交通网络，完善旅游公共服务设施，优化文旅消费环境，提升服务水平。

3.2 问题导向，遵循文化和旅游发展规律

实现文旅持续健康发展，需要根据不同时期面临的突出问题，制定有针对性的解决方案。四川文旅经历了数十年的高速增长，旅游总收入在2019年排名全国第四，文化产业增加值稳居中西部第一。但突如其来的新冠疫情对全省文旅发展带来广泛而深远的影响，统筹疫情防控和高质量发展对文化和旅游工作提出更高要求，与此同时，全省文旅发展还存在区域发展不均衡、消费水平偏低、现代科技运用程度不高等问题，必须从产业规模的高速扩张转向提升发展质量。《规划》提出，要构建"一核、五带、十大、四廊"空间布局，实施文化和旅游消费提振行动，强化科技成果推广应用，推进平衡而充分的高质量发展。

3.3 体现和响应重大国家战略需求

国家战略是为实现国家总目标而制定、指导国家各个领域发展的总体性战略。只有了解国家战略，才能准确把握文旅在国家战略中的地位和重要性，才能有效融入国家战略体系，推动文旅高质量发展。当下的国家战略包括文化强国、乡村振兴、生态文明建设等宏观战略，以及成渝地区双城经济圈建设、新时代推进西部大开发、黄河流域生态保护和高质量发展、长江经济带高质量发展等重大区域战略。《规划》明确提出，推进文化事业繁荣发展、健全现代文化产业体系，建设文化强省；加快建设巴蜀文化旅游走廊；加强黄河文物系统保护、长江文物和文化遗产保护，打造黄河探源文化之旅等国家级旅游精品线路，构建长江山水休闲旅游度假带，建设黄河和长江国家文化公园。

3.4 突出地方特性并融入区域经济社会发展大格局

突出地方特性是文旅规划过程中至关重要的环节，只有突出地方特性才能实现差异化发展，提高区域文旅竞争力。文旅产业发展与区域经济社会环境紧密联系，一方面，文旅产业发展离不开一定的区域经济社会发展水平作为支持和保障，另一方面，文旅产业具有产业链长、覆盖面广、带动作用大的特点。因此，在充分挖掘和发挥地方资源、产业发展优势的基础上，推进文旅与一二三产业联动发展，在城乡建设、公共服务等方面融入文旅发展思维，是编制好规划的基础。《规划》提出，围绕激发县域改革创新和转型发展的活力，推进"天府旅游名牌"建设；推动自贡彩灯与工业制造相融合；加快谋划一批数字文化、智慧旅游、康养旅游、体育旅游、冰雪旅游、音乐旅游等四川省特色业态项目。

3.5 开门问策、集思广益

开门编规划是做好规划工作的基本方法。《规划》编制过程中，编制团队将21个市（州）分为广元、南充、自贡、雅安、成都5个片区，对每个片区进行了实地调研和座谈交流，听取各地意见建议，深入衔接各地"十四五"时期文旅发展思路；专赴北京，听取文化和旅游部政策法规司、资源开发司、产业发展司等领导和"十四五"规划专家委员会委员意见建议；先后5次召开省内外专家、企业等代表咨询论证会，两次书面征求29个省级部门、21个市（州）意见，两次与省文物局、厅机关处（室、局）逐一对接并正式征求意见；还开展了"我为四川省'十四五'文旅融合发展规划献一策"网上征集意见活动。由此可见，《规划》编制过程是科学决策、民主决策的体现，坚持顶层设计和问计于民，不仅可以通过多方面信息的收集提升规划成果质量，使规划更具科学性、可操作性，还有利于广泛凝聚共识、汇聚发展合力，减少规划实施中可能面临的困难和阻碍。

4 编制好"十五五"规划的思考

4.1 做好省委、省政府对文旅产业发展要求与人民群众对文旅需求的结合

王晓晖书记在2023四川省文化和旅游发展大会上指出，发展文旅产业在四

川现代化建设全局中具有重要地位和作用，提出了未来五年四川省文化和旅游发展"两个翻番""三个突破""四个提升"的目标任务和3个新的着力重点。省委十二届三次全会提出"要建设国际消费目的地和世界重要旅游目的地"；省委十二届四次全会提出"要扎实推进城乡融合发展，推动基本公共服务城乡均等化，加快城乡文化融合发展"，这些都是省委、省政府对文旅产业发展提出的更高要求和期待。

2023年以来，国内旅游市场迅速复苏回暖。2023年前三季度国内演出34.2万场，累计观演人数达1.11亿人次，票房收入315.4亿元，均超2019年全年水平[7]。2023年中秋国庆假期，全国博物馆接待观众总量达6600万人次[8]。2024年春节假期8天全国国内旅游出游4.74亿人次，总花费6327亿元[9]，同比2023年、2019年均大幅增长。演艺热、文博热、非遗热等，都表明全社会文化和旅游需求旺盛、潜力很大。

"十五五"规划编制，既要将省委、省政府的工作要求转化为具体工作措施，推动落地见效，推动文旅工作融入和服务全省经济社会发展大局，又要进一步服务好、保障好城乡居民美好生活的刚性需求，丰富文旅产品和服务供给，释放文旅消费潜力，做到发展为了人民，发展依靠人民，发展成果由人民共享。

4.2 脚踏实地搞好调研

习近平总书记指出，调查研究是谋事之基、成事之道；正确的决策离不开调查研究，正确的贯彻落实同样也离不开调查研究[10]。因此，调查研究是做好规划工作的基本功。

当前，文旅发展面临新的战略机遇、新的战略要求、新的战略任务。扩大内需、促进消费、推动经济回升向好成为经济工作的重中之重，文化和旅游行业成为扩内需、促消费的"主力军""主阵地"。反向旅游、特种兵式旅游、社区旅游、城市漫步等成为旅行新趋势，国风汉服、创意集市、"村BA"、网红菜市场等成为旅游"打卡"新风尚，越来越多的"小镇青年"、乡村居民成为文旅消费新动力。与此同时，四川文旅发展还面临着文化遗产的保护传承、研究阐释、活化利用需进一步加强，公共文化服务效能不够高，文旅优质产品供给不足，文旅融合深度广度不够,市场主体核心竞争力不强,入境游市场恢复缓慢等问题,迫切需要通过调查研究找到破解难题的办法和路径。

"十五五"规划编制,要深入研究四川现代化建设新征程上文旅发展面临的新形势新任务,围绕加快建设两个强省和世界重要旅游目的地、推动巴蜀文化大发展大繁荣、文旅赋能社会经济高质量发展等重大课题,开展系列专项调研,深入基层、深入客源市场,了解掌握真实情况,充分发挥专家智库和行业协会作用,广泛听取各方意见,着力发现和解决问题。

4.3 以创新求突破,激发文旅发展的动力和活力

疫情所带来的前所未有的挑战,凸显了创新对于文旅发展的重要性。依靠融合发展、应用现代信息技术、创新运营模式,涌现出一大批全新的文旅产品和服务,文旅服务水平和管理效率大幅提升……这都证明,只有持续创新,才能推动文旅高质量发展。

"十五五"规划编制,要注重产品创新,挖掘要素资源,用现代表达方式讲好传统文化故事,通过呈现方式、交互方式、融入方式的内容创新,不断增强产品的体验感、趣味性、新颖性;要注重技术创新,加强物联网、人工智能、大数据、北斗导航、AR/VR、全息投影、无人驾驶、区块链等新技术在艺术创作与呈现、文化遗产保护、文物活化利用、公共服务、旅游产品开发运营等领域的创新应用;要注重服务创新,增强自觉主动服务意识,提升服务能力和标准,优化服务流程,提高服务质量,以品质化、个性化的情感服务提升游客满意度;要注重机制创新,从需求侧入手,探索实践城乡资源要素流动机制、文旅公共服务多元主体供给和服务绩效考评机制、宣传推介的长效传播机制、综合监管和执法机制,通过机制创新增强发展的核心竞争力和发展动能。

参考文献

[1] 中共四川省委关于全面推动高质量发展的决定[EB/OL]. 四川省人民政府网,

https://www.scdfz.org.cn/gzdt/zyhy/swxx/content_9108，2018-07-02.

［2］马蜂窝. 后疫情时代的"新旅游"——Z世代旅游消费变化报告［R］. 北京，2020.

［3］品橙旅游. WTTC全球表现最佳旅游城市中国城市瞩目［EB/OL］. https://baijiahao.baidu.com/s?id=1615192564549564517&wfr=spider&for=pc，2018-10-24.

［4］云木. "十一"黄金周，谁是中国旅游第一城？［EB/OL］. https://baijiahao.baidu.com/s?id=1779353027516037529&wfr=spider&for=pc，2023-10-10.

［5］日均客流量达30万人次！西安大唐不夜城旅游打卡火爆［EB/OL］. 央视财经，https://baijiahao.baidu.com/s?id=1772212457067997962&wfr=spider&for=pc，2023-7-23.

［6］国家统计局. 2019年国民经济和社会发展统计公报［EB/OL］. https://www.gov.cn/xinwen/2020-02/28/content_5484361.htm，2020-2-28.

［7］一城唱响，掘金数亿！2023年演唱会演绎"冰与火之歌"|2023年终盘点之演出市场［EB/OL］. 每日经济新闻，https://news.cnr.cn/native/gd/20231230/t20231230_526541107.shtml，2023-12-30.

［8］"文博热"有多热？8天6600万人次！［EB/OL］. 环球时报，https://baijiahao.baidu.com/s?id=1779233853469245821&wfr=spider&for=pc，2023-10-09.

［9］文化和旅游部. 春节假期文化和旅游市场安全繁荣有序 市场活力和消费潜力持续迸发［EB/OL］. https://www.mct.gov.cn/whzx/whyw/202402/t20240218_951325.htm，2024-02-18.

［10］中共中央办公厅印发《关于在全党大兴调查研究的工作方案》［EB/OL］. 新华网，https://www.scjgdx.gov.cn/szyw/11809.jhtml?eqid=e8d2c8a60002c86a000000036461f6b5，2023-03-20.

旅行社企业转型升级考察研究报告
——旅行社企业转型升级路径探讨

[作 者] 四川省中国国际旅行社有限责任公司 旅行社企业转型升级课题组

1 背景

四川省中国国际旅行社有限责任公司(简称"四川国旅")入选成都市2022年度"建圈强链"链主企业,孙进入选2022年度"成都市产业建圈强链人才计划"产业领军人才。根据成都市委组织部《关于拨付2022年度"成都市产业建圈强链人才计划"首笔资助资金的通知》,以及四川国旅、孙进、成都市文化广电旅游局三方签订的《2022年度"成都市产业建圈强链人才计划"资助资金用款协议书》,经四川国旅党委会、总经理办公会同意,四川国旅决定成立"旅行社企业转型升级"课题组,对国内旅行社在转型升级方面的探索实践和成功经验进行深入分析、深入研究,以期获得可以借鉴的转型升级经验、路径和方法。

2 课题组组成

2.1 课题组组长

孙进,四川国旅原党委书记、执行董事、总经理(2023年2月退休),四川省政府2019年度"金熊猫奖"先进个人、2019年度四川省优秀企业家、2019年四川旅游界"90名创新突出贡献人物代表"、2019年"四川省十大旅游产业卓越贡献人物"、2022年度"成都市产业建圈强链人才计划"产业领军人才、2023年成都"旅游行业杰出人物",文化和旅游部、四川省文化和旅游厅文旅专家库专家成员，四川省旅游学会副会长等。

2.2 课题组成员

（1）蔡经川，四川国旅总经理办公室副主任，独立编著了《旅行社业务手册》，主导或参与了多个系统平台和旅游互联网项目的引进与开发工作，是卧龙大熊猫志愿者项目产品化及境外市场深度推广者，在《中国旅游报》先后发表过多篇涉及旅游和互联网方面的专题文章。

（2）陈江丽，四川国旅总经理办公室主管，擅长大型会议操作。

3 考察调研对象和考察调研形式

在中国旅行社协会、四川省旅游学会、四川省旅游协会、四川省旅行社协会的指导下，在四川省文化和旅游厅、成都市文化广电旅游局有关领导的支持下，在四川国旅党委的领导下，"旅行社企业转型升级"课题组花费三个月时间先后奔赴长沙、南京、银川、桂林、南宁，对多家旅行社进行实地考察研究。

考察调研的主要旅行社有：享梦游科技股份有限公司（简称"享梦游"），湖南省中国国际旅行社有限公司（简称"湖南国旅"），睦邻游好国际旅游有限公司（简称"睦邻游好"）、中国国旅（江苏）国际旅行社有限公司（简称"国旅江苏"）、宁夏新文化国际旅行社有限公司（简称"新文化"）、宁夏完美假期国际旅行社有限公司（简称"完美假期"）、桂林唐朝国际旅行社有限责任公司（简称"唐朝国旅"）、桂林市桃源国际旅行社有限责任公司（简称"桂林桃源"）、中国国旅（广西）国际旅行社有限公司（简称"国旅广西"）。

课题组与上述旅行社企业的领导和专家进行了深入座谈交流，实地考察了上述企业及其经营场所。同时，还与当地有关协会、文旅主管领导、其他相关企业、行业专家、导游等进行了交流沟通。

4 考察调研的旅行社企业基本情况

4.1 享梦游科技股份有限公司（享梦游国际旅行社有限公司）

借助国旅总社、国旅环球、湖南国旅等机构，"享梦游"品牌源起于2016年，正式成立于2021年（2020年）。该公司全新定位"社交旅行种草平台"，聚焦当代新青年，通过优质的旅行产品与极致的服务，并融入社交元素，为用户提供旅行新玩法，探索旅途新体验。享梦游致力于创造区别传统旅游的差异化社交旅行产品，目前在新旅游产品赛道，拥有"主题旅行"和"享梦游种草官"两大特色IP项目。

享梦游服务领域从社交旅行开始，逐步衍生到旅游直播、达人孵化、露营基地、通用航空、旅游投资、文旅培训等。其中享梦游露营品牌目前在全国已有五大营地：长沙微醺海岸、享梦游航空营地、长沙龙喜森林、浏阳天空剧院、泉州真武潮拜。

其创始人彭士平，1994年出生，全球福布斯环球联盟FGA成员，斯坦福MBA，长沙市政协常委。

4.2 湖南省中国国际旅行社有限公司

湖南省中国国际旅行社有限公司成立于1960年。2020年经过重组改制，注册资本1亿元，股东由湖南港中旅集团公司（控股股东）、享梦游，以及个人、管理人员共7个股东构成。湖南国旅承续"服务大众，传承快乐"的理念，高度重视服务质量和业务管理，不断开拓国内外市场，与国内外同行建立了广泛的业务合作网络，继续为省市政府部门、大型企业单位及广大客户的境内外考察、会展、商务、教育、旅游等交流活动提供更加专业、细致的服务。

其控股股东湖南港中旅游集团成立于2020年，拥有湖南省中国国际旅行社有限公司、中国旅行社总社湖南有限公司、湖南中航国际旅行社有限公司、湖南港中红色教育服务有限公司、湖南港中国际会展有限公司、长沙市华信中大票务有限公司、湖南云朵新媒体有限公司等全资和控股子公司。

其中湖南云朵新媒体有限公司成立于2022年，是一家以旅游为核心资源的新媒体运营管理平台企业，致力于打造区域化直播间，培养和扶持"素人"主播。其最大特点是结合了自媒体的包容性和多样性，激发在职或不在职素人的自身潜力，通过工会专业的培训体系使其成为一名主播，为每一个参与者开启了一条"易上手、0成本、高收益"的收入渠道。

4.3 睦邻游好国际旅游有限公司

睦邻游好国际旅游有限公司，成立于2011年，注册资本5000万元。系江苏省四星旅行社。2020—2022年，公司整合资源、创新服务，打造"旅游+贸易"的特色经营模式，与客户共享资源，为公司在特殊时期的稳定与发展走出了新路，赢得了同行及社会各界的肯定。公司秉持"诚信为本、客户至上、品质第一"的原则，投入巨量资源开发精品旅游、定制旅游、自驾旅游、会务研学、亲子团建等高端特色产品与服务，累计服务客户超过50万人次，旅游、贸易业务规模突破2亿元。公司与银行业、保险业、酒企等数十家企业建立了长期合作关系，与携程、途牛等知名旅游平台及旅游同业开展深度合作，积累了丰富的经验和丰厚的资源，形成了公司的独特优势、特有文化与价值追求，成为业内高品质标杆。

4.4 中国国旅（江苏）国际旅行社有限公司

国旅江苏是江苏省历史最悠久的旅游企业，成立于1954年，1995年南京国旅与江苏海外合并，2011年与总社合作成立国旅江苏公司，进而统一使用现名。国旅江苏是区域龙头旅游企业，主营入境游、出境游、国内游、公商务会展、航空商旅、电子商务、目的地运营、营销推广、深度策划、研学教育、主题旅游等相关业务。

目前在江苏省设有12家分公司、子公司，高峰时期拥有上百家服务网点，员工规模近千人。2019年服务游客超60万人次，营收约16亿元（含航票），连续多年位列江苏省综合表现排名第一。当前，公司存量客户达到500万，基本是区域优质个人客户和集团客户。基于综合服务能力，2014年公司全力开展全产业链战略，特别在目的地运营方面做出了卓有成效的探索。在目的地旅游业态设计、产品策划、运营管理、市场营销、节庆策划方面有着全面的探索实践，也取得了优异的市场表现。

国旅江苏多年来一直致力于对传统旅行社的改造，创造一种新型管理体制，打造成为一个区域旅游集团。而这个集团最核心的竞争力就是在强总部管理体制下，以区域一体化建设为基础，对旅游产业链各项资源进行整合，形成强大的公司运营能力，积极构建两头在内的核心竞争力。

全省10个城市，12家分公司、子公司（7家分公司+5家子公司），全面辐射渗透区域三、四线城市，加强南京都市圈市场的聚合，以资源整合为依托，紧跟市场，构建生态。

4.5 宁夏新文化国际旅行社有限公司

宁夏新文化成立于2009年，注册资本215万元，宁夏旅游投资集团有限公司占30%股份，具有国企参股背景。新文化主要从事入境旅游、国内旅游、出境旅游、旅游纪念品批发等业务。对分支机构管理水平较高，工作扎实。

4.6 宁夏完美假期国际旅行社有限公司（银川完美印象会议会展服务有限公司）

宁夏完美假期成立于2011年，法定代表人李静，注册资本100万元，是一家专业从事旅游接待、旅游招徕、入境旅游、商务考察以及各种大中小型会议会展的公司。该公司现拥有员工30余人，同时具有一支归属感很高的导游队伍。为配合其开展业务，解决资质问题，完美假期同时注册了一系列商业机构，如银川完美印象会议会展服务有限公司等。

4.7 桂林唐朝国际旅行社有限责任公司

桂林唐朝国际旅行社有限责任公司成立于2007年，法定代表人为周晓光。其主创人员和核心骨干于1999年开始涉入旅游接待业务。唐朝国旅是一家高度多元化的在线旅游公司，是中国最早开展入境旅游电子商务的企业之一，拥有超过200名正式员工。唐朝国旅的客源市场主要集中在英语国家和中国。针对不同的旅游目的地和业务范围，唐朝国旅设有7个业务部门，即桂林英语地接部、旅行商部、蜗蜗游、China Odyssey Tours、Indochina Odyssey Tours、India Odyssey Tours及Odynovo。

对英语国家的游客，唐朝国旅提供定制专车专导私家游服务，多年致力于品质服务，其目的地涵盖了70多个国家和地区，以中国、越南、柬埔寨、泰国、老挝、缅甸、印度、尼泊尔、不丹、斯里兰卡，以及中东、地中海沿岸国家和英国等旅游目的地为主。

4.8 桂林市桃源国际旅行社有限责任公司

桂林市桃源国际旅行社有限责任公司（曾用名：桂林市桃源旅行社有限责任公司），成立于1999年，位于广西壮族自治区桂林市，是一家以从事商务服务业为主的企业，注册资本100万元，法定代表人孙杰。桂林桃源建立了与休疗养旅游配套的康养基地。旗下同时注册了多个旅游类、会务类以及旅居、康养类公司。

4.9 中国国旅（广西）国际旅行社有限公司

中国国旅（广西）国际旅行社有限公司是中国国际旅行社总社与广西国际博览事务局等共同出资组建的新型旅游企业，成立于2006年，是国旅总社在广西南宁设立的具有资产纽带关系并绝对控股的唯一一家旅行社企业，是中国国旅品牌以资产形式落户广西的标志。下设总经理办公室、财务管理中心，以及国内旅游中心、出境旅游中心、入境旅游中心、商务会奖中心、会议会展中心、签证票务中心、电子商务中心。

5 转型升级路径探索

5.1 借助互联网技术、粉丝文化构建会员营销体系

在会员营销体系建设方面，大部分旅行社都独立或借助他人系统开发了为自己服务的营销推广体系，而最具有特色的当属享梦游（偏重分销）、桂林唐朝（偏重服务）等。

5.1.1 以培训带动会员营销体系的建设

享梦游拥有文化产业公司、网络科技公司、数字信息公司、培训公司、旅行社等机构，至少在全国14个地方开设了分支机构，管理着近6800家非实体门店，

通过这些 KOC/KOL 拥有近 20 万的新青年付费用户（种草官、享游达人等），再以此搭建起了数以万计的社群，构筑起各种粉丝圈子，通过各种社交媒体辐射到近几千万的粉丝群体和私域流量。

享梦游培训的核心理念是：让旅行变成一份事业，变成一种社交方式，变成一种生活方式，让年轻人享受旅行、生活、事业兼具的美好生活方式，进而热爱生活，找到生活方向，实现自我价值。

产品经理通过分析筛选各地产品，以"社交""好玩"为价值核心将这些产品改造成主题突出、专题性强的旅游产品，挖掘其社交价值、赋予其社交功能，现场组织活动并人人拍摄，通过文案处理、美工编导加工、后期制作，整理成人人可以使用或可再加工使用的分享产品，以图文、短视频、直播等形式上线各种自媒体、各种互联网平台进行分享（种草），进而进行组团活动。另外，通过线下线上培训大量实际身份为团队领队、导游的"老师"，以及 KOC/KOL 等，由他们负责在团队中营造气氛、组织活动、拍摄视频、指导社交分享。

享梦游成立了彭博院，开发了从产品选题、产品开发、产品赋能、营销推广、摄影拍摄、文案后期、自媒体运营，到企业文化、价值认同、质量管理、分享话术等全流程式标准课程。首先是对员工的企业文化价值认同的培训，旅行、生活、事业兼顾，工作即旅行，既可实现事业愿景，也能享受美好生活。其次是对用户进行培训，充分利用人们"爱玩""爱分享"的天性，灌输社交、分享理念，培训各种技能，包括视频制作、文案撰写、拍摄、气氛营造和活动组织等。通过培训，提升每个用户的旅行体验、意见影响力和内容生产能力，以便他们能更好地去记录、去表达、去分享各自的美好生活，进而让每个用户成为享梦游旅游文化价值的创作者和传播者，构建起享梦游的会员赋能体系、价值传播体系。

5.1.2 借助新媒体科技工具发展圈层文化

享梦游借助新媒体技术，围绕兴趣点、社交属性、价值取向等构建起圈层文化，利用年轻人爱分享的天性构筑独具特色的、全覆盖的、全方位的营销推广体系，搭建起新媒体推广矩阵。坚持"分享传递快乐、分享营造社交、分享创造文化、分享创造价值"的理念。

通过庞大的粉丝群落和辐射范围，以兴趣爱好挖掘粉丝价值，引导兴趣爱好者在意见领袖的号召下组建粉丝圈层，进而形成具有独特吸引力的各类各层粉丝圈层文化。

5.1.3 组建营销传媒渠道矩阵，构建"品牌IP"矩阵

大部分旅行社都涉足了以视频传播为典型代表的多媒体传播渠道，开设了直播账号。互联网营销推广，重点在于持之以恒，精选话题、精选产品，并长期坚持、长期孵化、长期培育，方可取得应有的效果。

国旅江苏组建了传媒中心，立足于国旅强大的资源优势，长期与境内外旅游局合作，为旅游局承接江苏区域的全案营销推广。同时也承接社会企业营销推广活动、品牌包装、全案整合等。打造了传媒工具矩阵：国旅江苏官方抖音号，以旅行攻略、旅游咨询、产品介绍、旅游目的地推荐为主；国旅江苏官方微信号，以日常产品线路发布、旅行攻略、签证知识、旅行主题活动推广、旅游目的地现场介绍为主；国旅江苏官方小红书账号以及"游点好玩CITS"则以旅行攻略、旅游咨询、产品介绍、签证机票攻略为主。

为应对行业竞争，配合转型升级，跨界跨业发展，旅行社企业都围绕自身常规业务、拓展业务、融合业务、跨界业务等构建了一系列"品牌IP"矩阵，积极开展各种线下品牌推广活动，争取各种机会，参加各种机构组织的会议和活动，曝光其正面品牌形象，提高品牌美誉度，增强品牌IP矩阵的综合吸引力、号召力。

5.1.4 维系并升级传统营销渠道

几家综合性旅行社在维系好传统线下渠道的同时，对线下渠道进行了升级，在各自的市场覆盖范围有序组建了区域运营中心，由该区域运营中心负责当地的产品开发、客源组织、落地推广等经营营销环节。

配合线上系统，围绕圈层，发展多类别会员体系。在原来的旅游者会员系统上进行分类升级并对其价值再开发。睦邻游好的铂乐菁英会则以高品质旅游消费者为主搭建了会员体系，同时分离出酒旅组合圈层。

升级并优化传统差旅渠道。以机票业务为主的差旅消费场景作为引流，以差旅工具为抓手，通过B2G2C进行客户渗透，深度开发客户需求，打造"差旅管理+"的经营模式，整合各方资源，结合免税、酒、旅游商品开展商业零售，实现精准营销，多维度满足客户需求。

传统渠道一旦借助互联网"分享"功能，其会员体系的辐射穿透力就会更强，传播距离将更远。

5.2 挖掘产品文化价值，赋予产品社交分享功能

享梦游开发主题产品专题旅游。根据不同目的地、不同圈层、不同文化兴趣点先后开发了"周末时光""游学计划""达人踩线""综艺旅行""享伴游"等旅游产品，以及剧本杀、营地探营、网红打卡、美食分享等兴趣点旅行产品，通过表演等形式挖掘分享文化价值，打造"文艺范"旅行产品，并赋予其"社交""好玩"属性，进而促进产品的分享传播。

睦邻游好则以人生三个阶段赋予产品"四海一家，天下为邻"的文化价值，挖掘产品的"玩伴、伙伴、陪伴"的友邻亲情性社交属性，进而促进产品的友邻亲情性传播。

5.2.1 文化赋能产品创新

享梦游在全国范围内搜索各类型旅游和涉旅产品，围绕"旅游+""+旅游"，集中挖掘其文化与艺术属性，并放大其文化和艺术特性，加注"社交"功能，进而改造并包装成显著区别于其他旅行社同底色产品的具有享梦游独特亮点的旅行产品。

5.2.2 赋能产品提高产品溢价

大部分旅行产品，可以通过文化艺术和社交活动赋能，定制化开发，特色挖掘，价值再挖掘，再通过后期的文案加工、艺术渲染，形成独特的高溢价社交旅行产品。在享梦游，旅行产品社交特性挖掘收益远远高于其常规渠道端收益。

5.3 充分利用旅行社流量优势，大力发展"旅游+""+旅游"业务

5.3.1 酒旅融合发展

睦邻游好在跨界经营方面，坚持"跨界共生、相互成就""先舍后得、成就

客户"的理念，与国内头部白酒企业开展深度合作，成功实现"酒""旅"营收各半壁江山的转型局面，先后与茅台、郎酒、泸州老窖、五粮液、洋河、水井坊等品牌开展各种形式的合作，开发文创产品、搭建 App、租赁仓库、组建会员体系，来实现自己的战略并达成获取经营利润的目的。

5.3.2 巩固会展博览业务并拓宽其边界

睦邻游好还开展了会展业务，专门设立部门承接商务考察、国内外会议、奖励旅游等，先后和不同领域合作，以优质诚信和专业服务，赢得客户的赞赏和信赖。近几年，承接了世界全项目轮滑锦标赛、国际田联世界挑战赛（南京站）、国际篮联篮球世界杯南京赛等大大小小的赛事接待和考察团接待，为各类赛事提供签证、邀请函、赛事接送、翻译、随员安排、抵离接送等服务。

国旅广西主抓政府出访、政务接待、会展博览，同时转型探索"旅游+体育"，涉足体育赛事。第二大股东——广西国际博览事务局给予了国旅广西会展博览业务强有力的政策性支持，国旅广西是中国—东盟博览会的指定接待服务提供商，已成功接待了十八届东盟博览会，围绕东盟及东盟各国，在中国和东盟各国组织并落地接待了政府或准政府的各类论坛、商品博览会，以及政治、经济、科技和文化交流活动。会展博览业务在国旅广西总营收中占比超70%。

5.3.3 开展休疗养及康养等业务

将旅行社经营思维植入康养业务，承包康养基地、建立自己的康养服务产品，重点针对上海、广东等华东、华南市场发展康养度假、旅居生活团，再利用康养度假、旅居团、疗养团进行价值再开发，发展当地一日游。在组织形式方面，早期以会员制形式组织团队，现在是客源地机构与各个小区物业合作扫街扫区组织团队。

5.3.4 目的地运营管理服务

疫情三年，很多旅行社跨界从事目的地轻资产运营管理服务，从目的地策划规划、资源整合、专业招商、营销推广、流量引入、机构搭建、人员培训、制度建设、商业运营等方面切入开展多种形式的运营及管理服务。

5.4 更加精准地开发细分市场

5.4.1 针对高端市场开发适配产品

结合客源地需求及宁夏资源情况，宁夏完美假期采取获客产品定向定制，以定向定制产品获得目标客源地高端客源。针对广东地区高端旅游者，完美假期专门定制其所需产品，通过在广东的机构投放市场。针对台湾旅游者，完美假期经过在当地走访调研，设计并专门定向定制了适合台湾旅游者的大陆旅游产品。

5.4.2 针对异业机构渠道开发适配服务和产品

有别于传统旅行社之间的合作，旅行社企业现在与很多异业协会、集团等机构进行合作，这些机构包括休疗养、物业、协会、中介、银行、保险、政府机关、头部企业、集团总部等，他们不熟悉旅行社业务本身，有些委托服务也不在传统旅行社业务范围内，这就需要旅行社企业有针对性地开发一些委托服务产品，每个委托服务都可能是新需求，也可能蕴含着一个潜在而巨大的获客渠道和客源市场。

来自异业机构的活动组织、活动安排、项目策划等委托服务在部分旅行社经营收入中占比越来越高。这些委托服务很多不与景点发生关系，个别的甚至没有接待服务，只有组织服务，但对当地社会化服务要求比较多、比较高，对活动流量、组织水平要求比较高，进而可以带动当地其他服务水平的提升。

5.4.3 团队组织更倾向于全网开展，圈层更精细，定制化特性更强

互联网背景下，任何一个产品都可以根据区域、社群、兴趣、选题、旅游者历史、客户背景等在指定时间段进行全网发布，全网覆盖。

依托于独特的圈层分享销售体系，绝大部分产品面向全国全网销售，各个终端散客最终落地都可以团队形式组织地接、开展活动。常规旅游产品被赋能文化和艺术元素，形成其独特的定制团队产品。即使是小众产品，经过赋能并上线销售，也可成为落地团队产品。再小的需求，放在全国旅游市场范围，其响应者也不在少数。

小包团、大团、常规团、专业团、大众产品、定制化产品等在全网条件下，借助时间、价格、兴趣、全网等参数，是可以相互转化、相互影响的。

5.4.4 针对细分市场，旅行社获客服务内容更新

传统旅行社都以旅游组团、旅游地接以及票务代理等方式为旅游者提供服务，现在旅行社企业在活动策划、活动组织、会议组织、会展策划、展台布置、赛事安排、摄影摄像、野外探险、互联网传播等方面提供服务的占比越来越高，他们需要更多的非传统旅行社业务专业人员，更需要一批跨界跨业的后援专业人士支撑服务。

宁夏新文化与车企合作比较深入，为其落地组织沙漠越野、新车发布会、试乘试驾、产品推介、展台搭建、新闻发布组织、活动保障等方面提供了有别于传统旅行社业务的创新服务。

5.5 搭建多资质平台

根据疫情后市场发展与经营竞争情况，几家公司前后成立了提供票务、会务会展、留学咨询、疗休养服务、研学旅游、教培等服务的公司，他们还在境外如日本、泰国等地注册了地接公司、贸易公司，搭建起全方位的资质平台，以切实解决专业资质与财务税收问题、商务合规问题，更好地参与市场竞争，满足客户需求，促进"旅游+""+旅游"发展，助力跨界跨业发展，发展国际贸易并参与当地旅游服务业务。配合资质体系，他们还搭建了系列"品牌IP"。

5.6 苦练内功，提高管理水平

5.6.1 赋能分支机构，增强竞争力

宁夏新文化总部坚持每周巡店两遍，了解问题，解决问题。年终考核坚持淘汰一部分门店，确保门店的竞争力和影响力。并且几乎每周安排门店外出踩线，踩线目的地包括区内区外、境内境外。踩线的目的是让以门店为主的全部分销渠道彻底了解产品，挖掘与其他机构同线路产品不一样的地方，赋能赋值线路产品，并用于营销推广之中。踩线活动同时也是团建活动，导入企业文化，实行准军事化管理，强化总部意识大局意识，进而使得内部沟通更加流畅，也使得门店对公司业务支撑更得力、组团更有力，从而提高了公司整体凝聚力，增强了公司整体竞争力。

新文化与目的地合作，集采产品打包，赋能独特要素，加上踩线赋能，新文

化就能集全社销售渠道做到"指哪打哪，集群开炮，重炮命中，炮炮走红"。进而创造了自己独特的良性循环经营模式，目的地景点、宾馆等机构认可其操作能力，愿意与之合作并做出最大限度让利或优惠，也愿意更加重点关注其团队，提供更优质更优先的服务。

5.6.2 加强团队服务运行质量监管

唐朝国旅在旅行前、旅行中、旅行结束后，至少三次致电客人进行交流，了解其需求、了解旅游过程有关情况。在全球主要旅游在线产品网站，诸如 Trustpilot、Feefo、ProductReview、Tripadvisor 发布产品，鼓励客人积极发表评论，其产品好评率达到 98.5%。由于沟通及时，处理得当，基本消除了负面评价，进而极大促进了旅游者与潜在旅游者之间的良性互动，更是促进了其营收和毛利率的大幅提升。

5.6.3 独立开发或借助第三方系统利用信息技术提升管理水平

要么独立开发，要么借助第三方系统，或两者兼之，旅行社企业都采用了一个或多个互联网信息管理系统，包括B2B流转系统、团队运行管理系统、分销系统、差旅系统、保险系统、财务系统等，提高了经营效率，提升了内部管理水平。

5.7 开发第四板块业务——全球化旅游业务

在我国传统旅行社业务中，共有三个板块：入境旅游业务、出境旅游业务和国内旅游业务。唐朝国旅则开发出了旅行社第四板块业务，又称境外跨境旅游业务，也可称得上真正意义上的全球化旅游业务。

针对不同市场，唐朝国旅拥有 Odynovo、蜗蜗游、TAS（Travel Agent Support）等多个子品牌，分别对应外语 B2C 市场、汉语 B2C 市场、全球同业市场，其中尤以 Odynovo 外语 B2C 市场做得最为成功，也就是境外小包团的跨境旅游市场，其目的地覆盖全球 70 多个国家和地区，并在中国香港、曼谷、悉尼等地设有分公司。在与 70 多个目的地地接社的合作中，利用已有供应商和产品资源逐渐培育并发展了 TAS 全球同业市场。

唐朝国旅围绕深耕多年的 Odynovo 外语 B2C 市场，组建了技术部门、资源采购部门、产品开发部门、营销推广部门、销售部门（销售顾问）、旅游接待部门、客户服务部门，借助在线系统各个部门各司其职、分工明确、协同配合到位。其客源构成为：美国客源占74%，澳大利亚及新西兰占10%，加拿大占10%，英国占4%，其他占2%。年龄构成方面：年龄在55～75岁之间的客源占39%，35～54岁的占29%，25～34岁的占14%，25岁以下占14%，75岁以上占4%。小包团团队规模构成为：2人团占61%，4人团占12%，1人团占10%，3人团占9%，5～9人团占7%，10人以上团占1%。旅行预算方面（以所住酒店星级判断），住五星级酒店的客源团队占50%，四星级占43%，三星级占6%，其他占1%。团队成员关系方面以夫妻、朋友、家庭亲子、退休人员为主。旅行产品需求特点：一站式产品和服务全包。旅行体验偏好：高品质个性化行程，沉浸式体验，注重细节，避开人群。

5.8 创新组织和机构构成方式并进行经营模式探索

5.8.1 扁平组织结构探索

享梦游创始人的股份在1%左右，其他股份全部分归其众多合伙人，以达到共同创造价值、创新的目的，进而搭建起共同创业、共同成长、共创价值、高度认同的共创平台。

5.8.2 搭建业务辅助性支撑团队

传统旅行社涉足非传统旅行社业务，就必须借助外部人力资源组建起自己可以调用的专业团队，以适应跨界跨业发展的需要。

针对沙漠户外活动，宁夏新文化组建了自己的培训导师团队。该团队由权威机构颁证的专业户外领队、营地指导员、拓展训练教练以及资深企业拓展讲师和经过红十字会认证的专业应急救援人员等组成。

针对天文星空观察互动，新文化组建了星空导师团队，该团队依托银川市西夏区天文科普协会成立。该协会是宁夏为数不多的能够进行深空天体摄影的机构，协会会长拥有丰富的天文科普授课经验，擅长深空天体摄影及星夜摄影。

5.8.3 稳定员工队伍

调研中的大部分旅行社，疫情期间几乎都没有主动辞退、解雇员工，大部分旅行社还坚持发放政府要求的薪酬或生活费，引导、协助并鼓励员工创收、跨界跨业，极大稳定了员工队伍，特别是稳定了员工中坚力量的信心。

5.8.4 经营模式探索

在经营模式方面，有加盟模式、直营模式，也有合伙模式。桂林桃源就采用了合伙模式，采购与行政部门统一，公司承担房租、财务、水电、后勤保障，将扣除合伙部门薪酬后的收益进行分配，这种合伙模式没有给合伙人带来太大压力，能够吸引更多人加入公司序列。值得注意的是，他们的统一采购年终也纳入分成序列，更允许批准后挂账，但要部门承担挂账造成的损失。

6 转型升级问题思考与建议

在深入学习贯彻党的二十大精神，奋力推进全面建设社会主义现代化国家开好局、起好步的关键时期，习近平总书记亲临四川视察指导，这是四川发展历史进程中具有里程碑意义的大事。习近平总书记作出的系列重要指示，把脉精准，针对性强，是习近平新时代中国特色社会主义思想"四川篇"的最新发展，是对四川发展最权威、最深刻、最有力的科学指导。

我们要深刻领会习近平总书记对四川的深切关怀，以此指导文旅创新实践、推动文旅融合工作发展，牢牢把握文旅融合创新发展的正确方向，肩负起推动新时代文旅融合创新发展再上新台阶的重大使命，奋力开创四川文旅融合高质量发展新局面。我们要领会习近平总书记的指示精神，确保旅行社企业转型升级的路径正确、高效。

考察组认为，旅行社企业转型升级的根本路径是：以满足、丰富人民美好生活需要为目的，围绕人们各种旅行旅游需要，开发多种多样、丰富多彩的旅游产品，组织参与性强、平易近人的团队活动，并以人们喜闻乐见的推广营销形式，来设计产品、开发产品、搭建渠道、宣传营销、组织团队、组织接待、开展活动，利用现代互联网和科技手段加强内部管理，提高产品生产力和经营管理效率，进而促成旅行社企业高质量发展。

在疫情防控常态化后，考察组通过这次考察学习，深刻认识到旅行社企业转型升级的重要性和必要性，特别是如今社会经济形态发生了重大变化，国际政治、经济形势更趋复杂多变，人们的消费习惯消费理念快速更迭，这种情况下，旅行社企业经营必须朝着高质量发展方向升级，朝着文旅融合、产品赋能、互联网经营、跨界跨业发展方向转型，承担起旅行社企业的社会责任，不忘初心，关注社会创新创业、社会发展社会就业，满足人民美好生活的需要，在社会关切的个人发展、个人理想、个人就业等方面做文章，以让旅游者深切感受到社会发展与进步，切身体验到美好的旅游生活。

转型升级必须加大旅行社产品供给侧改革力度，处理好小众产品与大众产品、个性化定制与公众需求、散客需求与团队需求的迭代融合关系，加大"旅游+""+旅游"及文旅融合产品开发力度。

6.1 旅行社企业功能扩容转变问题

6.1.1 旅行社角色增容

市场需求要求扩容旅行社功能，增加旅行社服务角色，从原来单一旅游组织者接待者，发展到既是旅游活动的组织者和接待者，又是各种活动的策划者、组织者、落地实施者，还是方案制定者、活动保障者等。在服务对象方面，也要进行扩容，既要服务传统旅游者、会务会展主办者，还要服务各类活动的组织者、参与者和保障者，甚至第三方。

6.1.2 旅行社消化功能扩容

在消化资源生产产品和服务方面，其功能也进行了扩容，传统的旅游资源主要是景区转化为旅游产品，现在则是几乎所有存在物都可以转化为旅游产品、旅游吸引物，它们经过整理产品化，更受各种社团社群喜欢。

6.1.3 旅行社企业资质赋能

鉴于旅行社企业功能的扩展，服务角色的增加，旅行社企业几乎无一例外地开设了很多分公司、子公司，其目的是解决旅行社企业经营会务博览、研学旅游、体育赛事组织、差旅票务、休疗养旅行、红色旅游等资质问题，这无疑增加了旅行社企业经营费用，增加了其营运成本。这其中很多是传统旅行社实实在在在做的业务，有些只是"旅游+"或"+旅游"而已，很多地方政府出台了相应的鼓励性文件，但最终因为财务制度、税务制度等问题使得这些文件不能发挥应有的作用。

希望国家有关部门联手出台有关政策，切实让旅行社企业涉入"旅游+"或"+旅游"领域，切实解决好旅行社企业承接承办红培、研学、政务接待、商务接待等业务的财务税务问题，以减少"一家企业注册多个机构"的情况，切实提升企业效益，减少企业经营藩篱，助力旅行社企业健康高质量发展。

6.2 旅行社企业跨界跨业经营问题

跨界跨业最为成功的当属原中国国际旅行社总社有限公司，彻底跨入实体商品零售业，成立了中国旅游集团中免股份有限公司，其成功在于政策许可的独特性。

疫情三年，很多旅行社企业包括很多从业人员都跨界跨业或转行从事一些非旅行社业务，但成功跨界跨业的旅行社企业并不多，个别企业更是血本无归，教训惨痛，为什么？这里就涉及如何跨界跨业的问题，跨度大小问题，资本、经验和人才问题。

一般情况下，一个企业要跨界或转行，或是其主业深厚，或是资本、经验、人才、市场方面都具有相当优势，唯此，再去寻求新的业态发展，成功的可能会大很多。三年疫情，致使多数旅行社企业"突然断炊"，被迫立马去尝试跨界跨业或转行，市场调研也做得不充分，难免出现"下海即呛水"甚至奄奄一息的情况。

这就需要旅行社企业平时多关注市场、关注社会、关注民生、关注政策导向，在条件许可时建立人才储备库或设立专家顾问团队，必要时通过政府机关向银行申请贴息或低息甚至无息贷款。

6.3 产品社交化赋值赋能与服务本性问题

6.3.1 社交化赋能

鉴于移动端用户的增加，几乎人手一台手机，且移动上网时间逐渐增长，上网已经成为人们生活的必要组成部分，我们在产品创新方面首先必须兼顾人们社交的需要，也即赋予产品社交价值，开发产品分享功能。

孤独是人类永恒的主题，社交是人类永恒的需求，结伴社交旅行开启了美好生活方式，唱响了美好生活主题曲，满足了美好生活需求。我们要将所有旅行产品都赋予社交功能并渲染强化其社交属性，通过旅行+现代科技搭建起一个兴趣爱好、文化分享的社交圈子，进而达到以圈子、兴趣爱好留住旅游者的目的。

6.3.2 旅行社企业本质属性——服务问题

加强旅游前、旅游中以及旅游后服务，扩容旅游服务范围，提高旅游服务质量，依然是旅行社的本源。

旅游者口碑是品牌宣传最好的渠道，服务是品牌宣传最好的支撑。在旅游者旅游前、旅游中和旅游后分别做好沟通，提供必要的实时性咨询与服务，以了解旅游者亲历感受，化解旅游者的疑问甚至投诉行为，补救服务过失，将有助于优化产品、优化流程、完善服务、完善供应链，发现市场机会，提高旅游者体验，进而必将有利于品牌的口口相传。

导游是旅行服务的灵魂，是旅行社提供服务最重要的一个环节，旅行社企业一定要重视导游队伍建设，尽可能地建立旅行社企业自己独特的导游团队或组建导游团队信息库，安排专职人员加强对导游的培训和管理，提高导游薪酬待遇，增强导游的责任心，调动导游服务的主观能动性，进而让导游真正成为旅游者美好旅游生活的开启者。

6.4 疫情后旅行社企业经营环境问题

疫情防控常态化后，旅行社企业所面临的经营环境彻底变了，不仅体现在旅游消费的新变化，也体现在旅行社企业生产经营产业链，疫情前的产业链、渠道、供应商、组织机构等都需要重组、重构、重建、重设。

重构供应链，原来的产品供应链几乎断裂，人员或转行，机构或倒闭，所有的产品供应链几乎都要重构。重建销售渠道，疫情前，主体销售渠道还是线下为主，广开门店网点，但现在，人们预订采买习惯已经转移到线上，旅行社企业必须跟随消费者预订习惯，重建起以线上为主线下为辅的销售渠道。重设机构、重设岗位员工，疫情后，因经济恢复尚需时间，旅游消费半径受到局限，旅游消费习惯已经改变，推广营销渠道本身已经更迭，信息传播渠道主次已经更新，致使旅行社企业机构要重设，增设直播机构、跨界跨业机构等，进而重设相应岗位，同时也致使旅行社企业人员重组，有些人员已经转行，有些人员已经不适应增设的机构，需要引进专业人员。

6.5 旅行社企业全球化经营问题

全球化旅游业务是在我国目前三大主流旅游板块（出境游、入境游、国内游）之外的又一板块，也即旅行社业务第四板块。全球化旅行社业务，是随着我国国家形象、经济体量和经济影响力不断提升而发展起来的。

通过信息技术将我国旅行社触角伸到境外，利用我国旅行社在旅游业务经营方面的先进技术和成功经验，打造集合境外各种资源为一体的平台，连通资源与市场。

全球化旅游业务必将是我国旅行社未来的一个崭新窗口，也是未来国家战略发展、战略构建的又一砝码，必将为推动"一带一路"建设起到积极作用。

全球化旅游业务包括各个细分市场、各个地域与文化板块、各个环节以及围绕全球化旅游业务本身而开展的统计支撑、法律支撑、技术支持、人员培训、财税协调、金融流动、国际关系等，这些都需要加以研究和布局，更需要得到政府有关部门的支持和指导。

6.6 团队建设与人才发展问题

6.6.1 打造学习型专家型复合型人才队伍

旅行社高质量发展不能仅仅局限于服务高质量、产品高质量，还包含决策高质量、项目高质量、运营高质量，而这些都离不开高质量人才。人才是旅行社的最大短板，首先是人才数量不足，其次是人才质量不高，最后是人才结构不合理，复合型人才更是严重短缺。

我们要处理好引进人才和培养人才的关系，处理好老员工与新员工的关系。重点放在培养人才、培养理念、培养价值认同上。引进人才一定要注意引进品牌认可、企业文化认可、价值认可的人才。配合文旅融合创新、跨界跨业发展，培养或引进专业人才，包括视频制作、传播、贸易、酒业、财务、税务等专业人才。

同时要鼓励现有员工保持学习，养成终身学习习惯，学习新技术、新技能，不畏跨界学习，随时学习、随时充实、随时提高。

6.6.2 建设适配自己旅行社独特文化独特产品的导游队伍

导游服务是旅游服务的灵魂，为了保证旅行社优质服务的最终落地开花，应该组建具有归属感、认同感、自豪感且稳定的导游队伍。加强对导游的培训和政策宣讲，提高导游待遇，强化导游管理和导游服务意识，引导导游向专家型、多能型服务导游转型。

6.6.3 搭建专业顾问、专业技术支撑团队

现在的旅行社企业不仅从事旅行社业务，还要从事各种旅游相关业务，甚至跨界跨业业务，原有的人才结构不足以支撑现在旅行社经营业务需求，需要组建旅行社内外专家顾问队伍，对方案、项目、活动提供顾问服务，需要组建旅行社内外专业人才支撑队伍，对各类策划、项目、活动、方案、实施等提供支撑服务。

6.7 信息化互联网化经营问题

旅行社企业转型升级，高质量发展，须借助数字信息化经营手段，离不开数字化信息技术和互联网技术支撑。

6.7.1 引导企业信息平台互通互联

大多数旅行社企业都是用的第三方开发的平台，无论是经营平台、会员平台，还是B2B、B2C，甚至是ERP系统、财务系统，或者是保险系统、人事系统、电子印章系统、合同管理系统，很多都是独立的单体系统，即使公司内部也没有互通互联，同一笔业务会产生多起录入，浪费时间精力，还容易造成误录。

这就需要行业主管部门会同信产部门，在研究企业应用需要的前提下，引导第三方技术公司加大互联互通力度，放宽互联互通口径，统一互联互通标准。

同时，对一些旅行社企业常用系统开展评价和推荐活动，方便旅行社企业寻找适合自己的经营工具，降低企业选择性风险。

6.7.2 优化、升级并开放政府主导的涉旅管理或辅助性管理系统

目前的12301系统、导游监管系统、各地的订车系统、订票系统，以及统计

系统，出入境申报系统等，其开发的初衷和目的都是"管"和"理"二字，缺乏或很少涉及"服务"二字，在企业实际使用中，存在很多无法实现的功能，解决不了本应该通过系统一键解决的问题，这就需要政府有关部门要求其系统提供方在充分调研新时代各级各类大小旅行社企业经营场景、经营需要的前提下，开发出更加满足旅行社企业需要的功能，或优化其功能并开放。

6.7.3 鼓励政府其他部门服务性平台开放接口

随着旅行社企业互联网 C2C2B 的实时化服务开展，这就需要政府非涉旅的一些系统对旅行社企业就必要信息或数据打开大门，并对其系统的体验友好性做适当优化提升，比如道路预警系统、气象水文系统、交通管理系统等。

6.8 IP 打造与新媒体推广营销问题

6.8.1 孵化 MCN 机构

旅行社企业都在积极构想积极打造新媒体运营中心，充分挖掘抖音、微信、小红书等直播、分享功能，建立独自的培训体系，孵化系列网红账号，构建直播销售矩阵。部分旅行社起用专职员工，构建系列主题直播间和账号，搭建专业培训班子，培育旅游达人、旅游网红、旅游粉丝。

但是，更多的旅行社无力孵化出达人、网红，甚至很难培养起自己忠实的粉丝队伍，他们更多想借助于第三方机构来达成其新媒体推广营销的目的。

这就需要我们的政府机构大力鼓励发展（网红孵化中心）MCN 机构，培育头部 MCN 机构。江苏拥有 MCN 机构 800 多家，百万级粉丝的 MCN 机构 200 家，千万级粉丝的 MCN 机构 14 家。MCN 机构为南京、长沙成为网红城市、打卡城市，发展当地粉丝经济做出了巨大贡献。

6.8.2 引导互联网升级，尽早布局物联网，以服务文旅高质量发展

文旅消费者在线时间越来越长，生成内容越来越多，传播分享信息越来越频繁，线下线上注意力切换越来越快，传播分享平台越来越丰富，这就需要政府引导互联网基础服务升级，尽早布局物联网，以满足新场景打造、网红经济、直播经济等文旅融合发展的需要，满足视频消费、碎片消费、随机消费、分享消费的需要，为未来人工智能、大模型在文旅场景应用，以及构建全域智慧旅游提前布局。

6.8.3 打造集群IP、独特IP，构建旅游价值高地

以成都为例，成都，是一个"来了就不想离开"的城市，让游客的旅行充满美好记忆。而成都的成功，就是因为打造了自己的独特IP。围绕"不想离开""留住记忆"做足做够文章。打造了成都产业IP集群，打造了成都特色IP集群。比较有影响力的成都特色IP，诸如火锅、茶馆、大熊猫、小吃、春熙路、太古里、农家乐、武侯祠藏族文化一条街等值得继续深挖广宣。

优势产业旅游资源化。围绕成都电子信息、汽车制造、食品饮料、装备制造、生物医药五大支柱产业，以及航空航天、轨道交通、节能环保、新材料、新能源五大优势产业，做足科技交流、会展贸促文章，引导、挖掘、整合资源，并促进其旅游资源化、旅游产品化。

龙头企业IP化集群化。围绕在成都的世界500强企业、上市龙头企业、行业头部企业，做足上下链条产业发展交流文章，促成其在各自行业内品牌IP化、IP集群化，进而增强整个成都IP集群的吸引力。

6.9 旅行社企业经营营商环境配套问题

6.9.1 休疗养康养旅游政策

休疗养及康养旅游是未来一大旅游趋势，旅行社承接并提供服务还存在诸多政策瓶颈，需要政府多个部门在充分调研的基础上出台有关政策，以促进康养旅游及休疗养大众化发展。

6.9.2 配套全球化旅游业务有关政策

全球化旅游业务兴起不久，规则尚待进一步完善，经营主体不多。鉴于我国加入WTO时间不长，旅游产业走出国境难免会有水土不服的问题，希望国家出台相关支持性政策措施，鼓励有关企业开发一些与之配套的适应境外旅游经营需要的统计、金融、网络、宣传等工具。

6.9.3 改善入境旅游经营大环境

疫情后，入境旅游举步维艰，经营环境、接待设施、接待人才、接待环境等都不如疫情前，需要政府在签证优化、门票预订、境内外卡支付环境、国际航班密度、外宾上网体验、接待设施外语响应、翻译导游收入等方面继续加强改进或

继续引导改善，以提高境外旅游者在境内旅游的便利性，降低以上因素给旅游者带来的不确定性，进而有效剔除外国旅游者在中国的担忧。以上因素得到有效改善，必将提高外国旅游者在中国的旅游体验，增强其对中国旅游的认可，进而提高我国入境旅游的国际竞争力。

7 结语

旅行社企业的转型升级永远在路上。资源向头部企业加速集中的趋势越发明显，连锁经营企业的扩张步伐越发加快，主打个性化、小而美的产品依然蓬勃发展，新的消费场景大量涌现，新的休闲消费品类不断显现，这就需要旅行社企业在产品和服务的功能、品质、体验等方面进行持续的优化升级。服务始终是旅行社企业的核心竞争力，以服务为手段，进行新品类打造，轻资产运营，这是一条投资少见效快的道路。做好服务的核心能力，是给客人提供方案的能力，方案要丰富而周全，针对性强，让客人的选择更简单、更轻松。

未来，旅行社企业一定会迎来一个百花齐放、多浪并发，越来越繁荣的时代，"内卷"之下，旅行社企业一定要根据自身的优势找准更适合自己的细分市场和机会。

乡村旅游助推高原民族地区高质量发展实践研究
——以扎尕那旅游区总体规划为例

[作　者] 徐蓓兵　杨维凌　罗天牛（四川旅游规划设计研究院）

摘　要： 高原民族地区是我国资源富集区、水系源头区、生态屏障区，民族文化氛围浓郁，如何充分发挥资源禀赋优势，加快闯出后发赶超之路，以高质量发展促进共同富裕，成为许多地方政府思考的问题。本文以扎尕那旅游区总体规划为例，回顾规划创新提出农文旅融合发展理念的背景，总结规划实施过程中的亮点举措和乡村旅游发展成效，探索如何在平衡乡村旅游发展与生态保护关系的同时，有效推进高原民族地区高质量发展。

关键词： 高原民族地区；乡村旅游；农文旅融合

1　引言

党的十八大以来，以习近平同志为核心的党中央始终高度重视民族工作和民族地区发展，将之摆在治国理政的突出位置加以谋划，放在实现中华民族伟大复兴的千秋伟业中加以推进。习近平总书记曾说过"民族地区要立足资源禀赋、发展条件、比较优势等实际，找准把握新发展阶段、贯彻新发展理念、融入新发展格局、实现高质量发展、促进共同富裕的切入点和发力点"，这为民族地区的顶层谋划和高质量发展提供了根本遵循。

对标高质量发展要求，高原民族地区差距还很大，"守着金山过穷日子"的情况依然存在。甘肃省甘南州迭部县的扎尕那是一座具有丰富历史文化底蕴的藏族村落，是"全球重要农业文化遗产"和"国家地质公园"，自然风光优美、民俗文化独特。在旅游发展初期，扎尕那以其壮丽的自然景观和丰富的人文遗产吸引了众多观光游客，但主要经济来源仍以农作物种植、畜牧养殖、林下采摘为主，资源转化程度不高，旅游增收效益不明显。2015年，甘肃省甘南州迭部县委、县政府委托我院编制了《扎尕那旅游区总体规划》（简称《规划》），以期当地生态资源得到合理有序的开发。近10年来，扎尕那在规划指导下科学保护生态环境，以传统农林牧生产、生活方式为本底开发乡村旅游产品，促进乡村文化遗产的保护和可持续发展，大大改善了当地农牧民的人居环境，增加了农牧民收入，为高原民族地区减少贫困和人与自然和谐共生提供示范经验，走出一条绿色可持续的高质量发展之路。

2 认识扎尕那，找准乡村旅游发展"切入点"

2.1 深挖资源潜力

扎尕那集石林、森林、古冰川遗址、农耕文化、田园风光、寺庙、藏寨等资源为一体。扎尕那藏语意为"石匣子"，是一座完整的天然"石城"，三面秀峰环拱，苍松翠柏，郁郁葱葱，犹如高峻浑厚、坚不可摧的城墙，把扎尕那四村一寺围在城中。藏寨内游牧、农耕、狩猎和樵采等多种生产活动合理搭配和互补融合，成为人与自然和谐相处的典范。

2.1.1 世界遗产级农业文化遗产，融合千年农林畜牧的乡村画卷

扎尕那的农林牧复合系统是当地居民人为适应高寒自然环境而采取的适宜策略，是游牧文化和农耕文化以及森林文化长期互补、融合的结果，依照生态环境呈现立体布局。高原河谷地带的两侧山岭，随着海拔不同而呈现不同的气候特征与生物特征。其耕地主要集中在2400~3000m阳坡中下部和河川沿岸阶地，当地居民形成了在河滩耕种、浅山林地与草地相间放牧这样一种垂直立体的多样经济类型，在山林间，村民以牦牛为伴，以牧场为家，与自然和睦相处，形成高度适应地理环境的最佳布局，呈现出农、牧、林相互依存，优势互补的复合生态系统，2018年被联合国粮农组织评选为全球重要农业文化遗产。

2.1.2 壶天模式典范，青藏高原东缘最具典型意义的民族村落

扎尕那，入选《中国国家地理》杂志"中国十大非著名山岳第四名"，曾被美国旅游杂志《视野》《探险》评为"让生命感受自由的世界50个户外天堂"，扎尕那的聚落，综合着青藏高原东缘山、水、风、土、人等多种要素之间的平衡关系。扎尕那自然环境组分在上层，人类活动集中在下层，上层山体坡度带来的雨水保证了聚落内气候的湿润和农田灌溉的充分。这些不同特征的景观所产生的审美感受，完美呼应了中国人围合与庇护的壶天模式。村庄内保留了独特的藏民俗文化，风情浓郁，古老质朴，不断融合周边汉地农耕文化，适应于农林牧复合生态系统的特殊环境。当地藏式民居也保留了厚重的文化气息，甘肃省级非物质文化遗产藏式榻板房制造技艺，能够满足居住、存粮、饲养等生产生活需求。

2.1.3 世界级冰川遗迹博物馆，全球中低纬石灰岩地区山岳古冰川地貌精华

扎尕那是石灰岩地貌，岩溶地貌发育比较完全，具有典型的古冰川特征，特别是其壮观的古冰川侵蚀地貌和独特的直立岩层喀斯特景观外貌形态及其所代表的自然过程的稀有性是重要的景观特征，浓缩了全球中低纬石灰岩地区山岳古冰川地貌的精华，符合世界自然遗产标准。其观赏价值和科研价值极高，包括记录了青藏高原的隆升，记录了重要时段的生物演化和地球海陆演化史，记录了近7万年来的青藏高原东北边缘的古冰川演化，发育了重要的高山湿地和高山草甸景观以及生物多样性和重要生物基因库等。

2.2 厘清发展痛点

《规划》起始阶段，我们通过实地调研梳理扎尕那发展旅游业面临的痛点难点，深入了解问题的本质和背后的动因，才能在规划中提出可操作性强的解决问题的方法和路径。

2.2.1 生态保护与文化保护面临挑战

扎尕那一直深藏在山林中，与世隔绝，原生态的美景与传统的生产生活方式才能保存至今。在开始发展旅游后，村庄迅速被现代社会所影响，生态环境与本土藏文化的脆弱性问题逐渐浮现，其吸引游客的原生态风光能否保持？原生态文化能否神秘依旧？生态资源开发与保护的双重压力成为村庄能否可持续发展的

重要问题。

2.2.2 缺乏完善的旅游产品体系

扎尕那的旅游产品主要以游览自然风光为主，缺乏有文化特色、体验感强以及能够展现扎尕那村个性的旅游产品，难以满足不断变化的旅游市场需求，需要深挖乡村本土生活习俗，探索旅游与当地传统农牧业生产方式的结合模式，开发更多原真性、体验性强的旅游产品。

2.2.3 旅游基础设施及服务相对滞后

扎尕那村位置偏远，基础设施相对落后，交通、住宿、餐饮等方面都比较欠缺，随着游客的增多，村民生活和旅游需求矛盾变得更深。并且当地农牧民群众文化程度较低、旅游服务水平不高，制约旅游业高水平发展，当地旅游从业人员中也缺乏专业型人才。

2.2.4 旅游带动经济发展作用不明显

在扎尕那旅游发展初期，项目储备质量不高，市场发育程度低，旅游品牌吸引力不足，导致高投入项目招商较为困难，且缺少对小微旅游企业、返乡创业人员和青年人才的支持政策，需营造宽松的营商环境，培养重商、亲商、护商意识，加强对社会资本的吸引。

3 破题扎尕那，找准乡村旅游发展"发力点"

3.1 创新规划理念

扎尕那人与自然和谐共生的原生态乡村画卷是其核心资源，因此发展过程中要将目光放长远，以人为本，科学开发，轻质建设。扎尕那拥有世界遗产级别的农林牧复合系统，可以依托其打造全新的农文旅融合发展模式，将农业、文化、旅游等产业有机结合，以农林牧传统生产、生活方式为基础，以藏民俗文化为灵魂，以旅游消费场景为形态，深度挖掘乡村价值，打造"天人合一"的原乡藏寨村落体验旅游目的地，推进扎尕那农业结构转型、农村经济发展、农民增收致富，为推动迭部乡村振兴提速增效注入新活力。

3.2 明确发展思路

《规划》提出扎尕那要找准世界定位,以世界自然与文化遗产的高度认识和保护扎尕那"绿水青山",以"一步登天"与"三高"(高位谋划、高端开发、高效利用)的要求开发扎尕那"金山银山",以打造世界乡村旅游目的地为目标构建扎尕那旅游产品体系,形成集藏寨村落文化观光体验、世界级山地观光体验、山地度假于一体的特色突出、垄断力强的旅游产品体系,共建藏羌彝旅游大区域、沟通甘青川旅游大环线,将扎尕那建设成为甘南生态文化旅游示范区,打造甘南旅游新名片,高原藏区高质量发展的典型示范,国内知名的世界级乡村旅游目的地。

3.3 规划重点任务

3.3.1 生态保护优先

《规划》深刻认识高原民族地区生态环境的重要性和脆弱性,把保护生态环境摆在优先位置,编制专门章节,提出要充分保留村落肌理和空间格局,守护好农田水系、一草一木,特别是对村民游牧影响较大的山林、草原等加强保护,实施好生态修复工程,发挥好生态旅游的作用。

3.3.2 推动产业融合

推动产业融合与协同发展是高质量发展的重要路径之一,《规划》在分析扎尕那本地农业、林业、畜牧业等基础情况后,提出"旅游+"的融合发展路径,依托村内种植、牧马等生产活动开展旅游体验项目,实现资源共享、优势互补和协同发展,通过产业链的拓展和完善,提升扎尕那乡村经济的整体竞争力,并带动更多产业的高质量发展。

3.3.3 创新旅游产品

围绕本地民族特色生产生活方式,规划榻板房民宿、藏民家纺等以民居接待为主体的"藏寨村落文化体验"核心旅游产品,同时在做好文物与遗址保护的基础上,营造藏餐作坊、青稞酒坊、婚庆民俗馆等具有独特文化底蕴的旅游体验场景,推出洛克之路、神秘香巴拉等主题穿越线路,同时利用山地气候条件和藏医药文化,打造藏医体验馆、森林瑜伽等高品质乡村度假旅游产品,构建多元复合、文化突出的旅游产品体系。

3.3.4 恢复乡村生活

《规划》增加了扎尕那的建筑导则内容，通过对村落既有建筑外立面、顶层等的最小干预，最大化还原本地民族建筑院落风貌，避免大拆大建，将整个村寨打造成为"活态"泛博物馆。同时在发展民宿业、支持手工业和工艺品制作等过程中，注重对当地传统文化的尊重，在社区参与章节中提出通过集体经济、合作社等方式，引导村民参与到各类旅游接待、经营活动以及歌舞表演当中，促进村民受益的同时，带给游客最原真的藏文化生活体验，实现主客共享。

4 实践扎尕那，找准乡村旅游发展"关键点"

在《规划》指导下，近年扎尕那改善经营方式，丰富旅游产品供给，提升旅游服务品质，"壶中洞天寨·甘南扎尕那"品牌深入人心，旅游人数在2021年达到了108.54万人次，成为甘肃热度第一的乡村旅游景点，2019年入选"中国少数民族特色村寨"，2023年获得世界旅游组织颁发的"最佳旅游乡村"，彰显了扎尕那在乡村旅游发展方面的卓越成效。现在，扎尕那农文旅产业深度融合，乡村旅游产业已成为村民的主要收入来源，村民通过开办民宿、餐厅，参与旅游服务等方式增收，实现脱贫，社会、经济、环境效益显著，证明扎尕那走出了一条符合生态特质、资源特点、人文特征的藏区乡村旅游高质量发展新路径，具有示范作用。

顶层规划统筹。扎尕那以《规划》为统领，相继编制了修建性详细规划、控制规划以及设计方案，目前扎尕那的保护和建设工程项目仍然依据规划逐步开展，保证规划、设计、施工的一体化，有助于规划设计理念的落地，2022年成功创建国家4A级旅游景区，目前扎尕那创建5A级旅游景区工作也已全面启动。

保护传承立本。扎尕那在开发过程中充分挖掘和保护自然景观和文化遗产，冰川景观以及保存完好的藏式民居和生产、生活习俗为游客提供了良好的旅游体验。同时，村庄保留着藏族酒曲、长调、弹唱、锅庄等多种演唱和舞蹈形式，年轻人都热衷于学习，民间文化得到很好的传承，让游客在村内可以享受浓厚的藏族人文风情。此外，村庄通过荒山造林、恢复耕地、优选轮耕作物等方式对农林牧复合系统进行了保护和传承，获评"全球重要农业文化遗产"，体现了其对生态环境的重视和保护努力。

环境整治亮相。扎尕那村有效实施当地的环境保护条例，保持清洁的环境和群众的文明礼仪，在注重保持原生态乡村风貌的基础上，实施环境综合整治行动，拆除私搭乱建、改造圈舍旱厕、平整庭院，对村落进行提升改造，创建生态文明小康村、旅游标杆村，进一步凸显扎尕那村自然和文化景观的独特魅力，在让农牧民增收渠道不断拓宽的同时，也为游客带来"推窗见绿、出门见景"的全新体验。

产品业态创新。根据规划线路产品，扎尕那村开发了"穿越洛克之路"自驾体验、古冰川遗址科考探险等高端旅游项目，以及牧歌主题、观星主题、林田湖草沙治理主题等研学产品和徒步、登山、摄影、旅拍等特色旅游项目，同时，还举办了传统民间节日和庆祝活动，展示了村庄的文化活力和多样性。扎尕那依托该村的工匠们擅长制作皮革制品、毛纺产品、木制工艺品、铜器和帐篷等手工艺品优势，开发文创旅游商品并开展手工体验活动，在展示本地采购工艺和可持续发展理念的同时增加了收入。邀请大型综艺节目《爸爸去哪儿》取景拍摄，在网络引起了强烈反响。

基础设施保障。2018年至2019年，县政府投资2.6亿元，在扎尕那建设了27公里长的旅游道路，2015年以来先后投资5.4亿元建设了游客中心、内部道路、游步道、木栈道、旅游厕所、停车场、地质灾害治理以及各类基础服务设施，旅游设施基本健全，家家户户住上了宽敞明亮的藏式特色小院，新建了电气化的厨房，用上了水冲式卫生间。村庄还积极发展民宿业，通过改造基础设施、升级旅游设施等举措吸引了大量游客。

主客共建共享。村庄在旅游经营过程中注重发展集体经济并拓展村集体受益渠道，将生态旅游资源转化为村集体受益，注册农牧民合作社，提供酒店服务等，为村民提供就业机会和额外收入，有助于促进村庄的经济发展和社会进步。

扎尕那村注重传承村规民约和文化传统，组织签订受群众认同的村规民约，促进和谐的社会秩序和相互尊重的价值观建设。

5 结语

"规划科学是最大的效益，规划失误是最大的浪费，规划折腾是最大的忌讳"。旅游规划是乡村旅游开发不可分割的一部分，在村庄开发前期，规划需全面把握宏观信息，对旅游资源、市场环境、社会环境等因素进行整合，《规划》正是认识到"人与自然和谐相处典范"的乡村画卷是扎尕那旅游核心竞争力与吸引力所在，并以此为基础科学谋划，才摸索出乡村旅游推动高原民族地区文旅发展的扎尕那经验。

参考文献

［1］何星. 川西北高原藏区乡村生态旅游发展及扶贫效应研究［D］. 成都：西南民族大学，2020.

［2］蔡新良. 川西高原藏区生态旅游业可持续发展研究［D］. 成都：西南民族大学，2021.

［3］四郎央吉，刘飞. 乡村振兴下民族地区休闲农业与乡村旅游融合发展研究——以四川甘孜藏区为例［J］. 四川农业与农机，2022（4）：18.

［4］闫紫月，龚贤，黄萍. 乡村振兴背景下高原藏区生态旅游发展影响因素与创新路径——以青海省为例［J］. 藏羌彝走廊研究，2018（2）：144.

［5］汪涵. 乡村振兴视角下扎尕那乡村旅游发展对策研究［J］. 环渤海经济瞭望，2022（12）：68.

［6］魏宝祥，李雅洁，王耀斌. 民族地区乡村旅游发展的转型与路径——基于SWOT-AHP的扎尕那地域分析［J］. 开发研究，2020（4）：135.

片区国土空间规划背景下乡镇级旅游规划编制探索
——以市中区平羌三峡为例

［作　者］顾相刚　吴郑芝　刘异婧（四川旅游规划设计研究院）

摘　要： 乡镇级旅游规划是有效衔接和细化片区国土空间规划的重要载体，是对划定的县域乡镇级片区、旅游功能区或其他旅游镇村旅游业发展进行的科学谋划，改变了传统旅游产业规划偏重于项目策划而对空间落地研究不足的做法。本文充分认识片区国土空间规划背景下乡镇级旅游规划编制的重要性，从规划逻辑、开发评价、规划传导等方面提出规划编制新路径。结合《乐山市市中区平羌三峡生态旅游片区旅游发展规划（2020—2035）》编制实践，探索乡镇级旅游规划编制技术，以期为同类型乡镇级旅游规划编制提供一定的技术范式借鉴。

关键词： 国土空间规划；乡镇级；旅游规划

1　规划背景

四川省是全国农业大省，乡镇数量一直稳居全国第一，乡村面积小、经济发展水平低一直是制约四川省县域经济发展的突出问题。四川省委十二届四次全会明确提出要"优化调整乡村空间布局，持续做好乡镇区划和村级建制调整后续工作，以片区为单元编制实施乡镇级国土空间规划"。创新性打破传统以县域乡镇行政区划为单元的研究方式，以地缘相近、交通相连、产业相关、人文相通等要素系统性划分乡镇级片区，以乡镇级片区国土空间规划为总抓手，引导公共资源和市场要素充分流动、合理集聚、优化配置，培育经济新引擎，为乡村振兴提供更大承载空间。

为贯彻落实全省统筹推进片区国土空间规划编制和两项改革"后半篇文章"相关工作，按照《四川省镇乡级国土空间总体规划编制指南（试行）》《乡镇级片区专项规划省级工作方案》《乡村旅游产业发展工作方案》等要求，需对划定的县域乡镇级片区中的旅游功能主导片区编制乡镇级旅游规划。该规划区别于传统乡村旅游规划，更加注重底线约束，将深度衔接片区国土空间规划，对旅游发展用地需求、开发规模、建设时序等做出具体规划，保障旅游重大项目落实落地，推动乡村旅游业高质量发展，实现乡村振兴。

2 片区国土空间规划背景下的乡镇级旅游规划新路径

2.1 变革旅游规划逻辑

打破传统以旅游项目为出发点的规划方式，提出以空间作为出发点和落脚点，遵循"空间识别—空间诊断—空间规划—空间重构"技术路线的规划编制方法（见图1）。首先进行旅游开发空间本底分析，确定禁止建设区、城市开发边界范围等，识别旅游适宜建设区。其次，对旅游开发空间进行诊断，按照交通区位、资源价值等确定片区重点开发的旅游功能区、农旅融合区等。再者，以旅游功能区为核心研究对象，结合市场需求，对旅游功能区（旅游景区、度假区）进

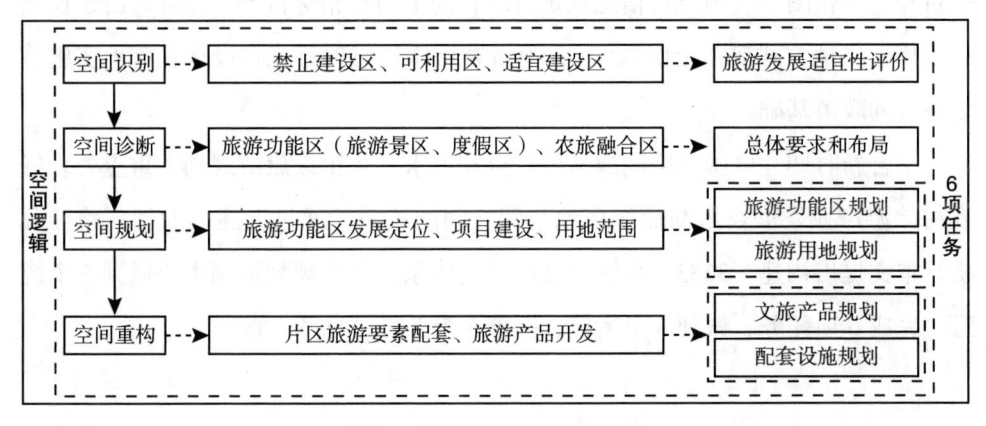

图1 乡镇级旅游规划逻辑图

行项目布局、用地规划、产品设计。最后，综合考虑片区发展，进行旅游空间重构，优化区域交通体系，规划旅游发展基础要素。

2.2 创新旅游开发评价方法

传统旅游资源评价主要以国家标准《旅游资源分类、调查与评价》（GB/T 18972）为依据，旅游资源单体为主要评价对象。在片区国土空间规划背景下，更加强调旅游开发的落地实施，旅游资源评价方法要从定性评价转向定量评价，评价对象从资源单体转向综合地块。本文提出将四川省文化和旅游资源普查成果与国土空间"双评价"有机结合，创新引入多学科理论和GIS空间分析法，构建旅游发展适宜性评价框架，综合考虑乡村旅游特征，选取旅游资源、度假环境、生态价值、建设适宜性、经济社会基础、产业特征等评价因子，应用ArcGIS软件进行多要素叠加分析，科学定量评价旅游开发适宜性，明确适宜开发区域，有效指导片区旅游发展方向。

2.3 打通旅游规划双向传导

长期以来，旅游业用地存在的若干问题（概念不清、标准缺失、管控困难、用地成本偏高、违规用地等）已成为影响我国旅游业发展的重要因素。为解决传统旅游规划中用地不清等问题，本规划向上充分衔接国土空间规划"三线一单"约束性指标、核心产业、重大工程、风险防控等，避免旅游片区涉及土地非粮化、非农化等重大"底线"问题发生，实现旅游规划纳入国土空间规划基础信息平台和"一张图"实施监督信息系统管理；向下通过指标传导，保障旅游建设用地规模、供地方式等"上图入库"，为指导具体旅游项目规划设计、落地实施奠定坚实的政策基础。

结合新时期片区国土空间战略的特点和要求，乡镇级旅游规划要重点处理好乡村旅游产业发展需求与旅游用地空间之间的关系，通过上述三大创新路径分析，本文提出构建"3633"乡镇级旅游规划体系，即在规划编制中要做到3个统筹、完成6项任务、做到3个衔接、完善3个保障（见图2）。

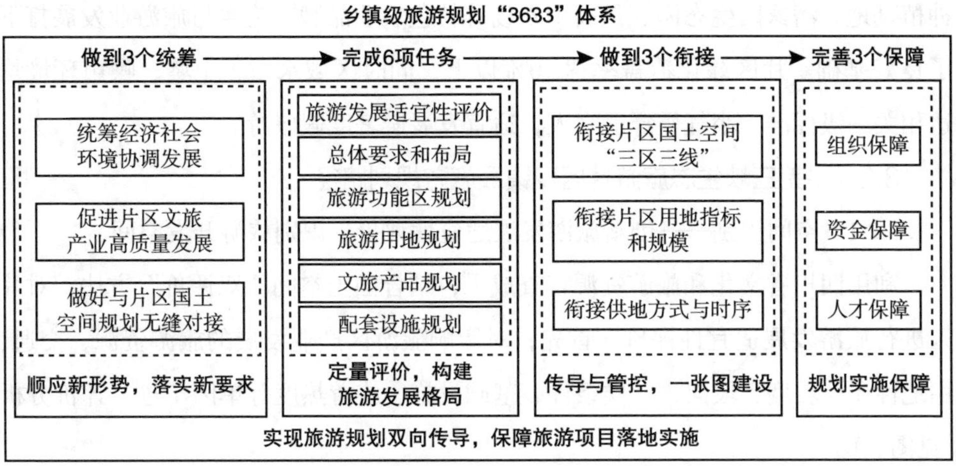

乡镇级旅游规划"3633"体系

图2 乡镇级旅游规划编制思路图

3 规划实践与探索：以《乐山市市中区平羌三峡生态旅游片区旅游发展规划（2020—2035）》为例

3.1 平羌三峡生态旅游片区概况

3.1.1 基本情况

平羌三峡生态旅游片区范围涵盖悦来镇以及牟子镇、棉竹镇城市开发边界外的区域，牟子镇为中心镇，包含4个村级片区，苏坪村、荔枝弯村、正阳村、天空山村为中心村，面积124.8平方公里，常住人口4.7万人。片区与乐山市中心城区接壤，地处成都1.5小时交通圈，距乐山大佛景区仅11公里，区位优势突出。在四川省乡镇级片区划分中，平羌三峡生态旅游片区被确定为旅游片区，属于典型的以旅游发展为主导的片区，按照《四川省乡镇级旅游规划导则（试行）》要求应编制乡镇级旅游规划。

3.1.2 旅游资源优势

片区地处岷江水域，平羌三峡作为岷江中下游唯一的"三峡"景观，自古有"蜀江第一峡"之美誉。区域历史文化厚重，拥有南丝绸之路文化、平羌大佛文化以及山水诗歌文化。片区内荔枝弯作为中国最北端的晚熟荔枝产地，荔枝种植已有千年历史，以荔枝为特色的乡村旅游品牌享誉周边。区域内还拥有千亩香葱

255

种植基地、潘家园生态园、顶高山农场等特色农业品牌，为乡村旅游业发展打下了良好基础。片区绿化覆盖率达50%以上，同时区域水质、土壤、噪声环境均达相关一级标准，小气候舒适宜人，适宜发展避暑度假旅游。

3.2 平羌三峡生态旅游片区乡镇级旅游规划路径

3.2.1 空间识别——创新旅游发展适应性评价，识别旅游开发空间

利用四川省文化和旅游资源普查成果，结合国土空间"双评价"方法，对片区进行旅游发展适宜性评价。首先，对影响旅游区产业发展的旅游资源、交通、用地性质、坡度、坡向、气候条件、基础设施、旅游热度等单因子进行评价分析（见图3）。

以各项单因子分析结果为基础，根据各因子对片区旅游发展影响程度大小进行权重赋值，通过GIS叠加分析，初步得到平羌三峡片区旅游建设用地适宜性分

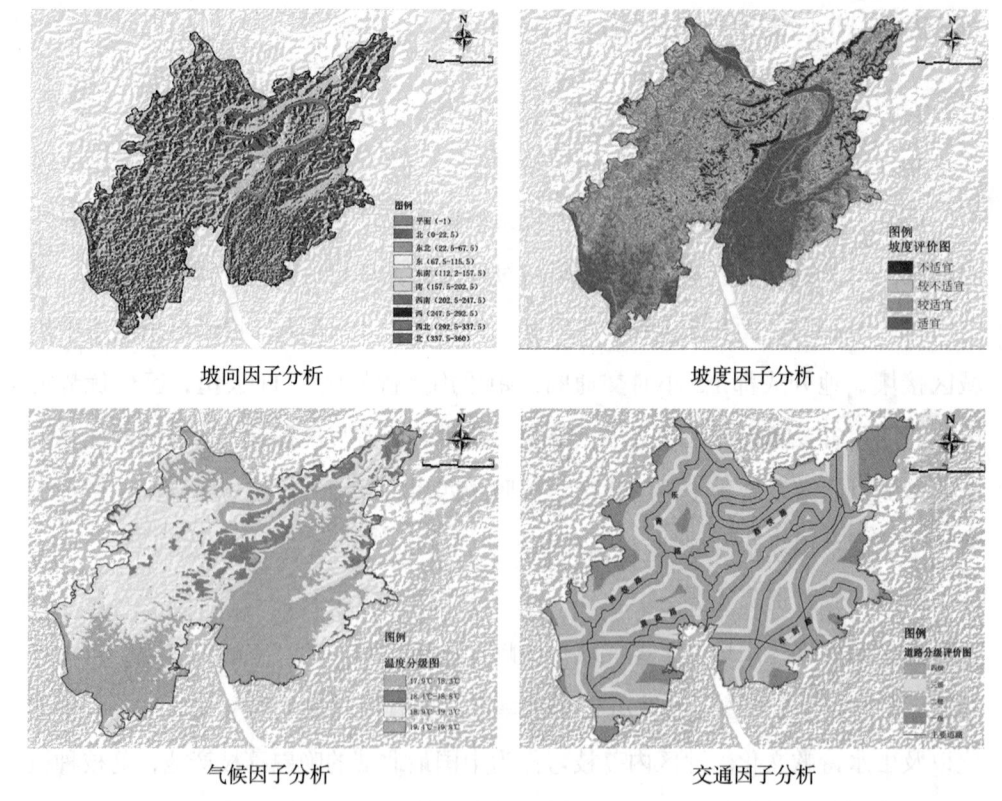

坡向因子分析　　　　坡度因子分析

气候因子分析　　　　交通因子分析

图3　单因子评价图

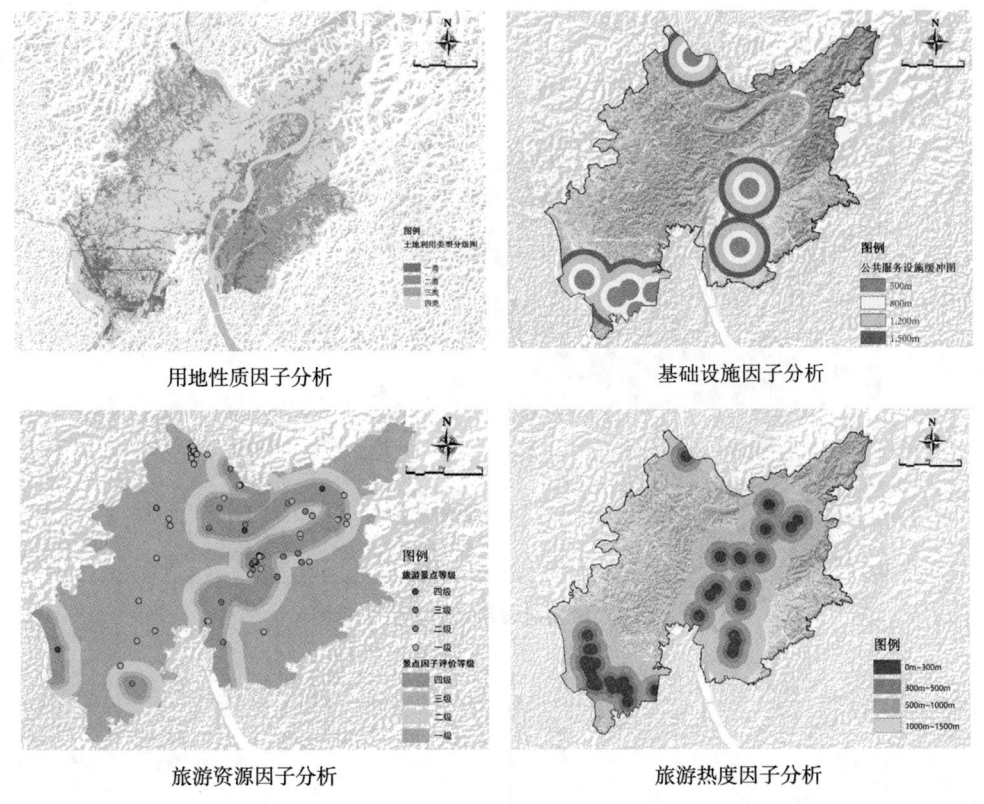

用地性质因子分析	基础设施因子分析
旅游资源因子分析	旅游热度因子分析

图3（续图）

析图（见图4）。

根据国土空间规划等相关要求，旅游建设用地不能选在生态敏感区、河流、地质灾害点等禁止建设区内，通过软件分析该片区禁止建设区域面积约805.57公顷（见图5）；同时乡镇级旅游规划的范围应在城市规划范围以外，所以需要扣除城镇开发边界内的区域，通过软件分析得出该区域面积约169.39公顷（见图6）。最后将旅游建设用地适宜性分析图和禁止建设区范围图、城市开发边界范围图进行叠加，最终得到该片区旅游发展适宜性评价图（见图7）。

本次评价得出平羌三峡生态旅游片区旅游业发展适宜用地4657.76公顷、较适宜用地5057.64公顷、一般适宜用地215.78公顷、不适宜用地808.44公顷。综合以上分析，在旅游发展适宜性方面，岷江两岸建设用地较为充足，整体基础条件较好，未来可作为旅游开发的重点发展方向。

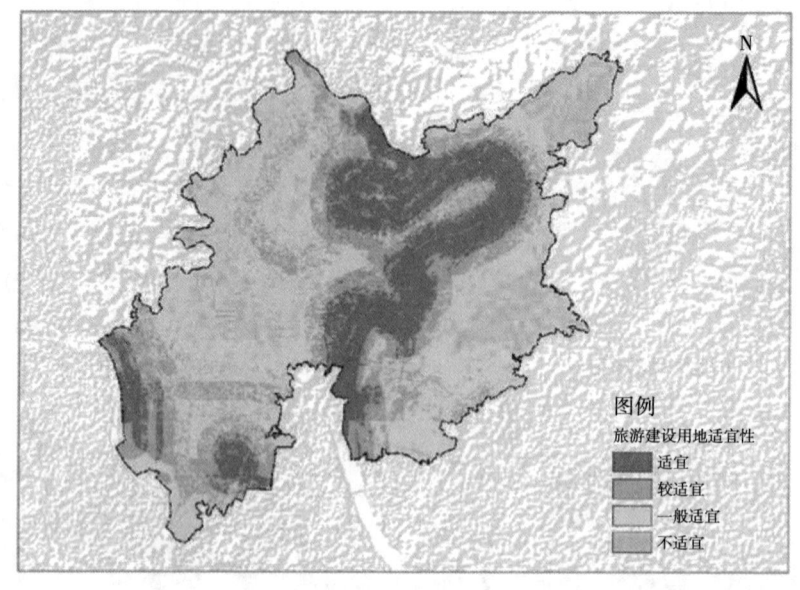

图4 旅游建设用地适宜性分析图

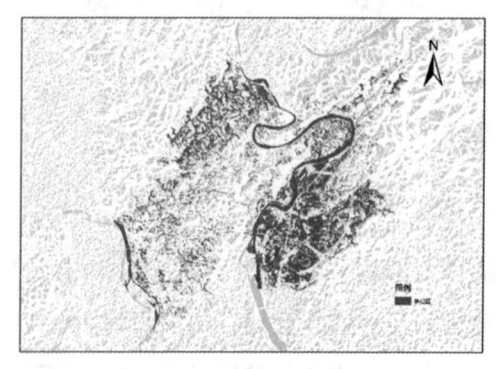

图5 禁止建设区范围图　　　　图6 城市开发边界范围图

3.2.2 空间诊断——厘清开发思路，划分功能区

（1）规划思路

规划立足外部交通优势，把握旅游发展新趋势，以国际视野认知平羌三峡文旅资源的"遗产属性"，以乡村振兴为目标，以产业融合为发展方向，构建以平羌三峡山水观光、诗意平羌养生度假、城市近郊乡村休闲为特色的旅游产品体系，全面推动片区文化旅游产品及业态升级。片区总体定位为平羌山水国际度假

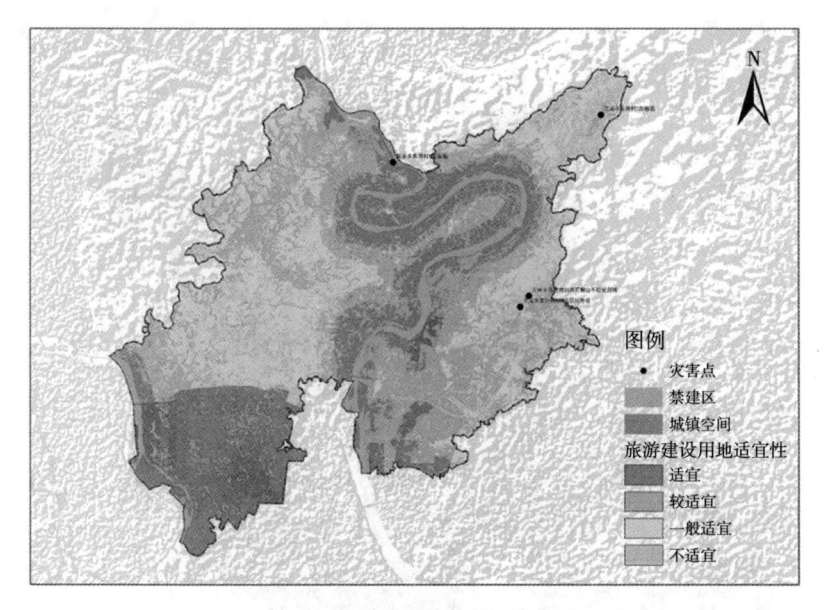

图7 旅游发展适宜性评价图

旅游目的地，总体目标是将片区打造成为岷江黄金水道文化旅游新亮点、长江国家文化公园（乐山段）新名片、国家乡村振兴新样板。

（2）划分功能区

依据片区文化旅游资源特征及空间分布规律，将片区划分为两大功能区，即旅游发展集聚区和农旅融合区。旅游发展集聚区以旅游业为主导产业，依托平羌三峡核心旅游资源，打造集发展山水观光、生态度假、山地运动、文化体验、乡村休闲为一体的旅游功能区。农旅融合区涵盖塘吅坎村、龙岩村、雷沟村等区域，接受旅游功能区辐射带动，依托农业产业特色，视条件逐步推进农旅融合，发展乡村旅游，全面推进乡村振兴。片区旅游总体规划为"两区两带一环"产业发展格局，"两区"指旅游发展集聚区和农旅融合区，"两带"指岷江文旅产业带和青衣江文旅产业带，"一环"指"休闲平羌"旅游环线（见图8）。

3.2.3 空间规划——重点旅游功能区规划，优化项目建设

依据片区旅游发展适宜性评价结果，在旅游发展集聚区中又划分出两大重点旅游功能区，功能区内以旅游业为主导产业，是国土空间用途管制的重要依据。

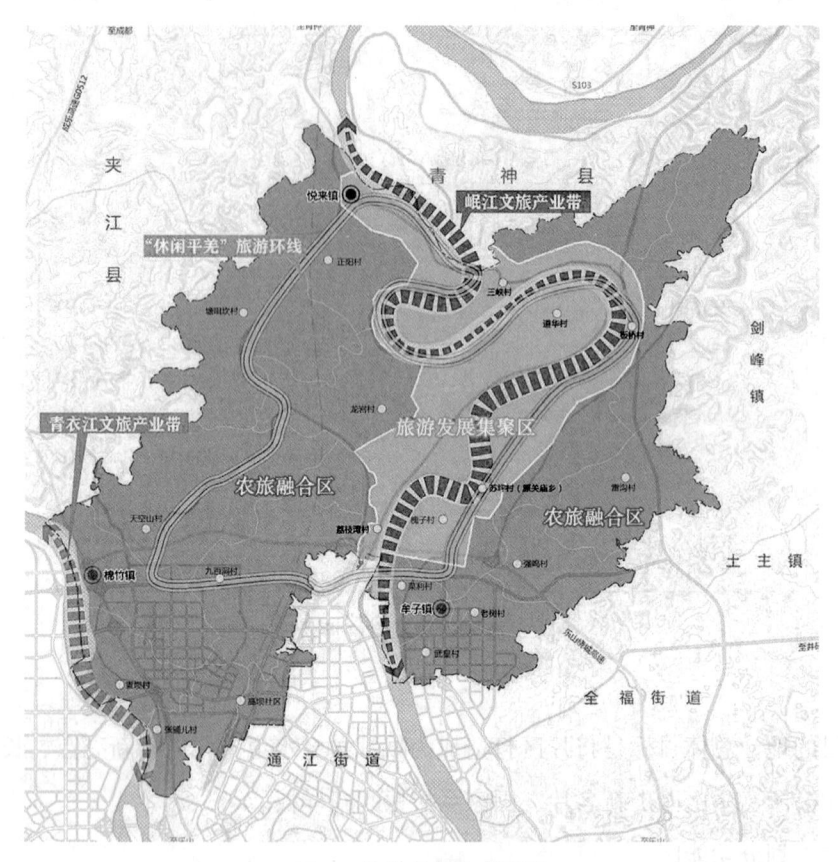

图8　旅游业总体布局图

片区内岷江上游沿岸区域因其自然景观优美，生态环境优良，划为平羌三峡旅游景区，总体规模为11.96平方公里；下游水流平缓，两岸可利用建设用地较多，且已具有一定的旅游基础，划为平羌山水旅游度假区，总体规模为19.06平方公里（见图9）。

（1）景区项目建设

平羌三峡旅游景区聚焦李白《峨眉山月歌》的诗画意境，围绕平羌大佛、清溪古驿、熊耳古道等文化资源，梳理打造"平羌五景"，深度推进"旅游+运动""旅游+科技""旅游+演艺""旅游+赛事"，创新景点展示方式和五大游赏线路，打造集平羌山水观光、诗词文化体验、古道主题观光、户外山地运动为一体的生态山水旅游目的地。规划平羌三峡景区构建"四区一带"的功能布局，

G 旅游规划

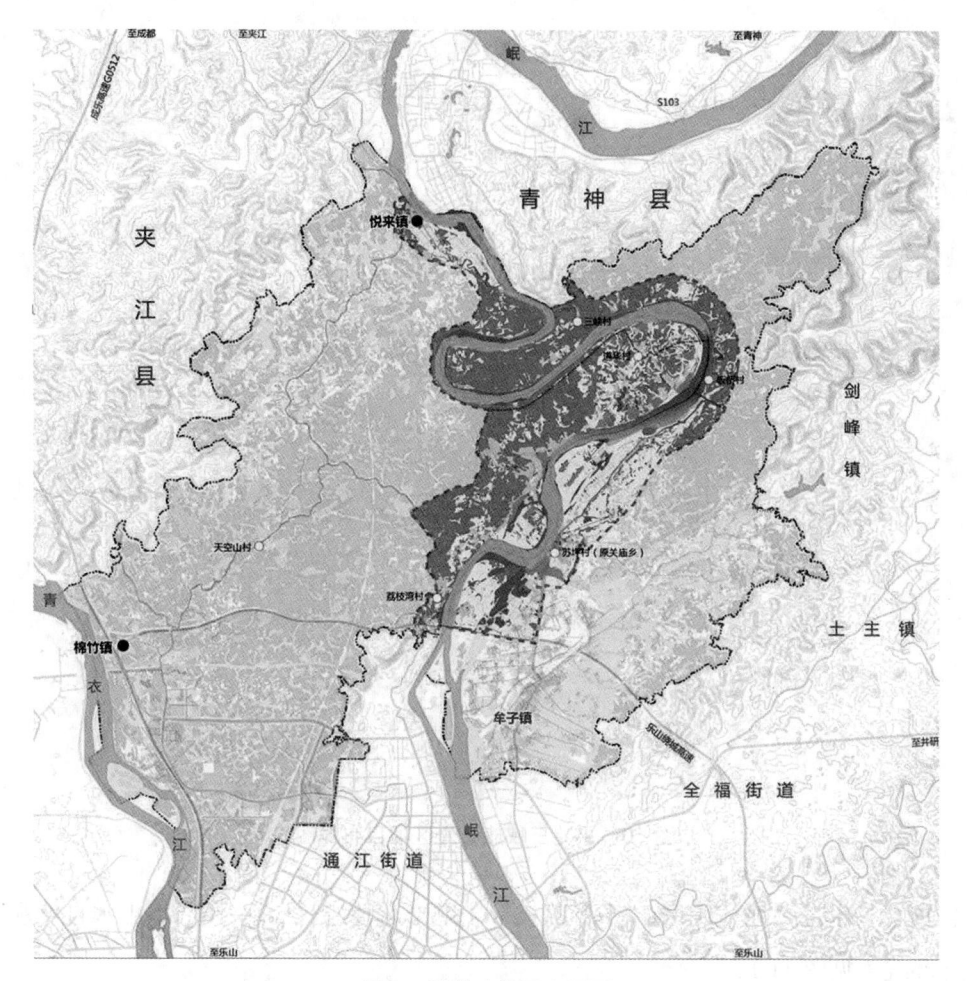

图9 旅游功能区布局图

"四区"指"板桥古驿"文化体验区、"平羌大佛"文化体验区、"石鸭江滩"山地运动区、"正阳原乡"田园休闲区;"一带"指"平羌江月"山水风光带(见图10)。

（2）度假区项目建设

平羌山水旅游度假区依托平羌江畔舒适宜人的气候环境以及良好的用地条件，以"平羌三峡"山水风光和厚重文化底蕴为核心资源，结合荔枝、香葱等特色产业，开展养生度假、时尚运动、营地体验、亲子休闲等度假产品，打造都市近郊生态度假旅游目的地。规划平羌山水旅游度假区构建"四区一环"的功能布局。"四区"指"苏坪古县"旅游综合服务区、"禅韵道铧"高端野奢度假区、"青

261

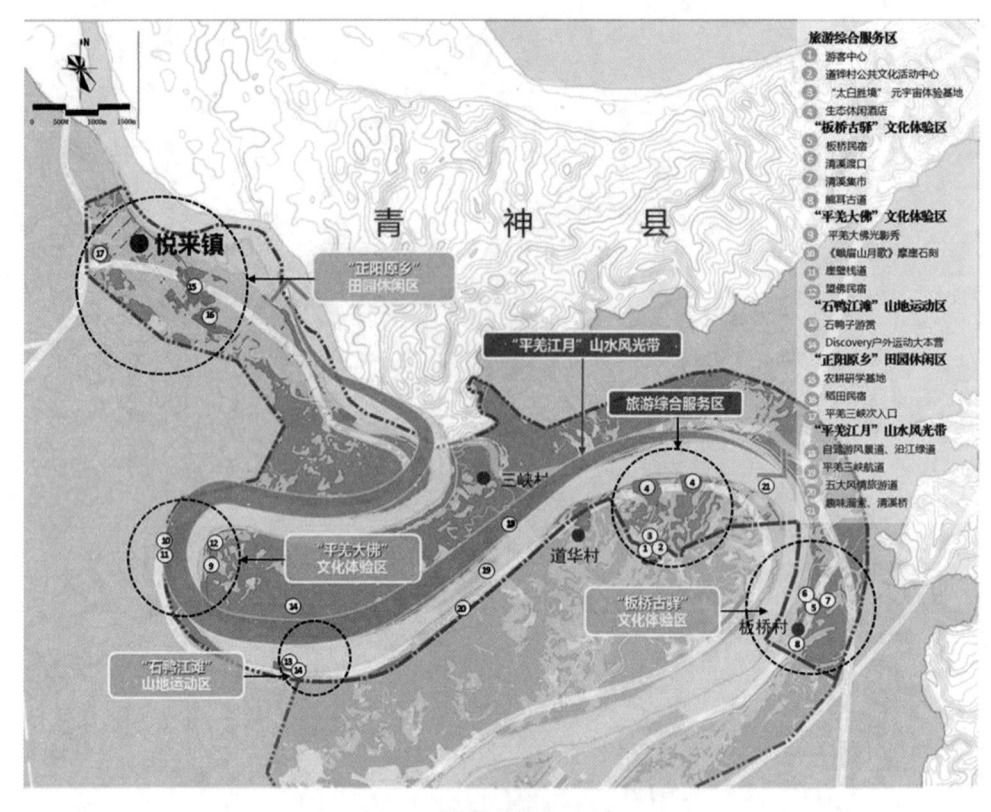

图10 平羌三峡旅游景区项目布局图

葱古坝"生态营地休闲区、"千年荔枝"主题文化体验区;"一环"指山水自然观光环线(见图11)。

3.2.4 空间重构——完善旅游配套服务,提升片区旅游品质

(1)构建旅游交通网络

旅游区交通一般分为对外交通和内部交通,片区对外交通以乐山绕城高速公路、成乐高速公路为主。片区内部构建环区域旅游大环线和环平羌三峡旅游小环线,打造内外畅联的交通体系。同时对接道路交通专项规划,提升片区道路等级,近期在荔枝弯、大河坝、古儿坝之间设渡口,依托乐荣高速建设人行天桥,加强岷江两岸交通联系,远期在道铧村、板桥村之间架设桥梁,塑造水陆联动的旅游交通体系。

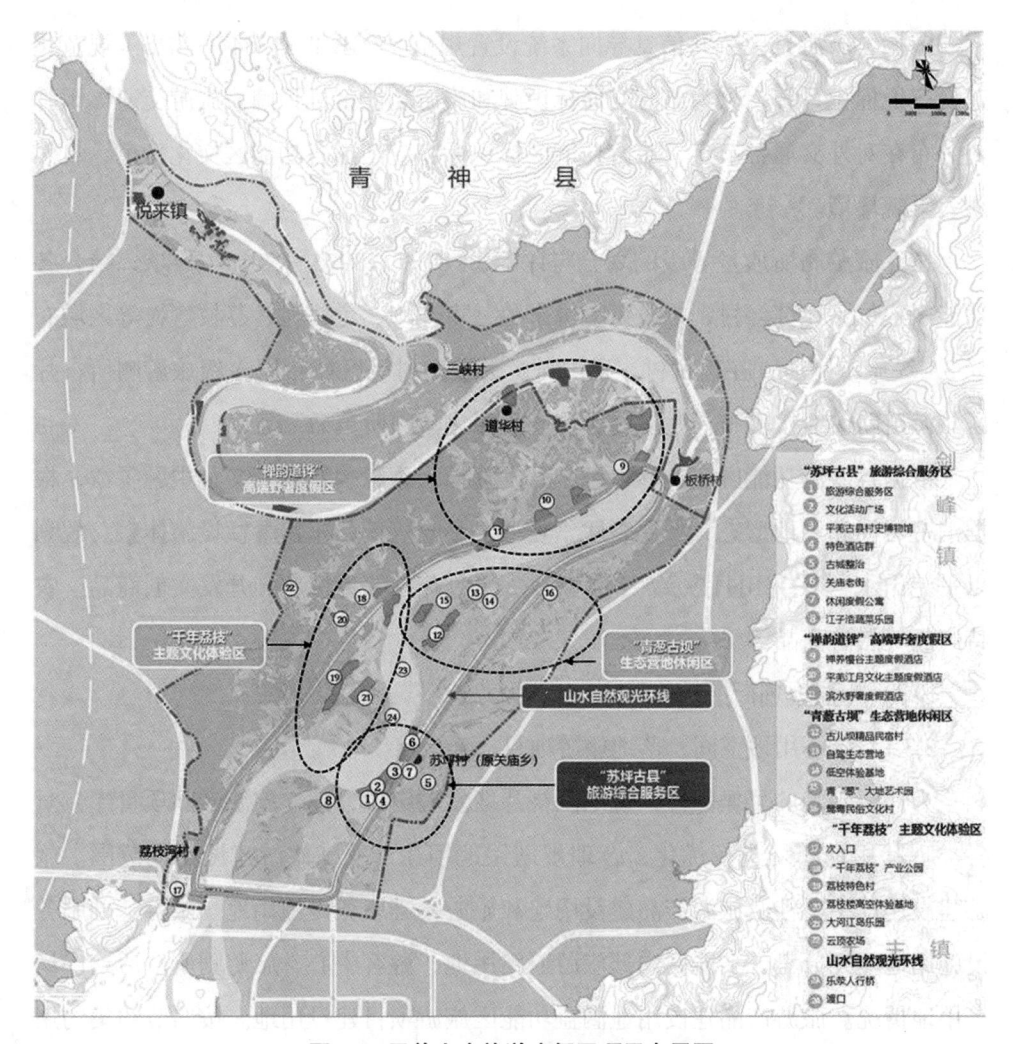

图11 平羌山水旅游度假区项目布局图

（2）完善旅游基础设施

依据片区国土空间规划镇村体系，结合片区中心镇、中心村，布局旅游基础与公共服务设施。结合片区旅游发展格局，布局旅游公共服务咨询网点，构建三级旅游集散咨询服务体系，在苏坪村、悦来镇设置旅游集散中心，在古儿坝、荔枝弯村、道铧村、天空山村设置游客中心，在板桥村、正阳村以及片区内各景点设置旅游咨询服务点。完善旅游咨询、交通、宣传、投诉处理、救援等服务功能，强化旅游集散，提升公共服务。

依据《旅游景区公共信息导向系统设置规范》(GB/T 31384—2015)规范化建设解说标识系统,分为旅游交通标识牌和旅游功能区标识牌。旅游交通标识牌应分布在对外交通各节点,旅游功能区标识标牌应凸显各功能区文化特色,自然融入景观环境。

按《旅游厕所质量等级的划分与评定》(GB/T 18973—2016)要求,结合各功能区定位,在苏坪村、棉竹镇、悦来镇、古儿坝、道铧村、荔枝弯村等区域布局3A级旅游厕所,在板桥村、正阳村、天空山村等区域布局A级旅游厕所,片区旅游道路沿线按需布局生态厕所,全面深化"厕所革命"力度。

依据各旅游功能区定位和特色,开发荔枝、香葱、花卉等文化主题餐饮,根据消费习惯和用地形态,布局餐厅、餐吧、小吃店等,丰富餐饮设施体系。规划以平羌山水、《平羌山月歌》、千年荔枝、特色花卉等为主题,开发文创商品、农特产品等旅游商品。

3.3 加强规划衔接与传导

3.3.1 统筹用地空间,落地旅游项目

为保障规划的可操作性,规划围绕片区发展定位,建立旅游产品项目库,对各类现状用地布局进行优化,合理规划用地用途,明确旅游建设用地范围。旅游建设用地主要涉及旅游产品建设用地和旅游基础服务设施用地。旅游基础服务设施用地应充分考虑功能区内部旅游道路用地、游客中心、旅游厕所、活动广场等用地情况。旅游产品建设用地涵盖功能区旅游项目建设用地。按照节约集约用地的原则,项目建设应优先利用片区闲置村委会、党群服务中心、学校、宅基地等闲置用地、低效工业用地等,盘活存量用地。对暂不能明确用途的用地予以留白,为片区预留发展空间,便于规划顺利实施。根据分析,片区旅游建设用地总规模164.16公顷,其中旅游交通及市政设施用地54.14公顷,旅游管理及公共服务用地4.48公顷,旅游产品用地105.54公顷。

3.3.2 做好规划衔接,助推项目落地实施

规划要积极对接片区"三区三线",严守永久基本农田控制线和岷江、青衣江三江岸线保护范围,合理布局旅游业用地,利用生态、农业、城镇空间开展合

法合规的旅游活动，推动生态价值有效转换，提升农业产业附加值，打造宜居宜游的乡村旅游空间。在生态空间保护利用方面，要依据《水产种质资源保护区管理暂行办法》，严格保护岷江长吻鮠国家级水产种质资源保护区生态环境。合理利用片区森林资源，开展观花观鸟、生态研学、户外运动等生态体验旅游项目，配套生态讲解系统。在农业空间深度融合方面，要结合村级公共文化服务点，建设村史博物馆、移动共享书屋等新型公共文化活动空间。提升水渠、机耕道等设施，优化农业大地景观，推进"田园+节会""田园+文化"发展，在获得相关部门许可的情况下，开展田园观光、大地艺术节、农田研学等文化旅游活动，营造"艺术田园慢游"等场景。在城镇空间主客共享方面，要提升城镇景观风貌，扩展城镇旅游功能，提升旅游接待水平，交通、厕所、公共服务设施等围绕旅游转型，实现社会资源旅游化、景观文化化、公共服务品质化，塑造极具吸引力的旅游氛围，打造主客共享的城镇生活空间。

4 规划实施成效

4.1 确保片区文旅项目有序推进

《规划》最终成果纳入市中区国土空间规划基础信息平台和"一张图"实施监督信息系统，实现旅游用地"上图入库"。《规划》有效保障了旅游用地指标逐年落地，结合《规划》建立"十四五"文旅项目储备库，共储备生成文旅、农旅、工旅、体旅、商旅融合项目5个，包括子项目14个，总投资812.91亿元。2022年成功争取文旅建设用地145亩，占市中区全年出让土地的27.3%，有效保障市中区文旅项目快速建设。2023年已签约文旅项目4个，实现投资46.41亿元。美丽乡村苏稽文旅小镇项目、平羌三峡文旅融合示范项目被评选为"四川省文旅融合示范项目"。

4.2 助推片区文旅经济发展

《规划》作为全省先行先试典范，成功助力市中区争取省级文旅融合项目资金2200万元、天府旅游名县资金3000万元，助力市中区旅游经济快速恢复。

2023年，市中区以四川省榜首优势上榜"全国市辖区旅游综合实力百强区"，天府旅游名县复核考评位列全省第6；1—7月累计接待游客1650.64万人次，同比2022年增长70.73%。实现旅游综合收入256.5亿元，同比2022年增长73.11%。

5 结语

乡村旅游的健康发展与规划有着密切的关系，片区国土空间规划背景下乡村旅游规划要与时俱进，规划编制过程中首先要对片区旅游资源、自然环境、用地条件等进行详细调查，从资源价值、开发条件、建设用地等方面切入，对片区旅游发展适宜性进行评价，以空间为出发点和落脚点，确定发展定位，明确旅游功能区和可建设范围；同时规划要重视对自然景观资源和地方文化传统的有效利用、保护，从增量开发规划转向以存量空间提升规划为主，严格遵守国土空间规划中的"三条底线"，确保规划落地性。本文以乐山市市中区平羌三峡生态旅游片区为例，创新旅游发展适宜性评价，从空间识别、空间诊断、空间规划、空间重构四大方面，提出具体旅游规划路径，以实现片区旅游业高质量发展，推动片区实现乡村振兴。

参考文献

[1] 李运洪，施丽娜. 乡镇级片区国土空间规划中对产业项目"落地性"的探索——以天全县新场绿色转型发展示范片区国土空间规划为例[J]. 城市建设理论研究，2024（3）：23.

[2] 余伟. 国土空间规划新时代旅游规划的定位与转型[J]. 中国集体经济，2022（22）：127.

[3] 周学红.《四川省乡镇级国土空间总体规划编制指南》解读两项改革背景下以片区为单元的乡镇级规划编制中的实践逻辑[J]. 资源与人居环境，2022（1）：24.

[4] 李烨. 国土空间规划背景下乡村旅游规划编制的探索[J]. 山西建筑，2021，

47(16): 21.

［5］朱鹤，张圆刚，林明水，等. 国土空间优化背景下文旅产业高质量发展：特征、认识与关键问题［J］. 经济地理，2021，41（3）：1.

［6］徐勤政，刘鲁，彭珂. 城乡规划视角的旅游用地分类体系研究［J］. 旅游学刊，2010，25（7）：54.

H
乡村旅游

四川省乡村旅游发展进展研究

[作 者] 四川省旅游学会乡村旅游研究专委会

摘 要： 2023年，在政府主动作为和市场主动创新的合力下，四川省乡村旅游发展环境不断优化，业态创新、模式创新、营销创新层出不穷，乡村旅游高质量发展成效显著。以"乡村旅游+""+乡村旅游"为抓手，乡村产业生态圈不断形成和优化，乡村产业转型升级趋势明显。乡村旅游发展主客共享，不断满足城乡人民对美好生活的向往。

关键词： 乡村旅游；发展成效；创新；四川省

2023年，随着疫情防控政策的优化调整，四川省各行各业都在摩拳擦掌，加快产业经营布局，预期社会经济的快速复苏。乡村旅游也不例外。经过一年的发展实践证明，预期的报复性消费迟迟未来，全省乡村旅游经济并未出现爆发式增长，只是以平稳的增速稳定回暖。在整体向好的发展趋势下，全省乡村旅游发展在稳步提升的基础上呈现出一系列新的亮点和特征。

1 政府主动作为，夯实乡村旅游发展基石

1.1 政府政策支持

2023年迎来了抗疫复苏的战略转折点，全省各级政府、各部门纷纷出台支持乡村旅游发展政策，集聚产业发展要素，优化产业发展环境，激发市

消费潜力，促进全省乡村旅游高质量发展。从省委一号文件强调"持续开展乡村旅游重点村镇和天府旅游名镇名村建设，培育一批'天府度假乡村'"，到省政府出台《关于进一步激发市场活力推动当前经济运行持续向好的若干政策措施》，再到雅安市出台《大力推进旅游业主引擎发展的支持政策》、自贡市出台《自贡市支持文旅产业发展的若干政策》、成都市新津区出台《支持文体旅产业发展政策》，进一步激活乡村旅游市场活力，推动全省乡村旅游走向复苏。

1.2 基础设施建设

在乡村振兴战略实施中，各级政府统筹整合各类项目资金，支持农村地区道路、供排水、垃圾污水处理等基础设施建设，完善咨询服务中心、旅游厕所、停车场等旅游配套服务设施，夯实乡村旅游发展基础。2023年，全省新改建农村公路1.9万公里，乡村"金通工程"车辆达到2.7万辆，新改建农村卫生厕所51.2万户，乡村旅游发展基础设施进一步完善。其中，巴中市乡村旅游公共服务设施建设成效显著，2023年上半年全市累计建设乡村旅游厕所100余座，配套建设乡村旅游景点停车点32个，布设乡村旅游景点垃圾箱265个，更新旅游标识127面，旅游警示提醒标志75处，逐步补上乡村旅游发展短板。

1.3 财政资金保障

在乡村旅游发展中，各级政府通过设立文旅产业专项发展资金，制定奖励帮扶措施，在基础设施建设、民宿经济发展、品牌创建、新业态发展等方面提供财政资金支持，引导社会资本要素向乡村流动，赋能乡村旅游产业高质量发展。近年来，四川省设立了100亿元的乡村振兴投资引导基金，可用于农村基础设施建设和农村富民产业发展的投融资。甘孜州设立了超5亿元的文旅产业发展和奖励帮扶资金，主要用于奖补品牌创建、新产品开发、产品提质、文旅节会等方面。丹巴县每年安排了不少于500万元的旅游专项发展资金，重点用于乡村民宿经济发展。各级政府财政资金的保障既调动了市场主体发展的积极性，也引导了乡村旅游转型升级的方向。

2 市场主体主动创新，推动乡村旅游转型升级

2.1 业态创新，推进乡村旅游产业转型升级

2023年，在市场新需求的导向下，全省各地乡村旅游经营主体主动求变，在持续提升存量项目品质的基础上，推进"旅游+"和"+旅游"，促进乡村旅游与农业、商业、文化、体育、教育、康养等领域深度融合，不断发展乡村新业态，推动乡村旅游产业转型升级。如"乡村旅游+教育"融合催生的乡村研学，以党建、团建、夏令营、冬令营等全时段、全年龄段的产品形态，成为平衡乡村旅游淡旺季波动的有力抓手，成都市及成都市周边市州正受到乡村研学的强力辐射。"乡村旅游+科技"融合催生的乡村沉浸式体验场景，正在让传统乡村文旅项目变得好看、生动又有趣，增强了游客的体验感和情感共鸣，受到乡村旅游市场的"偏爱"。

专栏1　广元市曾家山镇：业态创新，乡村度假旅游转型升级

曾家山位于广元市朝天区，海拔1300米，夏天平均气温23℃，负氧离子33000个/立方厘米，是名副其实的天然大空调、绿色大氧吧。正是依托优良的自然条件，曾家山自2001年起发展民宿产业。经过20多年的发展，民宿产业随着旅游产业的高质量发展，从一枝独秀到百花齐放。截至目前，曾家山共有民宿、酒店、农家乐1300余家，总床位数突破2万张，成为省内外知名的避暑胜地。

随着曾家山的发展，当地政府和经营主体意识到一个现实的问题：来避暑的人在曾家山除了住民宿，还能做什么呢？市场需要更丰富的业态来让游客驻留更长的时间。"只有主动求变，才能持续发展。"于是，曾家山政府和经营主体开始着手规划和落地新项目。

经过几年发展，曾家山已培育了曾家山国际滑雪场和曾家山滑雪场集群（马头岩）单板赛事中心、壁虎运动乐园、318房车营地等一大批精品旅游业态，改造提升了汉王老街、民宿文化广场、川洞天坑等旅游场所，植入了非遗体验、特色研学、夜间演艺等旅游产品，"体验感好""文化味浓""烟火气足"的文旅创新场景广受市场热捧。如今，曾家山度假不仅仅只有民宿了。

与此同时，曾家山主动洞察市场需求，更加重视提升与游客息息相关的度假服务，建成了全长22公里的曾家山旅游快速通道，大幅缩短了游客到达曾家山的时间；建设了集健康养老、医疗康复、健康管理于一体的曾家山康养医院，为旅居游客提供更好的医疗健康保障服务；正在建设的专业级综合性体育公园曾家山体育公园，将为度假游客提供健身、休闲等公共服务，以优质的服务推动度假产业发展。

2.2 模式创新，激发乡村旅游发展新动能

近年来，全省各地乡村旅游经营主体主动探索乡村旅游发展新模式，整合各方资源，调动各类主体，共同参与乡村旅游发展，不断提高乡村旅游运营管理水平，促进产业高质高效、乡村宜居宜业、农民富裕富足。目前，全省乡村旅游发展领先的地区，构建有"合作社＋村民""合作社＋公司＋村民""合作社＋职业经理人＋村民""合作社＋创客＋村民"等运行有效的发展模式，通过不同模式充分连接乡村和市场，促进各类生产要素在城乡区域间顺畅流动，有效保障农民、村集体、经营主体等各方主体利益，激活乡村旅游发展的内生动力。

专栏2 蒲江县铁牛村：新老村民共创未来美好社区

铁牛村，位于蒲江县西来镇，距离成都75分钟车程，是由3000多位本地村民和60多位新村民共建的未来乡村公园社区，先后获评四川省"四好村"、四川省农房建设试点村、四川省乡村振兴示范村、成都市乡村振兴示范村，是CCTV-1《山水的家》节目录制地。

十多年前，铁牛村还是个普普通通的川西小村庄。为明月村做过总规划的施国平老师来到铁牛村后，被这世外桃源般的美景和人文深深吸引，便决定留下来。他一边着手进行全面规划，一边发动其他人也来共同投身铁牛村的发展。渐渐地，一个个在各自领域响当当的新村民纷纷聚集在此，目前铁牛村内常驻新村民已达到50人，"候鸟"新村民达到了300多人。经过多年发展，通过新老村民共建，铁牛村已新建社区融合中心、乡村双创中心等乡村融创空间4个；营造丑美果林乐园、铁牛妈妈的餐厅、匠心民宿等消费新场景8个；开发低碳生活节、五一牛人节、阿柑周末营等会品牌3个；研发自然教育、创意手工、精油疗愈等特色文创、农创产品20余项。在发展过程中新老村民共建的"政村企社"联动整体运营与专业合作相结合的"1（铁牛村股份经济合作联合社）+N（N个专业合作社）"发展模式值得借鉴。

（1）由铁牛村新村民——一批海归建筑设计师，成立了四川麦昆塔建筑规划设计有限公司，全面参与铁牛村的整体规划与在地运营。

（2）由铁牛村成立铁牛村股份经济合作联合社以及其他专业合作社，对村内的鱼塘、果园、闲置房屋等资源进行统一租赁和盘活。

（3）由新村民和村集体共同培育孵化铁牛村村企联合体，统一管理文化旅游资源，提高旅游服务质量。

在新的发展模式下，新村民的到来为铁牛村注入了先进的发展理念、专业的运营管理、广阔的社会资源、全新的美学思维，以合作社的组织化形式为新老村民共创营造了良好的条件。通过新老村民共同努力，2023年全村人均可支配收入达3.7万元，同比增长5.71%。

2.3 营销创新，打响乡村旅游区域大品牌

近年来，全省各地乡村旅游经营主体主动探索宣传营销新模式，整合微信、抖音、小红书、视频号等多个新媒体平台资源，创意策划和拍摄系列宣传营销短视频，以全新的宣传内容、形式和手段展示乡村自然文化魅力，提升乡村旅游品牌的知名度和影响力。省内部分乡村旅游景区（景点）鼓励村民和游客利用抖音、快手等短视频平台，直播乡村生活和文化娱乐活动，共同打响乡村旅游区域大品牌。

专栏3　凉山州越西县："20℃的夏天"品牌营销引爆火把节

越西县地处横断山脉北麓，海拔在1170~4791米，境内海拔落差大，原始森林资源丰富，河流纵横，生态环境良好，是夏季避暑康养的胜地。在2023年夏天之前，越西县避暑康养旅游还名不见经传。

2022年6月，越西县申请并通过四川省气候中心"避暑旅游目的地"评测。测评结论是越西夏季平均气温20.5℃，气候禀赋指标中的气温指标优良率为100%，森林覆盖率达到41.54%，全年空气质量达标率在99.7%以上。根据这一结论，越西县提炼出了"20℃的夏天"这一接地气的营销品牌。

2023年，为打响"20℃的夏天"文旅品牌，越西县采取"走出去+引进来"的宣传模式，组建了由30余名文化志愿者组成的越西惹杰男团、女团前往延安、重庆、成都、宁波等城市核心商圈路演巡游。通过前期宣传造势，吸引了成都、重庆地区多家旅行社带来的20余个旅游团到越西深度体验清凉夏日和燃情火把。同时，越西县创新运用抖音短视频平台，第一条男团短视频推出便获得了网上500多万的浏览量，文旅局局长亲自上阵拍摄短视频宣传越西"20℃的夏天"，吸引了更多网友的关注。在20℃夏天的清凉和火把节的火热中，越西县2023年夏天的旅游市场异常火爆，城市酒店和周边的乡村民宿"一房难求"。

越西县"20℃的夏天"品牌营销的成功之处：一是挖掘自身优势提炼出了符合市场需求的卖点——夏季的凉爽。二是简单、接地气的宣传语直入人心——"20℃的夏天"。三是多元化和创意化的宣传手段打响了城市品牌，"商圈路演巡游+短视频宣传"快速抓住了市场眼球。

---

3 跨界融合，创新发展理念，实现资源整合

3.1 "农业＋乡村旅游"，延长农业产业链

近年来，全省各地依托现代农业产业园区、特色农产品生产基地、家庭农场等农业产业基础，以"农业＋旅游"为导向，融合开发农业观光、农业科普研学、农业采摘体验、乡村特色餐饮、休闲娱乐等新业态，拓展农业多元功能，延

长农业产业链，提升农业价值链，增加农业产值，提高了农业的经济效益。

专栏4　大邑县稻香渔歌：农旅融合，提升乡村区域价值

　　大邑县稻香渔歌是朗基集团首个投入运营的现代农业产业园，项目整体规划面积15000亩，目前已流转农用地8700余亩，其中祥和村为目前重点打造的核心区（也称首开示范区），共计有3300亩农地由项目自主耕种运营，是成都市农旅融合发展的标杆和典范。

　　稻乡渔歌发展定位为以农业生产为主，以体验观光为辅，依托农业生态基底，强化农创文创、旅游观光、休闲度假等多元应用场景植入，打造吃、住、行、游、购、娱等体验为一体的综合性现代农业产业园。

　　目前，园区设置生产区、观光区、体验区三大类型功能板块。生产区采用绿色轮作、"稻鱼鸭"综合种养、绿色无公害生态养殖等模式，创建农业经济循环产业链，发展立体绿色的有机农业。观光区修建田园步道、设置艺术景观小品、配套休憩设施，打造原汁原味的乡村景观。体验区邀请本土专家开设农耕教育研学课程，开展农业科普教育，发展科普拓展、康体养生、休闲娱乐、乡村民宿、非遗体验等业态。

　　大邑县稻香渔歌突出了特色现代农业和乡村旅游融合发展，既保障了农业产业生产，又拓展了农业的观光、教育、体验等多元功能，农业产业经过多次消费增加了附加值，大大提升了区域价值。

3.2 "文化+乡村旅游"，推动文化传承与发展

近年来，全省各地在挖掘和保护本地特色文化资源的基础上，以市场需求为导向，遴选了一批如乡村非遗、民族舞蹈、传统节会、特色美食、传统工艺等可转化的文化资源，经创意开发后形成了游客可体验、可带走的特色文旅产品。传统文化在经过市场化的转化后，重新适应了新需求、实现了新价值，正在探索一条赓续传承与创新发展相结合的传统文化发展新路径。

专栏5　泸沽湖镇：从民族服饰到文化自信

　　盐源县泸沽湖镇上有一家名为卓衣馆的民族服装店，主理人是民族服饰设计师、省级非遗摩梭服饰制作工艺传承人喇建莉。

　　十年前，20岁出头的喇建莉放弃了在北京的高薪职业回到家乡，想在家乡寻找一份事业，但回家后很长一段时间也不知道干什么。有一次，喇建莉为一位深圳来的游客做向导，游客看到美丽的摩梭人服饰不由心生喜欢，不经意地向喇建莉提出了通过发展民族服饰来发扬摩梭文化的建议。

> 说者无意，听者有心。喇建莉把这件事放在了心上，发展摩梭服饰也在自己心里生根发芽。但很长一段时间，喇建莉又陷入了深深的迷茫，不知道如何下手。在思考后，喇建莉决定从最基础的做起。她开始跟着当地的老师傅学习传统摩梭服饰制作手法，后来还专门到成都一家服装设计学院进修时装专业。
>
> 经过近十年的摸索，喇建莉的创新和改良让摩梭服饰焕发出新的光彩，泸沽湖地区摩梭青年的服饰、成丁礼服、婚礼服、舞蹈服大都出自她的店里，深受当地人的喜爱。随着旅游的发展，越来越多的游客对摩梭文化感兴趣，也喜欢到她店里逛逛，喇建莉总是热情地接待游客并为他们讲解摩梭文化。很多游客表现出对摩梭服饰的喜爱之情，也让喇建莉更为摩梭文化感到自信。
>
> 但问题又来了，游客虽说喜欢摩梭民族服饰，但不可能买走用于日常穿着。基于对摩梭文化的自信，喇建莉着手拓展原来的市场，提炼摩梭服饰的元素，设计出可以让游客日常穿出门的服饰。目前，喇建莉已设计出深受市场喜欢的新式女款服饰，正规划设计男款及其他不同年龄段的新款服饰。在与喇建莉的交流中，无时无刻都能感受到她对摩梭文化的喜爱和骄傲。

3.3 农文旅深度融合，构建乡村产业生态圈

近年来，全省各地在农旅融合、文旅融合的基础上，正涌现出一批农文旅多面相、立体化融合的项目。在立足农业的基础上，深度挖掘乡土文化资源，打造集农产品产购销、观光休闲、民宿集群、文化创意、文化体验、乡村研学、乡村康养等于一体的综合体，构建"以农为基、以文为魂、以旅为体"的乡村产业体系，形成一二三产业融合发展的乡村产业生态圈。

4 主客共享，实现人们对美好生活的向往

4.1 惠民增收，改善农村居民生活环境和质量

——乡村旅游让乡村更美。在乡村旅游发展中，全省各地政府持续推进农村人居环境整治，完善道路、供水、供电、排污、厕所、垃圾处理等基础设施建设，提升公共服务品质，优化乡村"三生"空间，有效改善了农民生活环境，不断提升农民的获得感、幸福感、安全感。

——乡村旅游让村民致富。在乡村旅游发展中，村民可自主经营乡村旅游业态，或将闲置农用地、房屋、宅基地出租（入股）村集体经济组织，或在本村务工，可以获得经营收入、租金收入、务工收入、分红收入等多元收益，拓展了增收渠道，提高了收入水平。

——乡村旅游让乡风更文明。在乡村旅游发展中，一方面村民自觉增强了对乡土文化的认同感和自豪感，形成了保护、传承、发展乡土文化的自主性；另一方面村民主动养成了文明、诚信、卫生等良好的行为习惯，自觉维护起村落形象和文化魅力，形成了更文明的乡风。

4.2 拓展休闲空间，满足城市居民对美好生活的向往

——满足城市居民对优美环境的需求。全省乡村旅游发展领先的村落，在保护村落传统聚落形态、建筑风貌、自然生态的基础上，通过整治乡村人居环境，塑造乡村田园景观，点缀艺术景观小品，提升了乡村"颜值"，不断满足城市居民对优美环境的需求。

——满足城市居民对乡村情感的需求。在全省乡村旅游发展中，各地依托乡村生产和生活资源，开发乡村美食、微博物馆、农耕体验、传统艺术表演等业态，营造原汁原味的乡愁场景，提供热情质朴的旅游服务，从视觉、听觉、嗅觉、味觉、触觉触发了游客的乡愁。

——满足城市居民对乡土文化的需求。在全省乡村旅游发展中，各地依托乡村传统建筑、乡村非遗、乡村民俗、民族歌舞等开发文化展演、体验和文创商品，展现乡土文化的魅力，使乡村民俗文化焕发新活力，不断满足城市居民对乡土文化的需求。

四川省乡村旅游发展问题与路径研究

［作　者］四川省旅游学会乡村旅游研究专委会

摘　要： 2023年，四川省乡村旅游发展取得了显著成效，但存在重建设轻运营、农文旅浅层次融合、土地要素供给不足、专业化人力资源不足、乡村旅游融资困难等问题，并提出通过念好乡村旅游"策规建融管营"六字经、走好乡村传统文化转换"五部曲"、强化土地要素保障、完善人才引育机制、创新投融资等，增添四川省乡村旅游发展新动能。

关键词： 乡村旅游；发展问题；发展路径；四川省

1　四川省乡村旅游发展存在问题

1.1　重建设轻运营与乡村旅游提质增效的矛盾

1.1.1　项目运营思维缺位

当前，全省各地乡村旅游项目普遍存在运营思维缺位的问题。全省乡村旅游项目往往聚焦于硬件的投资和建设，忽视项目后续运营管理，建设前未明确后期运营模式，建设中未考虑后期运营需求，导致部分项目建成后需要重新改造硬件才能经营，甚至部分项目因招商难、运营难而直接关门闲置，造成了乡村文旅资源的极大浪费。

1.1.2　专业运营管理缺失

当前，全省各地乡村旅游项目普遍存在专业运营管理缺失的问题。全省部分乡村旅游项目的投资者也是运营方，不具备专业的运营能力与基础，导致乡村旅游项目在产业体系构建、产品市场开拓、品牌营销宣传、服务品质提升等方面很难持续发力，无法构建具有"造血"功能的内生动力系统，难以实现投运后的商业平衡。

1.2 农文旅浅层次融合与市场主体对文化深度体验需求的矛盾

1.2.1 乡土文化深入研究缺乏，文化资源大量闲置

当前，全省各地纷纷重视乡村传统文化保护和发展，但受专业知识、专业人员、研究资金等因素限制，只能对乡村传统文化资源做一般性梳理，缺少对文化要素的深入研究，只能关注个别重点乡村传统文化保护项目，无法逐一做深入研究，导致乡村旅游产品难以展示文化的深层次内涵，甚至出现文化资源大量闲置。

1.2.2 乡土文化转换路径不清，难以满足市场需求

当前，全省各地对乡村传统文化的利用还处于浅层次开发阶段，传统工艺还以制成品的静态展示为主，传统表演还停留在原生态展示上，文创商品还多是简单模仿复制，尚未真正厘清将乡村传统文化资源转换成有内涵、沉浸式的文旅消费场景，开发成符合市场需求的演艺、餐饮、文创商品等文旅消费产品的有效路径，文创产品效益低，难以真正实现"文而化之"。

1.3 土地要素供给不足与乡村旅游用地需求扩大的矛盾

1.3.1 乡村旅游建设用地供给不足

当前，随着全省乡村旅游产业规模不断扩大，乡村旅游建设用地供给不足的问题日益突出。普遍存在存量项目受建设用地指标限制没有空间扩大经营规模，新业态（如稻田酒店、森林木屋、田园栈道等）因用地政策不明确无法落地，部分配套设施建设打"擦边球"等问题。最常见的是受土地用途管制和建设用地指标不足的影响，部分项目停车场用地难以落实，造成停车困难的问题。

1.3.2 乡村旅游发展用地风险大

当前，全省乡村旅游经营除少量利用国有建设用地外，多以租用农用地、宅基地的方式来解决产业发展用地问题。租用农民土地虽然成本相对较低，但存在租地合约不确定性的风险，部分农户在租赁关系存续期间不合理地要求解除合同、收回土地或要求更改合同、上涨租金的问题时有发生，严重影响乡村旅游产

业的可持续经营。

1.4 专业化人力资源不足与乡村旅游高质量发展的矛盾

1.4.1 新型乡村旅游人才严重缺乏

当前，随着全省乡村旅游新业态的不断涌现，与之匹配的新型乡村旅游人才的缺口日渐扩大。虽然全省各地区正在探索乡村民宿、乡村研学、乡村电商等新业态的落地，但受专业化的民宿管家、研学导师、乡村运营师、旅游主播等新型人才不足的限制，新业态整体运营效果有限。

1.4.2 专业人才进不来、留不住

当前，全省乡村旅游经营还是以本地人为主，外来的专业型人才引进不足。全省乡村旅游发展多位于城郊农村或偏远山区，基础设施、医疗、教育、购物等环境与城市差距还较大，很多专业性人才特别是年轻人不愿意到农村工作和生活，即使来了，待一段时间不适应农村生活也会离开，专业人才进不来、留不住。

1.5 乡村旅游融资困难与乡村旅游资金需求的矛盾

1.5.1 小微经营主体融资困难

当前，在全省乡村旅游发展中普遍存在农村民宿因无集体建设用地使用权证而无法办理抵押登记，农家乐受自身经营效益不稳定、抗风险能力较弱等因素限制，获得银行信贷资金支持难度较大，返乡农民工、中高等院校毕业生农村创业创新融资"难贵慢"，这些小微经营主体缺少资金来购置经营设备、改造升级经营空间、拓展经营规模，影响乡村旅游业态的持续经营和高质量发展。

1.5.2 上规模的项目资金不足

当前，受整体经济形势和投资环境激变的影响，叠加乡村旅游项目前期投入资金量大、运营风险高、缺乏长期稳定收益等自身"先天不足"，全省上规模乡村旅游项目向金融机构、资本市场融资和吸收社会资本投资更加困难。政府财政资金支持力度进一步收缩，导致了部分项目因资金问题难以持续推进。

2 四川省乡村旅游高质量发展对策

2.1 以运营前置为基础，念好乡村旅游"策规建融管营"六字经

2.1.1 创新乡村旅游综合开发理念

转变传统文旅项目开发思维，坚持"策、规、建、融、管、营"一体化的综合开发理念。引导乡村旅游项目开发系统整合策划、规划、建设、融资、管理、运营等各类资源，以运营前置为基础，将运营的需求融入项目开发前期、开发建设期的各环节中。运营团队需要参与项目全过程管理，以确保顶层策划的可行性、规划设计的落地性、建设施工的可控性、投融资的合理性和管理的有效性，推进"策、规、建、融、管、营"各环节无缝对接，实现乡村旅游项目效益最大化。

2.1.2 提升乡村旅游项目运营能力

引导全省各地乡村旅游项目投资开发主体重视项目运营环节，不断提升乡村旅游运营能力。鼓励各地因地制宜以委托第三方运营团队运营、邀请专业运营导师指导搭建本地化的运营团队、第三方运营团队与本地团队合作建立新运营团队等不同形式，组建具有专业运营能力的团队，对乡村旅游项目和村落进行统一运营，提高乡村旅游的市场竞争力。

2.2 以供给侧创新为核心，走好乡村传统文化转换"五部曲"

2.2.1 厘清乡村传统文化转换路径

引导全省各地改变传统的文化转换模式，形成"解构、筛选、提炼、设计、营销"开发路径，推动乡村传统文化资源向满足市场需求的乡村文创产品转换，在保护和传承的基础上促进乡村传统文化创新性发展。

——解构。在广泛梳理的基础上，深入研究和深度解构乡村传统文化资源，深挖文化要素的深层次内涵。

——筛选。筛选出最能代表村落精神文化，符合市场消费需求，又易于转换的乡村传统文化资源，作为文创产品开发的基础要素。

——提炼。从所筛选的乡村传统文化中，提炼出具有代表性的文化符号和精神内涵，确定文创产品开发的"灵魂"。

——设计。以提炼的文化符号为基础，结合消费者痛点、现代审美等，创新设计系列乡村文创产品。

——营销。以整合营销思维，根据产品定位，设计文创产品营销场景、形式和内容，讲好品牌故事。

2.2.2 构建乡村传统文化生态链

引导全省各地以乡村传统文化资源为基础，以市场需求为导向，以产业融合为手段，建立"传承人＋设计师＋制作师＋营销师"的乡村传统文化开发模式，由乡村传统文化传承人进行传统制作或表演，设计师（设计机构）在传统制作或表演中进行提炼和设计，制作师（生产制作机构）根据设计成果进行制作，营销师（营销机构）以品牌营销推进产品销售，构建乡村传统文化开发的研发设计、生产制作、品牌营销一体化的生态链，推动乡村传统文化资源活化的持续发展。

2.3 以强化土地要素保障为抓手，缓解乡村旅游的空间制约

2.3.1 加快推进乡村旅游用地政策创新

一是落实点状供地政策。推动自然资源部门按照《关于规范实施"点状用地"助推乡村振兴的指导意见（试行）》（川自然资规〔2019〕2号）出台具体实施方案，规范"点状用地"项目用地规划、报批、供地、监管等程序，提高"点状用地"项目用地的可操作性，切实解决乡村旅游项目用地难的问题。

二是明确新业态用地政策。推动自然资源、生态环境、农业农村、林草等部门针对乡村旅游产业发展的创意性、灵活性特征，联合指导乡村旅游新业态（如森林木屋、稻田酒店、田园栈道、帐篷酒店等）用地的合法性与合规性，在政策允许范围内适度放宽新业态用地管控，切实保障乡村旅游新业态用地需求。

2.3.2 完善农村资源流转程序

鼓励在全省范围内推广广汉"三书模式"，在农村资源流转中引进第三方交易平台、律师事务所、公证处的专业服务，严格规范农村土地资源流转程序，保障农民、合作社、投资者等各方主体合法权益，推动城市资本与乡村资源的有效对接。

——第三方交易平台。引导农村资源流转双方完成交易程序，出具交易鉴

证书。

——律师事务所。为农村资源流转双方提供相关法律咨询，完善交易协议等法律文件，出具法律审查意见书。

——公证处。对农村资源勘查现场、交易现场进行录像保全，出具现场公证书。

2.4 以完善人才引育机制为突破，建立乡村旅游发展大支撑

2.4.1 探索新型人才职称评定机制

推动文旅部门、人社部门紧紧围绕全省旅游新业态发展对专业人才的需求，联合研究和探索针对民宿管家、研学导师等新型专业人才的职称评定机制。根据旅游新业态发展的创意性、灵活性特点，因地制宜设定评定程序，丰富职称评定方式，拓宽职称评定范围，明确职称评定申报条件，为全省旅游新业态专业人才建立起完整的职业体系，提供职业发展平台，增强职业自豪感，有效激发全省旅游新业态专业人才的活力。

2.4.2 完善乡村旅游人才引进政策

一是制定人才发展规划。引导全省各地根据乡村旅游发展实际情况，梳理和预测需要的乡村旅游人才的类型和数量，制定配套的引才方案和管理办法。根据实际工作需要，设置特设岗位或流动岗位，引进急需紧缺的专业人才。

二是设立人才绿色通道。推进文化旅游、农业农村、人社等部门，联合研究和探索制定乡村旅游人才下乡引进补贴和奖励办法，为下乡人才住房、医疗、子女教育等方面提供便利，解决下乡人才工作和生活的后顾之忧。

2.4.3 持续推动乡村旅游人才培训

鼓励全省各地因地制宜制定乡村旅游产业带头人培训计划，分批次组团赴国内外乡村旅游先发地区考察学习，开阔视野、拓宽思路，并学以致用。分批次组织乡村旅游产业带头人，赴浙江省杭州市淳安县、桐庐县，湖州市安吉县、德清县等地，实地考察浙江省"千村示范、万村整治"工程，学习和借鉴乡村发展、乡村建设、乡村治理的经验与做法，运用到乡村旅游发展和乡村振兴实践中。

2.5 以投融资创新为重点，增添乡村旅游发展新动能

2.5.1 持续增强政府支持力度

一是制定出台小微经营主体资金支持政策。引导各级政府整合乡村振兴、小流域治理、环境保护等各类资金，制定出台小微经营主体资金支持政策。对经营规模、营业额度、服务质量达到标准的小微经营主体发放一次性奖励，对乡村旅游业态投资建设、改造升级给予资金补贴或提供贴息贷款，对返乡进行乡村旅游开发创业人员提供税收优惠政策，调动小微经营主体参与乡村旅游的积极性。

二是探索多样化担保方式。鼓励在乡村旅游集聚发展区，引导政府出资成立乡村旅游担保公司，为乡村旅游小微经营主体提供贷款担保，通过第三方增信方式提升小微经营主体融资能力；鼓励在集体经济实力较强的村落，在政府相关部门引导下以集体经济组织为担保主体，为乡村旅游小微经营主体提供融资担保。

三是创新债券等融资方式。创新乡村旅游发展投融资机制，鼓励各地政府探索运用发行国债和地方债的方式进行乡村旅游基础设施建设和改造，引导社会资金参与乡村旅游发展，鼓励开发性金融资金为乡村旅游发展提供支持，促进乡村旅游项目实施落地和持续发展。

2.5.2 创新推出特色金融产品

一是推出小微经营主体信贷产品。鼓励各类金融机构根据不同村落乡村旅游发展情况，因地制宜推出"民宿贷""农旅融合贷""乡村创业贷"等特色信贷产品，采取"小额信用＋大额担保"贷款担保组合方式，为小微经营主体和乡村创业人员提供资金，用于日常经营资金周转或经营场所升级改造及维护，为乡村旅游产业发展提供金融助力。

二是推出集体经济组织信贷产品。鼓励各类金融机构针对符合贷款条件的集体经济组织开发专属的信贷产品，为集体经济组织提供流动资金和固定资产贷款支持，满足集体经济组织乡村旅游发展日常经营、购置经营设备、改造经营场所等方面的资金需求，增添乡村旅游发展的新动能。

3 发展展望

在新时代新征程之下,全省应建立政府主导、部门协同的工作机制,坚持农业农村优先发展,坚持城乡融合发展,以乡村旅游发展中的"人、地、钱、营"重点问题为突破口,推动城乡融合发展体制机制改革,推动城乡资源要素双向自由流动,促进新型城镇化和乡村全面振兴,建立城乡各展其长、各美其美的融合发展新格局,推动建设中国式现代化大美四川图景。

四川省乡村旅游发展状况分析与展望

[作　者] 四川省旅游学会乡村旅游研究专委会

摘　要： 2023年，随着疫情防控政策的优化调整，全国文旅业呈现出创新化、融合化、体验化和数字化的发展新趋势。四川省乡村旅游经济整体稳定回暖，新业态层出不穷，基础设施和公共服务设施日益完善。全省五大区域乡村旅游特色化发展，呈现出五彩缤纷、百花齐放的宏大局面。

关键词： 乡村旅游；整体发展；五大区域；四川省

1　文旅产业发展新趋势

1.1　政策端：从纾困扶持向引导产业创新发展转变

在2020—2022年疫情防控期间，中央到地方各级政府出台政策，通过税收减免、金融支持、发行消费券、行业补贴、审批管理等多元手段积极为文旅业纾困解难。2023年，随着疫情防控政策的优化调整，国务院办公厅发布了《关于释放旅游消费潜力推动旅游业高质量发展的若干措施》（国办发〔2023〕36号），文旅部制定了《国内旅游提升计划（2023—2025年）》，积极引导政府部门和市场主体创新发展，进一步释放文旅消费潜力，推动文旅产业实现质的有效提升和量的合理增长，标志着文旅业正式迈入了高质量发展的新阶段。

1.2　产业端：从文旅融合向多业融合发展转变

在2020—2022年疫情防控期间，文化和旅游融合边界不断拓展，不断催生出新兴消费业态，推动文旅业发展空间不断拓宽。如西安长安十二时辰主题街区，以唐代市井文化为源点，以网剧《长安十二时辰》IP为主题，以"文旅+"

的思路打造了集全唐空间游玩、唐风市井体验、主题沉浸互动、唐乐歌舞演艺、文化社交休闲等为一体的新文旅消费综合体。2023年，文旅业发展新趋势表现为文旅业与农业、生态、康养、运动、研学、艺术等产业进一步深化融合，业态更加丰富多元，产业生态圈不断形成。火爆2023年暑假的研学旅游就是一个生动的例子。

1.3 消费端：从"看风景"向"深度体验"转变

在经历了三年疫情之后，大众的文旅消费偏好更注重生态健康和精神价值，从以前的"观景览胜""到此一游"逐步向深度体验当地生活转变。当前，特别是年轻人，更热衷于通过深入了解当地文化、深度体验当地生活，来缓解生活压力、感受生活乐趣、启迪生活智慧。特色民俗、创意集市、非遗文化、庙会灯会、祈福等传统文化体验活动吸引了越来越多的年轻游客。据同程研究院与腾讯营销洞察（TMI）联合发布的《中国旅行消费趋势洞察白皮书（2023年版）》数据统计，2023年，旅行者关注"深入当地"的人群占比达65%，偏好"体验更有当地特色的活动"的人群占比达61%。

1.4 运营端：从传统管理向数字化运营转变

在2020—2022年疫情防控期间，AR、VR、大数据、云服务、物联网等技术与文旅创新结合，"云旅游""云看展""云游博物馆"等新业态纷纷推出，带给游客足不出户就可各地旅游的新奇体验。在疫情防控政策优化调整后，"文旅+科技"成为化解文旅运营痛点的重要手段。地方政府和景区纷纷与科技企业合作搭建数字化平台，提供包括数字化预订、支付、导航、投诉等服务，以及大数据收集、分析、预警、决策等功能，提高了文旅行业运营管理效率，提升了游客消费体验。如腾讯与云南省合作开发的"一机游"平台，实现了线上线下全方位智慧服务和运营，推动了云南省智慧旅游发展的脚步。

2 四川省乡村旅游发展基本情况

2.1 发展现状

2.1.1 乡村旅游需求侧现状

（1）乡村旅游经济稳定回暖，季度增速环比从高企走向回落

根据四川省乡村旅游监测数据测算，2023年，四川省乡村旅游收入4016.02亿元，同比增长8.54%，乡村旅游游客接待量5.54亿人次，同比增长12.15%（见表1）。2023年是疫情防控政策优化调整后的奋进之年，在城乡居民流动和接触性消费的限制终结后，人们普遍对全省乡村旅游经济预期持乐观态度。经过一年的发展，全省乡村旅游经济并未达到快速恢复的预期，整体呈现出稳定回暖的态势。

表1 2021—2023年四川省乡村旅游发展情况

年份	旅游收入（亿元）	同比增长	游客接待量（亿人次）	同比增长
2021	3637.43	15.00%	4.66	17.00%
2022	3700.00	1.70%	4.94	6.01%
2023	4016.02	8.54%	5.54	12.15%

数据来源：由四川省乡村旅游监测数据测算。

根据四川省乡村旅游监测数据测算，2023年，四川省各季度乡村旅游经济发展呈现出增速环比从高企走向回落的趋势（见表2）。

——第一季度，疫情防控政策的优化调整刚实施，人们因"憋疯了"，都"想出去看看"，出省、出境等远程旅游火爆，全省乡村旅游经济增幅有限。

——第二季度，在清明节、劳动节、端午节假日旅游需求拉动下，近程旅游和本地休闲成为主流，乡村旅游市场持续回暖，全省乡村旅游经济增幅稳步上升。

——第三季度，暑期来临，全省亲子游、研学旅游市场全面火爆，避暑旅

游需求加速释放，全省乡村旅游市场加快复苏，全省乡村旅游经济增幅达到年度高峰。

——第四季度，全省阳光康养和冰雪温泉资源较丰富地区持续火爆，其他地区乡村旅游进入淡季，全省乡村旅游市场回落，全省乡村旅游经济增速下降。

表2　2023年各季度四川省乡村旅游发展情况

季度	旅游收入（亿元）	环比增长	旅游接待人数（亿人次）	环比增长
一季度	951.96	16.91%	1.28	22.86%
二季度	1048.81	10.17%	1.35	5.16%
三季度	1179.44	12.46%	1.70	26.10%
四季度	835.80	-29.14%	1.21	-28.46%
合计	4016.02	—	5.54	—

数据来源：由四川省乡村旅游监测数据测算。

（2）乡村旅游格局基本稳定，南充市、雅安市、遂宁市、凉山州梯队变化明显

根据四川省乡村旅游监测数据测算，2023年，各市州的梯队排位同比去年，除南充市与雅安市（南充市由第二梯队降至第三梯队，雅安市由第三梯队升至第二梯队）、遂宁市与凉山州出现梯队互换（遂宁市由第三梯队降至第四梯队，凉山州由第四梯队升至第三梯队）外，其他市州在原有梯队内的排位小幅度动态变动，全省各市州乡村旅游发展格局基本保持稳定。2023年，成都市乡村旅游收入是全省乡村旅游收入排名第二位德阳市的7.3倍，是全省乡村旅游收入排名末位内江市的250.8倍，成都市与其他市州的乡村旅游收入依然保持较大差距（见表3）。

表3 2022—2023年四川省各市州乡村旅游收入情况

2023年			2022年		
梯队	市州	乡村旅游收入（亿元）	梯队	市州	乡村旅游收入（亿元）
第一梯队	成都市	2002.11	第一梯队	成都市	1865.21
第二梯队	德阳市	274.38	第二梯队	绵阳市	226.40
	广元市	244.43		德阳市	224.48
	绵阳市	223.24		广元市	222.01
	雅安市	190.81		南充市	178.68
第三梯队	眉山市	188.60	第三梯队	眉山市	158.88
	宜宾市	182.86		乐山市	152.56
	乐山市	147.09		雅安市	149.60
	南充市	141.04		宜宾市	144.64
	阿坝州	88.23		巴中市	89.92
	巴中市	79.47		泸州市	66.97
	甘孜州	63.23		阿坝州	39.67
	泸州市	34.81		达州市	34.06
	广安市	33.04		甘孜州	33.36
	凉山州	26.99		广安市	30.30
	达州市	23.70		遂宁市	18.20
第四梯队	资阳市	19.88	第四梯队	资阳市	17.24
	遂宁市	17.22		凉山州	16.74
	自贡市	13.91		自贡市	15.53
	攀枝花	13.00		攀枝花市	8.16
	内江市	7.98		内江市	7.39
总计		4016.02	总计		3700.00

数据来源：由四川省乡村旅游监测数据测算。

H 乡村旅游

（3）乡村旅游过夜游客恢复增长，川西过夜游客比例持续领跑

根据四川省乡村旅游监测数据测算，2023年，全省乡村旅游过夜游客1.44亿人次，占全省乡村旅游接待总人数的25.71%，同比上升6.7个百分点（见表4），实现了反弹增长。从各市州来看，2023年，川西地区的阿坝州乡村旅游过夜游客人数占比最高，为45.96%（见图1），已经连续三年领跑全省。

表4　2021—2023年四川省乡村旅游过夜游客情况

年份	全省乡村旅游过夜游客人数（亿人次）	全省乡村旅游过夜游客比例
2021	1.06	22.38%
2022	0.94	19.02%
2023	1.44	25.71%

数据来源：由四川省乡村旅游监测数据测算。

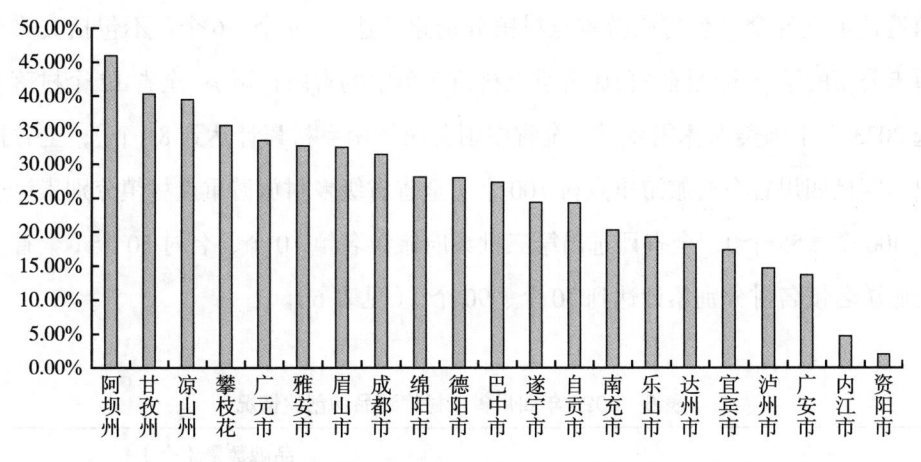

图1　2023年四川省各市州乡村旅游过夜游客占比情况

（4）乡村旅游人均综合消费水平持续下行

根据四川省乡村旅游监测数据测算，2023年，全省乡村旅游人均综合消费为725元，比2022年减少24元，同比下降3.21%（见表5）。受国内经济增速下行的影响，全省居民文旅消费预期整体不足，即便在疫情防控政策优化调整后也并未出现明显好转，全省乡村旅游人均综合消费水平连续三年下降。

表5 2021—2023年四川省乡村旅游人均综合消费情况

年份	全省乡村旅游人均综合消费（元/人次）	全省乡村旅游人均综合消费同比情况
2021	781	—
2022	749	-4.05%
2023	725	-3.21%

数据来源：由四川省乡村旅游监测数据测算。

2.1.2 乡村旅游供给侧现状

（1）持续推进乡村旅游品牌创建

2023年，全省继续深入开展乡村旅游品牌创建活动，以品牌示范引领乡村旅游高质量发展。2023年，全省拟推荐4个村、3个镇参加全国乡村旅游重点村镇遴选（全省全国乡村旅游重点村镇分别累计达到49个、6个，不包括文旅部暂未公布的第五批全国乡村旅游重点村镇名单中的省内村镇）；全省12个村落入选2023年中国美丽休闲乡村（全省中国美丽休闲乡村累计达到81个）；全省推出第四批四川省乡村旅游重点村100个（全省省级乡村旅游重点村镇分别累计达到400个、55个）；全省评选出第三批天府旅游名镇10个、名村30个（全省天府旅游名镇名村分别累计达到70个、90个）（见表6）。

表6 2023年四川省乡村旅游品牌创建情况

主要乡村旅游品牌	品牌数量（个）	
	新增	总计
全国乡村旅游重点镇	新一批暂未公布	6
全国乡村旅游重点村	新一批暂未公布	49
中国美丽休闲乡村	12	81
省级乡村旅游重点镇	10	55

续表

主要乡村旅游品牌	品牌数量（个）	
	新增	总计
省级乡村旅游重点村	100	400
天府旅游名镇	10	70
天府旅游名村	30	90

数据来源：四川省文化和旅游厅、四川省农业农村厅官网。

（2）乡村旅游投资持续下行，成都市依然是全省投资热点

根据四川省乡村旅游监测数据测算，2023年，全省完成乡村旅游固定资产投资218亿元，比2022年减少42亿元，同比下降16.15%。在疫情防控期间和疫情防控政策优化调整后，全省乡村旅游固定资产投资连续三年下降（见表7）。从市州分布来看，2023年，成都市、广元市、南充市、雅安市、眉山市乡村旅游投资位列前五位，分别为48.52亿元、42.11亿元、23.93亿元、27.31亿元、21.08亿元（见图2），成都市依然为全省乡村旅游投资最火爆的区域。

表7 2021—2023年四川省乡村旅游投资情况

年份	全省乡村旅游投资（亿元）	全省乡村旅游投资同比情况
2021	300.69	—
2022	260	-13.53%
2023	218	-16.15%

数据来源：由四川省乡村旅游监测数据测算。

（3）文创文化类业态增长，"小而美"业态不断呈现

根据四川省乡村旅游监测数据测算，2023年，全省乡村旅游经营业态共计9类56820个，同比增长7.37%，呈现出增长发展的态势。随着市场对文化消费的日益青睐，全省文创商品店、乡村节庆活动数量增幅最大，分别达到17.71%、16.55%。低成本投资、轻资产运营的茶吧、酒吧、咖啡吧等业态的数量增幅位居

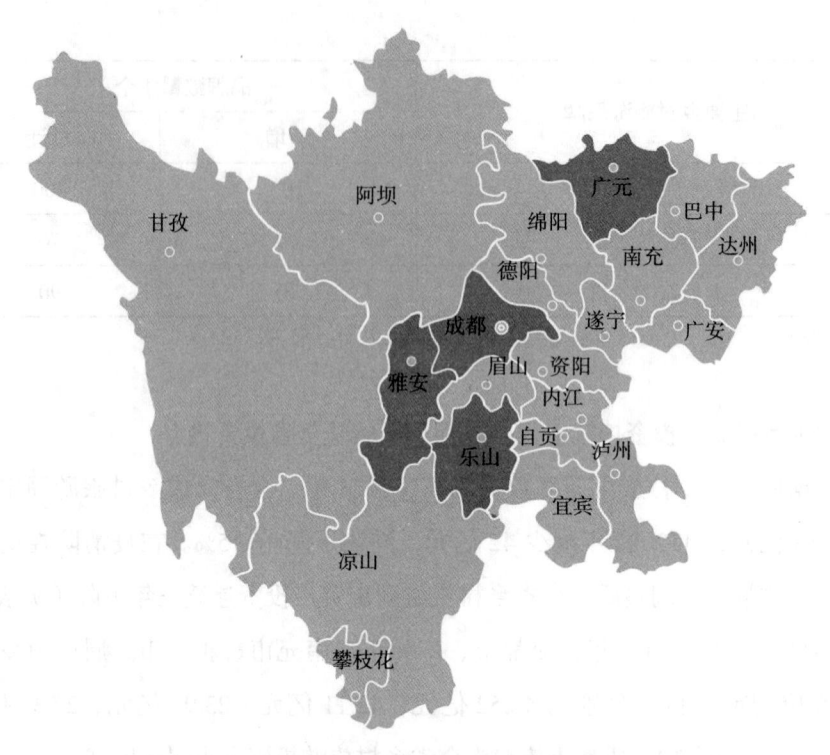

图2 2023年四川省乡村旅游投资热点区域图

第三位，达到15.97%（见表8）。同时，"传统文化＋现代科技"的沉浸式演艺、沉浸式体验等"小而美"业态成为新的增长点。

表8 2023年四川省乡村旅游经营业态情况表

乡村旅游业态类型	乡村旅游业态数量（个）	同比增长
农家乐	18614	5.68%
乡村酒店与民宿	14476	7.42%
特色餐饮	6820	1.49%
茶吧、酒吧、咖啡吧等	4357	15.97%
乡村节庆活动	3522	16.55%
特色农产品店	2892	3.58%
露营地	2838	7.58%

续表

乡村旅游业态类型	乡村旅游业态数量（个）	同比增长
乡村文创商品店	1994	17.71%
其他	1307	8.29%
总计	56820	7.37%

数据来源：由四川省乡村旅游监测数据测算。

2.1.3 基础设施与公共服务

（1）农村交通基础设施条件稳步提升

根据四川省乡村旅游监测数据统计，2023年，在全省乡村旅游监测有效样本中，内部主干道等级达4级以上的监测点占比93.32%，同比增长3个百分点；已开通旅游公交的监测点占比68.74%，同比增长1个百分点；停车位超100个的监测点占比85.87%，同比增长2个百分点。总体来看，随着乡村振兴战略的全面推进，全省以交通为主的农村基础设施条件稳步提升，乡村旅游发展基础环境逐步优化。

（2）乡村旅游公共服务设施逐步完善

根据四川省乡村旅游监测数据统计，2023年，在全省乡村旅游监测（全国/省级乡村旅游重点村镇、天府旅游名村镇）有效样本中，建有游客中心的监测点占比91.78%（含镇村文旅服务中心），同比增长1个百分点；已建有智慧旅游系统的监测点占比39.79%，同比增长2个百分点；建有3座以上旅游厕所的监测点占比79.50%，同比增长3个百分点。总体来看，随着乡村旅游持续稳定发展，乡村旅游公共服务设施逐步完善，发展基础不断夯实。

2.1.4 乡村旅游经营主体现状

（1）乡村旅游经营主体整体状态较平稳，经营持续性逐步上升

根据四川省乡村旅游监测数据统计，2023年全省乡村旅游经营主体保持全年持续营业的占比79.45%，同比增长5.45个百分点，整体保持平稳的经营状态。间歇性营业的乡村旅游经营主体占总量的16.80%，同比下降5个百分点。停（歇）业的乡村旅游经营主体占总量的3.75%，同比下降0.7个百分点（见图3）。

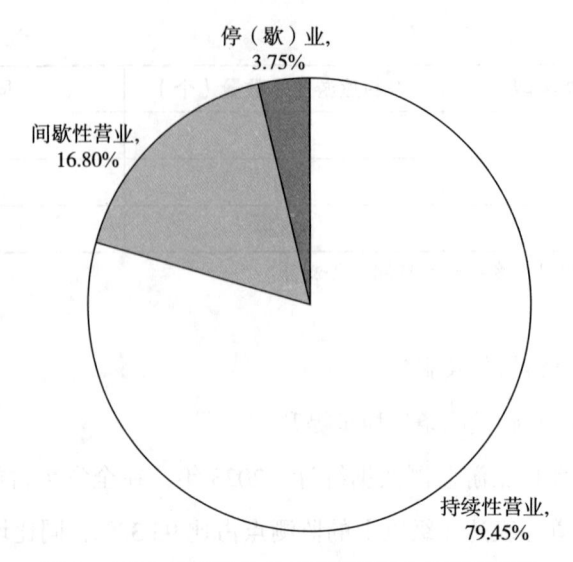

图3 2023年四川省乡村旅游经营主体经营状况

整体来看，全省乡村旅游经营的持续性呈现上升趋势。

（2）乡村旅游经营主体的综合经营状况在波动中持续好转

根据四川省乡村旅游监测数据统计，在2023年全年四个季度中，全省乡村旅游经营主体认为本季度的经营状况好于上季度的，一、二、三季度有所上升，四季度却下滑至30%；相反，认为本季度的经营状况差于上季度的，从一季度的31.45%持续下降至三季度的28.94%，再上升至四季度的55.99%（见图4）。整体来看，乡村旅游经营主体认为自身的综合经营状况正在波动中持续好转。

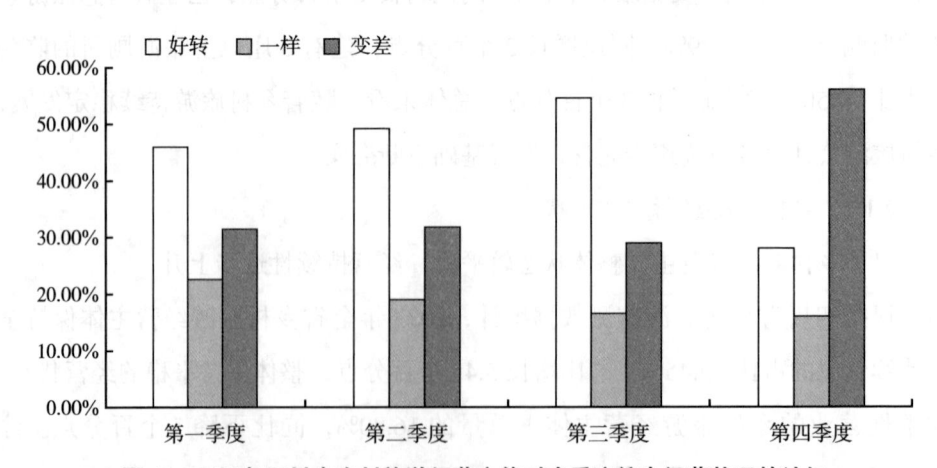

图4 2023年四川省乡村旅游经营主体对当季度综合经营状况的认知

（3）乡村旅游经营主体的未来预期稳步上升

根据四川省乡村旅游监测数据统计，2023年全省乡村旅游经营主体认为下一季度经营状况将好转的占比72.13%，同比增长10.5个百分点，整体经营信心稳步上升。从2023年各季度来看，认为下一季度经营状况好转的占比，一、二季度保持平稳，三季度急剧下降，四季度回升；相反，认为下一季度经营状况变差的占比，一、二季度保持平稳，三季度大幅度上升，四季度回落。整体来看，全省乡村旅游经营主体的经营信心有所回升并在三、四季度出现较大波动（见图5）。

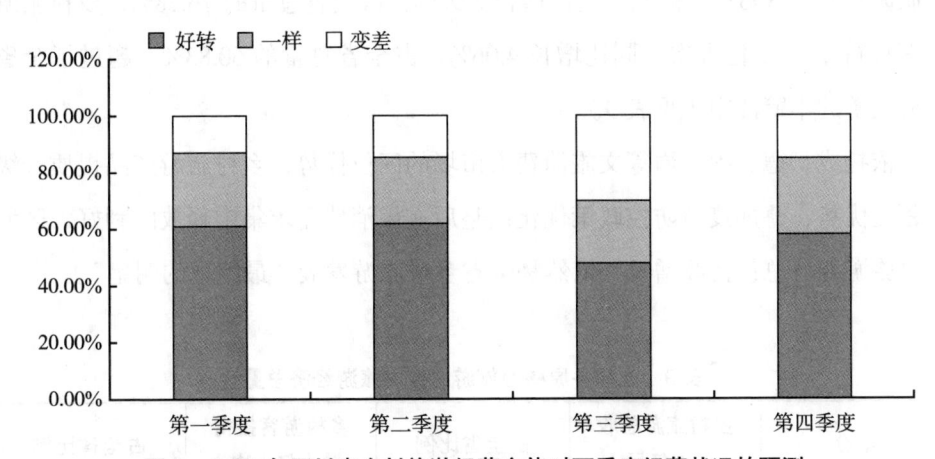

图5 2023年四川省乡村旅游经营主体对下季度经营状况的预测

2.2 区域格局

2023年，全省五大区域乡村旅游发展整体呈现出百花齐放的宏大局面。

——成都平原核心旅游区，以区位、市场、创新等绝对优势，强势占据了全省乡村旅游的大半壁江山，是全省最闪耀的明星。

——川东北旅游区，苦练内功，"绿色""红色"资源创新转换，在向好的大势中实现了川东北乡村旅游崛起。

——川南旅游区，擦亮招牌，以龙头带动区域乡村旅游高质量发展，成为全省乡村旅游后起之秀。

——攀西旅游区，阳光魅力无穷，瓜果甜蜜飘香，乡村康养推动攀西乡村旅游温暖绽放。

——川西北旅游区，民俗文化和生态环境交相辉映，文旅融合促进川西北乡村旅游熠熠生辉。

2.2.1 成都平原核心旅游区

成都平原核心旅游区包括成都市、乐山市、眉山市、资阳市、德阳市、绵阳市、雅安市、遂宁市8市。

（1）区域乡村旅游经济总量

根据四川省乡村旅游监测数据测算，2023年，成都平原核心旅游区8市乡村旅游总收入3063.32亿元，同比增长8.92%，占全省总量的76.28%，乡村旅游客接待量3.37亿人次，同比增长4.06%，占全省总量的60.83%，超过了全省乡村旅游的半壁江山（见表9）。

依托成、德、绵、眉等文旅消费大市场的区位优势，乡村旅游产品提质升级的领先优势，叠加疫情防控政策优化调整后文旅消费需求集中释放的利好，区域乡村旅游经济总量持续增长，依然是全省乡村旅游发展"最闪耀的明星"。

表9 成都平原核心旅游区乡村旅游经济总量

年份	乡村旅游总收入（亿元）	占全省比例	乡村游客接待量（亿人次）	占全省比例
2022年	2812.57	76.02%	3.24	65.62%
2023年	3063.32	76.28%	3.37	60.83%

数据来源：由四川省乡村旅游监测数据测算。

（2）区域乡村旅游发展结构

2023年，成都平原核心旅游区各市乡村旅游发展不平衡，整体呈现出"中部强、北部快、南部慢"的特征。

根据四川省乡村旅游监测数据测算，2023年，成都市乡村旅游收入2002.11亿元，占区域总量的65.36%，占全省总量的49.85%。位于区域中部的成都市，乡村旅游"一城独大"的首城地位十分稳固，稳定地与其他市州拉开差距。

同区域的其他市中，区域北部的德阳市、绵阳市乡村旅游收入分别为274.38亿元、223.24亿元，在全省乡村旅游排位中位居第2、4位，乡村旅游发展较快。区域南部的雅安市位居全省第二梯队，眉山市、乐山市位居全省第三梯队，资阳市、遂宁市乡村旅游收入总量偏小，在全省排位中靠后，乡村旅游发展整体落后于区域南部（表10）。

表10 成都平原核心旅游区各市乡村旅游收入情况

市州	乡村旅游收入（亿元）	占区域总量比例	在全省排位
成都市	2002.11	65.36%	1
德阳市	274.38	8.96%	2
绵阳市	223.24	7.29%	4
雅安市	190.81	6.23%	5
眉山市	188.60	6.16%	6
乐山市	147.09	4.80%	8
资阳市	19.88	0.65%	17
遂宁市	17.22	0.56%	18
成都平原核心旅游区	3063.32	100.00%	—

数据来源：由四川省乡村旅游监测数据测算。

（3）区域乡村旅游发展特征

近年来，成都平原核心旅游区以市场需求为导向，推动新项目落地和存量项目升级，丰富业态类型，提升服务品质，营造出特色化、高品质的乡村休闲度假环境，推进乡村旅游向乡村度假转型升级。

——乡村民宿/乡村酒店。区域内乡村民宿/乡村酒店呈现出"不只是住宿"的新特征，通过植入个性化、主题化的新业态，打造成具有乡村美学特征的体验和消费新空间。明月村的远家酒店，整体格局除了28间客房外，将酒店整体空间的三分之二设置成了公共区域，在公共区域布设了具有主理人强烈个人风格的手工草木染、展览、服装、书店、咖啡店等业态，酒店成为展示和分享主理人生活美学的新空间。

——非遗体验/非遗文创。区域内乡村非遗正在不断探索从单一的整理保护向多元化创新发展的转变，开发非遗体验、非遗文创等业态，以适应市场需求的形式推动传承与发展。国家级非遗青神竹编，从传统的竹制生产生活用具到精美绝伦的竹编艺术精品，从单一的竹编制作生产到游客竹编技艺体验，正在探索乡村非遗在发展中传承的有效路径。

——美术馆、微博物馆、乡村书吧。为满足游客的文化需求，区域内涌现出一批主客共享的美术馆、微博物馆、乡村书吧等新业态。仁寿县哨楼村村史馆，深度挖掘村庄历史，通过文字、照片、实物等方式翔实展示了一个村庄的生成与发展，成为传承乡村优秀传统文化，守住"根脉"，记住"乡愁"的重要阵地。

——以自然村或行政村为单位的新旅游村。全省各地以新发展理念为导向，整村开发、建设、运营的乡村旅游新村正不断涌现。彭州市金城社区，以共享发展为理念，以"共享+"模式发展社区产业，整村打造了共享民宿、蜀中糖门、矿山营地等10个社区商业消费场景，实现集体资产从原有的100万元增加到2亿元，集体经济收入达600万元，带领村民走上了共同富裕的道路。

2.2.2 川东北旅游区

川东北旅游区包括广元市、南充市、广安市、达州市、巴中市5市。

（1）区域乡村旅游经济总量

根据四川省乡村旅游监测数据测算，2023年，川东北旅游区5市乡村旅游总收入521.68亿元，同比减少6.00%，占全省总量的12.99%；乡村旅游游客接待量1.46亿人次，同比增加33.80%，占全省总量的26.31%（见表11）。

在消费信心不足、交通区位限制和文旅需求释放的多向叠加中，区域内乡村旅游出游人数增加与乡村旅游收入下降并存，整体呈现"有人流量、没消费量"的基本特征，乡村旅游人均综合消费降级。

表 11　川东北旅游区乡村旅游经济总量

年份	乡村旅游总收入（亿元）	占全省比例	乡村游客接待量（亿人次）	占全省比例
2022 年	554.97	15.00%	1.09	22.15%
2023 年	521.68	12.99%	1.46	26.31%

数据来源：由四川省乡村旅游监测数据测算。

（2）区域乡村旅游发展结构

分市来看，2023年，广元市、南充市为区域乡村旅游发展的领头羊，其余各市乡村旅游发展较慢。

根据四川省乡村旅游监测数据测算，2023年，广元市乡村旅游收入为244.43亿元，占区域总量的46.85%，位居全省第3位。近年来广元市乡村旅游发展的异军突起奠定了川东北崛起的基石。南充市乡村旅游收入141.04亿元，占区域总量的27.04%，其乡村旅游的蓬勃发展成为川东北崛起的重要支撑。

区域内其他市乡村旅游发展水平与广元市差距较大，巴中市乡村旅游收入属全省中等水平，广安市、达州市乡村旅游收入属全省中下水平，分别位居全省第11、14、16位（见表12）。

表 12　川东北旅游区各市乡村旅游收入情况

市州	乡村旅游收入（亿元）	占区域总量比例	在全省排位
广元市	244.43	46.85%	3
南充市	141.04	27.04%	9
巴中市	79.47	15.23%	11
广安市	33.04	6.33%	14
达州市	23.70	4.54%	16
川东北旅游区	521.68	100.00%	—

数据来源：由四川省乡村旅游监测数据测算。

（3）区域乡村旅游发展特征

近年来，川东北旅游区依托丰富的"绿色"和"红色"资源，持续推出夏季避暑、森林康养、中医药康养、红色研学等特色产品，拓宽乡村旅游发展路径，推动乡村振兴战略全面实施。

——夏季避暑度假。区域内依托丰富的森林资源和优良的气候条件，开发以乡村民宿为核心、休闲娱乐为配套的夏季避暑度假产品，持续火爆市场。广元市曾家山，森林覆盖率达74%以上，负氧离子33000个/立方厘米，夏季平均温度为23℃，以优越的度假自然环境和高品质的度假产品成为中国西部具有吸引力的夏季避暑度假目的地。

——乡村森林康养。区域内在保护森林资源的前提下，在允许范围内发展特色住宿、生态旅游、自然教育、自然体验等业态，完善旅游服务、餐饮娱乐、医疗保健等配套设施，发展乡村康养。2023年，川东北旅游区共有6个村、10家民宿（农庄/农家乐）入选了四川省森林村庄和森林人家。

——"红色+乡村"。区域内依托红色文化资源，开发红色研学、红色教育、党性教育等产品，辐射带动周边村落乡村民宿、特色餐饮、自然观光、休闲娱乐等业态发展。由通江县政府与四川能投文旅集团共同打造的川陕苏区王坪综合实践教育营地，迎来了川内外大量学生及社会人士前来研学，直接带动周边王坪村乡村民宿和特色餐饮发展。

2.2.3 川南旅游区

川南旅游区包括宜宾市、内江市、自贡市、泸州市4市。

（1）区域乡村旅游经济总量

根据四川省乡村旅游监测数据测算，2023年，川南旅游区4市乡村旅游总收入239.56亿元，同比增长2.14%，占全省总量的5.97%；乡村旅游游客接待量0.48亿人次，同比增长5.70%，占全省总量的8.58%（见表13）。

区域内各市乡村旅游发展不均衡，宜宾市异军突起，其他市与上年同比下降或持平，升降两消，区域内乡村旅游经济总量整体与上年基本持平。

表 13 川南旅游区乡村旅游经济总量

年份	乡村旅游总收入（亿元）	占全省比例	乡村游客接待量（亿人次）	占全省比例
2022年	234.53	6.34%	0.45	9.18%
2023年	239.56	5.97%	0.48	8.58%

数据来源：由四川省乡村旅游监测数据测算。

（2）区域乡村旅游发展结构

从市州来看，2023年，宜宾市的快速发展托底了区域乡村旅游整体水平，其他各市成为区域乡村旅游发展的明显短板。

根据四川省乡村旅游监测数据测算，2023年，宜宾市乡村旅游收入182.86亿元，占区域总量近8成。在经济总量上涨、区域交通改善的利好下，宜宾市依托"两海"（竹海和石海）优质资源发展乡村旅游，迅速成为乡村旅游的"新宠"，是区域乡村旅游发展的"排头兵"。

区域内其他市乡村旅游发展水平较低。根据四川省乡村旅游监测数据测算，2023年，泸州市乡村旅游收入为34.81亿元，在全省排位中居13位。自贡市、内江市两市乡村旅游收入分别为13.91亿元、7.98亿元，在全省排名中位于末位（见表14）。

表 14 川南旅游区市州乡村旅游收入情况表

市州	乡村旅游收入（亿元）	占区域总量比例	在全省排位
宜宾市	182.86	76.33%	7
泸州市	34.81	14.53%	13
自贡市	13.91	5.81%	19
内江市	7.98	3.33%	21
川南旅游区	239.56	100.00%	—

数据来源：由四川省乡村旅游监测数据测算。

（3）区域乡村旅游发展特征

近年来，川南旅游区充分利用丰富的古村镇和"两海"（竹海、石海）资源为周边乡村引流，依托特色资源开发差异化乡村旅游产品，通过流量共享、产品互补实现共同发展。

——"古镇古村＋乡村"。区域内以古镇古村为吸引物，联动周边村落拓展文旅消费新空间，古镇古村与周边村落相互赋能、共享发展。合江县尧坝镇白村，在尧坝古镇的辐射带动下，利用农业产业资源打造了"尧坝红"柑橘示范园、"驿路荔香"荔枝园、辣椒产业园等农文旅融合项目，发展乡村观光、乡村露营、休闲娱乐、乡村餐饮等业态，白村与古镇"一古一今""一动一静"完美融合、交相辉映。

——"两海＋乡村"。区域内部分村落背靠"两海"（竹海、石海）景区，依托乡村生产、生活、生态资源，差异化定位、精细化服务，进一步满足游客度假、康养、研学的需求，实现景村融合。有蜀南竹海"后花园"美誉的永江村，以乡村闲置资源为基础，布局景观竹苗扩繁基地、"稻鱼共生、稻菌轮作"特色产业基地、大师工坊、乡村书院、传统文化研习馆、精品民宿、竹生态美食餐厅等项目，从点状自主运营到积极融入旅游度假区，实现共生发展。

2.2.4 攀西旅游区

攀西旅游区包括凉山州、攀枝花市2市州。

（1）区域乡村旅游经济总量

根据四川省乡村旅游监测数据测算，2023年，攀西旅游区2市州乡村旅游总收入39.99亿元，同比增长60.60%，占全省总量的1.00%；乡村旅游游客接待量0.05亿人次，同比增长34.79%，占全省总量的0.97%（见表15）。

依托阳光度假、特色瓜果、民族文化等特色资源，区域成为重要康养度假旅游目的地，乡村旅游迎来了久违的"小爆发"。区域乡村旅游总收入增长幅度大于游客接待量，实现"消费量"赶超"人流量"。

表15　攀西旅游区乡村旅游经济总量

年份	乡村旅游总收入（亿元）	占全省比例	乡村游客接待量（亿人次）	占全省比例
2022年	24.90	0.67%	0.04	0.82%
2023年	39.99	1.00%	0.05	0.97%

数据来源：由四川省乡村旅游监测数据测算。

（2）区域乡村旅游发展结构

从市州来看，2023年，攀西旅游区乡村旅游经济总量大幅增长，但区域内两市州发展不均衡。

根据四川省乡村旅游监测数据测算，凉山州乡村旅游收入为26.99亿元，位居全省第15位，属中等发展水平。攀枝花市乡村旅游收入为13.00亿元，位居全省第20位，在全省排位中居于末尾，发展水平较低（见表16）。

表16　攀西旅游区各市州乡村旅游收入情况

市州	旅游收入（亿元）	占区域总量比例	在全省排位
凉山州	26.99	67.49%	15
攀枝花	13.00	32.51%	20
攀西旅游区	39.99	100.00%	—

数据来源：由四川省乡村旅游监测数据测算。

（3）区域乡村旅游发展特征

近年来，攀西旅游区以特色阳光康养资源为基础，以打响城市品牌为抓手，通过康养基地带动、城市品牌辐射等方式，赋能区域乡村旅游发展。

——"康养+乡村"。区域内部分地区以阳光康养基地为核心，带动周边村落发展农产品种植基地，开发乡村民宿、文化体验、咖啡馆、文创商品等新业态，实现资源互补、流量共享、共生发展。坐落在邛海边上的大石板古村，在邛海度假区的辐射带动下，依托传统乡土文化，开发精品民宿、特色小吃、咖啡馆、民族文化体验等业态，成为邛海度假区乡土文化体验的重要拼图。

——"城市品牌+乡村"。区域内攀枝花市以"英雄城市""阳光康养"城市品牌为内核,连接体育竞技、康体健身、研学旅游,发展新消费业态,助推乡村旅游持续发展。2023年,攀枝花市引进英雄联盟城市英雄争霸赛、国家登山健身步道联赛等新赛事,举办了第十四届攀枝花欢乐阳光节、羽毛球邀请赛等,推出了"钢铁是怎样炼成的""花儿为什么这样红""攀果为什么这样甜"三大主题研学课程,擦亮城市品牌为乡村旅游引流,带动了平地镇迤沙拉村、红格镇昔格达村、攀莲镇贤家村等乡村旅游发展。

2.2.5 川西北旅游区

川西北旅游区包括阿坝州、甘孜州2州。

（1）区域乡村旅游经济总量

根据四川省乡村旅游监测数据测算,2023年,川西北旅游区2州乡村旅游总收入151.46亿元,同比增长107.40%,占全省总量3.77%;乡村旅游游客接待量0.18亿人次,同比增长66.21%,占全省总量3.30%（见表17）。

多彩的民族文化和优美的自然风光交相辉映,叠加人员流动限制终结带来的利好,区域乡村旅游发展进入"小高峰",乡村旅游经济总量大幅增长。

表17 川西北旅游区乡村旅游经济总量

年份	乡村旅游总收入（亿元）	占全省比例	乡村游客接待量（亿人次）	占全省比例
2022年	73.03	1.97%	0.11	2.23%
2023年	151.46	3.77%	0.18	3.30%

数据来源：由四川省乡村旅游监测数据测算。

（2）区域乡村旅游发展结构

分州来看,2023年,阿坝州与甘孜州乡村旅游发展较为均衡,在"量"（收入总量）和"位"（全省排位）上实现了"双增长"。

据四川省乡村旅游监测数据测算,阿坝州、甘孜州乡村旅游收入分别为88.23亿元、63.23亿元,占同区域总量的58.26%、41.74%。从全省来看,阿坝州、甘孜州乡村旅游收入在全省排位中居第10、12位（见表18）。

表18 川西北旅游区各州乡村旅游收入情况

市州	乡村旅游收入（亿元）	占区域总量比例	在全省排位
阿坝州	88.23	58.26%	10
甘孜州	63.23	41.74%	12
川西北旅游区	151.46	100.00%	—

数据来源：由四川省乡村旅游监测数据测算。

（3）区域乡村旅游发展特征

近年来，川西北旅游区依托丰富的自然资源和民族文化资源，开发了自然观光、精品民宿、特色餐饮、民族文化体验等业态，在自驾游线路的带动和节庆活动的引爆下，民族村落旅游持续发展。

——川西自驾游为民族文化型村落引流。2023年，川西地区成为自驾游的热土。在自驾游线路的引流下，沿线民族文化型村落受到热捧。2023年"双节"期间，川西地区传统的G318、G317自驾线和新晋的格聂南线、格聂C线等自驾线迎来了流量的高峰，为沿线的民族村落大量引流。

——民族村落度假体验游火热。2023年，川西地区紧抓疫情防控调整后的复苏机遇，推动民族村落乡村民宿发展，开发民族歌舞、民族非遗、民俗风情等特色体验产品，发展民族村落度假体验游。2023年"双节"期间，作为民族地区度假村落重要代表的丹巴县甲居藏寨共接待游客64160人次，实现了乡村旅游的快速回暖。

——民族节庆火爆。2023年暑期，川西地区夏季避暑旅游迎来了小爆发，成为近年来"最热"的暑假。各地以特色节会活动为载体，开发特色民族风情体验产品，带火乡村旅游。2023年7—8月间，甘孜州多个县（市）相继举办首届"康巴红·新龙十三"民俗文化旅游季、"福地色达·金马之邀"草原游牧文化遗产体验季、乡城香巴拉农民艺术节、石渠太阳部落帐篷节等节庆活动，集中展现民族文化魅力，持续为乡村旅游赋能。

3 发展展望

在乡村振兴的战略背景下，乡村旅游转型升级已经成为不可逆的趋势，也将肩负起激发消费活力、促进城乡融合、赋能新时代乡村振兴的重大责任。持续深化农文旅融合发展，集聚乡村旅游发展要素，培育新业态新场景，进一步释放乡村旅游消费潜力，促进质的有效提升和量的合理增长，进一步推动乡村旅游高质量发展，将是未来四川省乡村旅游工作的主基调。

I 旅游新业态新场景新模式

社区旅游高质量发展路径探析
——基于《成都市社区旅游发展报告》

[作 者] 张海芹 李树信（四川旅游规划设计研究院有限责任公司）

摘 要： 社区是当地人美好记忆的载体，也是游客近距离体验传统文化、现代文化、创意文化的窗口。社区旅游既是一种"见人见事"的在地化、生活化旅游产品，又是一种旅游业空间组织和发展模式、社区发展治理的重要手段。本文尝试基于成都市社区旅游发展实践经验，解析社区旅游与社区治理的互动机制，探索社区旅游高质量发展路径，以期推动成都市社区旅游高质量发展，并为其他地区社区旅游发展提供有益借鉴。

关键词： 社区旅游；社区治理；发展路径

成都社区旅游是在城乡社区发展治理取得初步成效的基础上正式提出并开展实践的，在社区治理与社区旅游互促共进中，形成了一些具有代表性、可复制、可推广的好经验、好做法，在全国具有开创性。为从实践探索走向经验提炼、模式总结，深入探寻社区旅游与社区治理契合点，《成都市社区旅游发展报告》编制课题组在对成都3045个村（社区）旅游资源普查基础上，分析总结了发展成效和经验模式，提出了发展思路、路径和对策建议，以期为成都社区旅游规划建设与高质量发展提供参考。

1 社区旅游发展研究背景

1.1 社区旅游概念内涵

"社区旅游"一词最早于20世纪70年代末提出,但由于社区旅游概念的复合性和复杂性,加上不同学者在研究视角和方法论上的差别,关于社区旅游的定义存在不同的观点,迄今为止尚未有定论。根据人们对社区旅游的普遍理解,结合国内社区旅游发展的实践,报告将社区旅游界定为:社区旅游通过展示社区生活以及社区内独特的自然和文化资源,为游客带来优质深入的在地文化体验;将当地居民作为主要开发主体和参与主体,为当地居民带来经济收益,提升当地居民的幸福感、获得感和安全感,实现旅游业及社区经济效益、环境效益和社会效益的可持续发展。

1.2 社区旅游发展理论研究

国外在20世纪70、80年代开始对社区旅游进行研究,20世纪90年代,我国学者将这一概念引入我国。国外对社区旅游的研究多集中于乡村,且多数聚焦在旅游对社区的影响、社区参与效果、当地居民对旅游所持的态度、社区旅游规划、社区参与与旅游可持续发展等方面[1-4]。国内研究集中在社区参与旅游发展的必要性、社区参与旅游的方式及途径、社区参与旅游存在的问题及原因、社区增权理论及增权途径与方式、社区居民参与旅游的态度及影响因素等方面,对乡村地区、民族地区、世界遗产地等区域关注较多;对城市社区旅游的研究较少,大多以北京、上海、广州、成都、杭州等知名旅游城市的历史文化街区为主要研究对象,侧重旅游吸引力、开发模式、非遗保护、旅游影响感知等方面[5-8]。

1.3 国内社区旅游实践

社区旅游更多被视为社区参与旅游和依托社区资源开发旅游产品两个独立的内容。一方面,国内各地在乡村旅游、生态旅游、旅游扶贫、民族村寨和景区开发中出现了很多社区参与旅游的典型案例,如九寨沟、泸沽湖、安徽西递村、阳朔世外桃源、贵州天龙屯堡等,无论是在社区参与旅游方式的多样化,还是在参与程度上,都取得了较好且明显的成效。另一方面,依托社区历史文化、自然景观等资源开发的旅游产品类型十分多样，然而大多数游客在游览过程中与社区居民是隔离开的，游客深入社区的产品较少。近年来这种情况已逐渐发生改变，以体验当地风土人情、体验当地人生活、寻找生活的烟火气、参与社区活动等为主题的微度假、City Walk、近郊露营、非遗文化体验等旅游产品的热度逐渐上升。

2 成都市社区旅游发展现状

2.1 成都市发展社区旅游政策机遇

2022年，国务院批复同意成都建设公园城市示范区，建立系统完备、科学规范、运行有效的城市治理体系是成都建设公园城市示范区的重要保障与支撑。城乡社区发展治理是城市治理的底部支撑，推进其创新发展，是成都建设公园城市示范区的基层基础。

2023年7月28日，习近平总书记在成都第三十一届世界大学生夏季运动会开幕式欢迎宴会上指出，成都是历史文化名城，也是中国最具活力和幸福感的城市之一。欢迎大家到成都街头走走看看，体验并分享中国式现代化的万千气象。

当前旅游市场呈现由热门景区向城乡社区梯度下沉的趋势，旅游发展理念和模式也从传统的自然景象、人文景观发展到万物皆场景、处处皆可游，发展社区旅游是旅游进入深度体验、全域旅游阶段的必然选择。成都市共有3045个村（社区），近九成村（社区）拥有丰富的旅游资源，极具开发潜力。大力发展社区旅游，有利于推动天府文化创造性转化、创新性发展，增强地方归属感和自豪感，助力高水平建设"三城三都"；有利于激活在地资产资源，打造丰富多元的消费场景和业态，激发社区内生动能，促进社区治理创新发展，助力成都建设践行新发展理念的公园城市示范区。

2.2 成都市社区旅游发展成效

近年来，成都市实施"幸福美好生活十大工程"，加快建设高品质和谐宜居生活社区，依托现有生活消费经济街区，大力培育产业链完整、活力度彰显、生活味突出的社区消费场景，打破社区日常生活和旅行的界限，将社区旅游作为旅游者深切感受和真实体验城市特色文化的重要途径，依托社区综合体、特色街区、TOD、社区绿道打造多元社区商业消费场景，评选出60个社区最美空间、200余条最美街道、40个市级文创特色街区（村、社区）、20条最美"回家的路"社区绿道、200个"最成都·文旅消费新场景"、136个A级林盘景区、235个夜间经济示范点位，建成186个社区运动角、412处遍布天府绿道沿线的绿道健身新空间，营造出12类周末消费新场景。

成都社区旅游发展工作由成都市委社治委联合规划，住房和城乡建设、文化和旅游、体育、城管、农业、商务等部门共同推进，制定了相关的社区规划，推动社区实施更新改造，组织开展社区艺术节、社区运动节等社区节庆活动。2021年，推出全国首款社区旅游小程序——"天府社区游"，目前已上线240余个精品社区、3000余个点位、超40个社区地图、250余条社区游线，发布330余个社区头条，体验人数过百万。社区旅游发展过程中，社区商业经营者和社区居民也积极参与，社区书记、居民代表、明星网红担任社区导游并推介社区特色，涌现出社区匠人、社区歌手等各类社区人才1000余人。

2.3 成都市社区旅游存在的阶段性问题

一是当前真正参与到社区旅游发展中的社区居民只占很小一部分，社区旅游强调在地文化的深度体验和社区居民的深入参与，这一方面有待进一步深化；二是社区旅游产品开发深度不够，对社区在地文化内涵及价值研究、阐释不够，参与型、体验型产品和具有独特性、排他性的产品不多；三是以政府投入和推动为主，市场化运营机制有待建立；四是在统筹整合现有公共服务设施、老旧设施、闲置空间、低效空间、闲置土地，活化利用历史建筑，激活存量空间潜能，寻找新的增量空间等方面还有差距。

3 成都市社区旅游发展思路

报告在对成都3045个村（社区）的29473个资源进行普查梳理、统计归类、等级评价、特征总结的基础上，概括分析成都社区旅游发展成效，凝练总结经验模式，科学研判社区旅游发展态势，将社区旅游置于城市更新、乡村振兴、社区治理、全域旅游、文旅融合等大背景下，构建成都社区旅游发展思路，提出发展路径。

报告围绕《成都市"十四五"城乡社区发展治理规划》中提出的社区发展共同体、社区治理共同体、社区生活共同体、社区安全共同体、社区行动共同体"五个共同体"，借鉴国内外关于幸福感、获得感、安全感、社区旅游、旅游目的地竞争力的相关研究[8-11]，结合成都社区旅游发展和建设实践，梳理社区旅游与社区治理的互动机制。其中，社区发展共同体旨在通过社区空间、场景、产业、生态、文化等要素的融合重塑激发社区内生动能，具体体现在旅游发展层面上，主要包括资源丰度与组合性、产品丰度、产业规模、游客居民体验价值；社区治理共同体旨在通过深化平台搭建、组织延伸、多元参与、手段创新，提升基层治理科学化、精细化、智能化水平，具体体现在旅游发展层面上，主要包括社区居民和商户等参与社区旅游共建共享、旅游智能化管理与服务等；社区生活共同体旨在优化提升社区公共、政务、便民、志愿等服务供给，具体体现在旅游发展层面上，主要包括文化氛围、文化载体、文化活动、生态环境、公共设施；社区安全共同体旨在强化社区重大灾害应急响应、矛盾纠纷多元化解、安全隐患综合治理等，筑牢底部支撑，具体体现在旅游发展层面上，主要包括人文环境、安全应急；社区行动共同体旨在强化基层党组织、政府、市场、社会、社区等主体作用发挥，推进基层治理制度创新和能力建设，具体体现在旅游发展层面上，主要包括党建引领、扶持政策、宣传推广。

社区旅游为社区治理注入活力，为实现治理现代化提供实践基础和动力源泉，城乡基层治理的有效实施为社区旅游提供良好的环境和支持，不断提升基层治理效能，是社区旅游高质量发展的重要保障，二者相互影响、互促共进，具体表现为（见图1）：

（1）社区旅游发展需要宜居宜游的自然生态和生活环境、友好的社会环境、完善的公共服务体系，这些同时也是新时代对社会治理现代化在优化环境、维护公共安全、完善公共服务等综合环境领域的建设需求。

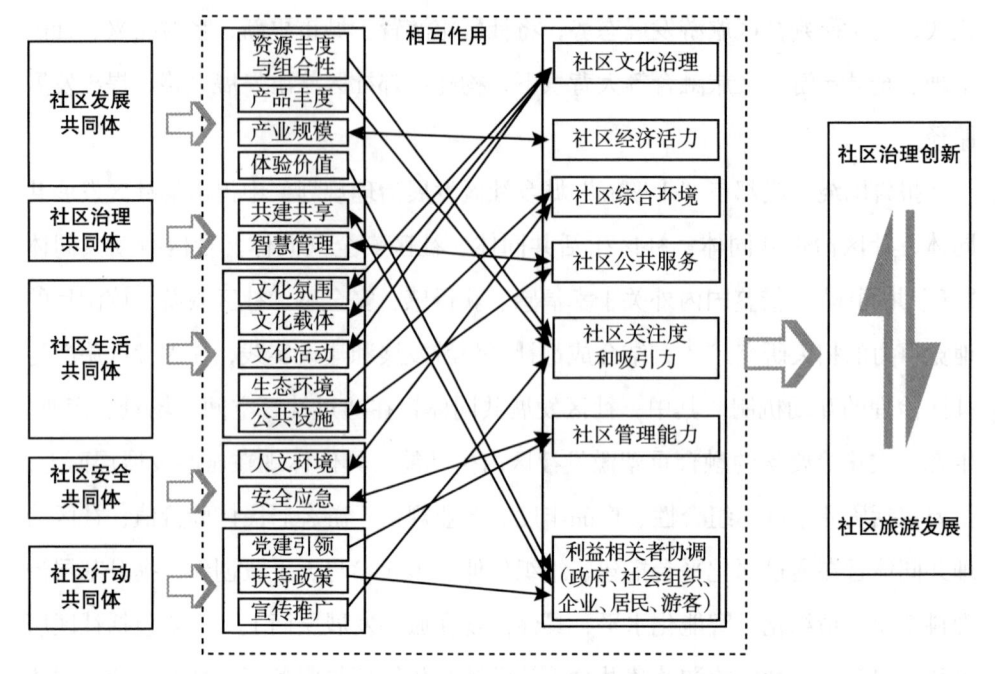

图 1　社区旅游与社区治理互动机制

（2）社区居民生活是社区文化的一部分，原真性的本地特色文化是发展社区旅游的核心吸引物，历史风貌等文化氛围、博物馆等文化活动载体、社区文化活动等都是影响社区旅游的重要因素。社区旅游发展对形成社区文化体系、弘扬优秀传统文化发挥积极作用，有助于以优秀的精神文化成果培养社区居民的道德品质，塑造良好的社区治理氛围。

（3）社区旅游发展涉及社区居民、社会组织、相关企业、游客、政府等各方利益。旅游是多元主体的纽带，能够协调各方利益达到均衡，基层政府和行政组织应发挥党的政治优势和组织优势，在旅游规划和开发中引导社区居民参与决策，充分考虑居民利益，支持和引导居民参与就业创业，出台优惠政策与扶持政策，维护投资经营者利益，保护游客正当权益，促进各主体间形成顺畅沟通机制，通过利益相关者协调推动社区旅游可持续发展，进而提升居民、游客、企业等对社区旅游的认同感、获得感和满意度，提升社区凝聚力，实现共建共治共享。

（4）社区旅游是展现社区形象的重要窗口。社区旅游品牌塑造、旅游形象宣传推广，能够让社区居民更加了解所在社区，吸引更多游客到来，带动文化交流，带来商业机会；社区旅游新场景新产品开发，可为吸引投资、技术、人才等提供动力，有效激发社区发展活力，促进社区关注度和综合影响力提升。

（5）在社区旅游发展过程中，通过文商体旅融合，可拓展产业边界，构建更加丰富的社区商业生态圈，带动旅游经济发展，激活社区经济活力，推动社区经济迈向高质量发展。

4 成都市社区旅游发展路径

4.1 建设社区旅游共同体，探索社区响应旅游发展的治理路径

针对社区居民参与深度不够、市场化运营机制尚未建立、旅游发展与当地居民利益之间的矛盾等问题，聚焦多元主体共建共享、利益相关者关系协调等互动机制，报告提出要不断深化"党建+社区旅游"共同体发展模式，探索建立"社区（村）党组织+机关国企事业单位党组织+旅游行业党支部+从业者"多元组织架构，将社区（村）范围内的机关国企事业单位、新经济组织、新社会组织等的党组织凝聚起来，连同景区景点、酒店、民宿、农家乐等涉文旅商家，以及在本社区居住的导游等，组建社区旅游合伙人，健全社区旅游组织体系，逐步实现组织共建、事务共商、服务共享、品牌共创。

4.2 实施分类发展、示范引领，建设幸福美好公园社区

不同类型的社区发展重点有所不同，为使不同类型社区找准旅游发展方向，针对性、特色化地打造产品，因地制宜选择发展模式，避免千篇一律、同质化竞争，报告根据不同社区的旅游资源禀赋、区位环境、旅游发展基础等特点，结合旅游市场发展趋势，围绕建设幸福美好公园社区需要，将成都市社区旅游细分为历史文化、文化创意、城市休闲、时尚潮流、田园休闲、绿色生态、运动休闲七个类别，进行分类精准施策。见表1。

表1 不同社区类别分类发展建议

社区类别	特色特征	发展重点	典型代表
历史文化型	具有古蜀文化、三国文化、天府文化、水利文化、诗歌文化、学府文化、传统工商业文化、移民文化、名人文化、地名文化等突出的历史文化特色	严格保护历史文化遗产，完善文化遗产标识体系，打造社区文化IP，开发历史建筑观光研学、遗址遗迹探秘寻踪、红色文化研学、工业遗产观光研学、民俗文化体验、历史街区夜游、沉浸式旅游演艺等	武侯区锦里社区、宽巷子社区，锦江区水井坊社区，双流区黄龙社区等
文化创意型	社区内或周边有文创产业园、文创特色街区或文化艺术、文化创意类机构，书法、戏剧、电影、曲艺、动漫、音乐等在社区内有一定基础	打造楼道美术馆、车棚展览馆、艺术电梯、露天美术馆等项目，推出街头艺术表演、音乐快闪、花车巡游、艺术摄影、体验工坊、文创市集、小剧场、原创购物等产品业态	金牛区新桥社区，成华区杉板桥社区，武侯区新生路社区，彭州市白鹿场社区等
城市休闲型	具有成都休闲（市井）文化、美食文化、茶文化、民俗文化、古典人文园林文化等特色	开发滨水休闲、绿道休闲、美食体验、围炉煮茶、露营、非遗展示体验、街头艺术表演、民俗活动体验、夜间旅游等	武侯区玉林东路社区、玉林北路社区，成华区望平社区，天府新区兴隆湖社区等
时尚潮流型	社区与城市商圈范围交叉，社区内有中高端商户入驻，社区内或周边有一定的高消费人群	培育壮大区域首店、行业首牌、品牌首秀、新品首发"四首经济"，引培国际知名大品牌、具有独特风格的小众品牌，建设多样化青年社交空间	锦江区总府路社区、合江亭社区，武侯区桐梓林社区，高新区交子公园社区，天府新区麓湖公园社区等
田园休闲型	农业资源丰富，农业基础设施较完备，形成独具特色的林盘文化、农耕文化，生态环境良好	提炼形成具有本地特色的农耕文化符号，营造主题型大地景观，打造一批田园综合体、A级林盘景区、乡村旅游度假区、天府乡村风景旅游道、乡村绿道、郊野公园、天府旅游名宿、等级旅游民宿等项目	郫都区战旗村，温江区幸福村，都江堰市七里社区，崇州市五星村，蒲江县明月村等

续表

社区类别	特色特征	发展重点	典型代表
绿色生态型	位于龙门山、龙泉山、东部丘区等生态资源丰富的区域，生态环境质量优良，生态景观优美	加强山水林田湖生态要素保护，大力开发生态观光、森林康养、冰雪体验、温泉康养、避暑休闲、生态度假、自然研学、野营露营、自然摄影、野生动植物观赏、徒步、骑行、户外拓展等产品	东部新区柏树村，都江堰市青城社区，彭州市宝山村，邛崃市三角社区等
运动休闲型	社区内或周边有体育运动场馆或基地、体育训练基地、体育俱乐部、体育公园、天府绿道、篮球、乒乓球、武术等运动有广泛的群众基础	打造面向社区居民开放的体育健身、运动休闲场所，培育体育旅游示范基地和精品赛事，发展山地户外、水上运动、大众健身休闲、时尚运动、低空体育运动、绿道骑行、滑雪、漂流、登山、山地越野、攀岩、高空滑翔等旅游产品，不定期举办体育运动赛事活动	金牛区杜家碾社区，锦江区江家堰社区，高新区新北社区，龙泉驿区书房社区等

4.3 强化在地文化保护传承，助推社区文化治理

针对一些地区社区旅游产品打造中存在的文化主题不突出，与在地文化、当下生活需求之间的联系研究阐释不深等问题，聚焦文化氛围营造、文化载体和文化活动的培育，助力弘扬优秀传统文化，助推社会文化治理，报告提出要开展社区文化专题研究，总结提炼社区文化特色。大力培育社区群众文艺骨干和文艺团队，加强社区文化题材文艺精品创作。绘制社区文化遗产地图，建设一批乡史、村史和社区（小微）博物馆、主题博物馆、小型非遗馆，健全社区文化遗产展示传播体系。推进社区文化创造性转化，鼓励利用文物建筑开展彰显社区历史文化特色的商业经营活动，开办民宿、茶社等旅游休闲服务场所。提炼生成可供产业化转化的社区文化IP，创意设计社区文化IP形象和文创产品，形成和谐的社区治理生态。

4.4 丰富社区优质旅游供给，激活社区经济活力

针对目前存在的产品开发深度不够，具有独特性和排他性的产品不多，参与型、体验型产品占比不高，存量挖潜与增量开拓不够等问题，聚焦丰富优质产品供

给，提升社区吸引力和影响力，报告提出要通过支持创建国家（省）级旅游休闲街区、培育特色文旅集市、建设百米社区烟火小街、举办社区旅游特色体验活动、培育宝藏社区食堂、发掘最美菜市场等方式，搭建多样化特色化的社区旅游消费场景，植入社区旅游新业态，在传统社区生活空间中增加社交属性，进一步强化旅游业作为生活服务业的属性，构建更加丰富的社区商业生态圈，推动社区经济发展。

5 结语

社区旅游的产生与发展是和社会经济发展水平相联系、相适应的，需要经济基础的支撑，需要政府、社会组织、相关企业、社区居民的参与和支持，需要社会、文化和环境等各方面的相互配合，需要城乡基层治理底部支撑，是旅游发展到一定阶段，在具备充足客源市场的基础上，应运而生的一种发展模式。社区旅游是我国旅游发展最大增量之所在，社区将是未来城市和乡村旅游发展的主要阵地，在推进基层治理现代化的大框架下，谋划社区旅游高质量发展，要找准二者之间的契合点，协调好相关利益主体关系，因地制宜构建共建共治共享发展机制，促进形成主客共享、近悦远来的社区旅游发展格局。

参考文献

［1］Hwang D，Stewart W P，Ko D. Community Behavior and Sustainable Rural Tourism Development［J］. Journal of Travel Research，2012，51（3）：328.

［2］Bennett N，Lemelin R H，Koster R，et al. A Capital Assets Framework for Appraising and Building Capacity for Tourism Development in Aboriginal Protected Area Gateway Communities［J］. Tourism Management，2012，33（4）：752.

［3］Saufi A，O'Brien D，Wilkins H. Inhibitors to Host Community Participation in Sustainable Tourism Development in Developing Countries［J］. Journal of Sustainable Tourism，2014，22（5）：801.

[4]Iorio M, Corsale A. Community-based Tourism and Networking: Viscri, Romania [J]. Journal of Sustainable Tourism, 2014, 22 (2): 234.

[5] 程跃云. 四川都江堰灌县古城社区参与中的旅游增权研究 [J]. 特区经济, 2022 (10): 141.

[6] 邓华. 乡村旅游发展中社区居民参与研究 [D]. 武汉：华中师范大学, 2022.

[7] 苏明明, 杨伦, 何思源. 农业文化遗产地旅游发展与社区参与路径 [J]. 旅游学刊, 2022 (6): 9.

[8] 李萍. 北京城市社区旅游发展的影响因素与模式研究 [M]. 北京：中国旅游出版社, 2021.

[9] 明亮, 王建, 胡燕, 等. 中国基层社会治理的地方实践——以成都市城乡社区发展治理为例 [M]. 北京：社会科学文献出版社, 2020.

[10] 中共成都市委城乡社区发展治理委员会. 成都市"十四五"城乡社区发展治理规划 [EB/OL]. https://www.chengdu.gov.cn/chengdu/c147315/2022-05/19/9daac511990449c5b642aca5e-ba8a95b/files/1c08e4b14596410c8c9f722e3019ac7f.pdf?eqid=8b4d65fb0000272300000006642e3f54.

[11] 潘虹, 吴思敏. 乡村旅游社区综合治理机制与路径研究 [J]. 旅游纵览, 2023 (23): 124.

自然景区智慧旅游发展的机理、路径、模式：
以峨眉山景区为例

［作　者］陈佳莹　李京朝　任玉琴（四川农业大学商旅学院）

摘　要： 智慧旅游是一种改革式创新的旅游形态，推动了旅游业的发展。自然景区一直面临同质化严重、交通不便、资源破坏等问题，迫切需要融合科学技术来实现智慧化、可持续化发展。因此，本文以峨眉山风景名胜区为例，探究自然景区的智慧旅游发展机理、路径与模式，针对性探究该景区与智慧旅游融合的历史过程与成效，分析该景区智慧旅游实践的意义和启示。

关键词： 智慧旅游；发展路径；峨眉山景区

1　引言

2011年，国家旅游局提出了智慧旅游行动计划，并将其确立为我国旅游业发展的核心战略之一。2015年，李克强总理在政府工作报告中提出了"互联网＋"行动计划，各行各业与互联网的结合成为发展趋势，智慧旅游的发展受到更多重视。智慧旅游是旅游业未来的发展趋势，它深刻地影响着旅游业的宏观发展方向与微观发展模式，是我国旅游业转型升级的关键途径，也必然会成为景区未来发展和建设的重要方向。

近年来，四川省在推进景区智慧化建设，进一步挖掘旅游市场发展潜力上，取得了长足进展，涌现出一批代表性项目，如乐山大佛景区、峨眉山景区、稻城亚丁景区等。但目前的发展水平距离实现更高层次、更深水平的智慧建设还有一定差距。在认识层面上，对智慧旅游发展的内涵、特征、规律认识不足；机理层面上，缺乏智慧旅游建设各要素的协调运作机制；实施层面上，缺乏规划引领和必要的抓手，同时在建设实践中存在多主体间协调协同困难的情况[1]。

本文在厘清景区智慧旅游发展机理的基础上，探讨自然景区智慧旅游发展的现实路径与基本模式，并结合峨眉山旅游景区项目案例，进一步挖掘景区智慧旅游发展的规律，以推动更高层次、更高水平的发展。

2 智慧旅游的内涵与机理

2.1 智慧旅游的含义

自21世纪初提出智慧旅游一词以来，我国正在积极推进智慧旅游建设。学界对智慧旅游的研究仍处于探索阶段，尽管一些城市已经开始建设且小有成效，但目前，对智慧旅游的概念还没有一个标准、统一的界定。智慧旅游依托大数据、云计算、物联网等前沿技术为旅游业注入新动力，使得景区、在线旅游平台（OTA）、政府部门以及旅游服务提供商能够迅速且精准地捕获旅游相关数据，并进行高效分析，从而确保旅游资源的科学配置与优化布局[2]。在此过程中，旅游信息得以迅速且广泛地传递给游客，极大地拓宽了旅游信息的覆盖范围，能有效吸引更多游客的关注。游客基于接收到的丰富信息，能够灵活规划与调整旅行安排，这一变革不仅能推动旅游业的智能化进程，还能显著提升旅游体验的整体品质[3-4]。

2.2 智慧旅游的特点

2.2.1 数字化

智慧旅游景区利用增强现实（AR）、虚拟现实（VR）等技术，将景区特色与旅游产品转化为数字形态，利用先进的航拍技术将景区全景嵌入到各类便携式媒体平台中。这一创新举措打破了时间和空间的界限，让游客仅需通过景区的旅游公共服务网络平台，就能轻松接入景区内部的智能感应设备，实现与景区实时、互动的数字化体验。游客们虽然身处异地，但能对景区进行身临其境般的探索，这也极大增加了游客们的探索体验度，并且景区自身也可以获得更多、更有效、更深层次的游玩体验反馈[5]。

2.2.2 智慧化

智慧旅游的智慧化体现在游客在旅途前中后的智慧化。智慧旅游能够收集游客终端设备上的个性化偏好信息，并向他们推荐符合内心需求的旅游景点。此外，通过一个统一的数据平台，智慧旅游还可以获取旅游目的地的人流量、交通状况、住宿饮食等信息，从而帮助游客制定旅游计划。这一变革极大地促进了旅游者出行的便利性与效率，使他们能够轻松自如地随时调整旅游线路与日程安排，从而更加高效地沉浸于智慧旅游所带来的体验之中，无论身处何地都能尽享旅行的乐趣与便捷[6]。景区的基础设施以及智慧管理等都能给游客在旅途中带来智慧化体验。在游玩结束后，线上反馈系统有助于倾听游客建议，智慧化分析并帮助景区制定正确的改进方向[7]。

3 智慧旅游发展动力与机理

3.1 自然景区智慧旅游的发展动力

3.1.1 消费市场的拉力

随着人们收入不断增长，可用于自由支配的旅游收入也随之增长，旅游需求不断增长。游客在旅游的前、中、后三个阶段有着不同的旅游需求。（1）旅游前阶段，游客们的需求是为接下来的游玩体验做出合理的规划，包括游玩前的景区信息交通、住宿就餐等查询，线路与计划设定等，游客们需要更多信息去了解景区，从而使自身获得更好的体验。（2）旅游中阶段，游客们更多关注游玩体验，不仅需要游玩内容的智慧化、便捷支付、快速交通、景区的智慧导览，也需要智慧的空间定位等，关心景区内部基建的智慧化能否给自己带来更佳的游玩体验。（3）旅游后阶段，游客们向景区反馈自身的需求，希望得到及时的回应，这不仅是游客的需求，同时也是景区的需求。景区智慧旅游建设核心旨在提高游客体验质量，旅游需求是智慧旅游建设的重要拉力。提升游客体验品质是智慧旅游发展的关键，也是构建智慧旅游的关键[8]。

3.1.2 市场竞争的压力

目前，旅游行业内竞争日益激烈，自然风景区的产品呈现出高度的同质化，旅游体验的方式与内容缺乏新意，创新力度明显不足。这一现状迫使作为推动旅游业发展的微观主体的旅游企业，不得不寻求融合与创新之道，将自然景区的游玩体验、游玩形式、游玩内容进行智慧化升级，让智慧技术融入旅游体验是自然景区发展的趋势[9]。

3.1.3 政策引导的支持力

四川省景区智慧旅游建设是在政府主导下进行的[10]。2011年，国家旅游局提出了智慧旅游行动计划，并将其确立为我国旅游业发展的核心战略之一，此举为景区智慧化升级奠定了牢固的基石。2016年，文化部和国家旅游局联合发布了《关于加快推进智慧景区建设的通知》，从而正式开启了智慧景区建设的大幕。《完善促进消费体制机制实施方案（2018—2020年）》（国办发〔2018〕93号）、《"十四五"旅游业发展规划》（国发〔2021〕32号）等一系列政策的公布实施更是将智慧旅游发展推向纵深。这些政策引导构成了景区智慧建设的支持力。

3.2 自然景区智慧旅游发展的机理

景区智慧旅游发展的内在机理离不开智慧基建、智慧营销、智慧管理、智慧游玩、游客信息查询与反馈、绿色智慧等建设要素的互补融合，最终形成游客、景区、自然环境三主体的相互和谐，如图1所示。

3.2.1 智慧化的基建升级

景区的互联网设施、厕所、停车场等基础设施智慧化升级，是智慧景区建设的基本考量[1, 11]。景区的互联网设施、智慧化厕所、智慧停车场等基本设施能够提高游客的旅游体验。

3.2.2 智慧化的管理升级

除了景区硬件设施的智慧化建设外，景区还要在客流监控和疏导、景区安全管控、景区办公、资源指挥调度等方面进行智慧化升级以保证景区更好地运转和自我管理[12]。智慧旅游通过大数据分析与管理，将景区内部以及景区周边的信息及时有效地推送给游客，为游客提供便捷的信息服务。协同的数据管

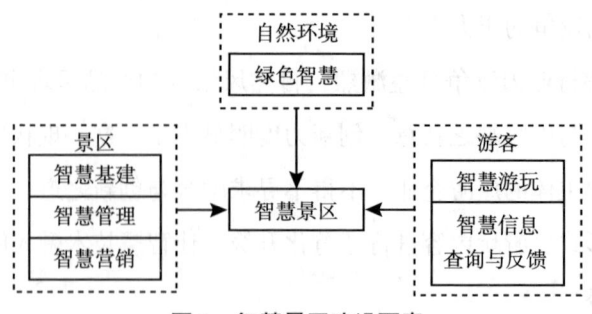

图 1 智慧景区建设要素

理与合作也方便游客与景区进行互联互通，促使游客提出更多合理、有效的建议[13]。凭借信息技术的强大支撑，主动获取游客信息，全面洞悉游客需求变化，吸纳宝贵意见与建议，并实时掌握公司运营状况，从而实现旅游监管模式的根本性转变，由原先的被动应对、事后补救升级为过程监控与即时管理的先进模式[14]。

3.2.3 智慧化的营销升级

旅游景点需要借助网络平台、AR直播等智慧营销手段，进行自身的推广和营销。随着新一代信息技术的发展，消费者在购物行为上的选择也发生了新的改变，促使企业的经营模式向着更加便利和高效的方向发展。在景区信息的宣传中，要与游客互通信息，要及时发送合理的信息，也要及时反馈游客的意见，挖掘游客对于景区的关注点，及时合理地完善该类关注点，助力景区的智慧发展[15]。智慧旅游也能充分发挥新媒体的传播特点，让旅游者积极参加到旅游的交流与市场中来，同时，也可以在收集旅游者、旅游产品数据的基础上，建立自媒体营销平台。智慧景区不仅限于景区本身，其周边酒店、停车场等相关旅游业态也可以通过该平台完善自身智慧发展，这样可以推动集群的智慧发展，也为景区的智慧化提供可持续发展道路。

景区应当建立完善的线上营销系统和景区在线支付系统，保证游客的购物体验和景区产品的销售，并且建立消费趋势管理大数据平台为景区的营销决策方案提供参考。构建全网营销体系，将极大促进景区及其整个产业链条的深度融合，从而带来更为可观的收益增长，并显著提升品牌影响力。

3.2.4 智慧化的游玩升级

智慧旅游建设的目的是满足游客日益增长的旅游需求。景区智慧化的目的是为游客提供贴身化、个性化的导览等服务，加深游客对景区的了解，增强旅游认知。通过 VR、AR 等新型技术手段，提高智慧旅游景区的游玩方式与游玩内容，可增强游客对于景区的体验感与满意度，增强景区吸引力。

3.2.5 智慧化的服务升级

构建智慧旅游，首要是适应游客的便利化和个性化旅游需求。通过大数据分析，如景区内部景点的游客喜爱度、游客的大数据画像、各景点的客流量分布、游客黑红景点等，可以给不同类型的游客提供各自针对性的游玩线路规划或者游玩建议，增强游客的游玩体验，提高其整体游玩满意度与体验度[16]。因此，景区要建设智慧化的信息查询系统，为游客提供智慧化的预约、游玩线路定制、信息反馈等服务，推进景区服务智慧化升级。

3.2.6 绿色智慧系统

自然景区对环保系统、旅游特色资源保护系统的智慧建设与升级称为"绿色智慧"。从景区社会责任与可持续发展角度来看，景区作为社会的一部分，需要承担一定的社会责任，作为自然与人文景观的保护者，景区需要绿色智慧去保护人文与自然景观，推动景区整体的绿色发展[17]。

4 自然景区智慧旅游发展路径与基本模式

4.1 发展路径

4.1.1 基于资源整合机制的景区智慧旅游发展路径

长久以来，鉴于自然景区旅游资源的独特性质，导致人才、技术、资本等关键要素在其间的流通并不充分，创新发展面临典型的"资源约束"限制[18]。随着智慧旅游的兴起，自然风景名胜区面临着前所未有的机遇，云计算、物联网及 5G 通信等先进技术的运用，为其构建综合性的资源集成平台提供了不可或缺的技术基石。为解决资源要素流动不均衡不充分的问题，自然景区应当加快构建智慧化的资源整合平台。一方面，构建区域内资源整合平台，将人才、技术和资金资源都引入景区之中，然后进行充分的整合和协同使用，让企业、政府机构、高等教育学府、科研单位、游客以及广大社会公众等都能在这个过程中得到更多的参与，从而推动资源的共享，加快资源的流通。另一方面，通过构建外部资源整合平台，形成景区的资源连接网络，并建立高效的外部资源互动体系，以实现内部与外部资源和能力的相互补充、共享与互动，推动景区将人才、技术、资金等资源进行有效的整合，为智慧景区的建设提供足够的创新资源支撑。

4.1.2 基于创新机制的景区智慧旅游发展路径

智慧旅游并不是简单的"智慧或智能"和"旅游"结合，而应该是一种深度的、创造性的融合。基于创新机制的景区智慧旅游包括三个发展过程：第一，智能技术的引入。景区智慧旅游发展的初级阶段，需要引入优秀的智能技术，建设景区的智慧系统，为推动景区的智慧旅游发展打下基础。第二，创新成果协同应用。景区的技术创新所获得的成果要能够应用到景区管理、游客游玩、自然环境保护中，使景区内外部达到智慧互动、智慧联动，共同协同发展[19]。第三，模式创新。此环节是创新过程中的关键所在，它囊括了政府引导方式、自然景区管理策略以及游客参与形式的全面变革，促进了各参与主体间关系的动态调整。上述三个方面共同构成了一个不断循环与演进的过程，进而形成景区智慧建设的路径。

4.1.3 基于可持续发展机制的景区智慧旅游发展路径

旅游业未来的改革与可持续发展，智慧旅游是关键。智慧旅游是旅游业面向未来的发展方向，作为自然景区，可持续发展也是必不可少的，因此，未来自然景区的智慧旅游要实现可持续发展，需要经历三个层次。

第一层次，基于可持续发展的技术手段创新。智慧旅游景区要结合区块链、物联网、大数据等新型技术手段，建设出一个集合型的大数据发展平台，通过该平台获取数据，筛选数据，分类数据，优化数据，推动可持续发展。新一代信息技术的支撑与技术革新能够使景区具有可持续的智慧技术创新。

第二层次，可持续的技术创新是为了保证景区能够可持续性应用与管理。景区依托先进的创新技术支撑系统，不仅可以给游客创造低碳环保、高质量的旅行体验，还能够提升景区的基础设施和管理的智慧化水平。既可以节约管理成本又可以提高其他主体的参与水平，建立"智慧、高效、亲环境"景区。

第三层次，可持续智慧旅游不仅要保证景区的管理与吸引力还要考虑自然景区的特殊性，其部分旅游资源在景区开发过程中可能会遭到破坏，因此，要构建可持续智慧旅游景区。一是在开发时，要遵循"因地制宜"的原则，结合旅游地现实情况制定开放内容，不能过分超前、也不能忽视可持续性景区的重要性。二是在景区空间利用上要采取高效、绿色的开发模式。在智慧景区建设的过程中，在环保、资源保护等方面也要引入智慧技术，做到有效保护自然环境（即自然景区的特色旅游资源），发展可持续低碳旅游。

4.2 基本模式

4.2.1 景区智慧旅游发展的实施主体

一般而言，发展景区智慧旅游涉及四大主体：政府、旅游企业、非营利性组织以及游客。在这之中，各级政府及相关部门是智慧旅游发展的领航者，既负责总体的组织规划与决策制定，又扮演着协调者与监督者的角色，确保各旅游企业间关系的和谐。旅游企业则是智慧旅游项目的具体实践者，依托其强大的技术底蕴和产品创新能力，保障智慧旅游应用的有效落地。而非营利性组织，诸如科研单位、高等院校及行业协会等，则通过其深厚的专业积累，为智慧旅游的规划制定与技术咨询等关键环节提供不可或缺的支援，推动智慧旅游的稳健前行。游客作为发展智慧旅游的服务主体，其科学文化素养、思想认识、需求偏好等对智慧景区的实现成效有着直接的影响，同时也是对成效的最终检验者。

4.2.2 景区智慧旅游发展的实施模式

在现阶段，自然景区智慧旅游发展的基本模式可以概括为"市场主导，政府引领，景区模范"。

市场主导，指景区智慧化建设归根到底是一种市场驱动的行为，市场是实现景区智慧化建设的主导方式。随着经济收入水平提高，旅游需求持续增加，为了满足游客的旅游需求以及提高游客旅游体验，一种更加契合游客游前游中游后行为的智慧化技术应运而生。此外，自然景区由于产品同质性强，创新程度不足，内部竞争压力不断增大，逼迫自然景区进行智慧化升级，将智慧技术融入景区管理与营销，从而给游客更好的旅游体验，也促进与自然环境的和谐相融。

政府引领，指在尊重市场主导地位的前提下，政府通过积极有为的行动，促进智慧景区的发展，如完善政策法规，为景区智慧化建设提供有效的制度保障；改造基础设施，为智慧景区创造良好的运营环境；健全监管机构，营造公平的市场秩序，实现对旅游业健康发展的科学引导等。政府的引领作用不仅可以推动景区的有效发展，也会为景区提供号召性的人力资源、物力资源、经济资源等，政府也需要为景区开辟良好的发展环境，从而更有利于景区的智慧化发展。

景区模范，即建设一批带动性强、关联度高、影响力大的示范性智慧景区，树立智慧景区建设的标杆，扩大智慧旅游的影响力，在社会上凝聚共识，争取更广泛的理解和支持，为其他景区智慧化建设提供参考。通过率先发展几个优秀景区，不仅可以推动整个目的地智慧旅游区域化发展，也可以为其他景区发展提供一定的借鉴，方便其他景区结合自身优势，利用自身资源，完善景区的智慧管理。

5 案例分析

5.1 景区概况

峨眉山景区位于中国四川省峨眉山市内，其总面积超过了150平方公里，最高峰超过了3000米，拥有雄奇壮丽、险峻秀美的自然风景。景区内部气候多样，有着丰富的动植物资源，是峨眉山景区的另一大特色。除此之外，作为著名的武术以及佛教圣地，文化底蕴深厚。这些为景区的旅游发展奠定了良好的基础。

21世纪初期，在信息化与数字化浪潮席卷各行各业的背景下，旅游市场的面貌也经历了前所未有的深刻变革。为了紧跟旅游业的发展，峨眉山景区于1997年创立了峨眉山旅游股份有限公司，率先踏上了峨眉山智慧化发展的探索之旅。在过去的二十多年间，峨眉山景区坚持不懈地致力于智慧化进程的推进，并成功实施了一系列具有里程碑意义的项目：景区票务系统实现全面升级、全山域范围内构建双环自保护结构万兆光纤网络、GPS车载监控系统全面部署、全要素服务的旅游体验平台——识途旅游网和文旅云平台搭建、"一机游"便捷服务推出，这一系列智慧化举措为峨眉山的智慧化道路打下了坚定的基础[20]。

5.2 智慧旅游发展历史

5.2.1 信息化建设阶段（2000—2013年）

2000年开始，峨眉山景区就建立了全国最早的景区门户网站——峨眉山旅游网。到2004年，峨眉山景区成为建设部国家级重点景区监管系统的数字化试点单位，峨眉山景区的智慧化模板已经基本形成。2008年，"数字化峨眉山"正式启动，峨眉山景区建立网络电子系统，游客可以享受从游览门票、观光车票到住宿、娱乐等全方位产品的便捷预订与交易服务，实现了一站式体验。2012年，峨眉山景区荣获国家旅游局授予的"全国智慧旅游景区试点单位"称号，经过初步的智慧旅游格局规划，智慧旅游、智慧景区建设，实现了旅游营销、经营、管理、服务全过程的数字化、智能化，推动了景区旅游业信息化水平的全面提升与发展，智慧旅游景区建设卓有成效。

5.2.2 大数据发展阶段（2014—2018年）

该阶段，置身于互联网大数据的浪潮之中，峨眉山景区响应国家智慧旅游政策，积极举办"首届旅博会""智慧旅游探索与发展论坛"等，并凭借云计算、大数据、物联网以及增强现实与虚拟现实等尖端科技，成功构建了涵盖智慧管理、智慧服务、智慧营销、智慧保护及卓越游客体验在内的五大核心体系。与此同时，峨眉山景区主动拥抱网络资源，积极驱动旅游市场的革新，不断探索并实践前沿的旅游运营模式，矢志不渝地走在智慧旅游的发展道路上，以期达成景区的高质量发展目标。

5.2.3 数字化转型阶段（2019年至今）

2019年，峨眉山景区着眼景区内部的数字发展，希望通过数字发展推动景区的智慧旅游。峨眉山景区把智慧之"芯"嵌入整个景区票务系统，将其进化为一个集全网购票、分时预约、实名认证及预测预警功能于一身的智能化票务管理与调度平台[20]。同时，峨眉山还成功打造了西部地区首朵"文旅行业云"，这一云端平台融合了云计算、大数据、人工智能等尖端信息技术。峨眉山持续在旅游产品体系上开拓创新，为其注入了丰富的项目资源，诸如重启万佛顶、重塑峨眉山博物馆、举办杜鹃花节、创立数游峨眉体验中心及研学营地等[20]。峨眉山景区充分规划系统内部资源，实现了旅游经营、管理、服务、营销全过程的数字化和智能化[20]。

5.3 启示

5.3.1 以市场、政府为拉力促进景区智慧化发展

峨眉山景区以自然风光为主要的旅游资源，其优势独特，具有一定的吸引力，但劣势明显，存在同质化严重的问题，需要通过发展智慧旅游挖掘创新点，推动景区可持续发展。一方面，要基于市场的竞争格局和未来发展方向确定景区的智慧化发展之路；另一方面，需要政府鼓励与引导景区智慧化发展，通过政策引导、财政支持、税收减免、树立典型等方式促进景区向智慧化方向转型。

5.3.2 以信息技术开启景区的系统化智慧旅游

随着通信水平的提高，整个传统旅游业正在基于科技手段进行革新。以峨眉山景区为例，旅游智慧化涉及交通智慧化、管理智能化、数据即时化、自然景观资源保护网格化等多个方面。在智慧文旅的产业架构中，5G、物联网、区块链、大数据等多种技术构成了智慧文旅新型基础设施的底层支撑，构建了智慧景区的各类软硬件及应用平台，未来应该以数据创新为驱动，全面系统开启景区智慧化发展。

5.3.3 以游客有效需要为方向推动景区智慧旅游发展

智慧旅游面对的是游客，因此智慧旅游的发展应该最终面向游客，景区发展智慧旅游需要以游客的有效需求为主要方向，完善该方向的智慧旅游管理与服务，在服务中完善管理，在管理中更好地服务，这是智慧旅游应实现的最终目标。总之，科技的创新需要游客去接受，智慧化的发展也要游客们能满足。

5.3.4 以景区可持续发展为目标持续推进智慧旅游建设

景区需要可持续的发展，景区自身资源需要合理化的保护与利用。以峨眉山景区为例，景区内的山川风景、水资源、历史文物资源等都需要认真保护和利

用，通过科技手段对于资源进行合理监测与修复，推动智慧化管理，可使景区的内部资源被合理化利用，从而实现可持续发展。

6 结语

通过文献研究与案例分析的相互印证，证明了自然景区的智慧旅游发展，是拉力、压力与支持力共同推进的。自然景区应当充分发挥本身资源优势，挖掘抓准游客特性，积极争取政策和财税支持，主动引进智慧化、智能化、数字化技术，推动景区的智慧化转型与可持续发展。

参考文献

［1］邓宁，张玉洁. 智慧旅游：利益相关者视角下的思辨［J］. 旅游学刊，2023，38（10）：3.

［2］Sheldon, Pauline Joy. The Coming-of-Age of Tourism: Embracing New Economic Models［J］. Journal of Tourism Futures, 2021.

［3］Li Y, Hu C, Huang C, et al. The Concept of Smart Tourism in the Context of Tourism Information Services［J］. Tourism Management, 2017, 58: 293.

［4］赵丽红，袁惠爱. 数字经济视域下西藏旅游业高质量发展的机制与路径研究［J］. 西藏研究，2023（5）：1.

［5］乔向杰. 智慧旅游赋能旅游业高质量发展［J］. 旅游学刊，2022，37（2）：10.

［6］Werner K, Griese K M, Bosse C. The Role of Slow Events for Sustainable Destination Development: A Conceptual and Empirical Review［J］. Journal of Sustainable Tourism, 2021, 29（11-12）：1913.

［7］Adamış Emel, Pınarbaşı Fatih. Unfolding Visual Characteristics of Social Media Communication: Reflections of Smart Tourism Destinations［J］. Journal of Hospitality and Tourism Technology, 2022.

［8］Miyoung Jeong, Hyejo Hailey Shin. Tourists' Experiences with Smart Tourism Technology at Smart Destinations and Their Behavior Intentions［J］. Journal of Travel Research，2020，59（8）：1464.

［9］Xu，Changbin，Li Xi，Wu Xiaohuai. Evaluation of Island Tourism Sustainable Development in the Context of Smart Tourism［J］. Journal of Coastal Research，2020，103：1098.

［10］林德荣，陈莹盈. 智慧旅游乡村建设的困境与突破：从智慧潮流走向可持续发展［J］. 旅游学刊，2019，34（8）：3.

［11］陈伟军，孟宇. 西部地区文化和旅游产业数字赋能策略［J］. 中南民族大学学报（人文社会科学版），2022，42（6）：92.

［12］郭又荣. 智慧旅游何以更加"智慧"［J］. 人民论坛，2019（8）：76.

［13］禤庆东，罗琪斯. 全域旅游智慧化平台建设——以桂平市为例［J］. 测绘通报，2019（6）：131.

［14］徐岸峰，任香惠，王宏起. 数字经济背景下智慧旅游信息服务模式创新机制研究［J］. 西南民族大学学报（人文社会科学版），2021，42（11）：31.

［15］湛研. 智慧旅游目的地的大数据运用：体验升级与服务升级［J］. 旅游学刊，2019，34（8）：6.

［16］Dimitra Samara，Ioannis Magnisalis，Vassilios Peristeras. Artificial Intelligence and Big Data in Tourism：A Systematic Literature Review［J］. Journal of Hospitality and Tourism Technology，2020，11（2）：343.

［17］张秀英. 信息生态视角下智慧旅游构建与发展路径研究［J］. 经济问题，2018（5）：124.

［18］樊玲玲，谢朝武，吴贵华. 智慧旅游城市建设能否提升旅游业绩——170个旅游城市的实证［J］. 华侨大学学报（哲学社会科学版），2022（3）：42.

［19］黄先开. 区块链技术在旅游业的应用创新及未来发展［J］. 北京工商大学学报（社会科学版），2020，35（5）：1.

［20］王雪娟. 老牌景区有了"芯"智慧［N］. 中国文化报，2021-12-21.

基于OTA平台数据的成都乡村旅游景区游客网络关注度特征及发展路径分析

[作　者] 骆毓燕　黄琳岚　刘　颖（成都理工大学管理科学学院）

摘　要： 本文以26个成都乡村旅游景区为研究对象，基于OTA平台携程旅行网和大众点评网相关数据测度景区游客网络关注度，计算景区游客网络关注度核密度并分析其空间特征，结合地区发展现状，探索成都乡村旅游发展路径，以期为促进成都乡村旅游资源开发与利用、实现乡村旅游高质量发展目标提供科学依据。

关键词： 乡村旅游；网络关注度；百度指数

1　引言

乡村旅游是我国旅游经济发展的新业态，其市场需求旺盛、富民效果突出、发展潜力巨大[1]。在全球化与信息化的时代背景下，互联网已成为推动旅游业发展的关键因素，现实用户通过互联网搜索相关旅游信息，在线预订交通票务、宾馆酒店以及定制旅游计划等行为日渐趋于常态[2]，因此在线OTA平台逐渐成为用户获取旅行信息的主要媒介。网络关注度作为衡量一个旅游景区影响力与竞争力的重要指标，对其开展研究，能够为旅游目的地科学进行旅游市场营销提供依据，进一步推动城市乡村旅游高质量发展。从旅游资源角度看，乡村旅游景区包括三种类型：传统乡村自然与文化类、农业园类、特色村镇类[3]。因此本文以这三类成都乡村旅游景区为研究对象，基于OTA平台携程旅行网和大众点评网获取的相关数据测度景区游客网络关注度，利用ArcGIS10.7进行景区游客网络关注度核密度计算并分析其空间特征，以期为促进成都乡村旅游资源开发与利用、实现乡村旅游平衡高质量发展目标提供科学依据。

2 文献综述

2.1 成都乡村旅游

成都（图1）作为中国西南地区的中心城市，乡村旅游资源丰富多样，涵盖了自然风光、文化遗产、民俗风情等多个方面。成都周边的乡村地区拥有优美的山水画卷，如邛崃天台山、芦沟竹海等，这些地方山清水秀，景色宜人，为游客提供了亲近自然的休闲场所。此外，成都还拥有众多古村落和传统农业景观，如金堂县的五凤溪古镇、崇州市的竹艺村等，这些地方保存了传统的农耕文化和建筑风貌，为游客提供了体验传统乡村生活的机会。在人文景观方面，成都乡村地区还保留了许多历史遗迹和民俗文化，如川剧、竹编、陶艺等非物质文化遗产，这些文化资源为乡村旅游增添了深厚的文化底蕴。

现有的成都乡村旅游研究，大多为要素或产业融合视角下的定性分析，如乡

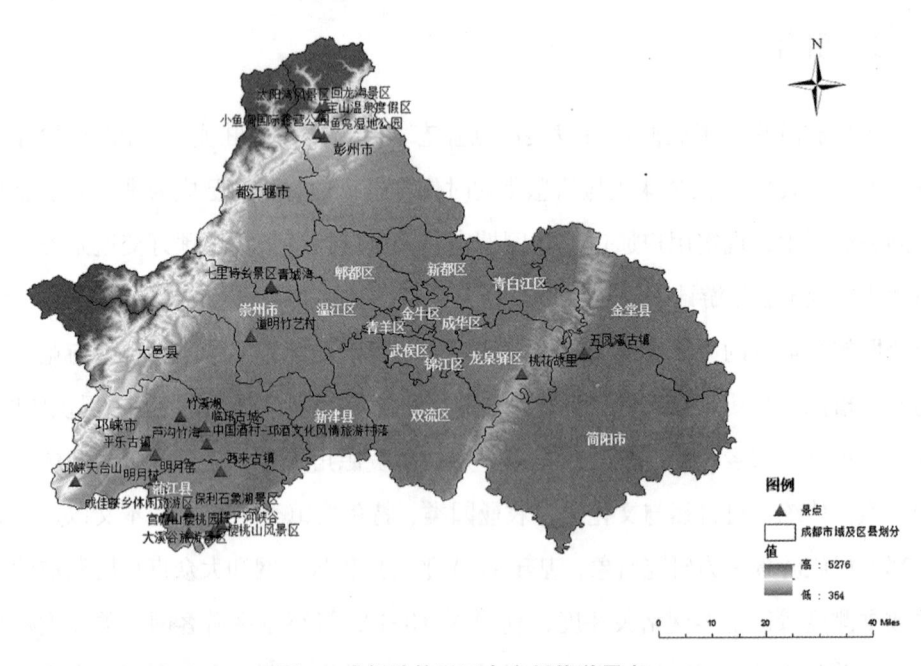

图1 成都地势及重点乡村旅游景点

村旅游与农村家庭关系[4]、活化传统村落[5]、生计可持续性[6]等，或相关影响因素，如乡村美食资源[7]、乡村振兴[8]、农村服务质量[9]、政府作用[10]、全球地方化[11]等。总之，现有研究在理论和定性研究方面较为丰富，但定量研究较少。因此，本文利用OTA平台数据进行定量分析，测度成都乡村旅游游客网络关注度并分析其影响因素，这在一定程度上能弥补现有研究的不足。

2.2 游客网络关注度

现有网络关注度的研究，绝大多数研究都是基于百度指数测度并分析网络关注度的时空特征的，而具体差异则体现在研究对象和时空特征分析方法上。在研究对象的选择上，一些学者聚焦中国世界遗产景区[12]、平遥古城[13]等旅游目的地展开网络关注度研究；一些则以地域为研究对象，如成渝双城经济圈[14]等；也有很多学者选择不同类型的旅游作为研究对象，例如民宿旅游[15]、冰雪旅游[16]、露营活动[17]等。在分析方法上，学者们利用变异系数与莫兰指数[18]、地理集中指数与首位度指数[17]、空间自相关[19]和耦合协调[20]等时空特征分析方法进行整合应用。总之，现有游客网络关注度研究在视角选择和分析方法上较为丰富，但在数据采集与处理以及测度方法上较为单一。

游客对旅游目的地的关注度，分为现实游客网络关注度、潜在游客网络关注度[3]。现实游客网络关注度，一般是指游客已经去过该景区，之后通过游记、评价等形式来反馈旅游后的感受，以景区游记数量、评论总数来衡量。潜在游客旅游前对景区信息进行检索、浏览、提问，其浏览量、提问数等反映了潜在游客网络关注度。因此，本文选用游记点赞数、游记浏览量、景区收藏数、提问数来衡量潜在游客网络关注度。

3 成都乡村旅游景区网络关注度测算

3.1 网站影响力评估与选取

OTA即"在线旅游（Online Travel Agency）"，OTA平台是一种在线预订系统平台，用于帮助游客向旅游服务提供商预订各种相关产品及服务，并通过线上或线下方式进行支付。国内知名OTA平台有大众点评网、携程旅游网、美团等。

百度指数在互联网发展的背景下成为具有重要参考意义的工具；当前，搜索引擎成为人们搜索网络信息的主要渠道，亦成为反映人们消费行为、消费偏好的镜像[21]。其中搜索指数能够为确定网站影响权重提供依据。

通过在百度指数页面检索国内知名OTA平台网站名近三年搜索指数，并进入各大OTA平台检索成都乡村旅游景区，收集并整理网络关注度相关数据。综合考虑各平台百度搜索指数大小、相关数据完整度等因素，最终选择携程旅行网和大众点评网作为本文测度成都乡村旅游景区游客网络关注度的数据来源。

百度指数时间段选取2021年、2022年、2023年，输入关键词"大众点评""携程"，得出各关键词的整体搜索指数趋势图，如图2所示。

从搜索指数的年趋势来看，携程旅行网与大众点评网均呈现出明显的季节变化趋势，因此抽取每年每个季节（春季3—5月、夏季6—8月、秋季9—11月、冬季12—2月）中某一周数据作为样本，共抽取样本12个，并对这12个样本周的平均搜索指数求平均值，得到近三年携程旅行网和大众点评网的整体平均搜索指数，并按照权重系数=单个网站整体平均搜索指数/各网站平均搜索指数之和，最后得到携程旅行网权重系数为0.7606，大众点评网权重系数为0.2394。见表1。

表1 搜索指数样本时间与值

年份日期	2021 4.12—4.18	7.12—7.18	9.27—10.3	1.17—1.23	2022 3.21—3.27	8.1—8.7	9.26—10.2	1.2—1.8	2023 4.24—4.30	7.24—7.30	9.25—10.1	12.25—12.31	搜索指数均值	关注度权重系数
携程旅行网	64030	55235	48957	28939	21550	43723	35850	40684	65410	63188	56543	39444	46988	0.7606
大众点评网	20413	19211	19167	13374	10122	14993	12775	8142	14723	15582	14631	14375	14792	0.2394

3.2 测算公式与数据采集

借鉴琚胜利等人[3]测度南京乡村旅游景区游客网络关注度的方法，得到计算游客网络关注度的公式如下：

I 旅游新业态新场景新模式

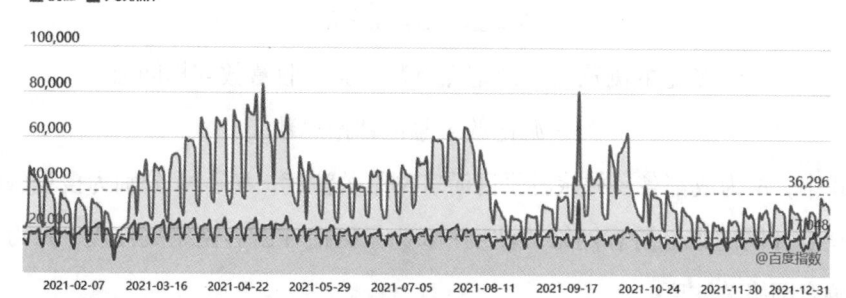

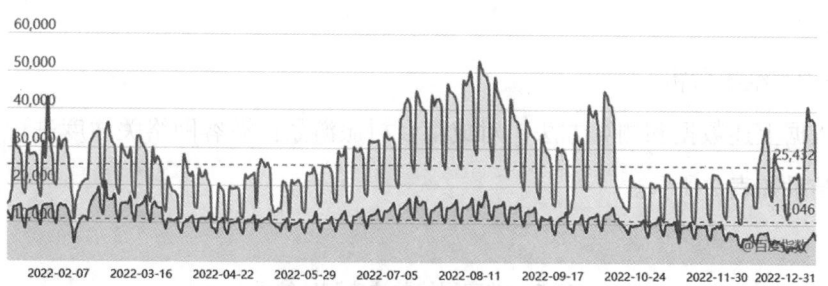

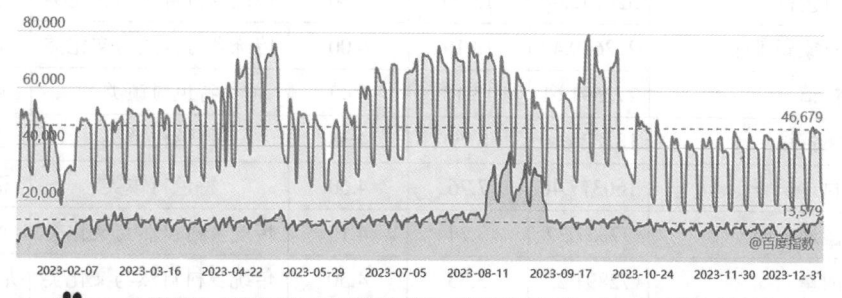

图2 携程旅行网、大众点评网2021—2023年百度指数搜索趋势

$$N=0.7606 \cdot N_1+0.2394 \cdot N_2$$

$$N_1=0.4 \cdot S+0.6 \cdot R$$

$$N_2=0.4 \cdot S+0.6 \cdot R$$

$$S= 游记的浏览数 + 游记点赞数 + 景区收藏数 + 提问数$$

$$R= 游记数 + 景区评论总数$$

式中，N 为成都各乡村旅游景区游客网络关注度；N_1、N_2 分别为携程旅行网和大众点评网的景区游客网络关注度；S 为景区潜在游客网络关注度；R 为景区现实游客网络关注度。

游记数、游记浏览数、游记点赞数、景区收藏数、评论数、提问数均来自携程旅行网和大众点评网。通过平台 App 检索成都乡村旅游景区 36 个，根据数据完整度最终筛选出 26 个景区作为研究的对象，并收集上述数据进行网络关注度测度。

3.3 结果分析

依据上述数据和测算方法，对成都乡村旅游景区游客网络关注度进行测算，得到结果如表 2 所示。

表 2　游客网络关注度测度结果

景区名称	网络关注度	关注度百分比 %	评分均值	景区类别	所在地
邛崃天台山	422645.53	20.44	4.15	传统乡村自然与文化类	邛崃
道明竹艺村	328742.40	15.90	4.60	传统乡村自然与文化类	崇州
保利石象湖景区	272639.42	13.19	4.00	传统乡村自然与文化类	蒲江
平乐古镇	272591.61	13.18	4.43	特色村镇类	邛崃
五凤溪古镇	181825.00	8.79	4.38	特色村镇类	金堂
明月村	160377.46	7.76	4.60	特色村镇类	蒲江
鱼凫湿地公园	77337.37	3.74	4.15	传统乡村自然与文化类	彭州
桃花故里	72891.25	3.53	4.50	传统乡村自然与文化类	龙泉驿
小鱼洞国际露营公园	56449.45	2.73	3.25	传统乡村自然与文化类	彭州

续表

景区名称	网络关注度	关注度百分比	评分均值	景区类别	所在地
太阳湾风景区	53707.75	2.60	3.70	传统乡村自然与文化类	彭州
临邛古城	45319.42	2.19	4.18	特色村镇类	邛崃
西来古镇	42832.16	2.07	4.33	特色村镇类	蒲江
成佳茶乡休闲旅游区	24114.01	1.17	4.63	农业园类	蒲江
回龙沟景区	16471.83	0.80	4.13	传统乡村自然与文化类	彭州
樱桃山风景区	11534.94	0.56	4.25	农业园类	蒲江
芦沟竹海	6263.59	0.30	4.03	传统乡村自然与文化类	邛崃
朝阳湖风景名胜区	5808.61	0.28	4.00	传统乡村自然与文化类	蒲江
七里诗乡景区	4030.19	0.19	3.65	农业园类	都江堰
竹溪湖	3752.89	0.18	3.90	传统乡村自然与文化类	邛崃
青城湾	3345.82	0.16	3.28	传统乡村自然与文化类	都江堰
宝山温泉度假区	3258.89	0.16	4.33	传统乡村自然与文化类	彭州
大溪谷旅游景区	1541.91	0.07	4.33	传统乡村自然与文化类	蒲江
官帽山樱桃园	42.06	0.00	4.33	农业园类	蒲江
明月窑	36.01	0.00	4.00	农业园类	蒲江
中国酒村—邛酒文化风情旅游村落	4.98	0.00	4.00	特色村镇类	邛崃
檬子河峡谷	2.78	0.00	3.27	传统乡村自然与文化类	蒲江

注：表中评分均值为携程旅行网、大众点评网评分的均值。

游客网络关注度排在前四的景区是邛崃天台山20.44%、道明竹艺村15.90%、保利石象湖景区13.19%、平乐古镇13.18%，总和占整体的62.71%，且OTA平台评分均值均在4.0以上。通过整体描绘各景区网络关注度百分比（见图3），可以看出成都乡村旅游景区具有较为明显的首位度特征和长尾特征。

在全部26个研究对象中共有10个A级旅游景区，其中4A级旅游景区8个，3A级旅游景区2个，而游客网络关注度前五的景区均为4A级旅游景区。可见

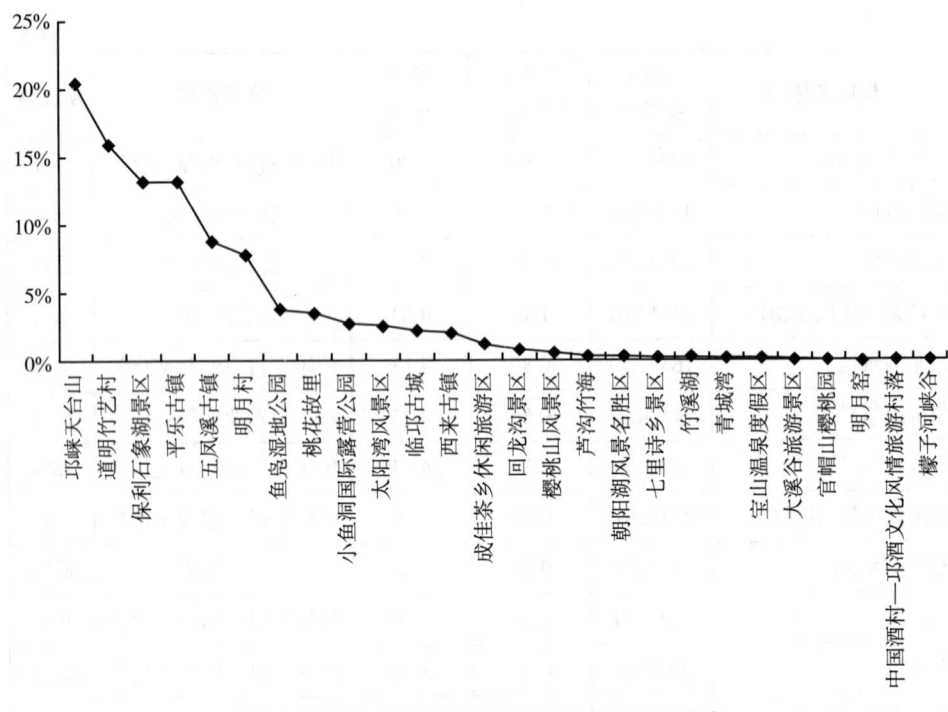

图3 成都乡村旅游景区网络关注度百分比分布

旅游景区质量等级的高低能够在一定程度上影响游客对景区的关注度，且网络关注度相对较高的乡村旅游景区大多为级别更高、旅游资源更加丰富、前期发展更充分的综合型乡村旅游景区，在类别上大多为传统乡村自然与文化类和特色村镇类。而农业园类乡村旅游景区，由于数量少且区位不便利、旅游产品相对单一等原因，网络关注度很低。其中成佳茶乡休闲旅游区已评定为4A级旅游景区，但其游客网络关注度也仅排在第13位，占总体关注度的1.17%。

从乡村旅游景区的整体分类分布来看（见图4），网络关注度占比最大的类型为传统乡村自然与文化类，且这一类景区在地域分布上也相对均匀，除金堂县外所有地区都有这一类景区，可见传统乡村自然与文化类景区是大多数地区着重发展的一类乡村旅游目的地。另外从图4中还可以看出，农业园类乡村旅游景区网络关注度最小，主要原因在于该类景区数量较少且只有两个地区拥有这类景区。而从地域角度来看，蒲江县的景区类型最为丰富，且三类景区的网络关注度相对其他地区均较高，可见其旅游资源丰富，发展较为平衡。

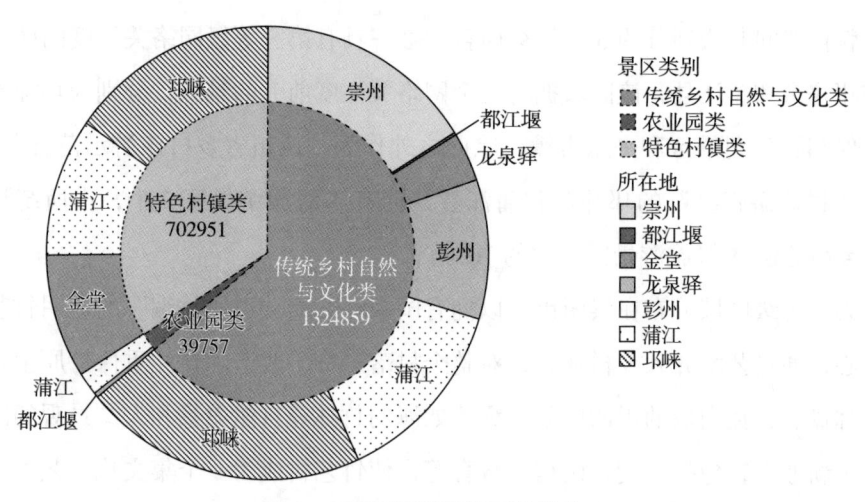

图 4　不同景区类别的网络关注度

4　网络关注度空间特征

4.1　核密度测算方法

核密度估算（Kemel Density Estimation，KDE）利用核密度计算各样本点 x_i 在以 h 为半径的圆内的各栅格单元中心点的密度贡献值，估算模型为：

$$f_n(x)=\frac{1}{nh}\sum_{i=1}^{n}k\left(\frac{x-x_i}{h}\right)$$

式中，h 为搜索半径或带宽，n 为带宽内样本点的数量，$k(\ )$ 为核函数，$(x-x_i)$ 为估计点 x 到样本点 x_i 的距离[22]。

利用 ArcGIS10.7，分别选择半径大小 100m、250m、500m 进行核密度估算，通过对比结果，最终选择最能反映成都乡村旅游景区网络关注度空间差异的半径——250m 作为搜索半径。

4.2　空间特征分析

为更好观察和分析成都乡村旅游景区游客网络关注度空间特征，对上文所测算出的网络关注度利用 ArcGIS10.7 进行计算并绘制核密度分布图，通过自然间断法将网络关注度划分为 5 个等级，颜色越深级别越高。

从图 5 可以看出，成都乡村旅游景区游客网络关注度在空间上形成四个集聚区。就自然间断法划分的5个等级而言，唯一具有第一等级网络关注度的区域集中在邛崃市和蒲江县，该区域拥有三个网络关注度前五的景区，分别为邛崃天台山、保利石象湖景区和平乐古镇，除此之外作为"四川省乡村旅游示范县""四川省乡村旅游强县"的邛崃市和蒲江县共拥有A级旅游景区7个，占所统计的成都乡村旅游A级旅游景区总数的70%。

第二等级区域分布在崇州市，以拥有国家级非遗"道明竹编"的道明竹艺村为核心，通过艺术介入乡村建设，对整个村落进行了改造。在注重保持原生态的川西林盘、青瓦白墙的川西民居、绿荫如海的竹林等自然美景和人文景观的同时引入了新业态，包括文创、民宿、教育等，使竹艺村成为一个集文化、艺术、休闲、旅游为一体的休闲胜地。政府通过制定"一低两高"的生态补偿机制和"三权分置"改革，以及引进文创项目和高端人才，大力推动了竹艺村的产业升级和转型，让其成为崇州市的一张旅游名片，获得了较高的网络关注度。在整体网络关注度中，道明竹艺村占15.9%，排名第二，助推只有两个景区的崇州市成了第

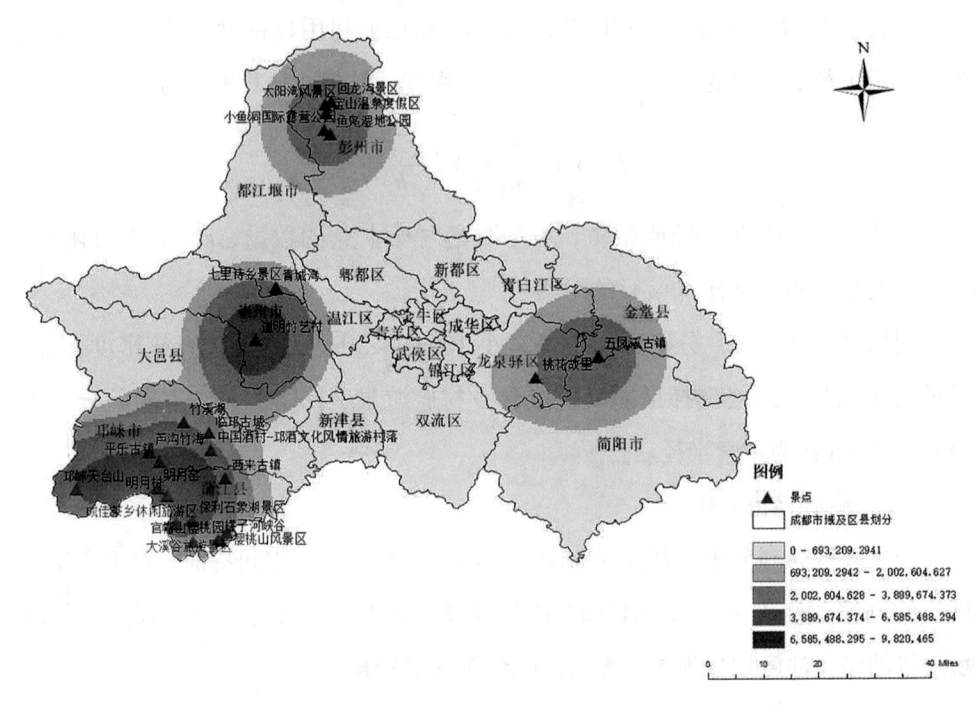

图5 核密度结果

二等级区域。

第三等级主要集中于彭州市和金堂县。本文所统计到的彭州市乡村旅游景区共5处，尽管在景区数量上位于前列，但该市整体网络关注度不高，没有表现突出的乡村旅游景区。而金堂县与第二等级区域相似，在该区域拥有网络关注度排名第五的五凤溪古镇，因此形成了该区域的核心。

整体来看，游客网络关注度最高的区域位于成都西南方向的邛崃市和蒲江县，该区域拥有多个老牌A级旅游景区，并积极开发农业园类乡村旅游景区，引入文创、民宿等乡村旅游新业态，促进产业融合，让乡村旅游实现可持续发展。

5 发展路径分析与建议

基于OTA平台携程旅行网和大众点评网，以26个成都乡村旅游景区为研究对象，获取网络关注度相关数据，以潜在和现实两个角度测度出景区游客网络关注度，并利用ArcGIS10.7进行景区游客网络关注度核密度计算，分析其空间特征。

从结果可知，乡村旅游景区的质量等级以及景区类型的差异都会导致景区游客网络关注度的差异，等级高的A级旅游景区往往能获得更高的网络关注度，但景区等级的高低只是影响其游客网络关注度的一个方面，非遗等文化资源丰度及开发水平也是影响其网络关注度的重要方面。从成都乡村旅游景区整体来看，游客网络关注度呈现出明显的首位度和长尾特征，且农业园类乡村旅游景区游客网络关注度较低。

成都乡村旅游景区网络关注度的空间分布与景区空间分布基本吻合，共形成四个集聚区，其中第一等级网络关注度区域集中在邛崃市和蒲江县，另外核心位于崇州市道明竹艺村的第二等级区域与核心位于金堂县五凤溪古镇的第三等级区域均是由于核心景区具有高网络关注度而形成的。由此可见，成都市乡村旅游主要围绕网络关注度排名前五的5个景区形成集聚区，且核心较为分散，这些核心多为质量等级较高、成名较早的传统综合型乡村旅游景区。就行政区域而言，辖区内乡村旅游发展侧重明显，多为集中发展某一核心景区继而带动新的乡村旅游景区产业融合创新发展，较为依赖高网络关注度的核心景区。

综上，成都乡村旅游当前发展路径存在景区发展资源分配不平衡、景区间联系带动发展不深入、部分景区吸引力不足与营销方式单一等问题，使得多个片区出现某一景区网络关注度一枝独秀的情况。据此提出以下发展路径建议：

（1）打造强势乡村旅游品牌

乡村旅游景区较多且集中但整体网络关注度较低的，应打造有影响力的强势乡村旅游品牌。第一，要从特色和差异化入手，充分调查分析以明确当地的特色资源，以此为核心进行重点打造，将其转化为差异化优势。合理开发当地自然景观、风土人情、民俗文化、农业特色项目等，并积极创新推进产业融合发展，以凸显品牌个性与文化。第二，要了解和分析游客需求，及时评估景区旅游产品和服务是否能够满足游客需求，发现问题后有针对性地改进和完善。第三，立足于产品本身，进行旅游产品的自主创新，不断完善旅游基础设施，注重旅游产品的复合性和多功能，尽可能满足游客多方面、多层次的需求。

（2）丰富推广策略、加大营销力度

在利用互联网和新媒体对乡村旅游进行大范围的宣传和推广时，应结合时下热点，借鉴成功案例，捕捉网民兴趣点，利用互联网更大范围地宣传和推广成都乡村旅游产品，提高成都乡村旅游景区的知名度。可以通过短视频、游记等时下流行的方式发布更新景区的传统故事、民俗、手工艺品以及博主旅游照片等吸引旅客增加景区网络关注度，并附上各类相关的旅游信息。同时也可以采取好评奖励办法，在巩固现有游客的基础上发展潜在旅客；还可以引入农业电商，通过直播带货等宣传方式，开展预订产品、线上支付等推动乡村旅游营销。使营销方式更加多样化，以提升景区吸引力，增加游客网络关注度。

（3）充分发挥高关注度景区的辐射带动作用

网络关注度较低的旅游景区和辖区可依托高关注度景区的高知名度，积极与其开展合作。同时要完善区域旅游交通网络，加快建设和提升区域间交通网络格局；优化旅游产品体系，完善旅游线路，推出跨地区乡村旅游景区联动产品，实现以点带面的旅游发展趋势，从而实现整体的可持续发展和良性循环。此外，对于乡村旅游景区较多且集中但整体网络关注度较低的彭州市，应积极创新发展，拓展景区发展视角，洞察自身特色，推出更具吸引力的旅游产品以提升景区知名度。

参考文献

［1］李淑娟，谢文武，黄镇．乡村旅游发展助推共同富裕的机制与路径研究［J］．农业经济，2024（1）：82.

［2］万田户，张志荣，李树亮，等．乡村旅游国内网络关注度的时空分布研究［J］．西南大学学报（自然科学版），2022，44（6）：138.

［3］琚胜利，陶卓民，韩彦林．南京乡村旅游景区游客网络关注与景区引力耦合协调度［J］．经济地理，2017，37（11）：220.

［4］陶长江，付开菊，王颖梅．乡村旅游对农村家庭关系的影响研究——成都龙泉驿区石经村的个案调查［J］．干旱区资源与环境，2014，28（10）：203.

［5］GAO J，Wu B H. Revitalizing Traditional Villages Through Rural Tourism：A Case Study of Yuanjia Village，Shaanxi Province China［J］. Tourism Management，2017，63：223.

［6］Su M M，Wall G，Wang Y A，et al. Livelihood Sustainability in a Rural Tourism Destination-Hetu Town，Anhui Province，China［J］. Tourism Management，2019，71：272.

［7］刘军丽．成都乡村美食资源评价与旅游开发研究［J］．美食研究，2016，33（2）：37.

［8］Yang J，Yang R X，Chen M H，et al. Effects of Rural Revitalization on Rural Tourism［J］. Journal of Hospitality and Tourism Management，2021，47：35.

［9］Ga Jic T，Dokovic F，Blesic I，et al. Pandemic Boosts Prospects for Recovery of Rural Tourism in Serbia［J］. Land，2023，12.

［10］Liu C Y，Dou X T，Li J F，et al. Analyzing Government Role in Rural Tourism Development：An Empirical Investigation From China［J］. Journal of Rural Studies，2020，79：177.

［11］郑诗琳，黄焕，张晓梦，等．全球地方化背景下乡村旅游地治理模式转变与发展要素互动——以四川省成都崇州市竹艺村为例［J］．地理科学，2022，42（8）：1474.

［12］李经龙，王海桃．基于UGC数据的中国世界遗产景区网络关注度与满意度研

究［J］.西南大学学报（自然科学版），2023，45（8）：138.

［13］韩军辉，杨雨婷，甄林芝，等.新冠疫情冲击下平遥古城网络关注度的影响因素研究［J］.干旱区资源与环境，2023，37（3）：203.

［14］杨晓霞，玉波香，刘亚男.5A级旅游景区网络关注时空特征及影响因素研究——基于成渝地区双城经济圈的分析［J］.价格理论与实践，2023（4）：185.

［15］陈兴，余正勇，李巧凤.民宿旅游网络关注度及其时空差异性研究——基于百度指数的分析［J］.价格理论与实践，2022，（8）：63.

［16］花玉莲，许艳，李桂莎，等.中国冰雪旅游网络关注度的时空特征及影响因素［J］.资源开发与市场，2023，39（9）：1209.

［17］陈昆仑，宋新昊，刘小琼，等.中国露营活动网络关注的时空特征及影响因素［J/OL］.旅游科学，2024.

［18］邹超，邵秀英，沈群凯.中国工业旅游网络关注度分布格局及其影响因素［J］.地域研究与开发，2023，42（6）：72.

［19］高楠，李锦敬，张新成，等.中国研学旅行网络关注度时空分异特征及影响机理研究［J］.地理与地理信息科学，2023，39（3）：68.

［20］李锦宏，曾雪.省域国家历史文化名城的网络关注度与旅游吸引力时空动态耦合协调关系［J］.华侨大学学报（哲学社会科学版），2023（1）：56.

［21］王宇，张红，李玥.基于百度指数的四川省旅游景区关注度特征分析［J］.国土与自然资源研究，2023，（3）：64.

［22］单捷，邱琳，田苗，等.基于景观指数和核密度估算的江苏省耕地空间分布特征分析［J］.江苏农业学报，2023，39（9）：1872.

旅游演艺市场

四川旅游演艺产业发展报告

[作　者] 李潇涵　冯　冰（四川大学旅游学院）

摘　要： 伴随着文化产业的逐渐成熟，四川的旅游演艺产业已经成为打造文化强省的重要支撑力量。总体而言，四川的旅游演艺产业规模宏大、市场运作成熟、民营企业影响力逐步增强。四川旅游演艺产业不仅弘扬了天府文化内涵，而且建构了独特的品质和魅力。然而，在总体规划、精品力作、龙头引领、专业人才等领域仍存在不足。本文以成都旅游演艺市场为例，提出了具有针对性、前瞻性、可操作性的影视造势、节目跟进和政策支撑等建议，以期对决策者和运营者提供借鉴。

关键词： 四川；旅游演艺产业；旅游文化产业

演艺产业在文化舞台和经济市场中扮演着重要的角色。2009年7月，国家发布了《文化产业振兴规划》，明确将演艺产业列为八大重点文化产业之一，也是产业振兴的重要方向之一。多年来，国内绝大多数省份都投入了大量资源来发展演艺产业，并取得了可观的成绩。四川省旅游演艺市场随之发展壮大。四川旅游演艺产业包括旅游演艺产品的创作、生产、表演、销售、消费以及相关的经纪代理，同时也涉及艺术表演场所等配套服务机构。旅游演艺产业涵盖了电影、电视、歌唱、实景演出、交响乐、歌剧、芭蕾舞、现代舞蹈、音乐剧、民族戏剧、民间歌舞、杂技、曲艺、皮影等多个领域。

自改革开放以来，四川现代旅游演艺产业采用"剧目—演出—盈利"的市场经营模式，通过多年积累与创新拓展，已逐渐形成多层次、多元化、立体化的行业类型——包括文娱演艺集团、个体演艺实体、演艺经纪机构、演艺场馆等，形成了较为完整的产业链。高质量、高水准、评价高、盈利丰厚的大型演艺剧目不断入市，为四川省乃至全国、国际观众呈现出众多创意无限、精彩纷呈的文化产品，大量观众深刻体验到内蕴深刻、特色鲜明、形式多元的天府文化，有力地促进了文化强省的建设。

总体来看，四川的旅游演艺产业发展势头良好，前景广阔。然而，目前仍存在一系列问题，如与作为文化大省和旅游大省的地位不相匹配，还未能完全满足人民群众日益增长的文化需求等。本文以成都为例，聚焦四川的旅游演艺产业，分析现有机遇和存在的问题，并提出切实可行的对策建议。

1 四川旅游演艺市场发展现状

1.1 旅游演艺市场发展现状

1.1.1 旅游演艺产业整体规模宏大

四川演艺产业拥有丰富的文化资源和深厚的传统文化底蕴，同时注重现代文化创新，为旅游演艺创作提供了源源不断的动力。截至2019年，四川省共有近500家演艺团体，包括四川省演出展览公司、成都演艺集团、四川交响乐团、四川省歌舞剧院、四川人民艺术剧院、四川省川剧院等。此外，还有35家演艺经纪机构和近70家演艺场馆。

四川的演艺产业培养了众多国内国际知名演艺明星和制作人，如藏族音乐家兰卡布尺、四川省歌舞剧院首席导演马东风、四川龙城文艺演出中心音乐人叶顺有等。近年来，四川演艺产业逆势发展，推出了一系列高品质的剧目，得到了省内外的认可和影响力。

2015年至2018年，四川省共举办了近10万场各类营业性演出，包括明星演唱会、交响乐演奏会、歌舞剧、音乐剧、话剧、舞蹈芭蕾、川剧曲艺等多种形式。这些演出丰富了社会公众对文化作品的需求，弘扬了天府文化的内涵，营业收入超过15亿元。2018年至2019年，推出了许多受到观众好评的剧目，包括《白鹿原》《阳台》《奥特曼·宇宙之光》《交换作》《草鞋县令》《苍生在上》《尘埃落定》《海上的诺苏火布》《巴黎圣母院》《芝加哥》以及小野丽莎中国巡演十周年演唱会和美国好莱坞交响乐团新年音乐会等。这些剧目的成功推出将四川的演艺产业推向了更高的发展阶段，成功打造了全国演艺产业的第三个极点。通过举办多样化、高品质的演艺活动，四川演艺产业的发展为四川旅游演艺市场的发展壮大奠定了坚实基础。

1.1.2 旅游演艺产业市场化运作成熟

目前，四川省的旅游演艺市场内容丰富。全省共有约100家国办演艺剧团，涵盖了各种类型的演艺形式，如杂技、评书、相声、音乐、舞蹈、木偶、曲艺、戏剧、谐剧、四川清音、四川扬琴、金钱板和口弦等。这些演艺剧团的市场化运作逐渐得到了认可，并受到观众的欢迎。以成都为例，虽然早期的演艺市场发展较慢，经验不足导致亏本营销的现象普遍存在，然而，随着全国和四川经济的进一步发展，成都市民的可支配收入逐渐增加，文化消费需求也日益旺盛，各种形式的演出，如文化旅游节、大型音乐原创剧目、话剧和小品等开始受到市场欢迎。

为了提升四川演艺市场的市场化程度，四川引进了境内外高端演艺经纪机构，并培养了优秀的演艺制作人和营销人员。例如，2017年，中国香港最大的音乐演出制作公司艺能工程有限公司进驻成都，并将部分知名演艺制作人引入成都市场。此外，香港著名影星杨千嬅的"50场全球巡演"在广告宣传和品牌营销方面受到了成都的支持。四川还深度挖掘传统文化的精髓，赋予独特的"麻辣川味"，推出了《变脸》《巴山秀才》《死水微澜》《易胆大》等精品剧目。这些剧目已在全国各地上演超过500场，观看人数超过150万人次，市场反响良好。特别是音乐剧《金沙》的推出，更加推动了四川演艺产业的市场化进程。该剧以金沙文化为核心，展现了神秘悠远的古蜀文明，成功将金沙遗址的文化优势转化为产业优势，取得了积极的成果。这些举措有效推动了四川演艺产业的发展，为旅游演艺市场的繁荣做出了积极贡献。

1.1.3 民营旅游演艺发展势头良好

四川省旅游演艺市场具有壮阔的发展前景。目前，四川省拥有3000多家民营演艺团体。这些团体中包括一些国内知名的演艺力量，如四川唐古拉风艺术团、四川金色高原艺术团、四川龙城文艺演出中心、德阳杂技团、绵阳禹羌文化发展公司等。其中，德阳杂技团是一支国内著名的民营文艺演出团体，拥有多个专业演出团队，如俄罗斯马戏表演团、驯兽表演团、飞车走壁表演团等。他们实力雄厚、技艺精湛、特色鲜明，平均每年演出3000场以上，创下了全国民营表演团体演出总收入、总场次、观众总人数的最高纪录。四川龙城文艺演出中心是全国首家农民演艺集团，聚合了来自云南、贵州、四川等地的农民演艺团队。他们已建成约100家文艺团队，每年演出超过15000场，观众超过150万人次，演出收入近3000万元。他们的演出成了泸州乃至整个西南地区具有影响力、号召力和渗透力的现代文化现象。九寨沟演艺群中的10家民营文艺表演团体平均每年演出2000场以上，并与旅游深度融合，将四川的天府文化和特色通过演艺形式传播给国内与国际游客。绵阳禹羌文化发展公司推出的大型舞蹈诗剧《大北川》已巡演近200场，获得了国家级、省部级文艺奖项，受到国内外社会的一致肯定。四川博远羌风文化传播有限公司则与国有剧团合作，创作了大型羌族乐舞史诗《羌风》，在全国范围内演出七场，观众超过1万人次，为观众呈现了精彩绝伦的视听体验，也使羌族非物质文化遗产得到广泛传播。

1.2 旅游演艺市场发展特点

1.2.1 成都引领地市州共同发展

作为四川省娱乐业发展势头最好的城市，成都正在不断拓展娱乐业的新边界。近三年来，成都已举办近140场国内知名大型演出。这些演出包括《我爱我家·小鬼当家》等儿童剧，《少林武魂：慧光的故事》等励志舞台剧，《流浪》等现代舞，《你好，疯子》等话剧，《根》等音乐剧，《诗酒李白》等史诗剧，以及侦探剧，如《黎明街》。这些演出在市场上取得了高票房和高人气，成都也成为众多国际知名表演剧在中国演出的首选目的地之一。受成都娱乐市场发展辐射的影响，德阳、绵阳、简阳、自贡、南充、内江、达州等二线城市也推出了一系列优秀的大型演出，包括音乐剧《爱你如初》、四川清音《峨眉茶》、歌曲《三十双眼睛六十颗星星》、原创现代川剧《糖坊风云》等等。其中，《糖坊风云》是围绕20世纪30年代内江赵家族糖坊的兴衰、赵家族相关人物命运的变迁而展开的一场演出。这场演出展示了中国民族工业发展的艰难历程和民族工业人不屈不挠的精神风貌。在2019年四川省第十七届戏剧小品大赛中获得良好评价。这些精彩的演出丰富了四川旅游演艺市场，给观众和游客带来了精彩多样的艺术享受。

1.2.2 演艺内容精彩丰富，特色鲜明

为突显本地特色，四川演艺产业巧妙地融合了当地文化与外来元素，致力于开拓国内与国际演艺市场。同时，根据不同地域、层次和游客需求，精心打磨各类富有创意、独具特色的演艺节目。演出场馆遍布九寨沟、黄龙、峨眉山、青城山、乐山大佛、都江堰等四川著名旅游景点，以及成都、南充、宜宾、乐山、广安等旅游城市的大型演出场馆。四川演艺呈现多元化的演出形式，包括大型明星演唱会、民族风情表演、川剧、话剧、音乐剧、舞剧、杂技等，还有融合多种元素的创新演出。

1.2.3 四川演艺品牌不断推出

在"经济搭台，文化唱戏"的有利环境下，四川省涌现了一系列高质量的演艺作品，逐渐塑造了独特的品牌效应。截至2019年5月18日，在第十二届中国艺术节演艺及文创产品博览会上，"演艺四川"展映了多部川剧精品项目，包括《铎声阵阵》《双八郎》《金沙江畔》《白蛇传》《火焰山》和《镜花缘》。此外，话剧作品如《记忆密码》《苏东坡》《苍穹之上》《赵一曼》《茶馆》以及音乐剧《麦琪的礼物》、实景剧《阿惹妞》和《圣洁甘孜亚丁情》等，荣获国家级和国际级奖项，为奠定"演艺四川"声望发挥了关键作用。尤其值得一提的是，2010年，德阳杂技团与北京朝阳剧场合作的杂技作品《飞翔》被列入《国家文化旅游重点项目名录》。

1.2.4 注重弘扬天府文化内涵

天府文化的特质包括创新、创造、优雅、时尚、乐观等积极元素，是四川建设文化强省的核心内容。成都演艺中心作为弘扬天府文化的新地标，占地面

积44.28亩，总建筑面积10.4万平方米，拥有近12000个座席，是我国西南地区最大的室内综合性演出场馆。四川演艺非常注重弘扬天府文化内涵，无论是原创剧目还是引进作品，都注重将天府文化和商业演艺相结合，采用"戏剧+天府文化"的方式，打造带有天府文化印记的IP作品，助力四川天府文化发展。

1.2.5 演艺经纪机构优势突出

四川省的演艺经纪机构为该地区的演艺市场做出了重要的贡献。这些机构充分发挥自身特点和四川演艺市场的优势，巧妙策划组织了具有天府特色、独特风格、精心打磨的演艺剧目，并积极开发省内外的演艺资源。通过不断努力和创新，他们取得了出色的演出效果和经济收益。

2018年，四川省演出展览公司举办了近200场各类演出，观众人数近50万，票房收入超过10亿元，演出涵盖了戏剧、音乐会、舞蹈、马戏等多个类型。同时定期组织青年演员与国内外知名演艺团体深入交流学习，促进了当地演艺市场的发展。成都瀚博营销策划有限公司专注于演唱会制作和演出运营，拥有经验丰富的专业团队，在企划、策划、营销、创意、制作和运营等方面表现出色。该公司成功组织了多场重量级演唱会，吸引了众多观众，取得了良好的社会效益和经济效益。

成都传媒集团是成都市级国有大型文化传媒企业，积极引进国内外各类演出资源，策划了一系列丰富多彩的演出，包括音乐剧《恋爱中的丑小鸭》、歌剧《茶花女》、古筝演奏会《紫竹调》等。这些演出巧妙结合了成都本地文化和资源，展现了精湛的表演技巧，同时突显了大都市的文化魅力，深受观众喜爱。这些演艺经纪机构通过不断创新和提升自身能力与服务水平，在演出生产、营销、营利和再生产等环节中，发挥了关键作用，为四川省的文化事业发展做出了积极的贡献。

1.2.6 演艺旅游深度融合

以九寨沟风景名胜区演艺市场为例。2007年，九寨沟风景名胜区共有12个表演团，包括九寨沟风景名胜区藏王宴舞餐饮娱乐公司、九寨沟风景名胜区印象、九寨沟风景名胜区高原红等，并共同组建了九寨沟演艺产业集群。2008年，九寨沟演艺产业集群被文化部命名为国家文化产业示范基地。2011年至2013年，累计产值超过4亿元。2010年，大型藏族歌舞《藏谜》成为九寨沟风景名胜区演艺产业的突破口。此外，《蜀风雅韵》和《飞翔》还被原文化部和原国家旅游局列为国家文化旅游重点项目。

2023年，四川文化和旅游市场全面复苏，旅游需求激增，旅游娱乐市场持续扩大。据四川省各市政府工作报告，春节假期，在"安逸四川新体验"主题活动和地方文旅优惠活动的带动下，全省共接待游客5387.59万人次，实现旅游收入242亿元，同比分别增长24.73%和10.43%。"五一"期间，四川省共接待游客4018.34万人次，实现旅游收入201.23亿元，同比分别增长104.6%和46.6%。全省旅游接待总量和旅游收入均超过2019年同期。各景区、游乐园举办特色文旅活动，推出新场景、新项目，营造浓厚的节日消费氛围。活动频频登上各种热搜榜，激发了游客的消费热情。端午假期，四川省833个纳入统计的A级旅游景区共接待游客1079.26万人次。传统景点与民俗文化相结合，推出了引人关注的活动，以支持旅游业的可持续发展。2023年黄龙溪龙舟大赛及"浓情端午'粽'享安仁"等主题文化民俗活动吸引了大批游客参与。南充市仪陇县五一节推出观演出、赏非遗、赏美食等特色活动，大力打造以朱德故里景区为中心的红色旅游产业，丰富旅游内容，吸引游客前来观光旅游，累计接待游客46.5万人次，实现旅游综合收入3.32亿元。在绵阳"方特国风盛典"主题活动上，举办了华服巡游、走秀等系列活动，吸引国内外游客前来报到，抖音曝光量达到5000多万次，全网曝光量达到1.3亿次。上半年，绵阳方特公园游客约84万人次，比上年增长约78%。其中，"五一"假期旅游人数同比增长206%，端午节旅游人数同比上涨11%。四川旅游娱乐市场在四川文化旅游市场中占有极其重要的地位。

四川旅游演艺消费涵盖了演唱会、音乐剧、脱口秀和相声等多种形式。就演唱会而言，2023年，国内外知名艺人如张学友、薛之谦、毛不易、小野丽莎等纷纷在川举行演唱会。截至2023年10月底的数据显示，四川批准引进营业性演出超过2万场次，其中大型演出活动超过1500场次，较2019年同期增长了9倍。观演者人数超过200万人次，演出场次、观众人数和票房均位列全国第一。

在音乐节方面，成都年均举办各类市场化音乐节超过2000场次，演出票房接近10亿元，成为继北京、上海之后的中国音乐演艺"第三城"，拉动综合消费超过40亿元。2023年上半年，四川二线及以下城市举办的音乐节占比高达57.9%。其中，2023年遂宁河东·S2N水上音乐节期间，罗大佑、叶世荣、朴树等实力歌手亮相，吸引观众达4.3万人次，带动消费超过3000万元。

2　四川旅游演艺市场存在的问题

四川旅游演艺产业是四川文化产业中的重要组成部分，近年来其市场规模不断扩大并取得了良好发展。四川旅游演艺产业的发展对于四川旅游业的提升具有重要作用。随着旅游业的发展，越来越多的游客对于旅游演艺的需求日益增长，这也为四川演艺产业提供了更大的市场空间和机会。然而，与桂林、西安等市相比，四川旅游演艺产业还面临以下问题：

（1）缺乏总体规划的指引。目前，虽有《四川省"十三五"文化发展规划》《成都市文化产业发展"十三五"规划》等文件，但仍缺乏对四川旅游演艺产业精准明晰的评估标准，目前尚无对演艺产业进行统筹考虑的总体规划和前瞻布局，尚未形成演艺产业集群效应。

（2）缺乏精品演艺作品的支撑。近年来，四川演艺产业在国内外市场取得了一些成绩，如《金沙》《锦城云乐》《芙蓉国粹》《蜀风雅韵》等作品荣获了多个奖项。然而，与桂林、西安等演艺强市相比，四川的精品力作还存在一些差距。首先，优质的原创团队不足。当地的原创团队在数量和质量方面还不够充足，在创意和创新方面还有提升的空间。缺乏优质的原创团队限制了四川演艺产业的创作能力和影响力的发展。其次，四川演艺产业缺乏一些先行的经典影视故事作为创作基础。例如,《印象·刘三姐》的成功离不开电影《刘三姐》的故事和影响力，而一些四川演艺作品，如《金沙》《芙蓉国粹》等则缺乏这样的经典故事作为创作基础。再者，四川演艺产业的文化主题较为繁杂模糊，缺乏鲜明的独特性。相比之下，桂林和西安的演艺作品更加聚焦于山水文化和盛唐文化，这些明确的文化主题使得其演艺作品更具影响力和吸引力。最后，四川演艺产业缺乏高端的演艺品牌。近几年，四川精品演艺数量相对较少，而桂林和西安的精品演艺相对较为丰富。此外，四川演艺作品的质量也有待提升，需要进一步追求高品质，并吸引更多的观众和游客的关注。

（3）缺乏专业人才支撑。目前的"产学研"体系和文化产业机制存在一些问题，导致旅游演艺产业的专业人才缺乏。首先，本土旅游演艺精品原创团队不足。虽然可以聘请高水平的外部团队，但旅游演艺精品的成功需要对本土文化进行深度的挖掘和提升。目前，四川的旅游演艺团队还未达到著名演艺原创团队的水平，急需加大培养力度。其次，旅游演艺的高科技人才缺乏。随着互联网信息时代的到来，市民和游客对视觉和听觉的需求更加高涨，旅游演艺产业也需要采用 VR、AR、人工智能等高科技手段提供更深度的体验。然而，目前成都旅游演艺产业缺乏大规模的高科技人才进入。再者，旅游演艺品牌经营管理的复合型人才缺乏。这类人才需要具备文化演艺创作素质，又要精通旅游演艺发展布局、品牌推广、市场运作、国际营销等方面的知识和技能。这样才能打造出国内外知名的演艺品牌。成都旅游演艺产业目前缺乏此类复合型人才。最后，知识产权型法律人才不足。文化演艺作品的知识产权常常受到侵权行为的威胁，投资上千万元的作品很快就会被盗版复制，导致市场流失。成都缺乏专业的知识产权型法律人才，难以保护演艺作品的知识产权。为解决以上问题，需要加强专业人才培养和引进。可以加强本土旅游演艺原创团队的培养，吸引高科技人才进入演艺产业，培养具备品牌经营管理能力的复合型人才，同时加强知识产权保护相关法律人才的培养。通过这些措施，可以提升四川旅游演艺产业的专业人才水平。

（4）缺乏龙头企业引领。龙头企业的引领作用是桂林等旅游演艺强市成功的重要原因之一。通过这些企业的带动，可以带动整个演艺产业链和演艺市场的积极功能，从而实现整个演艺产业的快速发展。桂林和西安的演艺市场出现了多个重要的龙头企业，如桂林旅游发展集团、西安朗德演艺有限公司等，这些企业不断推出具有影响力和知名度的演艺作品，如《象山传奇》《山水间》《大唐女皇》等，为整个演艺产业提供了坚实的支撑。相比之下，四川的演艺产业尚未形成具有强大带动作用的龙头企业。《金沙》由成都演艺集团公司、成都金沙太阳神鸟演艺文化有限公司合作制作，虽然前期市场反响不错，但运营成本居高不下，观众流失量逐渐增加，导致后续状态不佳。为了提高四川演艺产业的整体发展水平，需要培育龙头企业并发挥它们的引领作用。此外，还需要加强对文化旅游业的整体规划和布局，推动演艺产业的集群化发展，形成更具协同效应的产业链条。

3 四川旅游演艺市场发展对策建议

四川旅游演艺产业在发展过程中应以相关规划文件为指导，明确总体思路，并探索实施路径，提升竞争力和影响力。

（1）在影视方面，应着重打造体现四川独特魅力的经典影视作品，创新传统和现代四川形象，突出四川的古朴神秘、智慧灵巧、勤奋毅勇、休闲悠然、优雅时尚、乐观包容等美好特质。同时，以影视作品为核心，推动演艺产业的发展。例如由都江堰水文化衍生的电影可以衍生出"大禹""李冰""水神"等演艺题材，并通过山水盛典、剧场舞台、主题公园等形式进行演艺呈现。经典影视作品具有影响力和美誉度，如以古蜀文明为题材的神秘惊悚影视剧必将吸引海内外的忠实粉丝入蜀旅游体验。

（2）在节目方面，应深度挖掘四川传统文化的精髓，以"四川魂"为主题打造演艺精品。四川拥有众多世界遗产和国家重点风景名胜区，传统文化博大精深，内涵丰富。建议重点关注古蜀文化、锦官城文化和都江堰水文化等主题，创作相应的演艺剧目来弘扬四川文化。例如以金沙、三星堆遗址为核心的《神秘的金沙》剧目，可以展现古蜀文化赋予四川的美好精神风貌，如智慧勤劳、风雅多情等；以蜀绣为元素的《花重锦官城》剧目，可以讲述娴熟的绣艺和动人的故事；以都江堰为灵感的《拜水都江堰》剧目，可以通过大禹、李冰、水神等元素，展现荡气回肠、气势恢宏的演艺故事，弘扬四川天府文化。

（3）在平台方面，首先，组建国有控股旅游演艺平台，通过并购重组的方式集中配置资产和资源，形成技术含量高、发展质量好、产业带动力强的平台公司，集中管理和运营旅游演艺产业资源。其次，打造旅游演艺产业发展融资平台。当前旅游演艺产业面临着融资难、融资贵等问题，政府可以注入资本成立旅游演艺产业发展基金，设立创新发展股权投资基金等，通过参股投资、控股投资、并购、资产证券化等方式募集金融和社会资本，提供旅游演艺产业发展的资金支持。同时，政府应该助力旅游演艺企业进入资本市场，帮助文化企业上市，提升企业募集资金的能力和综合实力。

（4）在政策支持方面，首先，统揽旅游演艺产业整体发展规划。制定阶段性发展时间表，明确产业与区域发展衔接，从目标、政策、监管、服务四个方面进行总体规划，包括建设旅游演艺龙头企业、重点旅游演艺项目、文艺园区、专业旅游演艺人才、旅游演艺市场体系等政策支持、扩大对外旅游演艺交流贸易、促进大众文化消费等。其次，加强专业人才培养、引进和保障，培养具有原创能力的研发人才，建立人才评级机制，设立人才支持基金，对旅游演艺文化传承人进行资格认证和重点支持。最后，多元化宣传提升旅游演艺产业影响力。通过各种媒介平台进行宣传，如微博、微信、微视频、客户端，发布旅游演艺产品简介；借助大型展会、会议、节庆宣传，吸引各界人士来川交流，推动多边文化的交流及投融资服务，构建一个高层次的四川对外旅游演艺投资、交流国际平台；利用全域户外广告宣传，使四川各个城市成为巨大的旅游演艺宣传主体，将信息传递给市民和游客。

2016—2021年旅游演艺游客满意度变化及影响因素研究
——以《蜀风雅韵》为例

[作　者] 余云云（四川大学灾后重建与管理学院）

摘　要　旅游演艺已成为带动旅游业和演出市场共同发展的不容忽视的文化产业类型。为了更清楚地了解不同时期旅游演艺游客满意度的变化及其影响因素，本文以《蜀风雅韵》为例，从美团网搜集了3212条在线评论数据，应用基于词典的情感分析、回归分析和非监督的机器学习技术探讨2016—2021年旅游演艺游客满意度的变化及其影响因素。结果发现，相较于2016—2018年，2019—2021年游客满意度略有上升，"好""哀"和"恶"是显著影响游客在线评分的三种情感，接待环境、接待服务和场景效果是需要重点提升的方面。

关键词　旅游演艺；游客满意度；影响因素；在线评论

1　引言

旅游演艺是文化和旅游融合发展的重要载体。区别于简单的剧场演出，作为融合两个产业的综合性文旅业态，包括三部分：产业链上游，主体为各类资源供应商，包括旅游景区（提供管理场地等），演艺公司（提供舞台设备等），节目编排团队，演职人员；产业链中游，主体为旅游演艺运营商，负责旅游演艺项目的运营和营销环节；产业链下游，包括各分销商和代理商，以及最终消费群体。近年来旅游演艺异军突起，已成为带动旅游业和演出市场共同发展的不容忽视的文化产业类型。它创造性地将演出资源和旅游资源相结合，为演出提供了充足的客源、丰富的主题与内涵，延长了演出产品的生命周期。2014年我国旅游演出行业票房收入 38.37 亿元，到 2019 年增长到了 41.22 亿元，但受疫情影响，2020 年下滑至 16.48 亿元。

基于游客视角的旅游演艺满意度感知研究是旅游演艺研究的重要议题之一。《"十四五"旅游业发展规划》明确指出，要进一步促进旅游演艺提质升级，支持各级各类文艺表演团体、演出经纪机构、演出场所经营单位参与旅游演艺发展，创新合作模式，提升创作质量，推广一批具有示范意义和积极社会效应的旅游演艺项目。在《"十四五"旅游业发展规划》的引领下，四川省持续推进旅游演艺发展，于 2021 年 10 月 20 日印发《四川省"十四五"艺术创作规划》，强调要依托文艺院团人才和专业优势，引导景区与院团、艺术机构、文化旅游企业合作，创作或提升一批高质量的实景或剧场旅游演出剧（节）目，打造一批旅游演出品牌。因此，本文从游客感知评价的视角出发，探讨 2016—2021 年游客在线评论中所体现的旅游演艺游客满意度变化情况，并寻找影响旅游演艺游客满意度变化的重要因素，为打造高游客满意度的旅游演出品牌提供借鉴或参考。

2 数据与方法

2.1 研究数据

在线评论数据来自美团——中国领先的生活服务电子商务平台，旗下拥有美团、大众点评等 App，服务内容涵盖了餐饮、外卖、酒店旅游、休闲娱乐等 200 多个品类，业务覆盖超过 2800 个县（区市），成为国内知名的本地生活超平台化在线旅游平台。研究对象为诞生于中国旅游业发展初期（1980—1990 年）的《蜀风雅韵》。《蜀风雅韵》是四川一家集中国传统艺术表演、民间特色绝技表演和戏曲戏剧用品于一体的大型多功能梨园胜地，于 2010 年入选国家文化旅游重点项目名录，并荣获《消费日报社》"2019 年美丽中国至佳文旅演艺品牌"称号，在 2023 年 9 月首批入选了文化和旅游部产业发展司发布的全国旅游演艺精品名录，具有较强的代表性和典型性。

以美团网为数据来源，本文共获取了 2016—2021 年 3212 条在线评论数据，每条数据内容包括：用户名、发表评论时间、用户评分、发表评论内容等信息，筛选掉无用户评分和无发表评论内容等数据后，共剩余 3206 条有效数据。

2.2 基于词典的情感分析

基于词典的情感分析通过已经建立的情感词典来判断待处理文本中的情感信息，其核心是通过词与词（这里指情感词典中的词和待处理文本中的词）的匹配来实现对文本情感信息的量化。虽然有学者认为基于机器学习的方法比基于词典的情感分析更准确，但其需要人工标注大量的语料作为训练集。而且，当标注的数据量不足以训练机器学习分类器时，容易产生数据稀少和分类错误，因此应用仅限于某些领域，并且被证明并不适合旅游现象。因此本文选用基于词典的情感分析方法对在线评论中所体现的游客满意度进行量化。

情感词典包括一系列基于规则标注的情感词，在不同的国家语言背景下也有所不同。在英语语境中，流行的情感词典包括 SentiWordNet 3.0（Baccianella 等，2010）、NRC 词典（AI-Fares 等，2010）和 HowNet 词典（董振东和董强，2014）。在中文语境中流行的词典主要包括 HowNet 词典、台湾大学的 NTUSD 词典、清华大学的李军褒贬词典、大连理工大学的情感词汇本体数据库和 Boson 词典。其中，只有大连理工大学的情感词汇本体数据库支持离散情感分析的研究，因此本文选取大连理工大学情感词汇本体数据库为文本情感分析的情感词典。

大连理工大学情感词汇本体数据库是由徐琳宏等（2007）在林鸿飞教授的指导下推出的，该词典是基于应用非常广泛 Ekman 的六类情感分类（即愤怒、厌恶、恐惧、快乐、悲伤、惊讶）建立的。与 Ekman 的六类情感分类不同，该词典在词汇本体中增加了第七个情感类别——"好"。因此，词汇本体数据库中的情绪包括 7 大类（乐、好、怒、哀、惧、恶、惊），21 个亚类（见表 1），共包含 27466 个词。

表1 大连理工大学情感词汇本体库情感分类表

分类数量	大类	亚类
1	乐	快乐、安心
2	好	尊敬、赞扬、信任、喜爱、祝愿
3	怒	愤怒
4	哀	悲伤、失望、疚、思
5	惧	慌、恐惧、羞
6	恶	烦闷、憎恶、贬责、妒忌、怀疑
7	惊	惊奇

否定词是可以影响评论情感的关键因素，会使得评论情感发生巨大变化（Polanyi和Zaenen，2006；杜振雷，2013）。因此，为了更好地进行情感评估和分析，本文系统整理了四川大学否定词表（四川大学机器智能实验室）和哈尔滨工业大学否定词表（哈尔滨工业大学信息检索实验室），经去重处理后，共总结出否定词72个。程度副词则会影响评论情感的强度，通过整理现有文献中对程度副词的描述，共总结出程度副词273个（见表2）。

表2 程度副词词典示例

序号	词语	程度（0.5～2.0）
1	稍许、稍微、轻度、略微、少许、些微……	0.5
2	相对、或多或少、较为、大概、大约、半点……	0.8

2.3 回归分析

回归分析是为了处理不完全确定变量间的相关关系而诞生的工具。由于数据类型的差异，还存在面板数据、截面数据和时间序列数据的差异。在实际分析中，因为变量个数、类型等差异可以将回归分析分为：线性回归（一元、多元）、曲线估计、逻辑回归（二值、多项）、有序回归、非线性回归等多种方法。其中，多元线性回归分析用于估计或预测因变量受其他两种或两种以上自变量影响的程度。具体公式如下：

$$y=\theta_1x_1+\theta_2x_2+\theta_3x_3+\theta_4x_4+\cdots+\theta_nx_n+b$$

式中，θ_i代表第i个因变量的回归系数，b为多元线性回归的截距。

此外，应用多元线性回归进行估计时有两种方法：普通最小二乘法和广义最小二乘法。普通最小二乘法通过最小化误差的平方和寻找最佳函数，通过矩阵运算求解系数矩阵。广义最小二乘法是当误差项存在自相关或异方差时普通最小二乘法的扩展应用。公式如下：

$$\beta'=(X^TX)^{-1}X^Ty=(\sum x_ix_i^T)^{-1}(\sum x_iy_i)$$

$$\hat{\beta}=(X^T\Omega^{-1}X)^{-1}X^T\Omega^{-1}y$$

式中，Ω为残差项的协方差矩阵。

2.4 非监督的机器学习技术

用非监督的机器学习技术探索不同情绪类别的关注主题或维度。通常文本分析中的算法不能直接处理初始文本数据，需要把文本数据转换为计算机能够识别的信息，即文本表示。向量空间模型（VSM）的核心在于把文本在向量空间中转换成向量进行表示，然后把向量之间的夹角余弦值当成文本之间的相似性度量。向量空间维度对应特征在文档集中的权值，即通常形式上所称的"词袋"（Bag of Words，BoW）。词袋模型最早出现在自然语言处理（Natural Language Processing）和信息检索（Information Retrieval）领域。该模型忽略掉文本的语法和语序等要素，将其仅仅看作若干个词汇的集合，文档中每个单词的出现都是独立的。BoW使用一组无序的单词来表达一段文字或一个文档。近年来，BoW模型被广泛应用于计算机视觉中。

TF-IDF是较为经典的文本关键词提取算法，主要是为了衡量一个字或一个词语在文本中的重要程度。算法包括三个模块：文本预处理（分词等）、权重计算和提取关键词。通过特征词的词频（Term Frequency）和反文档频率（Inverse Document Frequency）来计算特征词的权重，见公式：

$$TFIDF(d_i,t_i)=TF(d_i,t_i)*\lg\left(\frac{M}{DF(t_i)}\right)=TF(d_i,t_i)*IDF(t_i)$$

式中，$TF(d_i,t_i)$表示特征词t_i在当前文本d_i中出现的次数，$DF(t_i)$表示在文本数据集中出现 t_i 的文本个数，M 为文本数据集总的文本数，$IDF(t_i)$ 是反文档频率，即 $\lg\left(\dfrac{M}{DF(t_i)}\right)$。

LDA 主题模型也叫三层次贝叶斯模型，属于非监督的机器学习技术，可以将每个文本的主题以概率分布的形式呈现，通常用于信息检索领域进行大规模文本的隐含主题识别。语料库 D 中的某个文档 i 假定以下生成过程：(1) 选择 N～泊松(ξ)，即假设词典中的词服从泊松分布；(2) 选择 θ~Dir(α)，即假设 θ 服从参数为 α 的狄利克雷分布，θ_i 表示文档 i 中所包含的每个话题的比例，即文档 i 的主题分布；(3) 对于 N 中的每个词 w_n，先根据 θ_i 进行话题指派，得到文档 i 中词 n 的话题 $z_{i,n}$，即采样词 n 的主题分布 z_n，然后根据指派的主题所对应的词分布中采样出词 w_n。重复上述过程，直到所有文档全部完成。

考虑到前文所述的词袋表示法只考虑了文本词频，词语之间并不存在特定的联系，因此无法体现文本的上下文关系，因此本文引入了一个基本的神经网络模型 Word2vec 算法对其进行优化。Word2vec 算法在词向量中融入了词语的上下文信息，并将词转换成统一的向量表示，不仅降低了维度，还可以更高效地处理大量数据。而在 Word2vec 算法中又存在两种模型，即 CBOW 模型和 Skip-Gram 模型。其中，CBOW 模型主要根据上下文预测词语，即通过中心词周围的文字对某词的向量表达形式进行预测。相反地，Skip-Gram 模型主要用于预测词语的上下文，即通过中心词对其他词语的出现概率进行预测。因此，为了测量 LDA 模型提取的主题关键词间的关系，融入词语上下文关系，测量核心关键词，本文选用了 Skip-Gram 模型。

Skip-Gram 模型结构示意图见图 1，第一层为输入层，需要输入的是中心词语的词向量，第二层为隐藏层，进行第一层输入的词向量与权重矩阵间的点积运算，第三层为输出层，输出的结果是根据中心词向量预测的附近词的词向量。实际上，Skip-Gram 模型是通过三层的神经网络模型，通过权重矩阵实现对已知的词向量的预测的。

Word2vec 算法是为了实现对 LDA 模型中词袋模型的优化，而 TextRank 算法

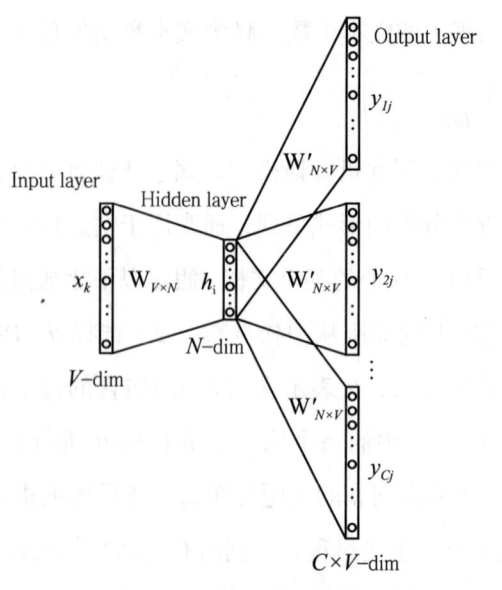

图 1　Skip-Gram 模型结构示意

则是为了实现加入上下文关系后的关键词过滤和排序。基本思想是把文档看作由词语组成的网络，网络链接表示的是词与词之间的语义关系，基本公式如下：

$$WS(V_i) = (1-d) + d \sum_{V_j \in \ln(V_i)} \frac{W_{ji}}{\sum V_k \in Out(V_j) W_{jk}} WS(V_j)$$

其中，$WS(V_i)$ 为句子 i 的权重，等式右侧部分代表了每个相邻句对该句的贡献程度。d 为阻尼系数，一般设为 0.85；$\ln(V_i)$ 为指向节点 V_i 的集合；$Out(V_j)$ 为节点 V_i 指出的集合；W_{ji} 则表示两个句子之间的相似程度；$WS(V_j)$ 代表上次迭代出来的句子 j 的权重。

整个算法内容主要包含三个部分，即关键词抽取、关键短语抽取和关键句抽取。其主要操作步骤如下：第一，将所有的文本整合成文本数据；第二，将文本分割成独立的句子；第三，对句子进行分词和词性标注处理，过滤到停用词，并且转化为向量表示；第四，计算词语向量之间的相似形矩阵；第五，为便于进行 TextRank 值的计算，接着将相似形矩阵转换为以词语为节点和以相似度值为边的图；第六，按 TextRank 值（TR 值）的高低进行排序。

游客在线点评大数据的文本中蕴含着不同情绪，还包含着刺激该种情绪产生的刺激物，也可以理解为情绪产生的前提条件。为了更精准地识别这些因素，建立了七种基本情绪的文本分类识别机制，按照情绪类别、情感值将每条评论文本中包含该情绪的语句聚集在一起，形成七种情绪的文本库。在获得不同情绪的文本库后，进行文本主题分析的步骤如下：

第一步：进行文本预处理（包括分词、去除标点符号、去除停用词和词性过滤几个内容）。在分词时采用Jieba分词加载自定义词典和停用词词表进行文本分词，随后标注所有分词的词性，只保留名词和形容词进行主题文本挖掘。

第二步：使用LDA模型进行主题提取。输入已经预处理好的分词文本，建立词典，计算文本的稀疏向量，使用TF-IDF算法将文档进行文本向量化处理，随后使用Gensim库的LDA模型进行模型拟合，输出LDA主题的结果（主题和关键词的矩阵）。在进行主题数的判断时较常用的方法是困惑度（Perplexity）和一致性（Coherence）指标，但是一致性指标被证实与人类的判断最为接近，因此本文在拟合过程中使用一致性指标确定合适的主题数，即一致性得分最高的主题个数为最优主题数，具体公式如下：

$$c(t; V^{(t)}) = \sum_{m=2}^{M}\sum_{l=1}^{m-1} log \frac{D(v_m^{(t)}, v_l^{(t)})+1}{D(v_l^{(t)})} l$$

式中，$D(v)$代表词语类型v的文档频率，$D(v, v')$代表词语类型v和v'的联合文档频率，$V^{(t)}=(v_1^t, \cdots, v_M^t)$是主题$t$中最可能出现的词语$M$的列表，平滑计数为1，以避免取0的对数。

第三步：训练Word2vec算法。首先读取训练数据集（搜狗新闻数据集、维基百科数据集和携程景点评论数据集），从中提取出文本。其次对文本进行预处理，这里包括繁转简、分词、去除停用词和符号，合并训练数据集形成最终训练语料库，共包括1596398行数据。随后使用Gensim训练Word2vec模型，本文的模型为Skip-Gram模型，输出训练好的Word2vec模型备用。

第四步：读取LDA模型输出的主题和关键词文档，加载训练好的Word2vec模型。随后根据每个主题下的词语相似性，构建相邻词，同时过滤掉相似度较小（这里可人工设置最小相似度值）的词语，返回词语与词语之间边的集合。为每个主题建立一个词典，判断主题下的每个词是否在词典中，若未在词典中，遍历该主题下的词语，计算不在词典中的词与其他词语的向量相似度，若相似度大于设置的阈值，则返回该词与相邻词的边集合。其次根据词语之间边的连接关系，构建矩阵并计算相邻节点的边权重，对矩阵进行归一化处理。接下来，根据TextRank的计算公式计算权重，输出时按照 TR 值降序排列。

3 2016—2018年旅游演艺游客满意度变化特征

3.1 描述性分析

以游客在线评分为自变量，因变量设置为将"乐""好""惊""怒""哀""惧""恶"七个量化游客满意度的情绪指标，以2016—2018年和2019—2021年为时间分界，在STATA软件中分别进行多元线性回归分析，探究游客满意度的变化特征。表1展示了在线评分和每个情感类别的描述性统计特征。2016—2018年游客在线评分均值为4.357274，方差为9.685889。在正面评价中，"好"的情感得分最高（均值为6.15361，方差为10.19707），说明游客在评论文本中较多表达观赏节目时的赞赏。其次是"乐"（均值为0.9838398，方差为2.827251）。在负面评价中，"恶"的情感得分最高（均值为0.9659669，方差为2.913616）。2019—2021年由于新冠疫情引发的多方面限制与要求，游客在线评分略有下降（均值为4.4347195，方差为9.294352）。游客在线文本中表达的情感也发生了相应的变化，其中"好"的平均值下降最多，由6.15361下降至4.905348，相反，"惧"的平均值增加最多，由0.0803775增加至0.522244，佐证了新冠疫情下旅游演艺市场受到严重影响，但《蜀风雅韵》的游客满意度仍保持较高的水平。见表3。

表 3 描述性统计分析

变量	2016—2018 年 平均值	2016—2018 年 方差	2019—2021 年 平均值	2019—2021 年 方差
在线评分	4.357274	9.685889	4.4347195	9.294352
乐	0.9838398	2.827251	0.87147	2.765299
好	6.15361	10.19707	4.905348	9.944861
惊	0.38651	0.4605125	0.333656	0.4255841
怒	0.5858656	1.850683	0.3510638	1.33156
哀	0.2797882	1.443999	0.2305609	1.487669
惧	0.0803775	0.8586995	0.522244	0.6663535
恶	0.9659669	2.913616	0.6613636	2.613582

3.2 建立回归模型

对评级行为进行回归分析，以检验每种情绪类别的相对重要性（见表 4）。2016—2018 年模型的 R^2 值为 0.1319，2019—2021 年模型的 R^2 值为 0.11176，均高于建议的阈值 0.10。就解释力而言，两个模型的 R^2 结果在消费者行为等社会科学研究领域中被认为是可以接受的。

表 4 多元线性回归分析

情感类别	2016—2018 年（R^2=0.1319）Coef	2016—2018 年（R^2=0.1319）$P>|t|$	2019—2021 年（R^2=0.11176）Coef	2019—2021 年（R^2=0.11176）$P>|t|$
乐	0.1133	0.201	0.0731	0.558
好	0.1292	0.000***	0.1396	0.000***
惊	0.2924	0.405	0.1641	0.804
怒	−0.7855	0.579	−0.5580	0.055
哀	−0.6590	0.001***	−0.9637	0.005**
惧	−0.2767	0.361	0.4574	0.209
恶	−1.0967	0.000***	−1.0866	0.001***

注：* 表示在 0.05 水平上显著相关（双尾），** 表示在 0.01 水平上显著相关（双尾），*** 表示在 0.001 的水平上显著相关（双尾）。

随后进行异方差检验，为了回归模型的准确性，分别进行了 BP 检验和 White 检验，结果一致，且接受原假设（即不存在异方差）。此外，截面数据不仅需要进行异方差检验，也需进行多重共线性检验，这里用方差膨胀因子检验，发现 2016—2021 年平均 VIF 都为 1.17，且每个变量的 VIF 均小于 10，说明不存在多重共线。

经过以上步骤，2016—2018 年游客满意度的对比模型已经初步建立。2016—2018 年，"恶"的系数最高（绝对值为 1.0967），且在 0.001 的水平上显著影响游客在线评分，系数为负向的；"哀"的系数为 –0.6590，且在 0.001 的水平上显著影响游客在线评分，说明游客观赏节目后表达厌恶和悲伤情绪程度越高，给予的在线评分越低。"好"的系数绝对值（0.1292）小于"哀"和"恶"，在 0.001 的水平上显著影响游客在线评分，说明游客在线点评中赞扬时会给予较高的评分。而 2019—2021 年，"恶"和"哀"的系数绝对值均有下降，"好"的系数绝对值有所上升，充分说明该阶段《蜀风雅韵》的游客好评度有所上升。

4 2016—2021 年旅游演艺游客满意度影响因素变化分析

2016—2018 年显著影响游客评价的情感为"好""哀"和"恶"，因此进行文本主题聚类时只选用这三种情绪的文本库，这三种情绪涉及的主题聚类结果，一方面揭示了哪些因素会对游客评价产生影响，另一方面也会为旅游演艺企业提高游客满意度提供了方向。

4.1 2016—2018 年旅游演艺游客满意度影响因素

在 2016—2018 年"好"的主题聚类结果中，根据一致性最大原则，取最优主题数为 4，结果所包含的主题分别是：体验价值、文化特色、地域特征和接待服务（图 2）。

第一个主题是体验价值，代表性关键词为"体验""文化""艺术""不错"和"推荐"，说明游客观赏节目后充分认可演出节目所传递的文化和艺术价值，并给予高度评价。第二个主题为文化特色，代表性关键词为"不错""厉

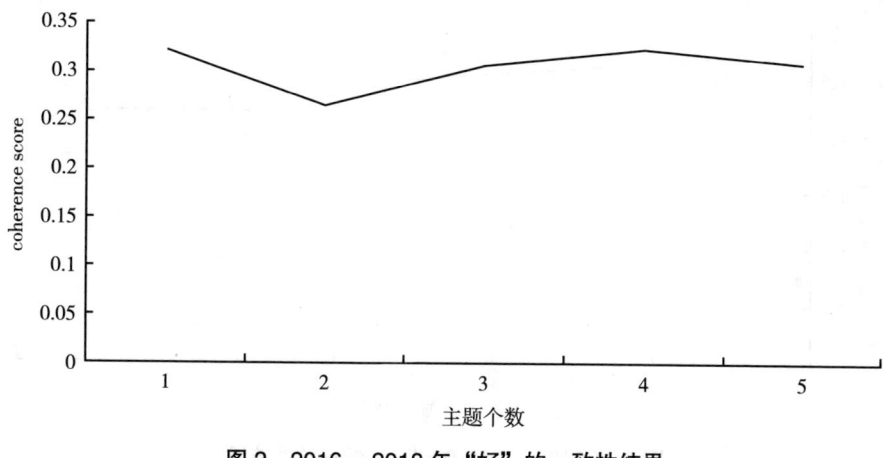

图2 2016—2018年"好"的一致性结果

害""性价比""经典"和"戏",说明演出节目加深了游客对经典戏曲的了解,突出的文化特色更容易获得游客好评。第三个主题为地域特征,代表性关键词为"特色""体验""川剧""精彩"和"地方",说明演出节目所体现的地域特征越鲜明,获得的游客赞扬越多。第四个主题为"接待服务",代表性关键词有"好""演员""节目""孩子"和"瓜子",说明好的接待服务更容易获得好评和赞扬。见表5。

表5 2016—2018年"好"主题分析结果

主题	关键词（TR值）
体验价值	体验（1.17）、文化（1.09）、艺术（1.05）、不错（1.02）、推荐（0.90）
文化特色	不错（1.27）、厉害（1.08）、性价比（1.06）、经典（1.03）、戏（0.87）
地域特征	特色（1.19）、体验（1.14）、川剧（1.07）、精彩（1.07）、地方（0.86）
接待服务	好（1.20）、演员（1.07）、节目（0.96）、孩子（0.94）、瓜子（0.87）

在2016—2018年"哀"的主题聚类结果中,根据一致性最大原则,取最优主题数为2,结果所包含的主题分别是:接待服务和场景效果(图3)。

第一个主题是接待服务,代表性关键词为"体验""游客""遗憾""贵""偏",通过文本回溯发现,游客人数过多使得座位安排和接待服务出现差错,部

图3 2016—2018年"哀"的一致性结果

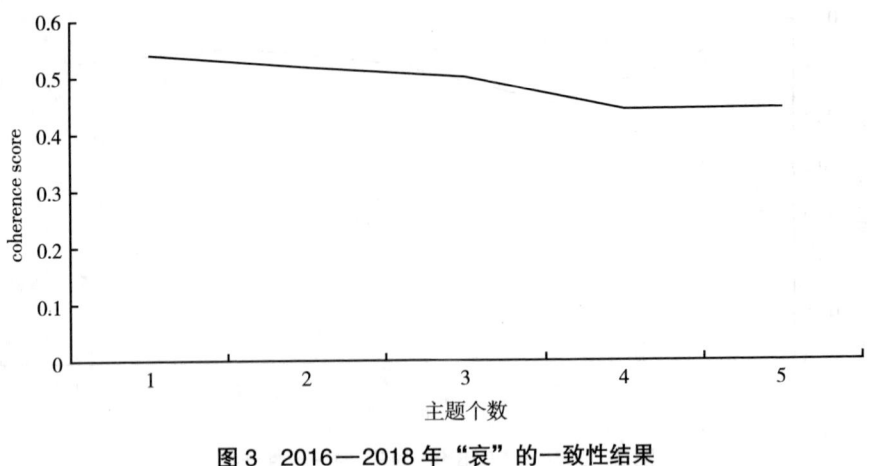

分游客对该体验过程表示遗憾。第二个主题为场景效果,代表性关键词为"效果""化妆""钱""时间""主持人",说明换场时间、演员妆效等有待提升,有游客对此感到失望。见表6。

表6 2016—2018年"哀"主题分析结果

主题	关键词（TR 值）
接待服务	体验（1.19）、游客（1.12）、遗憾（1.04）、贵（0.76）、偏（0.68）
场景效果	效果（1.10）、化妆（1.08）、钱（0.94）、时间（0.92）、主持人（0.89）

在2016—2018年"恶"的主题聚类结果中,根据一致性最大原则,取最优主题数为3,所包含的主题分别是：接待环境、基础设施和接待服务（图4）。

第一个主题是接待环境,代表性关键词为"整体""环境""外地人""不值"和"公园",通过文本回溯发现,部分外地游客因不熟悉当地特色和文化,不理解演出接待环境的布置。第二个主题为基础设施,代表性关键词为"少""小吃""简陋""节目"和"高",说明游客认为演出场地周边配套设施不齐全。第三个主题为接待服务,代表性关键词为"贵""座位""价格""票"和"工作人员",虽然绝大部分游客认为《蜀风雅韵》的接待服务较好,但仍有部分游客表示观赏位置、票价设置和工作人员态度仍有待改善。见表7。

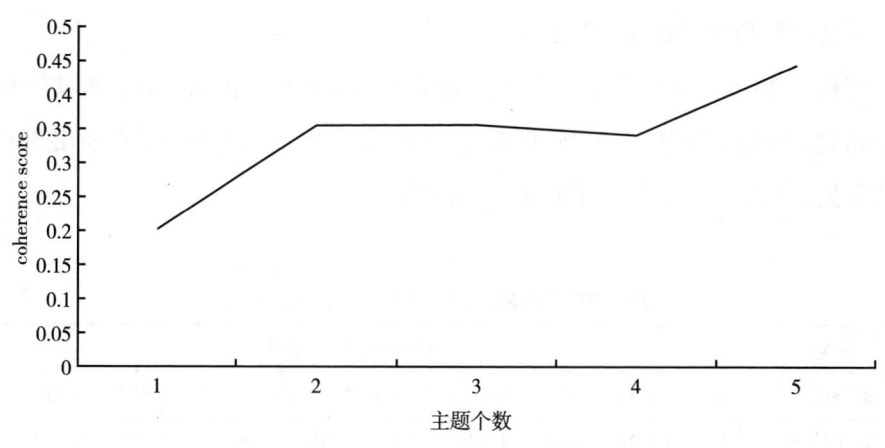

图 4　2016—2018 年"恶"的一致性结果

表 7　2016—2018 年"恶"主题分析结果

主题	关键词（TR 值）
接待环境	整体（1.18）、环境（1.09）、外地人（0.81）、不值（0.73）、公园（0.64）
基础设施	少（1.09）、小吃（1.07）、简陋（0.96）、节目（0.92）、高（0.88）
接待服务	贵（1.13）、座位（1.07）、价格（0.96）、票（0.86）、工作人员（0.83）

4.2　2019—2021 年旅游演艺游客满意度影响因素

在 2019—2021 年"好"的主题聚类结果中，根据一致性最大原则，取最优主题数为 6，所包含的主题分别是：接待服务、文化特色、地域特征、演出效

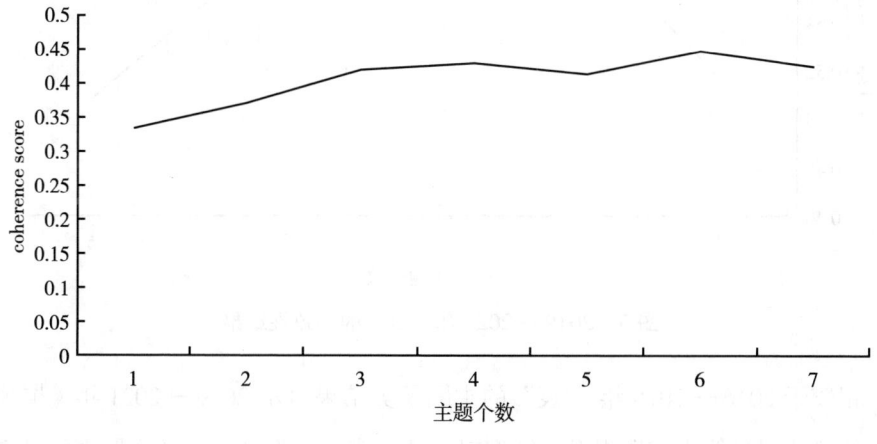

图 5　2019—2021 年"好"的一致性结果

果、观赏位置和场景布置（图5）。

相较于2016—2018年，"好"的主题聚类结果新增了演出效果、观赏位置和场景布置，充分说明这一阶段管理人员已经根据游客反馈对上一阶段所出现的问题或意见进行了整改，且效果明显。见表8。

表8　2019—2021年"好"主题分析结果

主题	关键词（TR值）
接待服务	小吃（1.30）、茶（1.15）、乐器（1.03）、不错（0.87）、客服（0.80）
文化特色	川剧（1.23）、国粹（1.17）、文化（1.15）、经典（1.12）、好（0.95）
地域特征	地方（1.11）、丰富（1.10）、内容（1.06）、好（1.05）、传统（0.92）
演出效果	特色（1.13）、不错（1.13）、精彩（0.94）、节目（0.91）、便宜（0.82）
观赏位置	不错（1.20）、买票（1.01）、座位（0.92）、清楚（0.91）、节目（0.88）
场景布置	剧场（1.17）、戏剧（1.16）、精彩（0.99）、现场（0.95）、最好（0.86）

在2019—2021年"哀"的主题聚类结果中，根据一致性最大原则，取最优主题数为2，所包含的主题分别是：演出水平和场景效果（图6）。

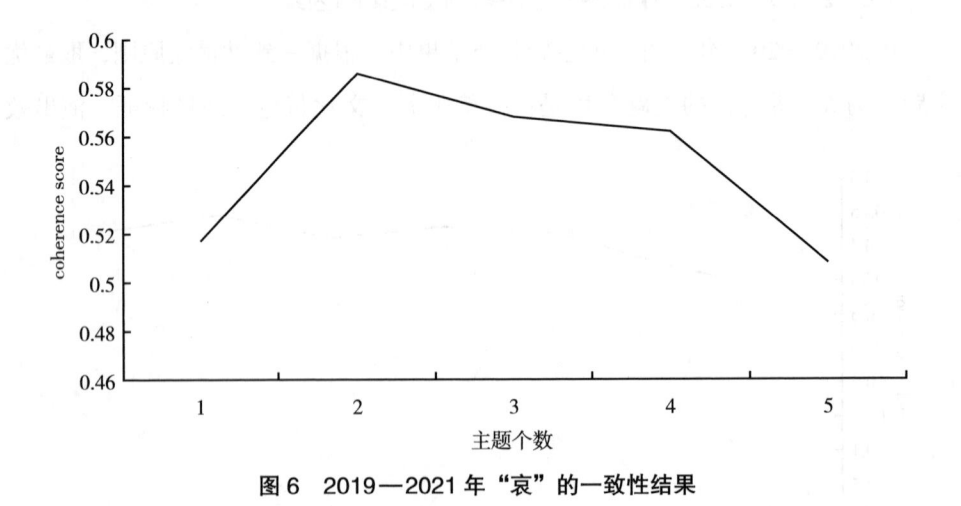

图6　2019—2021年"哀"的一致性结果

相较于2016—2018年，"哀"的主题聚类结果显示2019—2021年《蜀风雅韵》的接待服务能力有所提升，游客对此较为满意，但"哀"的主题聚类结果新增了"演出水平",说明这一阶段游客对于演员的能力有了更高的要求。见表9。

表9 2019—2021年"哀"主题分析结果

主题	关键词（TR值）
演出水平	川剧（1.14）、感觉（1.07）、文化（1.07）、遗憾（1.05）、破绽（0.75）
场景效果	节目（1.14）、演员（1.09）、买票（1.05）、遗憾（1.01）、业余（0.97）

在2019—2021年"恶"的主题聚类结果中,根据一致性最大原则,取最优主题数为2,所包含的主题分别是:场景效果和接待环境（图7）。

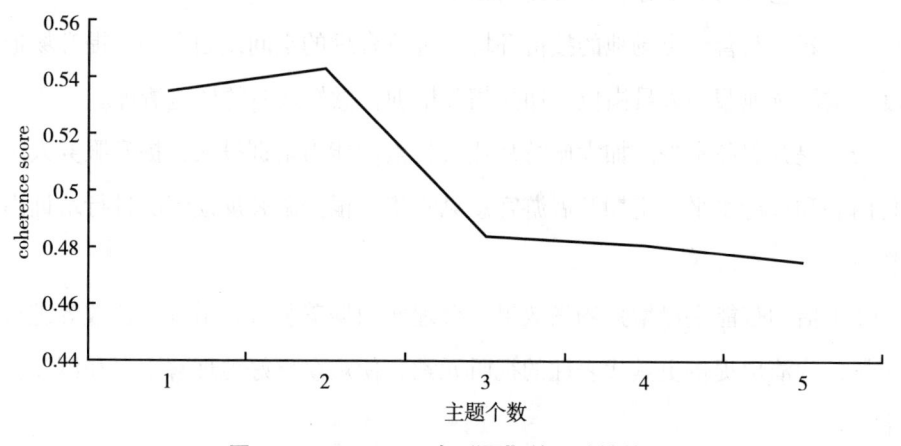

图7 2019—2021年"恶"的一致性结果

相较于上一阶段,"恶"的主题聚类结果显示接待服务能力有所提升,基础设施也更加完善,游客对此较为满意,但"恶"的主题聚类结果新增了"场景效果",说明合理布置和安排场景以提升演出效果是未来需要重点攻克的方向。见表10。

表10 2019—2021年"恶"主题分析结果

主题	关键词（TR值）
场景效果	座位（1.14）、游客（1.08）、时间（1.08）、气氛（0.84）、新（0.79）
接待环境	不合理（1.14）、环境（1.13）、差（1.11）、区域（0.98）、贵（0.89）

5 结论与讨论

旅游演艺已成为带动旅游业和演出市场共同发展的不容忽视的文化产业类型。为了更清楚地了解不同时期旅游演艺游客满意度的变化及其影响因素，本文以《蜀风雅韵》为例，从美团网搜集了3212条在线评论数据，应用基于词典的情感分析、回归分析和非监督的机器学习技术探讨了2016—2021年旅游演艺游客满意度及其影响因素的变化。结果发现，相较于2016—2018年，2019—2021年游客满意度略有上升，"好""哀"和"恶"是显著影响游客在线评分的三种情感，接待环境、接待服务和场景效果是需要重点提升的方面。为提升游客满意度，加快演艺市场的复苏，本文提出以下建议：

（1）着重改善演出场地的接待环境。进行合理的空间规划布局，提升场地美观度。增添场地服务人员岗位，加强相关培训，做好及时的场地清理。

（2）提升服务水平。加大旅游从业人员素质能力培训投入，提升服务人员的文化内涵和接待水平。定期开展游客意见收集，根据游客反馈情况进行培训内容调整。

（3）借助智能手段增强场景效果。合理使用舞美装置、道具、音效等进行场地布景，为演出提供更具代表性的视听元素，使观众更好地理解剧目和沉浸在演出中。

K 旅游投融资

高铁投资对旅游发展的影响研究
——景区视角的实证分析

[作　者] 杨璐瑜　张恒锦　陈佳淇　刘　俊（四川大学旅游学院）

摘　要： 本文基于2006—2016年的国家级风景名胜区面板数据，利用双重差分方法研究景区附近高铁开通如何对国家级风景名胜区的旅游接待人数和旅游经济产生影响。结果表明，高铁开通的确在整体上促进了中国国家级风景名胜区旅游接待人数的增长，并且这一带动效应存在着长期性和稳定性。高铁开通后的一年，高铁对旅游流的影响开始发挥，但大量游客的涌入并没有促进景区经营收入的相应增长。此外，高铁对国家级风景名胜区旅游接待人数的带动作用存在着差异性。从目前来看，高铁开通对景区的拉动效应显著体现在东部地区的国家级风景名胜区、旅游城市的国家级风景名胜区、省会城市的国家级风景名胜区和4A级的国家级风景名胜区上，而对中西部、非旅游和省会城市的国家级风景名胜区，以及5A级和3A级的国家级风景名胜区的带动作用尚不明显。

关键词： 高铁；国家级风景名胜区；景区；双重差分

1　引言

交通运输的出现和发展是区域经济社会发展的基本要素[1]，随着高铁的建设和普及，高铁出行成为大众出行方式的重要选择，同时高铁也带动着人们生产生活各方面的变革与经济社会的转型发展。中国的高铁建设在近年来取得了跨越式的发展[2-3]。截至2016年年底，中国的高铁运营里程超过2.2万公里，位居全球第一，高铁年发送旅客人数已达11.8亿人次。在高速发展背景下，高铁与区域经济以及与旅游业的关系广受关注[4-6]。一些研究认为交通改善可以直接或间接地对区域经济产生实际影响[7]。高铁能够提升运输能力与区域通达性，为关联产业带来乘数效应；高铁通过要素流动再配置有助于扩大中心发达城市的市场范围，带动沿线中小城市发展，促进当地产业结构变动从而推动经济转型升级。但也有研究认为，从高铁中获益的往往是中心城市而非外围地区，从而使得经济两极分化[8-9]。

关于高铁对旅游业影响的研究也在学界大量涌现，这些研究的结果显示高铁对旅游的影响并不总是积极的，同时存在着区域差异、城市差异。总体来看，当前的研究多集中在城市尺度或区域尺度上，对旅游景区的关注还较少。在高铁大规模兴建的现实背景下，不少旅游景区以及地方政府期望高铁的开通可以带来景区旅游经济的蓬勃，但这到底是否能够实现，还缺少探究和讨论。高铁效应在区域和城市尺度上存在的差异已被广泛揭示，因此有理由相信高铁对旅游发展的促进作用在景区尺度上也存在着差异，需要加深对其的研究和认识。鉴于此，本文以国家级风景名胜区为研究对象，基于2006—2016年的面板数据开展分析，以期进一步加深在景区尺度上对高铁效应的认识。

2　文献回顾与假设提出

高铁作为当今世界"交通革命"的一个里程碑式事物，已成为世界各国铁路的普遍发展趋势，同时成为世界旅游业发展的重要推动力[10]。国内外学界围绕高铁对旅游的影响进行了诸多探索与研究，其中由于国外高铁发展较早，相关研究出现得也较早，而我国在2010年京沪高铁开通后进入新的交通"高速时代"，国内学界的相关研究也开始井喷式涌现。高铁对旅游业的影响效应内在逻辑可归纳为：高铁交通网络的建设使得旅游地、旅游景点可达性发生改变，进而影响微观旅游者个体行为以及宏观旅游流时空特征，在不同尺度层面上，旅游空间格局发生显著变化，旅游业及旅游市场经济由此发生改变。

围绕这一逻辑，当前学界开展的高铁对旅游影响的研究可主要归纳为以下几方面：第一，高铁对旅游交通可达性的影响：魏珍等[11]以重庆市为研究对象，发现2030年高铁网建成后旅游目的地2h等时圈覆盖90%以上区域且平均可达景点数由79个增至175个；李保超等[12]发现高铁网络的建设完善产生时空压缩效应，使"2h旅游圈"辐射范围扩大；蒋海兵[13]等测度2020年规划高铁通车前后变化，发现开通后，高铁沿线城市可达景点数量显著增加；杨效忠等[14]发现不同交通方式对大别山跨界旅游区整体和局部地区的影响力不同；王绍博和郭建科[15]发现国家级景区整体可达性呈由东向西递减，由南北两侧向中间递减的分布格局。

第二，高铁对旅游者行为的影响：冯英杰等[16]发现高铁对城市居民的出游时间、出游方式、出游距离、出游地点、出游频率等都产生了重要影响；张文新等[17]发现高速铁路增加了游客旅游次数，减少了部分游客的旅游停留时间；Cartenì A等[18]发现高铁服务水平和城市特定的吸引力属性显著影响旅客的情况存在差异；Delaplace M等[19]发现高速铁路系统对游客选择巴黎或罗马作为旅游度假地产生了不同的影响。

第三，高铁对旅游空间格局的影响：汪德根[20]发现高铁的开通提高了旅游地的客源市场半径；殷平等[21]发现高速铁路带来的旅行时间缩短对旅游空间作用力的影响显著；李磊等[22]发现高铁运行两年，黄山市旅游核心区逐渐向高铁沿线城市转移，且高铁沿线城市逐渐成长为次级旅游中心和交通核心；黄泰等[23]发现高铁使得长三角城市旅游服务力从上海、苏南向浙北城市扩散，促进核心区域相对均衡；郭建科等[24]发现哈大高铁对东北区域旅游经济联系具有明显的时空压缩效应，且强化了东北旅游市场在空间上的"极化效应"。

第四，高铁对旅游经济的影响：张春民等[25]采用面板数据模型对兰新高铁沿线四个城市的旅游人数和旅游收入等经济指标进行估计，发现高铁的开通运营对乌鲁木齐和兰州两个地区经济带动最为明显；王璐[26]发现武广高铁的开通使得湖南沿线城市的国内旅游人数及国内旅游收入增长率提高；吴贵华等[27]基于全国174个地级市的面板数据发现，高铁显著地促进了大城市和中小城市的旅游总收入；李宗明等[28]以武汉城市圈为研究对象，发现高速铁路密度的加大，使得旅游经济发展速度加快。

此外，围绕高铁的旅游经济效应，更多学者开展了研究，尺度覆盖全国、区域及城市。如于秋阳[29]等发现，高铁的开通对西安的城市旅游接待人数有明显的提升作用。钟洋等[30]发现交通可达性的提升明显带动了上饶市境外旅游接待人数和旅游外汇收入的增长。曾玉华和陈俊[31]发现高铁开通使得全国站点城市的旅游人数增加了18.51%，旅游收入提高了24.99%。覃成林和郑海燕[32]发现武广高铁开通后使广州的旅游收入相比开通前增加了17.19%。除了针对特定城市的分析，也有一些学者研究围绕高铁线路及沿线区域开展了分析。如孔令章和李金叶[33]发现兰新高铁的开通对西北区域沿线城市的旅游收入有显著的提升作用。邓涛涛等[34]对长三角高铁路网的研究发现高铁带来的城市可达性每提升1%，可增加1.02%的游客量。杨懿等[35]发现沪昆高铁开通有利于提高沿线城市人均旅游消费水平，且对国内旅游收入的提升幅度要大于国内旅游人数。张自强[36]等运用多期双重差分法评估发现，高铁开通促进民族地区的国内旅游人数平均增长16.32%，国内旅游收入平均增长23.29%。

回顾过往研究可以发现，过往研究多集中在城市及区域等中大尺度上，或是基于某条高铁线路开展其沿线城市或节点的分析，只有少部分研究聚焦于景区尺度上。如，何仁伟等[37]在对国家级风景名胜区的区位研究中指出，高铁的开通正面影响了景区的旅游接待人数，但在细分样本中，高铁对低收入地区的景区的旅游促进效应不明显。作为旅游主体的中坚力量，景区的旅游经济如何受到高铁开通的影响还需要进一步探究。基于以往在城市和区域尺度开展的研究的结论，本文认为高铁对游客量和旅游经济的促进效应可能在景区尺度同样成立，据此，提出如下假设：

假设1：在其他条件不变的情况下，高铁开通能够促进我国国家级风景名胜区游客接待数量增长。

假设2：在其他条件不变的情况下，高铁开通能够促进我国国家级风景名胜区经营收入增长。

虽然高铁的开通给大部分旅游目的地带来了发展机遇，但当前研究普遍认同其促进效应在不同区域、不同城市间存在差异，甚至对部分目的地而言高铁的开通带来了负面影响。魏丽等[38]认为，高铁的开通促进了西部地区旅游产业综合效率和纯技术效率的提高，而对中东部地区的促进作用则较小。李如友和黄常州[39]关于交通基础设施水平对旅游发展的影响的研究也指出，当交通设施水平较低时，交通设施的提升更有助于旅游的发展。经济较为发达的东部和部分中部地区本就具有相对发达的交通路网，而对于西部地区而言，高铁的开通带来了更为显著的通达性提升，从而可能对旅游经济产生更大的冲击效果，同时也有更为明显的边际效用[40]。基于此，本文提出以下假设：

假设3：高铁对西部国家级风景名胜区旅游发展的促进作用大于对东部和中部国家级风景名胜区的促进作用。

从城市尺度来说，并不是所有城市都能从高铁的开通中受益。首先，部分研究指出高铁对核心城市的促进效应更为明显。这是因为随着中小城市与核心大城市的交通便捷程度的提高以及交通成本的下降，经济相对发达、区位条件好的核心城市会对边缘的中小城市产生"虹吸效应"[41]，使得旅游流及经济资源集中流向大城市。一些国际研究同样得出了类似的结论，如Albalate等[42]对西班牙124个城市的研究显示，高铁对旅游经济的促进效应十分有限，且只体现在较大的城市上。谢力维和鲁航[43]发现高铁的积极作用更偏向于经济规模和人口规模占优势的大城市。但冯烽和崔琳昊[44]基于286个城市的面板数据的研究则认为高铁的旅游促进效应仅在五线城市表现显著，而对于大多数城市来说促进效果并不明显。除此之外，汪德根等[45]发现某些旅游地区因高铁开通后被其他旅游地区分流甚至被替代，导致客流量减少，从而产生了过滤效应。其次，原本交通基础设施较差的城市可能更容易从高铁开通中受益。如朱桃杏等[46]对京沪高铁及沿线城市的研究显示，高铁对沿线城市的旅游经济促进效应差异较大，原本交通条件较弱的城市受到的促进作用更为明显。曾玉华和陈俊[31]的研究显示高铁对公路交通条件发达的城市的旅游发展促进效果更弱。郭伟等[47]从高铁开通线路数角度，运用杜宾空间面板计量模型构建旅游经济距离矩阵进行空间计量分析，发现高铁开通线路数越多，城市旅游经济发展越不理想。此外，也有研究指出高铁对旅游经济依赖程度高的城市的促进效应更强[31]。孔令章和李金叶[48]发现高铁站为始发站或其与市区距离小于30km的城市开通高铁会产生旅游促进效应。郭建科等[49]发现基于交通基础设施，省会城市、副省级城市依托自身经济、政治地位，服务支撑要素发展优势突出，各省"单核、双核"现象明显。张振鹏[50]通过比对中国3A到5A级旅游景区的分布情况，认为高级别的景区集中在交通发达、经济实力好的地区。不同的景区由于所在地的区位不同，客源市场大小不同，经济联系不同，受高铁的影响程度同样存在着差异。但其与城市尺度和区域尺度的差异是否一致需要进一步验证。基于此，本文提出以下假设：

假设4：高铁对省会城市国家级风景名胜区旅游发展的促进作用大于对非省会城市国家级风景名胜区的促进作用。

假设5：高铁对旅游城市国家级风景名胜区旅游发展的促进作用大于对非旅游城市国家级风景名胜区的促进作用。

假设6：高铁对高等级的国家级风景名胜区旅游发展的促进作用大于对低等级的国家级风景名胜区的促进作用。

3 研究设计

3.1 研究区域概况

国家级风景名胜区在我国旅游景区中占有重要地位，其自然景观、人文景观往往比较集中，环境优美，可供人们游览或者进行科学、文化活动，具有重要的观赏、文化或者科学价值。它们由国务院审批、公告，并由住房城乡建设部负责管理。我国从1982年开始公布国家级风景名胜区名录，截至2016年累计达到225处。2014年国家级风景名胜区接待国内旅游者7.51亿人次，境外旅游者

2456万人次,分别占到全国接待国内旅游者和境外旅游者的21%和19%。作为国内外游客主要旅游目的地之一的国家级风景名胜区,是各地方政府发展旅游业的重要支撑。

3.2 模型设定

本研究使用双重差分(Difference in Differences,DID)方法探究高铁连接对景区经济的影响。双重差分法的基本思想是通过对某项政策实施前后对照组和实验组之间的差异进行比较,构造出反映政策效果的双重差分估计量,进而评估高铁开通对景区经济产出的净影响[51]。它的优势在于能够控制样本之间不可观测的个体异质性以及不可观测的与时间有关的影响因变量的因素。本研究构建如下模型:

$$\ln(tourists)_{it}=\alpha_0+\alpha_1 hsr_{it-1}+\sum\beta_j X_{jit}+v_t+u_{it}+c_{is}+e_{it} \qquad (1)$$

$$\ln(income)_{it}=\alpha_0+\alpha_1 hsr_{it-1}+\sum\beta_j X_{jit}+v_t+u_{it}+c_{is}+e_{it} \qquad (2)$$

其中,$\ln(tourists)_{it}$为国家级风景名胜区的游客接待量对数值,i为国家级风景名胜区编号,t为年份标识。hsr_{it-1}为高铁是否开通的虚拟变量,对应评估t年高铁效应时,前一年(t-1年)的高铁开通变量,因为中国的许多高铁线路在年底开通。$\sum\beta_j X_{jit}$表示所有控制变量及其系数的集合。c_{is}表示景区类型固定效应,用于排除景区任何不可观察的因类型原因产生的不变效应,u_{it}表示景区所在地区固定效应(控制东西部差异),用于控制景区的任何不可观察的地区不变效应,v_t表示控制时间固定效应,e_{it}为随机扰动项。由于高铁政策实施的时间不一致,我们主要采用混合OLS的估计方法进行回归[23]。

双重差分方法的使用前提是政策实施前实验组与对照组具有共同趋势,为此构建以下模型对高铁开通前景区的趋势进行平行趋势检验:

$$\ln(tourists)_{it}=\alpha_0+\sum_{k=-3}^{3}\gamma_k hsr_{ik}+\sum\beta_j X_{jit}+v_t+u_{it}+c_{is}+e_{it} \qquad (3)$$

其中,hsr_{ik}仍表征高铁是否开通的虚拟变量,其他变量意义同模型(1)。当k<0时,γ_k估计的是高铁开通对景区游客人数的前置作用,当k=0时,该系数估计的是高铁开通当年对景区游客人数的作用,当k>0时,γ_k估计的是高铁开通之后对景区游客人数的滞后作用。当前置作用不显著而滞后作用显著时，表示没有违背平行趋势假定。

3.3 变量与数据

国家级风景名胜区游客数量（*tourists*）及经营收入（*income*）是本文的被解释变量。本文主要研究的问题是高铁是否促进了风景名胜区的经济产出，虽然旅游业就业率、旅游业进出口额、游客支出、游客人数都是用于度量旅游经济产出的常见指标，但根据本文的研究对象景区特性，结合数据可获得性，选取国家级风景名胜区年游客数量及经营收入作为被解释变量。

高铁开通是本文的核心解释变量，以虚拟变量形式加以设定。具体而言，为判断景区附近是否有高铁开通，对景区距离最近的高铁站的距离进行测算，以25km 为景区与高铁站距离的首个档位，设定虚拟变量 *hsr*-25 表征景区附近 25公里内有高铁站，为了保证结果的稳定性，改变距离阈值，以 15km、35km、45km 为界限，构建虚拟变量 *hsr*-15、*hsr*-35、*hsr*-45，根据估计系数、标准误和显著性水平来分析研究结果。此外，本文构建景区附近高铁站开通的数量与高铁站开通时间的交互项 $num\_hsr_{it-1}=num\_treated_i \times Post_{it-1}$ 作为核心解释变量的替代变量以检验结果稳定性。

本文设定控制变量如下：(1) 景区可供游览面积（*area*）：景区可供游览区域面积与可接待游客量及经济产出密切相关；(2) 景区固定资产投资（*far*）：根据投入产出理论，景区固定资产投资的存量可以代表旅游景区的建设投入；(3) 景区等级（*rank*）：引入景区的质量等级（3A～5A）作为控制变量；(4) 景区所在地级市等级公路密度（*road*）：以等级公路里程数与土地面积的比值测度，表征景区所在地的公路交通设施水平；(5) 景区所在地级市的星级饭店数（*hotel*）：以星级饭店数表征景区所在地的旅游服务接待和第三产业发展水平。其中，国家级风景名胜区游客量及游览面积、固定资产投资数据来源于《中国城市建设统计年鉴》，等级公路里程数、土地面积来源于《中国区域经济统计年鉴》。星级饭店数量整理自各省区市统计年鉴。景区附近高铁开通情况由 GIS 进行计算和导出。

文中主要变量的描述性统计结果如表 1 所示：

表1 主要变量的描述性统计结果

变量	单位	符号	均值	极小值	极大值	标准差
景区游客人数	万人次	tourists	314.08	0.00	6158.70	578.09
景区经营收入	万元	income	20037.02	3.00	563212.00	49358.11
景区固定资产投资额	万元	far	10045.04	0.00	395050.00	26760.69
景区供游览面积	平方米	area	189.72	1.00	8978.00	600.07
景区等级（3A级、4A级、5A级）	—	rank	4.12	3.00	5.00	0.65
高铁站数量	座	hsr	0.37	0.00	18.00	1.21
等级道路密度	—	road	0.88	0.04	15.57	1.10
星级饭店数量	个	hotel	56.97	3.00	2102.00	74.51
所属城市编码	—	—	0.16	0.00	1.00	0.37
所属地区编码	—	—	2.59	1.00	4.00	1.23
景区周边15km是否有高铁站	—	hsr-15	0.11	0.00	1.00	0.31
景区周边25km是否有高铁站	—	hsr-25	0.17	0.00	1.00	0.38
景区周边35km是否有高铁站	—	hsr-35	0.22	0.00	1.00	0.42
景区周边45km是否有高铁站	—	hsr-45	0.24	0.00	1.00	0.43

4 实证分析

4.1 高铁开通对国家级风景名胜区的影响：基准回归

本文使用Stata对数据进行分析，基准回归结果如表2所示。其中，第（1）~（3）列考察了高铁开通对国家级风景名胜区游客接待数量的影响，第（4）~（6）列考察了高铁开通对国家级风景名胜区经营收入的影响。第（1）~（3）列核心解释变量系数均在10%或5%的水平下显著为正，而第（4）~（6）列核心解释变量系数均不显著，这表明高铁的开通的确促进了景区游客人数的增长，但对景区经营收入的增加并没有显著作用，假设1得到验证，假设2则不成立。其原因可能在于，高铁的开通极大地缩短了风景名胜区与客源市场的时间距离，直接推动了游客人数的增长，但游客数量的增长并不一定代表他们在景区的消费会增加。从控制变量来看，lnarea、lnfar、rank的估计系数均在5%或1%

的水平下显著为正，这意味着景区可游览面积、固定资产投资、景区的等级无论是对于风景名胜区游客数量还是对经营收入都有着显著的积极影响。

表2 基准回归结果

解释变量	ln *tourists* (1)	(2)	(3)	ln *income* (4)	(5)	(6)
$hsr_{(t-1)}$	0.3634** (0.1654)	0.3797** (0.1525)	0.3645* (0.1923)	(0.2088) −0.1351	(0.1504) −0.1207	(0.2019) −0.2328
ln*area*		0.0750** (0.0371)	0.0979*** (0.0373)		0.1008*** (0.0347)	0.1084*** (0.0346)
ln*far*		0.4109*** (0.0438)	0.3829*** (0.0448)		0.7403*** (0.0416)	0.7158*** (0.0438)
rank		0.4147*** (0.1201)	0.4900*** (0.1183)		0.5223*** (0.1273)	0.5610*** (0.1305)
ln*road*			0.0331 (0.0493)			0.0694* (0.0392)
hotel			0.2235*** (0.0827)			0.1178 (0.0889)
时间效应	yes	yes	yes	yes	yes	yes
地区效应	yes	yes	yes	yes	yes	yes
景区效应	yes	yes	yes	yes	yes	yes
常数项	3.1223*** (0.2488)	−0.7502 (0.5116)	−1.8049*** (0.5612)	6.2499 (0.3339)	0.0492 (0.4856)	−0.4533 (0.5541)
观测值	1814	1744	1210	1805	1742	1209
R^2	0.3761	0.5543	0.57	0.3798	0.729	0.7235

注：括号内为稳健型标准差；*、**、*** 分别表示该系数在10%、5%、1%的水平下显著。

4.2 稳健性检验

4.2.1 平行趋势检验

表3第（1）列显示了平行趋势检验的结果。我们发现景区高铁开通前3年的估计系数均不显著，这表明高铁开通前实验组景区和对照组无明显差异，平行

趋势检验通过。同时值得注意的是，景区高铁开通当年的估计系数仍不显著，但开通1年后开始显著，这说明景区附近高铁的开通对景区游客量的影响存在着一年的滞后效应，与现实情况比较符合。景区刚刚开通高铁时，各方面的宣传信息还未能及时全面地被客源地游客知晓，因而高铁开通对游客数量的促进效应未能在当年立刻体现。高铁开通后，估计系数连续3年显著为正，且高铁开通后第1年的系数最大，说明高铁对景区的促进效应在其开通后的第1年最强，且高铁对景区游客量的影响是持续且积极的，修建高铁对景区有着长期的带动效应，这一结果验证了基本回归结果的稳健性。

4.2.2 替换指标检验

本文通过寻找其他替代解释变量的方式来再次验证高铁开通对国家级风景名胜区旅游经济的影响。首先，改变虚拟变量 hsr 设定界限值，以15km、35km、45km为界限，重新构建高铁开通虚拟变量，并重新进行回归，结果如表3（2）～（4）列所示。可发现，回归结果的系数、标准差以及显著性与表2（2）列的结果接近，说明前述估计结果具有稳健性，且高铁站对25km范围内的风景名胜区带动作用强于对其他更远范围内的景区。进一步，本文将表征高铁开通的虚拟变量 hsr 替换为景区周边25km范围内已开通的高铁站数量 num_hsr_{it-1} 再次进行回归。表3（5）列结果显示，景区附近高铁开通数量在1%的水平下显著正向影响景区游客量，再次验证了基准回归结果的稳健性。

表3 稳定性检验结果

被解释变量	ln $tourists$				
解释变量	（1）	（2）	（3）	（4）	（5）
hsr（−3）	0.1546 （0.1291）				
hsr（−2）	0.1964 （0.1315）				
hsr（−1）	0.1697 （0.1367）				

续表

被解释变量	ln *tourists*				
解释变量	(1)	(2)	(3)	(4)	(5)
hsr(0)	0.2042 (0.1434)				
hsr(1)	0.4224** (0.1651)				
hsr(2)	0.3199* (0.1927)				
hsr(3)	0.3459** (0.1745)				
hsr–15		0.3306* (0.1838)			
hsr–35			0.2744* (0.1403)		
hsr–45				0.2881** (0.1366)	
num_hsr_{it-1}					0.1647*** (0.0543)
ln*area*	0.0743** (0.0367)	0.0748** (0.0377)	0.0744** (0.0375)	0.0739** (0.0375)	0.0754** (0.0370)
ln*far*	0.4165*** (0.0438)	0.4096*** (0.0442)	0.4099*** (0.0444)	0.4083*** (0.0441)	0.4051*** (0.0438)
rank	0.4639*** (0.1192)	0.4273*** (0.1193)	0.4322*** (0.1196)	0.4416*** (0.1177)	0.4165*** (0.1193)
常数项	(0.4945)** –1.0559	(0.5093) –0.7976	(0.5088) –0.8097	(0.5055) –0.8288	(0.5071) –0.7290
R^2	0.5594	0.5516	0.5519	0.5525	0.557

注：括号内为稳健型标准差；*、**、***分别表示该系数在10%、5%、1%的水平下显著。

4.3 高铁开通在不同子样本中的影响

4.3.1 高铁对不同等级的国家级风景名胜区的影响

景区的等级很大程度上反映了景区的资源丰裕度及管理质量，等级越高的景区,可能对游客的吸引力越大。为探究高铁开通是否对等级更高的国家级风景名胜区有着更大的促进效应,参考周黎安等人的做法[52-53],将全样本依照景区等级划分为5A级、4A级、3A级(包括3A级和未评级的景区)3个子样本进行子样本回归。如表4(1)~(3)行所示,高铁开通在1%的显著性水平下正向影响4A级景区,而对5A和3A级景区的影响均不显著。原本就具有较高知名度的5A级景区游客数量较为稳定,因此高铁开通对其的促进作用有限。对于3A级景区而言,其本身旅游资源吸引力的不足并不能因为交通可达性的改善而改变。而具备更好旅游资源质量的4A级景区更容易从高铁开通中受益。

4.3.2　高铁对不同区域的国家级风景名胜区的影响

参照我国四大经济区域划分依据,本文将风景名胜区划分成了东部(70个)、西部(75个)、中部(66个)、东北部(14个)共四类。同样利用双重差分法对高铁开通对中、东、西部三个区域的国家级风景名胜区游客量的促进效应进行探究。表4(4)~(6)行的结果显示,景区附近高铁开通显著地促进了东部国家级风景名胜区游客人数的增加,而对西部和中部景区,其拉动作用并不明显,假设3并未得到验证。这在一定程度上可以说明,高铁开通扩大了东西部景区游客量的差距。

4.3.3　高铁对省会与非省会城市的国家级风景名胜区的影响

高铁对省会城市的风景名胜区和非省会城市的风景名胜区的影响可能是不同的,因为高铁可能会与省会城市其他服务设施、文化资源产生协同作用,把旅游目的地的吸引力扩大,从而进一步吸引更多游客到来。因此进一步将总样本划分为位于省会城市内和省会城市外的两个子样本进行回归。表4(7)~(8)行显示,高铁对省会城市景区游客量的影响显著,而对非省会城市景区游客量的影响不显著,假设4得到验证。类似的,如表4(9)~(10)行所示,对所在城市经济水平更高的景区(地方人均GDP高于3万美元)而言,高铁对它们的促进作用强于所在城市经济水平更低的景区,高铁的促进效应在城市间的差异可能会进一步拉大省会城市景区与非省会城市景区的旅游经济差距。

4.3.4 高铁对旅游城市与非旅游城市的国家级风景名胜区的影响

本文还根据风景名胜区所在城市的类型（旅游城市或非旅游城市），依据原国家旅游局评选出的第一批和第二批优秀旅游城市名单，对全样本进行了划分并回归。回归结果显示，高铁对旅游城市风景名胜区游客量的促进效应在1%的水平下显著，而对非旅游城市风景名胜区游客量的促进效应不显著。

表4　高铁开通在不同子样本中的回归结果

划分依据	子样本		hsr系数	t统计量	样本量
景区级别	（1）	5A级	0.2855	1.57	537
	（2）	4A级	0.6274***	2.63	942
	（3）	3A级	−0.6525	−1.34	265
景区所在区域	（4）	东部	0.5113*	1.99	551
	（5）	中部	0.3671	1.47	243
	（6）	西部	0.102	0.42	554
景区所在城市的级别	（7）	省会	0.9359**	2.19	279
	（8）	非省会	0.1938	1.17	1465
景区所在城市的人均GDP	（9）	人均GDP＞3万美元	0.4519***	2.78	988
	（10）	人均GDP＜3万美元	0.2247	0.75	740
旅游城市	（11）	旅游城市	0.5571***	2.83	678
	（12）	非旅游城市	0.1865	0.77	1066

注：*、**、***分别表示该系数在10%、5%、1%的水平下显著。

5　结论与讨论

5.1　结论

高铁开通在整体上促进了中国国家级风景名胜区旅游接待人数的增长，并且结果显示在高铁开通后连续3年内对景区游客量的影响是积极的，说明这一带动效应存在着长期性和稳定性。高铁开通后一年，高铁对旅游流的影响开始发挥，但大量游客的涌入并没有促进景区经营收入的相应增长。此外，高铁对国家级风景名胜区旅游接待人数的带动作用存在着差异性：

（1）景区附近高铁的开通显著地促进了东部国家级风景名胜区游客人数的增加，而对西部和中部景区的拉动作用不明显，使得东西部景区游客量的差距被扩大。

（2）景区附近高铁的开通显著地正向影响4A级旅游景区的游客人数，而对5A和3A级旅游景区的影响效应均不显著。相比于原本名气高且游客数稳定的5A级旅游景区以及本身旅游资源吸引力不足的3A级旅游景区而言，具备良好旅游资源、交通可达性获得改善的4A级旅游景区更容易从高铁开通中受益。

（3）景区附近高铁的开通显著地促进了所在地为省会城市的国家级风景名胜区游客人数的增加，对于非省会城市景区游客量的影响并不显著。综合考虑，高铁可能会与省会城市其他服务设施、文化资源产生协同作用，把旅游目的地的吸引力扩大化，从而进一步吸引更多游客的到来。

（4）景区附近高铁的开通对所在城市经济水平更高的景区（地方人均GDP高于3万美元）的促进作用强于所在城市经济水平更低的景区。可以解释高铁的促进效应在城市间的差异可能会进一步拉大省会城市景区与非省会城市景区的旅游经济差距。

（4）景区附近高铁的开通显著地正面影响旅游城市风景名胜区的游客量，而对非旅游城市风景名胜区游客量的促进效应不显著。旅游城市的旅游景点较多，配套设施完善，政策扶持力度大等，可能与高铁的开通产生协同作用，进而吸引更多的游客前来观光，从而使得位于旅游城市的国家级风景名胜区游客量增加。

5.2 讨论

从供求关系看，景区作为区域旅游产品的核心，其经济效应是区域旅游经济关系的一种映射。本文把高铁对旅游经济的影响落脚到对国家级风景名胜区这个层面上，有利于准确认知和评价高铁对于微观旅游经济体的作用，拓展了现有的研究只关注高铁对区域或城市旅游业经济增长作用的局限。

从本文结果来看，高铁开通的促进效应主要体现在东部景区、省会城市和旅游城市景区上，这可能进一步加剧旅游发展的两极化。究其原因，东部地区、省会城市和旅游城市不仅有更好的区位条件、交通设施，还有转型升级后质量更佳的旅游产品，加入了高铁网的优势后，使区域经济和景区发展联系更为紧密；而西部地区、非省会城市和非旅游城市的部分景区若不提升旅游产品的品质，适当调整景区的类型和发展方向，则其旅游吸引力并不会因为高铁的开通而有显著的提升。因此高铁政策的积极效应有时仅作用在了区域或城市层面，而对景区层面的带动有限。

根据高铁在开通一年后才作用于景区旅游流以及其作用的长期性和稳定性结论来看，高铁在中长期时间框架内是景区经济的派生性需求而非本源性需求。因此景区相关管理部门不能将旅游的发展完全寄希望于高铁建设，而应依靠优质的旅游产品和服务赢得市场青睐，并思考如何把涌入的客流转化为真正的经营效益，避免游客增长可能带来的景区承载量过大、管理不到位、旅游产品质量跟不上消费需求等问题。且景区的发展规划、管理制度应与当地旅游部门和交通部门所制定的区域发展总体规划相呼应，避免盲目对景区设施进行大规模的投资建设或改造。

模型结果也显示，除了高铁外，景区的可游览面积、固定资产投资、景区等级对景区接待游客量及经营收入都有着显著的影响，这也进一步表明了加快景区内部建设，丰富旅游产品结构，促进旅游产品优化升级的重要性。西部地区、非省会城市和非旅游城市的部分景区在旅游发展规划中仍需注意其他因素的作用，尤其是零售、餐饮等配套行业以及信息、能源等基础设施建设。也只有这样，开通高铁的景区才能把游客数量转化为产出效应，实现交通基础设施与这些因素的深层次融合，实现自身的长远发展。

参考文献

[1] Arbués P, Baños J F, Mayor M. The Spatial Productivity of Transportation Infrastructure [J]. Transportation Research Part A Policy & Practice, 2015, 75: 166.

[2] 蒋茂荣, 范英, 夏炎, 等. 中国高铁建设投资对国民经济和环境的短期效应综合评估 [J]. 中国人口资源与环境, 2017, 27: 83.

［3］刘勇政，李岩. 中国的高速铁路建设与城市经济增长［J］. 金融研究，2017（11）：18.

［4］陈彦，孟晓晨. 高速铁路对客运市场、区域经济和空间结构的影响［J］. 城市发展研究，2013，20（4）：119.

［5］王垚，年猛. 高速铁路带动了区域经济发展吗？［J］. 上海经济研究，2014（2）：82.

［6］殷平. 高速铁路与区域旅游新格局构建——以郑西高铁为例［J］. 旅游学刊，2012，27（12）：47.

［7］叶欣. 高速铁路对中小城市空间结构影响研究［D］. 杭州：浙江大学，2011.

［8］李新光，黄安民，张永起. 高铁对区域经济发展的影响评估——基于DID模型对福建省的实证分析［J］. 现代城市研究，2017（4）：125.

［9］Faber B. Trade Integration，Market Size，and Industrialization：Evidence from China's National Trunk Highway System［J］. Cep Discussion Papers，2014.

［10］汪德根，陈田，李立，等. 国外高速铁路对旅游影响研究及启示［J］. 地理科学，2012，32（3）：322.

［11］魏珍，张凤太，李玉臻，等. 高铁开通对重庆市内部旅游可达性影响研究［J］. 资源开发与市场，2021，37（10）：1223.

［12］李保超，王朝辉，李龙，等. 高速铁路对区域内部旅游可达性影响——以皖南国际文化旅游示范区为例［J］. 经济地理，2016，36（9）：182.

［13］蒋海兵，刘建国，蒋金亮. 高速铁路影响下的全国旅游景点可达性研究［J］. 旅游学刊，2014，29（7）：58.

［14］杨效忠，冯立新，张凯. 交通方式对跨界旅游区景区可达性影响及边界效应测度——以大别山为例［J］. 地理科学，2013，33（6）：693.

［15］王绍博，郭建科. 中国风景名胜区交通可达性及市场潜力空间测度［J］. 地理研究，2016，35（9）：1714.

［16］冯英杰，吴小根，刘泽华. 高速铁路对城市居民出游行为的影响研究——以南京市为例［J］. 地域研究与开发，2014，33（4）：121.

［17］张文新，刘欣欣，杨春志，等. 城际高速铁路对城市旅游客流的影响——以南京市为例［J］. 经济地理，2013，33（7）：163.

［18］Cartenì A，Pariota L，Henke I. Hedonic Value of High-Speed Rail Services：Quantitative Analysis of the Students' Domestic Tourist Attractiveness of the Main Italian Cities［J］.

Transportation Research Part A：Policy and Practice，2017，100：348.

［19］Delaplace M，Pagliara F，Perrin J，et al. Can High Speed Rail Foster the Choice of Destination for Tourism Purpose？［J］. Procedia Social & Behavioral Sciences，2014，111：166.

［20］汪德根. 旅游地国内客源市场空间结构的高铁效应［J］. 地理科学，2013，33（7）：797.

［21］殷平，杨寒胭，张同颢. 高速铁路网与京津冀旅游：空间作用与结构演化［J］. 旅游学刊，2019，34（3）：102.

［22］李磊，陆林，穆成林，等. 高铁网络化时代典型旅游城市旅游流空间结构演化——以黄山市为例［J］. 经济地理，2019，39（5）：207.

［23］黄泰，查爱欢，应南茜，等. 高铁对都市圈城市旅游服务力格局演变的影响——以长三角都市圈为例［J］. 经济地理，2014，34（11）：158.

［24］郭建科，王绍博，李博，等. 哈大高铁对东北城市旅游经济联系的空间影响［J］. 地理科学，2016，36（4）：521.

［25］张春民，王玮强，李文添，等. 基于面板数据的兰新高铁区域经济特性分析［J］. 铁道科学与工程学报，2017，14（1）：12.

［26］王璐. 武广高铁对其湖南沿线城市旅游经济的影响［D］. 湘潭：湘潭大学，2016.

［27］吴贵华，张晓娟，李勇泉. 高铁对城市旅游经济发展的作用机制——基于PSM-DID方法的实证［J］. 华侨大学学报（哲学社会科学版），2020（5）：53.

［28］李宗明，刘敏，高兴民. 高速铁路网对城市圈旅游经济增长的空间效应分析［J］. 经济问题探索，2019（10）：82.

［29］于秋阳，杨斯涵. 高速铁路对节点城市旅游业发展的影响研究——以西安市为例［J］. 人文地理，2014，29（5）：142.

［30］钟洋，胡碧松，谭波，等. 基于交通可达性的新兴高铁枢纽城市旅游发展响应研究——以江西省上饶市为例［J］. 资源开发与市场，2017，33（2）：238.

［31］曾玉华，陈俊. 高铁开通对站点城市旅游发展的异质性影响——基于双重差分方法的研究［J］. 旅游科学，2018，32（6）：79.

［32］覃成林，郑海燕. 武广高铁对粤湘鄂沿线区域旅游发展影响分析［J］. 经济问题探索，2013（3）：113.

［33］孔令章，李金叶. 兰新高铁对西北城市旅游业发展的影响研究［J］. 干旱区资

源与环境，2021，35（5）：196.

［34］邓涛涛，赵磊，马木兰. 长三角高速铁路网对城市旅游业发展的影响研究［J］. 经济管理，2016，38（1）：137.

［35］杨懿，汪洋，周颖，赵子晨. 高铁开通对城市旅游经济影响的区域差异研究［J］. 财经理论与实践，2022，43（2）：67.

［36］张自强，陈萍，杨重玉. 高铁开通对民族地区旅游业发展的影响［J］. 热带地理，2021，41（5）：1096.

［37］何仁伟，李光勤，曹建华. 酒香真的不怕巷子深吗？——基于国家级风景名胜区的区位选择问题研究［J］. 旅游学刊，2018，33（9）：94.

［38］魏丽，卜伟，王梓利. 高速铁路开通促进旅游产业效率提升了吗？——基于中国省级层面的实证分析［J］. 经济管理，2018，40（7）：72.

［39］李如友，黄常州. 中国交通基础设施对区域旅游发展的影响研究——基于门槛回归模型的证据［J］. 旅游科学，2015，29（2）：1.

［40］辛大楞，李建萍. 高铁开通与地区旅游业发展——基于中国287个地级及以上城市的实证研究［J］. 山西财经大学学报，2019，41（6）：57.

［41］张克中，陶东杰. 交通基础设施的经济分布效应——来自高铁开通的证据［J］. 经济学动态，2016（6）：62.

［42］Albalate D，Campos J，Jiménez J L. Tourism and High Speed Rail in Spain：Does the AVE Increase Local Visitors? ［J］. Annals of Tourism Research，2017，65：71.

［43］谢力维，鲁航. 我国高铁发展对经济增长的异质性影响研究——基于高铁车次流量与卫星灯光数据的分析［J］. 价格理论与实践，2021（3）：130.

［44］冯烽，崔琳昊. 高铁开通与站点城市旅游业发展："引擎"还是"过道"？［J］. 经济管理，2020，42（2）：175.

［45］汪德根，陈田，陆林，等. 区域旅游流空间结构的高铁效应及机理——以中国京沪高铁为例［J］. 地理学报，2015，70（2）：214.

［46］朱桃杏，葛勇，王慧. 京沪高铁与沿线区域旅游经济协调发展研究［J］. 铁道工程学报，2019，36（11）：99.

［47］郭伟，曾祥静，张鑫. 高铁网络、空间溢出与区域旅游经济增长［J］. 统计与决策，2020，36（7）：103.

［48］孔令章，李金叶. 高铁开通、网络中心性与旅游经济发展［J］. 产业经济研究，2021（5）：113.

［49］郭建科，王绍博，王辉，王丽华. 国家级风景名胜区区位优势度综合测评［J］. 经济地理，2017，37（1）：187.

［50］张振鹏. 基于GIS的中国旅游景区空间分布特征研究［D］. 昆明：昆明理工大学，2019.

［51］李欣泽，纪小乐，周灵灵. 高铁能改善企业资源配置吗？——来自中国工业企业数据库和高铁地理数据的微观证据［J］. 经济评论，2017（6）：3.

［52］王满，刘子旭. 民营企业政治关联对财务柔性储备的替代作用研究［J］. 管理科学，2016，29（5）：116.

［53］周黎安，陈烨. 中国农村税费改革的政策效果：基于双重差分模型的估计［J］. 经济研究，2005，8：44.

文旅新业态助力四川文旅消费升级路径初探

[作 者] 邓 文（西南民族大学）
王睿卿（中共贵州省委党校）

摘 要： 文旅新业态可以促进文旅市场消费升级和文旅产业发展，实现文化旅游业高质量发展。四川作为文旅资源大省，在新业态建设过程中通过地方文化融入、共享空间构建、产业融合等措施构建文旅消费新格局。针对四川文旅消费环境的短板，梳理出了通过全域联动文旅消费空间构建、国际文旅消费目的地建设、多业态融合文旅产业链打造、文旅消费产品价值创新等策略助力四川文旅消费升级的路径。

关键词： 新业态；四川文旅消费升级

1 文旅新业态与消费升级

文旅新业态是指满足文旅市场的发展和消费新需求，提供消费新体验，与其他行业融合发展、不断创新推出文化旅游产品和文化旅游消费方式的新的商业形态。文旅新业态主要包括新的组织形态、新的产品形态、新的经营形态三大类型。

随着全面建成小康社会，我国经济迈入高质量发展新阶段，人民群众日益增长的物质文化需求将促进文旅消费的提档升级，文旅消费升级也是我国文旅产业逐渐成熟的必然趋势。在成熟的文旅市场中，消费者在个性化表达、情感性满足、价值观取向和场景性体验等领域提出了新的消费需求，催生了以多元化、互动化、价值化和沉浸化为特征的新消费，为适应新消费，在经营形式、内容和功能上与传统的文旅业态不相同的新文旅经营形态、经营方式、经营组织由此开始形成，并发展成为文旅新业态。而文旅新业态的形成和发展又助力新消费，推出符合游客口味的更多优质产品和服务，更好满足人们特色化、多元化、品质化旅游需求，激发了文旅市场消费升级和文旅产业更加强劲的发展动力，助推实现文旅产业高质量发展。

2 四川文旅消费发展格局

四川地处我国西南，拥有天府之国美誉，自然资源优越、文化底蕴深厚，经济、交通、人口等综合实力优势明显，为文旅消费发展提供了良好的基础。四川文旅在消费升级的背景下，积极通过发展新业态探索建立新的文旅消费格局。

2.1 构建四川文旅消费发展格局

2.1.1 地方文化融入文旅消费场景

唯文化，塑差异。四川以"天府旅游名县"为抓手，通过新场景营造，把人流量变成消费力，把资源优势转化为高质量发展优势，推出高质量的精品项目，包括世界遗产景区游、烟火都市游、特色乡村游等特色旅游产品线路1000余条，把熊猫、三国、古蜀、川菜、藏羌彝等传统文化元素，以及特色城市、乡村旅游、非遗文创等"最四川"文化IP积极融入四川文旅消费场景，推出了地方文旅融合促旅游消费发展的"四川模式"。

2.1.2 构建主客共享文旅消费空间

四川通过"城市更新""乡村振兴"全方位打造主客共享的文旅消费空间，大力推进本地生活、生产领域中的存量资源场景优化，增加高品质"巴蜀味"文旅供给，提升和改善高品质宜游宜居环境。各地深入挖掘当地文化旅游资源，以商、旅、文融合为重点，推出"蜀里安逸"消费新场景，推动特色商业街区、乡村集市转型升级等文旅新业态，激发当地的文旅消费功能，同时，为丰富消费场景的文化内涵，精心梳理各地生态肌理，将传承历史"文脉"与优化"业态"并举，提高场景消费触发力。购物街区、夜市、工业遗址、社区村寨等传统生活、生产空间被打造成新兴热门"景点"，博物馆、美术馆、图书馆等本地公共文化服务场所成为新的旅游吸引物，通过公共文化服务的嵌入，进一步提升文旅消费品质，激发新需求。

2.1.3 通过产业融合激活消费动能

四川利用自身产业、技术、人才等综合优势，通过"文旅+N"实现文旅产业与其他优势产业深度融合，着力打造文化旅游与一二三产业全链条贯通、全过程融合、全要素参与的产业生态系统。

四川文旅积极培育乡村电商、民宿、文创和非遗产业等农旅融合新业态，大力发展乡村旅游，助力乡村振兴，实现以农业为基底，多产业、多区域、多层次高度融合的消费链。

积极尝试"文旅+金融"的融合创新。加大金融业对文旅企业发展的支持力度，推动金融机构先后在剑阁、峨眉山、西昌等天府旅游名县设立了文旅支行，累计向700余户文旅小微企业投放贷款3.83亿元；推动多样化信贷产品，推出"民宿贷""乡旅贷""彩灯文化贷"等多样化信贷产品，全方位提升文旅企业运用金融工具发展文旅消费的能力，为四川文旅经营业态升级提供了强大支撑。

四川文旅还积极推动研学、体育、美食、康养、会展和文旅消费的深度融合，培育了中国成都国际非物质文化遗产节、都江堰双遗马拉松、国际美食节、川酒川茶工业旅游品牌等"文旅+"新产品业态，提升文旅消费的能级。

2.2 四川文旅消费短板分析

2.2.1 成都强，周边弱

2023年中秋国庆假期，四川省共接待游客5691.02万人次，旅游消费总额361.53亿元。其中成都市共接待游客2586.8万人次，实现旅游收入237.8亿元，分别占全省45%和65%。全省图书馆、文化馆、博物馆共接待群众632.55万人次，其中成都市相关场馆累计共接待群众187.6万人次，约占全省的30%。全省文旅消费核心业态和新兴业态主要集聚在成都，"成都强，周边弱"的文旅消费格局突出。

2.2.2 国内强，国际弱

虽然全省接待国内游客数量位居全国前列，但入境游方面与东部发达地区和云南等周边省份相比还有差距。2019年，全省接待入境游客414.8万人次，实现旅游外汇收入20.2亿美元。同期，广东省接待入境过夜游客3771.38万人次，旅游外汇收入205.02亿美元；云南省接待入境旅客1484.93万人次，旅游外汇收入51.47亿美元；上海市接待国际旅游入境者897.23万人次，旅游外汇收入83.76亿美元。湖南、陕西分别以入境游客467.0万人次、465.72万人次位于四川之前。四川省入境游总体规模偏小问题明显。旅游外汇收入等主要指标与广东、上海等地区相比有差距，入境游客在川人均停留时间低于全国平均水平。

2.2.3 资源强，主体弱

四川世界级文旅资源富集，文旅IP形象深入人心。全省现有世界自然文化遗产5处、入选世界生物圈4处、世界地质公园3处、世界灌溉工程遗产3处、世界非物质文化遗产7项，全国重点文物保护单位总数位居全国第六，国家三级以上博物馆数量56家，名列全国前茅。但与之相对的是全省文旅行业头部企业、"链主"企业等经营主体仍显不足，缺乏资产规模和经营收入"双百"旅游企业，市场主体核心竞争力不强，"散、小、弱"现象依然明显。根据新旅界发布的《2023中国文旅企业500强榜单》，全省入选文旅企业16家，与浙江、江苏、广东等东部沿海省份有一定差距，且无企业进入国央企子榜单和民营企业子榜单前列。另外，"大熊猫""三星堆"等文旅IP虽然在市场爆火，但整体上本土文旅产品在品牌培育、IP打造、管理运营等方面相对较弱，不缺产品缺品牌现象仍旧存在，和四川文旅资源大省的地位不匹配。

3 四川文旅消费升级路径

3.1 构建全域联动文旅消费空间

3.1.1 深化文旅消费空间格局

深化"一核五区七道"总体布局。成都市对标世界一流，建设国际消费中心城市、全省文旅产业窗口。强化成都市辐射带动作用，打造文旅消费的核心增长极，集聚疏导消费流。重点推进大九寨、大峨眉、大贡嘎、大香格里拉、大遗址等五大区域建设，强化区域头部文旅品牌和IP矩阵建设，形成相互嵌套、相互支撑的文旅消费格局。重点培育大熊猫生态旅游风景道、藏羌彝文化旅游风景道、国道318/317中国最美景观大道、蜀道三国文化旅游风景道、南方丝绸之路文化旅游风景道、大巴山旅游风景道、嘉陵江旅游风景道等7条世界级旅游风景道，沿轴带合理布局全时空、全领域、多业态文旅消费业态和场景，为全省文旅消费提供伞状骨架支撑。

3.1.2 优化文旅消费层级组合

在全省构建"国际级文旅消费集聚区、国家级文旅消费中心、地区级文旅消费中心、社区级文旅消费目的地"四级文旅消费层级，形成功能明确、消费多元的消费层级组合。

依托世界旅游名城成都市以及大熊猫、三星堆等世界级文旅资源，面向国内和国际的广域性消费人群提供国际化、高品质的文旅消费服务。

国家级文旅消费中心通过整合在全国有影响力的景区、特色商业街区、夜间经济集聚区、省市级博物馆等优质资源，以及国家级音乐、文化、餐饮、体育等品牌活动，积极创建新业态，繁荣国内文旅消费市场。

地区级文旅消费中心依托省内中小城市文旅资源和消费场景，发挥文旅消费对新型城镇化的引领作用，促进文化旅游与当地生产、生活、生态的有机融合，激活本地文旅差异化发展，实现多节点联动。

社区级文旅消费目的地以社区、街道、村镇等城乡基本空间单元为基础，坚持服务群众、惠民便民理念，做好城乡文旅消费服务，丰富社区级文旅供给。

3.2 建设国际文旅消费目的地

3.2.1 青藏高原旅游圈门户定位

随着全球经济新格局的形成，中国、印度以及东南亚成为全球经济最具活力的地区之一，区域内的青藏高原凭借其全球顶级的自然、人文旅游资源和市场品牌，也成为全球文旅发展最具潜力的区域，一个环青藏高原的世界级旅游圈逐步显现。

环青藏高原旅游圈东西宽4000公里，南北长3000公里，覆盖国内的四川、甘肃、新疆、西藏、青海、云南等地区，以及哈萨克斯坦、巴基斯坦、阿富汗、印度、尼泊尔、不丹、孟加拉国、缅甸、泰国等国家，是全球文旅资源最丰富的区域，也是未来全球文旅消费蓝海。四川扼守青藏高原东部门户，东接长江经济带中下游地区，南连粤港澳、东盟等经济活跃地区。四川在古蜀时期就通过蜀身毒道和南方丝绸之路与周边地区有着文化、贸易交流，也是进入青藏高原的门户区；在新时期，四川是"一带一路"和长江经济带的重要战略交汇点。四川应提前布局，充分利用青藏高原旅游圈地缘优势，以及自身的经济、交通、历史渊源和文旅发展综合实力，以成都为核心定位建设环青藏高原旅游圈门户和首位城市，打造环青藏高原旅游圈国际消费中心，同与北京、江浙沪、粤港澳等东部发达地区国际消费形成差异化发展。

3.2.2 提升四川文旅国际市场竞争力

打造熊猫家园、古蜀文明、天府之国、安逸四川四大国际旅游名片，提升中国成都国际非物质文化遗产节、成都国际美食节等节庆活动的品质和知名度，持续向国际市场输出四川文旅品牌商业价值和文化影响力。大力发展入境旅游，在维护现有客源国市场渠道基础上，重点启动对"环青藏高原旅游圈"中印度、泰国等客源市场的营销推广，并利用国际旅游淡旺季、季节转换以及各地节假日时间差异做好全球客源市场的合理调配。提升消费服务水准，发展免税、跨境电商等文旅消费新业态。加快天府国际机场口岸和市区免税店建设；加大外币结算、外语服务、电子支付的便捷程度。

3.3 打造多业态融合文旅产业链

3.3.1 加强运营管理创新发展

目前文旅产业逐渐从大规模投资阶段进入项目运营为核心的阶段，以消费需求为导向的发展模式要求运营管理的重心从产品供给端向市场需求端转移。聚焦文旅品牌打造、景区管理、旅游商品开发等各个细分领域，通过强化金融、人才机制的作用，推动四川文旅运营管理的系统集成和业态创新。搭建、优化金融机构、政府、企业共建的金融合作平台，出台政策引导金融机构加大对文旅消费领域的扶持力度，鼓励和引导金融资源向文旅消费领域的配置。建立文旅人才引进"绿色通道"，吸引国内外高端文旅人才来川发展；完善产业人才内生机制，加大在川高校和企业中选拔和培训文旅消费领域专业人才力度。

3.3.2 推动文旅产业融合发展

支持"文旅+乡村"的产业融合。充分利用四川农副产品资源和产业优势，结合四大菜系之一——川菜的品牌效应，研发更多适应现代快节奏生活的川味预制菜和调料产品投放市场，填补高端消费市场"川味"文旅商品缺乏龙头的空白。推动绿色食品、有机农产品、地理标志农产品参与全球竞争。支持"文旅+康养"的产业融合。充分利用环境、生态以及传统中医等康养资源优势，抓住老龄市场发展机遇，以"养、健、食、娱、居"为核心要素，集聚各类康养服务业，打造养老康复、运动健身、生态科普、乡村度假等主题康养文旅产品，构建"研发、生产、康复、生活、运动"全覆盖的"文旅+康养"产业链。支持"文旅+数字"的产业融合发展，利用电商平台营销矩阵的特性，提升文旅服务水平，强化优质文旅产品精准触达供给，推动文旅产业持续发展。

3.4 推动文旅消费产品价值创新

3.4.1 重新界定文旅消费边界

随着文旅消费的成熟，其与旅游目的地日常消费融合的趋势加大，导致旅游消费和本地日常消费的边界模糊化，生活化、娱乐化、体验化、功能化的文旅产品将获得消费者青睐。为了更好地满足人们对美好生活的追求，我们需要重新定义文旅消费边界。

从消费空间来看，将其从传统的旅游景点扩展到日常生活场景、村居社区，让游客更好地融入本地人的生活场域。通过挖掘提炼文化、历史、民俗符号，加快布局和提升一批专业化、高品质、有特色的公共文化设施、购物商圈、工业遗产、田园综合体等生活、生产场景，为游客提供更多元化的消费场景。从消费者购买的旅游商品分析，旅游购物考虑实用性成为很多游客消费的主要因素，以装饰、纪念为主的工艺品、艺术品不再是市场的首选。高品质、有特色的日用品成为旅游商品已是市场主流，如以瑞士旅游三件宝的"巧克力、军刀和手表"，以及法国的红酒、北京的烤鸭为例，都是日用消费品成为旅游商品的成功案例。

3.4.2 提升文旅商品经济价值

提升四川文旅商品经济价值，可以从整体规模效益和单体高附加值两个角度同时发力。

巨大的消费体量能促进规模化生产，而规模化生产是实现经济效益的重要途径。顺应现代社会对快消品的需求，在食品、调味料、保健品以及农副产品等可以实现高频次、大规模购买的领域优先开发文旅商品，通过规模化生产实现经济价值最大化。

对难以实现规模化生产的文旅商品，引入增值、保值等金融思维，首先选择有保值、增值潜力的"四川造"文旅商品，追求完美的细节和精益求精的品质，通过稀缺性生产和销售使市场供应与需求关系达到极限状态，并融入丰富的精神内涵和深厚的历史底蕴，赋予其极强的文化性特征和单体高附加值，并凭借其优异的市场辨识度、独特的形象品质和文化符号获得市场认可，实现文旅商品的高经济价值。

（部分资料来源于2019年各省区市国民经济和社会发展统计公报）

参考文献

［1］四川省文化和旅游厅. 四川发展文旅消费新业态 构建文旅消费新体系［EB/OL］. https://www.mct.gov.cn/whzx/qgwhxxlb/sc/202003/t20200327_852153.htm.

［2］中秋国庆假期 四川接待游客超5691万人次［EB/OL］. 四川日报, https://www.sc.gov.cn/10462/10464/10797/2023/10/7/574a3f36ad5546bb88d958664c8e275b.shtml.

［3］2023中国文旅企业500强排行榜揭晓［EB/OL］. https://baijiahao.baidu.com/s?id=1774889753487275571&wfr=spider&for=pc.

［4］四川省人民政府办公厅. 四川省建设世界重要旅游目的地规划（2023—2035年）［EB/OL］. https://wlt.sc.gov.cn/scwlt/gsgg/2023/7/11/80f863799586466c98c126235d713666.shtml.

［5］邓文. 高质量发展背景下成都市文旅消费升级理念和路径［M］// 文化旅游与公园城市. 成都：四川人民出版社，2023：35.

生态导向下的旅游目的地规划探析
——以羊卓雍错为例

[作 者] 陈 璇（四川旅游规划设计研究院有限责任公司）
　　　　于子翔（四川旅游规划设计研究院有限责任公司）
　　　　赵唯亦（四川农业大学）
　　　　漆珍麟（四川农业大学）

摘　要： 科学合理的生态旅游景区规划有助于平衡景区保护与开发的关系，缓解环境压力，引导生态旅游的健康发展。本研究在分析生态学和旅游学相关理论的基础上，以羊卓雍错为案例对象，深入剖析其现状问题及功能定位，创新生态理念下旅游规划思路，提出了适合羊卓雍错旅游发展的各项保护性开发策略，以期对生态旅游规划研究提供一定的理论依据，推动生态旅游的可持续发展。

关键词： 生态导向；旅游规划；羊卓雍错

1　规划背景

自党的十八大明确提出"大力推进生态文明建设"后，可持续发展理念和"两山理论"等也开始深入实践。2021年出台的国家"十四五"规划紧扣主线，提出要加快发展方式绿色转型，坚持生态优先、绿色发展。在国家大力推动绿色经济项目开发、社会积极思考生态资源价值实现的大历史背景下，生态旅游开发已经是一种促进人地关系和谐发展的理想路径，是维护生物多样性、促进偏远乡村发展、推动生态脆弱地区经济与社会可持续发展的有效举措[1]。生态旅游的高效推进，将助力我国的生态文明建设构建新模式，为实现美好中国提供强力保障。

西藏地区地处世界第三极，因其特殊的地理区位和社会经济发展环境，成为我国发展新格局中备受关注的区域之一，该区域旅游接待服务设施相对落后，与其丰富的自然资源和厚重的文化底蕴并不相称。新时期下，西藏地区稳定协调的发展是融入中国式现代化滚滚洪流的题中之意。经过长期的实践探索，生态旅游以其发展的持续性、共享性和带动性，被广泛认为是推动绿色经济发展的有效方式，也成为该区域发展的最优途径。羊卓雍错作为藏区的核心品牌之一，是集高山、草原、湿地、湖泊和丰富的人文文化为一体的世界级资源，为加强羊卓雍错生态环境保护工作，我国已将羊卓雍错列入100个良好湖泊生态环境保护试点工程。

在此背景下，本项目结合羊卓雍错旅游景区重要的生态战略地位，立足全域旅游发展大格局，深入分析景区旅游发展的瓶颈，明确景区未来旅游业发展的战略方向和应重点解决的问题，提出优化旅游业发展的要素配置与空间规划，合理安排旅游业发展重点项目，实现区域资源有机整合、产业融合发展、社会共建共享的建设。

2 案例地概况

羊卓雍错，位于西藏自治区山南市贡嘎县，藏语意为"碧玉之湖"，又称"羊湖"，与纳木错、玛旁雍错并称西藏三大圣湖，被誉为"世界上最美丽的水"，是集高原湖泊、雪山、岛屿、牧场、温泉、寺庙、藏乡文化等多种资源为一体的旅游区。

2.1 资源禀赋高，接待能力不足

羊卓雍错旅游景区拥有圣湖神山、雪峰冰川、生态湿地、银河星空等高原特色自然资源，还有牧场农庄、藏乡民俗等西藏特色文化资源，资源类型多、组合好、丰度高、呈集群分布、旅游价值高。游羊卓雍错，有"一眼看尽西藏风光"的独特优势。根据原国家旅游局发布的《旅游资源分类、调查与评价》（GB/T 1892—2017），对羊卓雍错旅游景区旅游资源进行了系统分类，其中景区旅游资源总量包含8个主类，21个亚类，82个基本类型。

羊卓雍错景区基础设施已完成初步建设，接待能力达到年均百万人次旅游规模。但根据景区目前的运营情况，基础设施和服务设施仍不完善，商业秩序不规范，这是阻碍市场快速、健康成长的重要原因。景区沿途地区物资匮乏、条件恶劣，大部分游客需在拉萨备足相关物资才能保障良好的游览体验。且随着生活水平的提高，游客对目的地基础设施、公共服务、生态环境的要求越来越高，如何以游客需求为导向，完善景区基础设施，提升景区接待能力是一个亟待解决的问题。

2.2 景区流量大，游客转化率低

羊卓雍错旅游景区处于"拉萨—日喀则"黄金旅游线和拉萨"一环一线"精品旅游线上，交通便利，辐射范围广泛，拥有得天独厚的区位交通优势。公路方面，紧邻G318和S307，与浪卡子县、江孜县相连；距拉萨约114公里，车程约2小时，距日喀则市238公里，车程约4小时，距山南市约160公里，车程3小时左右；在建拉日高速将大大加强景区的公路交通情况。铁路方面，已有拉日铁路分别连通拉萨市与日喀则市。航空方面，景区距贡嘎机场60公里，车程约1小时30分钟，距日喀则机场188公里，车程约4小时。

羊卓雍错作为山南最具代表性的景点，是几乎每一个来西藏旅行的游客都会选择游览的地方。因为作为"西藏三大圣湖"之一，羊卓雍错相比另外两个圣湖，交通区位优势明显，如距离拉萨仅有2小时的车程，能吸引更多游客。且受自然因素等影响较小，海拔条件和道路条件更适合大部分人群，引起人体不舒适感相对较小。但是绝大多数游客到羊卓雍错都会选择一日游的行程，将环羊卓雍错作为从拉萨到日喀则的途经点或前往贡嘎机场离开前的终点。因此如何依托资源优势，吸引游客变留客是需要关注的重点问题。

2.3 区域面积广，景点设施分散

羊卓雍错旅游景区总面积达675平方公里，包括羊卓雍错全域，涉及空母错、珍错、巴纠错等卫星湖，羊卓雍错湖岸线区域及周边乡镇和村庄。景区占地面积范围大，各主要景点和游览设施位置过于分散，缺少必要的主干旅游环线和支线道路，一方面，导致游客在游览过程中很容易出现游览线路孤立、单程线路较多等问题，不仅花费更多不必要的时间、精力和成本，而且还造成部分资源浪费和环境污染，游客难以得到连贯、丰富的游览体验，大大降低游客对羊卓雍错旅游景区的整体满意度和体验感；另一方面，不利于景区的聚焦管理，景区安保和维护等问题涉及跨地区、跨部门的联系与协调，组织管理和环境保护任务重、难度大。

2.4　紧邻保护区，用地指标限制

黑颈鹤，被誉为"高原仙子"和"高原神鸟"，是世界上唯一在青藏高原地区生长繁殖的鹤类，通常栖息在湖泊河滩等湿地，对自然环境要求较高，羊卓雍错的湖边则是最主要的黑颈鹤越冬栖息地，建立有西藏雅鲁藏布江中游河谷黑颈鹤国家级自然保护区。为了加强羊卓雍错的生态保护，《山南市羊卓雍错保护条例》明确提出：在羊卓雍错保护范围内，应当严格控制建设项目，禁止建设与羊卓雍错生态保护、防汛抗灾、水质监测等公共设施无关的项目。已经建成的其他项目，鼓励从保护范围内逐步退出[2]。

为保护羊卓雍错旅游景区生态环境免遭破坏，确保珍稀野生动物栖息地的安全，进一步维护区域内生态安全和生物多样性，保持自然生态系统的原真性和完整性，促进人与自然和谐共生，需要严格控制羊卓雍错各项建设活动，严格执行建设用地标准，切实减少建设项目对自然资源和生态环境的损害和影响。

2.5　乡村迎机遇，辐射能力欠缺

西藏曾是全国唯一的省级集中连片特困地区和整体性深度贫困地区，贫困程度最深，脱贫难度最大。自脱贫攻坚战打响以来，历史性消除了千百年来的绝对贫困问题，但一些乡村地区面临增收难题，甚至有返贫风险。自乡村振兴战略实施以来，全国各地都积极投入乡村旅游的发展，西藏更是建设了众多独具特色的乡村旅游风光带，为当地经济注入了新的活力，乡村旅游成为藏乡村落巩固脱贫攻坚成果的重要抓手。羊卓雍错旅游景区为沿岸乡村引来客流量的同时，也带来了无限消费潜能，但景区对乡村的辐射带动作用不尽如人意，没有达到很好的收入预期，旺盛人气尚未转化为消费热气，具体存在村庄配套设施不齐全、旅游商品匮乏、营销活动不足、旅游服务档次低、商业秩序不规范等问题，阻碍着乡村旅游市场健康成长和快速发展。

3 规划技术路线

青藏高原是我国重要的生态安全屏障。羊卓雍错是青藏高原南部最大的封闭性内陆湖泊,对于维护整个西藏生态环境的平衡具有重要意义,被纳入了国家良好湖泊生态环境保护试点工程。羊卓雍错是人与自然和谐相处的典范,但其旅游产品单一,接待服务设施不能满足旅游消费新需求,且周边乡村居民并未享受到旅游发展红利。

为解决游客消费需求、居民生活需求和生态环境保护之间的均衡发展问题,可规划以生态优先,以旅游业为乡村振兴的重要抓手,打造一个"自然—社会—经济"和谐共生的生态系统。"三生"空间作为人类活动与自然资源的空间载体,实质上是"自然—社会—经济"复合生态系统在土地利用形态上的动态映射,其内在关系表现为生态—生产—生活三类空间之间相互作用的互嵌模式[3-4]。景区面临着生态空间的环境脆弱敏感、旅游资源分散,生产空间的旅游产品单一、基础设施建设滞后,生活空间的建设用地不足、接待能力欠缺等问题,需关注各个空间属性质量的提升,通过规划实施实现"三生"空间系统的新稳态,构建新型生态经济体系(见图1)。

4 规划关键内容及分析

4.1 因地制宜,构建绿色发展格局

规划在尊重羊卓雍错旅游景区自然生态本底的同时,充分挖掘资源节点,结合生态保护、文化体验、景观节点、重点乡村、旅游交通等核心要素串联成线,打造羊湖两环——两大特色绿色旅游廊道,通过连接廊道以及各景观节点组成跨尺度、多层次、相互连接的绿色网络系统[5]。

两环分别指270公里羊湖外环线和120公里羊湖内环线。270公里羊湖外环线覆盖沿湖所有的观景点、旅游区以及乡村区域,定位为环湖大众环线,一方面,能保证游客在最短的时间内到达各处功能服务区,游线与自然环境相交融;

理念和理论基础	"绿水青山就是金山银山" 三生空间理论		
	生态空间	生产空间	生活空间

存在问题	生态环境脆弱敏感	旅游产品结构单一	建设用地存量不足
	主要旅游资源分散	基础设施建设滞后	服务接待能力欠缺

规划	生态优先发展思路	创新生态旅游产品	节约集约规划用地
	构建绿色发展格局	配套绿色基础设施	打造主客共享空间

实施效果	构建"自然—社会—经济"和谐共生的生态系统

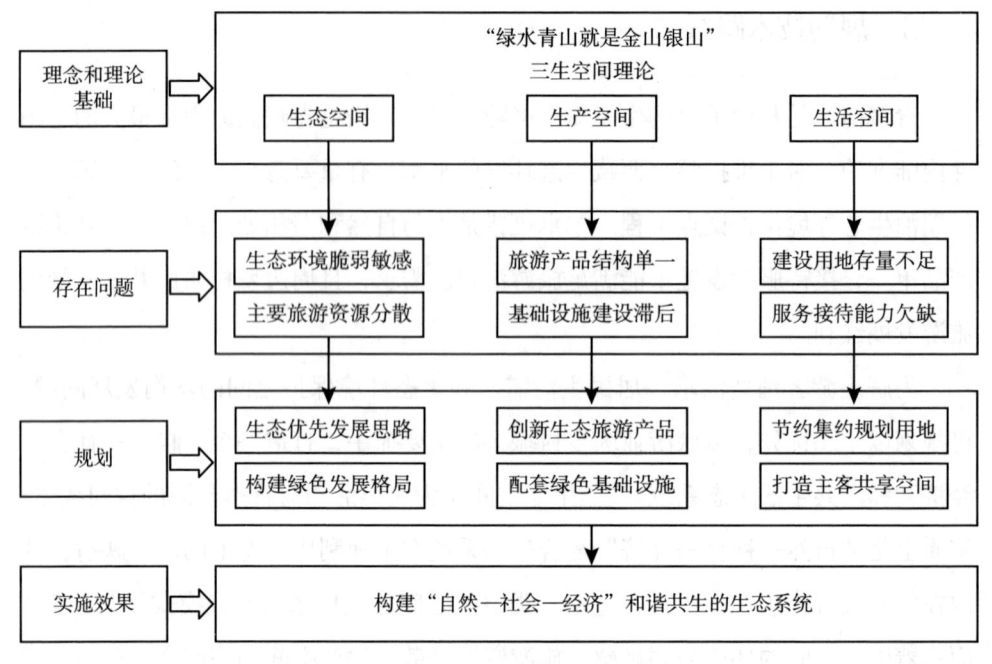

图1 规划技术路线

另一方面，旅游者可根据自己的偏好、时间和身体状况自由选择景点、营地、乡村等自定旅游线路，体验不同组合的环羊湖旅游产品。120公里羊湖内环线定位为羊湖小众环线，提供小规模限制性湿地观光、游湖登岛、科学考察、户外探险、藏文化体验等旅游产品，特别面向桑顶寺与仓央嘉措诗歌文化体验、环湖科学考察、户外探险等专门团队。

规划还精心策划了集绿色生态、观光休闲、文化体验于一体的9条羊卓雍错精品旅游线路，包括览湖观星、民宿文化、湿地生态为主的"环湖生态游"，以自驾、骑游等览湖休闲为主的"圣湖神山观光游"，以哈西地质博物馆和岗巴拉天文星空营地为依托的"科普研学游"等等。

4.2 创新生态旅游产品，配套绿色基础设施

规划构建以可持续发展为准则，以生态服务系统为导向，科学适度、合理有序开发生态友好型、环境适应型、资源集约型的高原湖泊生态旅游产品，通过"两大游客中心、六大户外旅居营地、十大绝佳观景平台"，做好羊卓雍错旅游景区基本要素配置，构成蓝绿空间融合的生态服务体系。羊卓雍错旅游景区生态旅游产品见表1。

表1　羊卓雍错旅游景区生态旅游产品一览

两心	江塘游客集散中心、张达游客咨询中心
六大户外旅居营地	白地乡旅游营地、格瓦星空营地、哈西—浪卡子营地、扎岗村营地、噶玛琳营地、东拉营地
十大绝佳观景平台	羊湖1号观景台（岗巴拉）、羊湖2号观景台、羊湖3号观景台、羊湖4号观景台、鲁日拉观景台、卡庆拉观景台、东拉1号观景台、东拉2号观景台、东拉3号观景台、直拉观景台

在建筑设施规划与空间布局方面，综合考虑地理位置及地形地貌条件，将建筑融入自然风景的环境之中。哈西—浪卡子营地距离浪卡子县5公里，海拔4444米，占地面积约19.5公顷，紧邻S307，场地用地条件开阔，可远眺湖面、山体及湿地景观，场地处于生态红线保护区之外，具备适度开发建设条件。见图2。

规划采用景观包裹建筑的方式，除开必要的生态停车场外，将现有硬质广场还原为草甸及灌木植被，综合分析山体坡度、坡势、山势等山体形态要素，顺应

图2　哈西—浪卡子营地效果图

场地自然轮廓发展态势来设计建筑总体布局，适度往山上发展功能建筑，形成良好的游赏流线，拓展湖面可视观景面，绿地及山间散布一些精美的藏式建筑和帐篷酒店，其主要功能为餐饮服务，茶室、咖啡、书吧等，力图打造桃花源一般的湖边秘境。

运用新旧共生的手法，尽可能多地保留原建筑结构，在原生态基础上做出适度化改造，并融入生态建筑材料。保留现有江塘游客中心建筑，对内部功能进行重新设计，分析各层次空间的比例与尺度，以引领绿色低碳生活方式为导向，聚焦可再生能源，充分利用风能、太阳能等自然新能源，将其转化为热能及供电供氧，减少碳排放，进一步实现景区绿色低碳节能发展，提供咨询导览、厕所、补给、便利点等旅游服务，集散拉萨—日喀则的游客，作为迎接G318分流游客的第一个游客中心。

在建筑设施外观造型方面，银海格桑悬空观景台规划灵感来源于银河和格桑花，打造多维度多空间的观景层次，分为室内观景，一级和二级观景台，如同用格桑花束托起的一片银河。此外，岗巴拉观景台东侧的一对原生置石，整体形象与肌理结合远处雪山及羊卓雍错湖面空间进行了设计，形成了极具特色的羊湖生态一景。

4.3 生态优先，节约集约规划用地

羊卓雍错旅游景区1号观景台位于浪卡子县与贡嘎县交界处，S307旁，海拔4998米，面积约3.3公顷，是羊卓雍错最佳的观景平台，并具备最佳观星条件。为进一步落实生态保护，减少和缓和现有土地矛盾，规划打造立体空间，增大可利用面积，从功能需求上，将停车场置于地面以下，改变原有人车混流的问题，在A区北侧设置一处集中停车场，面积约20000m²，同时在A区设置两处停车场，面积分别为600m²和550m²，共计停车位约234个，实现人流与车流的相对隔离，满足羊湖高峰时期的停车需求；地面以上的车库屋顶打造为景观广场，并在广场上设置综合服务中心及弥散式氧吧观景房，满足不同人群的观景需求，并提供如天空图书馆和星空小剧场之类的特色旅游服务功能。见图3。

规划在不突破生态保护红线，建设用地规模等重要指标且不降低整体规划质

图3 岗巴拉1号观景台效果图

量的前提下，更多顺应原有空间格局，梳理并整合现有资源，以低干预的方式、生态式的造型高效激活利用空间，空间场景演艺注入游客多样化需求，营造多元复合空间场所，创新规划布局，释放土地潜力，提升景区活力，打造高效绿色出行新体验。

4.4 乡村振兴，打造主客共享空间

规划依托羊卓雍错优越的旅游资源条件，分析生态旅游产业的生态潜力与生态限制条件，不搞大范围、大批量征地新建扩建，不广泛散布性修建设施以避免破坏自然生态的完整性，更多统筹周边十二大特色乡镇，因地制宜形成点、线、面密切关联的基本框架，实现节约集约发展与闲置资源盘活，将更多功能性设施放置于周边村庄，在布局、建设上长远考虑乡村发展的连续性而不是阶段性，利用闲置宅基地和闲置住宅开办文化、体育、医疗、公益等公共配套服务，以及增改旅游厕所、停车场等公共配套服务设施，在满足游客消费需求的同时，改善村民生活品质。

根据空间便捷度和旅游开发现状条件，分时序、分重点开发各乡镇。前期重

点开发东拉乡、张达乡、打隆镇、哈西—浪卡子、阿扎乡、白地乡，支持利用乡村民居发展特色民宿或农家乐等旅游观光综合体项目，打造"体验农庄＋特色餐饮＋自然教育"等融合式业态，形成乡村旅游全产业链，为游客提供旅游接待服务和旅游商品；伦布雪乡、多却乡、卡龙乡、工布学乡、卡热乡等可充分利用各地的特色农牧业、民族手工艺及赛马节、牧人节等节庆活动，开发不同时点的文化体验旅游产品，延长羊卓雍错旅游流，制作特色旅游商品供给羊卓雍错旅游景区的各观景点、游客中心和游客咨询点，间接参与羊卓雍错的旅游发展。

将旅游消费空间由游客的封闭世界转变为游客和村民的"主客共享空间"，让羊卓雍错沿岸的藏乡村落共享旅游发展红利，走上以旅游为主导产业的强村富民发展道路，以羊湖乡村良好的自然生态成就羊湖村民幸福生活的常态。

5 规划实施效果

5.1 生态羊湖，接待设施持续提升

近几年通过规划的实施，共打造 8 处观景台，其中岗巴拉 1 号观景台为游客提供更舒适的观景空间，鲁日拉、郎布其、曲色及白地观景台均已修建完成，东拉乡、扎马龙村乡村旅游业态粗具规模，世界第三极海拔最高的滑翔伞基地和哈西最美湿地星空营地也已投入运营。

5.2 赋能羊湖，游客流量持续增长

官方数据显示，羊卓雍错已跻身于西南地区 2021—2022 冰雪季热度最高的旅游景区之一[6]。得益于羊卓雍错等特色景区的火爆，2023 年 4 月，山南市共接待国内外旅游者 483628 人次，比上年同期增长 46.5%，比 2019 年同期增长 23.8%；实现旅游总收入 16251 万元，比上年同期增长 38.5%，比 2019 年同期增长 21.93%[7]。见表 2。

表2 2021—2022冰雪季西南地区最受欢迎景区TOP10

排名	景区名称	城市	省份
1	毕棚沟风景区	阿坝	四川
2	西岭雪山	成都	四川
3	达古冰川	阿坝	四川
4	布达拉宫	拉萨	西藏
5	稻城亚丁景区	甘孜	四川
6	然乌湖	昌都	西藏
7	昆明融创雪世界	昆明	云南
8	羊卓雍错	山南	西藏
9	玉龙雪山	丽江	云南
10	四姑娘山景区	阿坝	四川

5.3 品质羊湖，游客满意度持续提高

纵观各大主流媒体和网站，羊卓雍错目前已成为游客满意度评分最高的西藏景区，在浪卡子县的4项景点玩乐中排名第一[8]。很多游客在游历完羊湖内环线后深刻地体会到"西藏没有海，却收集了世间所有的蓝"这句话。扎玛龙村在羊卓雍错景区设立了党群服务驿站和民族团结爱心驿站，为游客提供一系列免费服务，包括休息室、按摩椅、开水供应、景区讲解、道路指引、科普宣传、饭菜加热以及爱心供氧等，旨在不断优化景区服务质量，提升游客的满意度和体验感。

5.4 共享羊湖，居民收入持续增加

如今，当地民众积极参与旅游业，有的售卖民族手工艺品，有的开设旅馆和餐饮店，还有的人牵着自家的牦牛、藏獒和小羊羔提供拍照留念服务。村民次仁南加说："除去给公司的分成和租金，旺季时一个月能赚1.5万余元，这在以前我想都不敢想。"2023年，次仁南加利用多年积累的财富，对自家房屋进行了翻新，并将一楼改造成藏式餐馆，诚邀四方游客前来品尝地道的藏式美食。扎玛龙村驻村工作队副队长巴桑多吉说："2023年，扎玛龙村旅游收入达256万余元，年人

均可支配收入达到5万余元",成了远近闻名的"富裕村"[9]。

6 结语

党和国家高度重视生态文明建设,将其置于战略突出位置,并大力推动生态旅游的发展,加之国人旅游消费观念转变,生态类景区市场效益愈发突出。与此同时,对生态类景区的品牌形象、基础设施、旅游产品等要求越来越高,如何协调保护与开发的关系,如何依规落地生态旅游理念等挑战将越来越紧迫。因此需要从规划入手,让规划先行,依据生态类景区规划技术方法,遵循"生态为本、资源为底、特色为引、乡村为基、可持续为脉"的原则,引领人、自然、社会三者和谐发展,实现区域环境改善、生态保护、产业提档、用地集约等实际目标,走好生态型景区高质量发展之路,谱写美丽乡村新篇章。

参考文献

[1] 张潇,等. 中国高原生态旅游发展潜力评价 [J]. 经济地理,2021,41(8):195.

[2] 山南市羊卓雍错保护条例 [S/OL]. http://slj.shannan.gov.cn/zwgk/xxgkml/202007/t20200711_62899.html,2020-07-11.

[3] 张令达,侯全华,段亚琼. 生态文明背景下三生空间研究:内涵、进展与对策 [J]. 生态学报,2024,44(1):47.

[4] 窦银娣,叶玮怡,李伯华,等. 基于"三生"空间的传统村落旅游适应性研究——以张谷英村为例 [J]. 经济地理,2022,42(7):215.

[5] 吴伟,付喜娥. 绿色基础设施概念及其研究进展综述 [J]. 国际城市规划,2009,24(5):67.

[6] 中国旅游研究院和马蜂窝旅游联合发布《中国冰雪旅游消费大数据报告》(2022) [EB/OL]. https://www.ctaweb.org.cn/cta/gzdt/202201/b862a90770a847e0a2d976c129422f85.shtml,2022-01-11.

［7］山南市旅游接待及经营情况［EB/OL］. http://www.shannan.gov.cn/zwgk/zfxxgkml/tjsj/202305/t20230505_119521.html，2023-05-05.

［8］大美高原迎客来——西藏立足特色资源发展旅游产业［EB/OL］. https://baijiahao.baidu.com/s?id=1768992618165723539&wfr=spider&for=pc.

［9］一个月能赚15000［EB/OL］. https://www.163.com/dy/article/IPVPSHGC05341PUJ.html，2024-02-02.

L
旅游商品

四川气象科普研学旅行商品发展路径研究

[作者]王 悦 周 雯 郭 洁 赵清扬（四川省气象服务中心）

摘 要： 气象工作是科技型基础工作，而气象科普也被纳入全民科学素质行动计划纲要，融入国家科普发展体系。随着素质教育的深入推进，社会愈发注重实践和认知的统一，我国多地将研学实践纳入教育教学计划，研学旅行逐渐进入新常态。因此，将气象科普与研学旅行相结合，是因势而谋、应势而动的尝试与突破。本研究旨在通过梳理我省气象科普研学资源，探索可供推广的实施路径，以期促进四川气象科普研学旅行的发展。

关键词： 气象科普；研学旅行；发展路径

近年来，随着社会对人才需求的改变、基础教育改革的深化，教育行政部门明确指出各中小学校要把研学实践纳入教育教学计划，相关部委也出台了一系列促进研学旅行发展的政策。2021年5月，四川省文化和旅游厅、教育厅联合主办了全省研学旅行大会，全面落实国家关于研学旅行的相关文件精神和工作要求。随后，四川省教育厅等14部门联合发布了《关于进一步推进中小学研学旅行实践工作的实施意见》，促进四川研学旅行的新业态和新主体蓬勃发展。

四川是气候资源高地和气象灾害高发地，同时具有丰富的气象科普资源，开展气象科普研学旅行现状及发展路径研究，对于加强面向学生及家庭的气象知识科普，提高社会气象灾害防御应对能力，提升全民气象科学素质具有重要意义。

1 四川气象科普研学资源

1.1 气象科普基地和场馆

气象科普教育基地是开展气象科普工作的重要载体，目前，四川已拥有14个"全国气象科普教育基地"。这些基地中，有7个为建有校园气象站并依托校园气象站开展气象科普活动的中小学校，其余为具有气象科普展示和教育功能的气象业务科研场所、气象台站、观测场（站）。这些"全国气象科普教育基地"在面向社会公众传播和普及气象科学文化知识方面发挥了重要作用。除了"国字号"的基地外，还有许多特色鲜明的气象科普场馆和基地。例如，全国第一家乡村气象博物馆温江乡村气象博物馆、四川首批科普惠民共享基地青神县气象科普教育基地等。

1.2 气象科普人才队伍

科普讲解人才是气象科普知识在社会有效传播的重要力量，四川气象部门长期致力于气象科普人才队伍的建设和培养。一是以赛促建，做优专业队伍。省气象局已连续举办六届全省气象科普讲解大赛，通过搭建竞赛平台，不断发现和培养了一支结构优化、素质优良的科普人才队伍，多名选手在国省级科普讲解比赛中荣获佳绩。二是以联促建，做精专家队伍。加大与行业高校、科研机构、业务单位间的协同联动，邀请高层次专家积极参与气象宣传科普工作，提升科普"含金量"。三是以训促建，做强专职队伍。省气象局和部分市（州）气象局设有宣传与科普专岗，每年组织人员分批参加业务培训，以提升综合素养。

1.3 气候生态资源

四川境内聚合了多种多样的气候类型，加之地形地貌复杂多样，还造就了森林佛光、日照金山、缥缈云海等气象景观。截至2022年，四川共有19个地区获评"中国天然氧吧"、3个县获评"避暑旅游目的地"、1个市和9个县获评"中国气候宜居城市（县）"。这些地区气候特色鲜明、气象景观丰富，可满足不同年龄段学生气象知识、自然生态、防灾减灾等主题研学实践教育需求。

2　四川省气象科普研学旅行存在的困境

经调研，得知四川现有的气象科普研学活动内容包括气象观测和气象灾害防御，形式多为实地参观和举行讲座。尽管该项活动在一定范围内得到了推广，但也面临一些困境。

具体来讲，目前全省气象科普研学活动常是散点式的，缺乏整体性的规划和设计，这导致科普基地之间资源无法共享，从而较难形成丰富的气象科普知识体系；研学活动的开展常以气象日、防灾减灾日等重大纪念日为切入点，日常式研学活动开展频率较低；研学内容相对单一且无规范的研学手册引导，与学校教学内容"脱节"；安全管理机制尚未建立健全，存在一定的安全风险隐患；评估体系不完善，缺乏系统的评估指标和方法，无法全面、真实地获得社会反馈，不利于研学活动的改进和完善。

3　四川省气象科普研学旅行发展路径分析

3.1　强化顶层设计，构筑全方位发展格局

（1）建立健全省市县科普联动机制。省气象局相关部门加强对全省气象科普研学工作的指导，总揽全局、协调各方，以提升青少年气象科学素养、气象防灾减灾能力为出发点和落脚点，深入谋划促进产业发展的实施策略，形成全面的顶层设计。在此基础上，打破地域、部门间的壁垒，推动多层级协调、多部门联动、多渠道沟通，切实做到全方位统筹和分重点推进、横向纵向融通和点面结合覆盖，汇聚起做好全省气象科普研学工作的强大合力。

（2）建立研学活动效果评估指标体系。探索形成以社会满意度为导向的、系统的气象科普研学活动效果评价体系，对活动的效果进行全面评估，突出正向引

导和反向约束并行。收集学生、家长、老师的反馈意见就是重要渠道之一，在每次研学活动结束后，面向参加者开展气象科普研学旅行服务效果评价，从研学线路、课程、用具、讲授等方面，多维度对气象部门科普服务能力和成效进行评估。通过了解他们对气象科普研学旅行的满意度和意见建议，为逐渐形成高质量的科普研学导师队伍和研学课程体系奠定基础。

（3）建立研学基地安全管理规章制度。首先是建立完善的安全制度，涵盖基地内各类活动与设施，并定期对这些制度规定进行审查与更新，以适应不断变化的安全需求。同时，每次研学活动开始前，要确保所有参与者知晓并遵守这些制度与规定，通过规范行为来降低安全风险。其次是制定切合实际的应急预案，针对研学活动风险隐患的特点和薄弱环节，对应急准备和应急响应的各个方面预先作出详细安排，并常态化配备安全标识、急救包、灭火器等。最后是设立专门的安全监督部门或安全责任人，对每一场研学活动进行监管，及时发现潜在的安全隐患，将安全事故遏制在萌芽状态。

（4）建立气象科普研学宣传推广渠道。研学实践热度持续攀升，"酒香也怕巷子深"，如何吸引更多学校和学生关注到气象科普研学，需要进一步提升宣传力度。构建形成以四川气象融媒体矩阵为基础、社会媒体为主体、气象科普展览和竞赛为补充的宣传推广格局，覆盖到更广泛的受众群体。通过这些平台和渠道报道已开展的研学活动、发布有趣而实用的气象科普知识、展示气象科学的奥秘，让更多的目标受众了解气象科普研学旅行这一相对较新的领域，认识其意义和价值，从而增进信任，获得更多关注和支持。

3.2 丰富研学内容，打造立体化产品体系

（1）设计研学精品线路。以走进气象为引领，将校内教学需求和气象科普资源有机融合，设计"探索气象奥秘""气象防灾减灾""气象与生活""气象与生态""气象与生产"等主题研学线路，串联起全省气象科普资源点，并进行特色打造、价值重构，使之逐步成为集游览、探索、研究于一体的有特色、高质量的精品研学实践线路。学校根据实际情况选择相应的研学线路，学生通过立体化体验，了解观测预报天气的基本原理、人工影响天气的途径方式、天气预报节目的

制作流程、气象防灾减灾的基础常识、气象与生产生活生态的具体联系等知识，让学生在浓厚兴趣下，收获参与研究的体验、分析问题的能力、崇尚科学的态度、防灾减灾的技能，达到活动有趣和学习有效的预期目标。

（2）设计配套研学手册。研学手册作为实践活动的重要载体，既为学员提供深入思考的方向性指导，又为研学活动的开展提供根底性材料。因研学手册须具备科普性、教育性、探究性、开放性、实践性，在内容上，要突出气象元素、四川气候特征和防灾减灾意识，分为思考、实践、体验、总结四部分，与研学线路相契合，引导学员进行独立思考、情景感知、灵活运用。在设计上，要突出易携带性、新颖性，穿插相关图片或漫画，以图文并茂增强视觉吸引力和情感连接力。另外，可适当增加过程性的学习任务和课后作业，让研学活动具有一定延伸性。

（3）构建智慧气象体验厅。利用现代科技手段，将气象知识、气象数据和气象服务等内容以互动体验的方式展示给学员。互动体验感可通过以下三个途径实现：一是摆放一些气象观测仪器，让参观者亲自操作，体验气象观测过程，也可以设计气象游戏，让参观者在游戏中了解气象知识，提高参与度和趣味性；二是通过大屏幕，实时展示全省的气象数据、不同季节的气象现象，让学员直观了解当前的天气情况、感受不同季节的氛围；三是利用虚拟现实和增强现实相关技术和设备，营造不同气象条件下的场景，如台风、暴雨、洪涝等，让学员在直观、互动、沉浸式的体验中增强气象灾害的认识和应对能力。

3.3 探索多元合作，建立多层次协作机制

（1）畅通局校合作，做好科学教育加法。加强与教育部门的沟通衔接，详细了解国家对人才培养的要求和目标，深入挖掘气象知识与教学课程的结合点、融合点、发力点，拟定气象科普研学工作实施方案，促进研学旅行实践工作深入规范、健康特色发展。推进试点示范建设，与意向学校建立联合机制，共同制定气象科普研学旅行计划和方案，合力开发气象科普研学课程和教材，打造"校园样本"，以点带面，整体推进。

（2）促进文旅融合，探索共赢新模式。加强与旅游部门的交流互动，以气象

生态资源为抓手，共同探究气象科普研学与文旅融合发展的新思路、新举措。在"中国天然氧吧""中国气候宜居城市"等气候生态品牌赋能地区，扎实推进气象资源和气象景观转化为新型旅游生产力，联合推出特色鲜明、体验独特的气象科普研学精品线路，将气象科普融入旅游活动中，满足家庭出游的文旅消费需求，实现互利共赢。

（3）巧借社会力量，共绘发展同心圆。加强与研学产业链企业和机构的通力合作，持续、系统地挖掘、整合、开发全省气象科普资源。以创设四川气象研学 IP 形象、解锁文创周边玩法、打造多主题数字化展厅、利用大 V 推广等方式，促进研学品牌建设、产品开发、形象展示、传播运营，推动研学旅行市场的良性发展。

党的二十大报告强调，教育、科技、人才是全面建设社会主义现代化国家的基础性、战略性支撑，提出加强国家科普能力建设，提高全社会文明程度。建立健全气象科普研学旅行实践工作长效机制，形成中小学校广泛参与、教学课程紧密结合的良好格局，有利于提升青少年的科学素养，扩大气象科学知识的社会覆盖面，也有助于推动四川气象科普事业可持续发展。

参考文献

［1］李平，梁坤，邵世影. 基于 RMP 分析的深圳市研学旅行发展策略研究［J］. 济南职业学院学报，2020（1）：90.

［2］欧善国. 基于 SWOT 分析的气象研学旅行产业发展策略研究［J］. 科技和产业，2021（9）：89.

［3］宋迪灵，杨春凤，连振鸿，周炳辉，张琼雄. 湛江市气象科普研学旅行的现状与实施策略［J］. 广东气象，2021，43（3）：44.

［4］张慧婕. 文旅融合视角下南京市研学旅行产品开发策略研究［J］. 旅游纵览，2022（16）：165.

关于三星堆博物馆文创产品深度开发的几点思考

[作　者] 李晓军　朱洪端　于　浣（四川工程职业技术大学）

摘　要： 新冠疫情后，三星堆博物馆游客数量迎来了爆发式的增长。作为文化性旅游景点，三星堆博物馆满足了游客在视觉上的文化消费，但是在满足游客的文创产品消费方面，还有一定的挖掘空间。本文就三星堆博物馆文创产品深度开发问题，从文创产品的概念切入，介绍了三星堆博物馆的概况，梳理了三星堆文物蕴含的文创元素，以及三星堆文创元素在文创产品中的应用，最后提出三星堆博物馆文创产品深度开发的策略，以期助三星堆博物馆文创产品的开发一臂之力。

关键词： 三星堆博物馆；文创产品；深度开发

1　文创产品相关概述

1.1　文创产品主要内涵

所谓文创产品，一般指的是文化创意类产品，凭借创意者的天赋以及智慧等，依托诸多技术方式提升和创造文化用品或文化资源，以利用与研发知识产权的途径，对附加值高的产品进行制作。文创产品应该融汇古今、沟通雅俗，进入人们的生活日常之中。

1.2　文创产品的特征

1.2.1　审美性

文创产品的设计，要与消费者的审美保持一致。现如今，年轻群体把个性、流行的审美体验当作主要追求，热衷于"帅气""酷炫"等时尚元素。所以，设计文创产品，不仅应对馆内文物进行合理利用，而且应创新图案、图形的呈现途径，充分反映文创产品所具备的审美价值。[1]

1.2.2 功能性

文创产品的一大关键属性便是功能性，要想长期存在于消费者平时生活中，就要拥有功能的实用性。消费者在文创产品的购买过程中，尽管产品外观起到了第一印象的吸引作用，但在最终购买决定阶段，产品的实用性是重点考虑的方面，此为当今消费行为特征。所以，文创产品的成功在很大程度上需要功能性、观赏性二者兼备。

1.2.3 文化性

文化主题是文创设计的重要源头，文化性属于文创产品必不可少的基本元素。文创设计、文化宣传彼此促进，文创产品并非产品这样简单，更是文化的内在表达，良好的文创产品如明镜，可以把文化变迁、历史沧桑等反映出来，并对现阶段广大人民群众的审美、理想进行折射。[2]

2 三星堆博物馆概况

2.1 三星堆博物馆简介

三星堆遗址位于四川省广汉市西北的鸭子河畔，总面积达到 12 平方公里，核心区域是一座面积为 3.6 平方公里的古城，是我国西南地区的一处分布范围最广、具有丰富文化内涵的古文化遗址。遗址文化堆积从新石器时代末期一直延续到西周早期，其中最核心、最重要的遗存距今约 4500～2900 年，是商代长江上游的文明中心。

作为"20 世纪人类最伟大的考古发现"之一，三星堆规模宏阔的古城、璀璨夺目的器物群、神秘瑰丽的造型艺术及其内涵丰富的信仰体系，勾勒出浪漫奇绝的古蜀文明画卷。各类珍贵文物的出土，无不映射出古蜀王都盛极一时的辉煌与荣光，尤其是青铜器群在世界青铜文明的历史长河中独树一帜、熠熠生辉。

新馆的建设开放更是有助于三星堆博物馆成为世界一流的博物馆和国家考古遗址公园。占地面积 5.5 万平方米，展厅面积 2.2 万平方米，展示文物 1500

件（套），展出文物类别包括：朴实无华的陶器、精美绝伦的玉石器、流光溢彩的金器、独具魅力的青铜器以及象牙、丝绸等。展厅布展利用横向展开、纵向贯通的形制，对三星堆古蜀国、古蜀历史的辉煌成就加以呈现，彰显古蜀文明作为我国一体化文化的一部分，在中华文明的起源和形成过程中发挥的重要价值和作用。

2.2 三星堆博物馆馆藏品中蕴含的文创元素

2.2.1 陶器中蕴含的文创元素

三星堆博物馆馆藏陶器，分为工具、动物雕塑、生活器具这三类，以陶鸟头把勺、陶三足造型最特殊，其纹样以及造型等方面艺术价值极高。还有陶小平底罐、陶狗、陶虎、陶猪、陶瓶、陶杯、陶器座、陶盘等。

2.2.2 金器中蕴含的文创元素

在三星堆博物馆馆藏金器中，按功能的不同，可分为礼器、面具、挂饰等三大类，主要有黄金面罩、璋形金箔饰、鱼形金箔饰、虎形金箔饰、黄金权杖、金箔残片等。

2.2.3 青铜器中蕴含的文创元素

三星堆馆藏的青铜器种类繁多，造型特异，主要有铜立人像、圆形挂饰、铜铃、青铜罍、青铜神殿、青铜神树、铜凤、纵目面具、铜人头像、顶尊跪坐人像等。

2.2.4 玉器中蕴含的文创元素

在三星堆博物馆馆藏玉器中，主要有饰品、工具、仪仗、礼器四类，包括玉璋、玉琮、玉环、石璧、玉戈、玉剑、玉刀、石戈、石剑、玉斧、玉锛、玉凿、玉斤、玉磨石、石铲、石斤、石斧、石凿、玉珠、玉管等。

2.2.5 象牙、贝壳中蕴含的文创元素

在三星堆博物馆馆藏文物中，不仅有以上所介绍的文物资源，而且有海贝、象牙等，甚至还有丝绸。研究表明，三星堆出土的象牙、丝绸可能来源于四川本地，海贝可能来源于印度洋。

3 三星堆博物馆馆藏品的文创开发应用

3.1 服饰

三星堆博物馆有很多造型独一无二的文物，以及青铜文物上刻画的图案符号，它们可作为特色文化符号印制在服饰上，形成服饰类的文创产品。如T恤、裙子、裤子、鞋子、丝巾、帽子、提背包、钱包、手表、耳环、项链、发卡、头绳等。

3.2 日用品

三星堆出土的各种器物有不同的用途，但是出土的以陶器为首的文物，属于生活日用品，可以以这些日用品为题材，加工出复古式的文创类日用品，如陶高柄豆、陶碗、陶罐、陶盘、陶制花瓶、酒具等。

3.3 文具

三星堆出土的各种文物中，最适合作为文具类文创产品设计灵感的是造型奇特的青铜面具和青铜头像，可以选择有代表性的造型，配以各种颜色，印制在各种文具上，如书签、书包、镇纸、橡皮擦、笔削、尺类、圆规、书套、文件夹、文件袋、面板、U盘、键盘、鼠标、鼠标垫、各种笔类等。

3.4 珠宝玉石

依据三星堆出土的金器、玉器类文物，可创意设计各类珠宝玉石文创产品，如根据黄金权杖，可以设计出黄金手镯、戒指、耳环等，再镂刻出权杖上的花纹图案，根据玉琮、玉璧等可以设计出玉石类的戒指、吊坠等饰品。

3.5 棋牌娱乐用品

三星堆出土的文物，可以按照材质进行分类，以不同材质文物的代表性造型、特色、相似度、规模等，设计出不同题材的文创麻将、围棋、象棋、扑克等棋牌类娱乐产品。

3.6 邮政类文创产品

三星堆出土的文物种类多、数量大、价值高，可以跟邮政部门合作，推出三星堆系列主题邮票文创产品；也可与各快递公司合作，推出三星堆文化主题类快递包装，亦是对三星堆文创产品和三星堆文化的一种宣传。

3.7 工艺品

三星堆出土的文物绝大部分具有高超的艺术水平，可以根据艺术特色等比例加工成工艺品，以满足游客的购物需要。如青铜鼎、青铜尊、青铜大立人、青铜神树、青铜凤凰、青铜面具、陶小平底罐等。

3.8 主题餐饮

可以根据三星堆文物特色，推出三星堆文化主题餐饮，从用餐环境、餐具、菜品命名等方面，尽可能凸显三星堆的文化特色，从视觉到味觉满足游客的文化需求。

4 三星堆博物馆文创产品深度开发策略

4.1 大力引进文创设计高端专业人才

俗话说，"术业有专攻"，三星堆文创产品的开发，离不开专业高端文创产品开发设计人才，为了设计出集新颖、审美、实用、文化于一体的三星堆特色文创产品，应聘请专业设计高端人才，进行专业设计开发。

4.2 与知名珠宝玉石企业进行跨企合作

三星堆出土的文物中，有金器、玉器、青铜器、陶器、象牙等大类，可以根据出土文物本身的材质，选择与知名的黄金、玉器、陶器等生产厂家进行合作，定制三星堆特色的文创产品，实现文创、品牌、收藏价值的结合，提高文创产品的市场竞争力和附加值。

4.3 增加文创产品体验性

三星堆博物馆的文创产品，目前多为静态文创产品，缺少可参与的文创产品制作体验性环节。可在今后的文创产品开发中，根据文创产品特色，引入一些制陶、纺织、蜡染等领域的专业机构，模仿文物当年的制作方法，由游客参与制作完成，既可提高参观游览的体验性，又可增加文创产品的价值。

4.4 实行文创产品专营化

目前三星堆的文创产品销售渠道，有线下和线上两种，其中以线下销售为主。三星堆线下文创产品主要在三星堆博物馆景区内部的实体店和博物馆门口的特产店销售，文创产品质量优劣不齐、价格混乱，严重影响了游客的购物体验。应加强三星堆文创产品的设计开发、产权保护、销售管理，应实现三星堆文创产品的产权专有、品牌特有、销售专营、价格统一。

4.5 开发三星堆文创动漫影视作品

目前三星堆的旅游知名度相对较高，如果能够与专业的动漫、电影制作公司合作，以三星堆出土的各种文物造型为元素，以三星堆文化、历史为题材设计制作一部关于三星堆的动漫、影视作品，以此影视作品衍生出更多的三星堆文创产品，必将点燃三星堆文创与旅游发展的新引擎。

4.6 满足游客对文创产品的个性化需求

通过引进设备，为游客购买、定制三星堆特色文创产品增加更多的自主选择权。对于一些文创产品，诸如文化衫、冰箱贴、水杯、手机壳等，可以允许游客通过自由选择三星堆文物的造型、颜色，组合成个性化的创意造型，印制在相应的文创产品上，这样既能满足游客的个性化需求，又能宣传三星堆的文创产品。

参考文献

［1］杨玉箫．国潮文化视域下三星堆博物馆文创产品设计研究［D］．成都：四川师范大学，2022．

［2］杨雪．古蜀文明文创产品设计研究与应用［D］．北京：北京印刷学院，2020．

大熊猫文创产业发展报告

[作 者] 马 腾 孙丽芳（四川师范大学）

摘 要： 大熊猫是四川具有代表性的地域文化资源，其憨态可掬的形象为文创设计、艺术创作、影视动漫制作以及衍生品开发提供了源源不断的灵感与素材。大熊猫文化具有深厚内涵，外延广泛，并且带有巨大流量，粉丝黏性强，关注度极高，由此产生的经济利益非常可观。近年来，以大熊猫为主题的文创产业蓬勃发展，诸多创意产品受到世人的喜爱与追捧，产业发展迎来了巨大的发展机遇与突破。因此，应该积极推动大熊猫文创产业的健康发展并加强其对外传播，加速产业链后端的拓展，追求文化和产业的双重价值。打造一批具有国际影响力的大熊猫品牌，实现文化驱动、科技赋能、拉动需求与提高精神内涵的协同发展。

关键词： 大熊猫文化；文创产业；发展趋势

大熊猫是世界上最古老的濒危珍稀物种之一，代表着中国形象，被誉为"国宝"。大熊猫形象具有象征性和标志性，拥有东方儒雅的文化底蕴，寄托了友爱和平的美好愿望，长久以来一直是"友谊使者"的化身，向世界传递着独属于中华文明的精神气质与文化内涵。四川是大熊猫的故乡，大熊猫文化资源丰富而深厚，大熊猫文创产业发展具有先天的优势和重要的意义。大熊猫是四川乃至中国的一张文化名片，如何充分挖掘和利用这张名片的文化价值和经济价值，为四川文化产业增光添彩，并提升我国文化软实力，是一项重要的课题。

1 大熊猫文创产业发展源于对珍贵物种的保护

截至2013年年底，全国野生大熊猫种群数量达1864只，圈养大熊猫种群数量达到375只，野生大熊猫栖息地面积为258万公顷，潜在栖息地91万公顷，分布在四川、陕西、甘肃三省的17个市（州）、49个县（市、区）、196个乡镇。其中，四川省1387只，占全国野生大熊猫总数的74.4%。[1]四川大熊猫栖息地涵盖成都、阿坝、雅安、甘孜4个市（州）及12个县。1963年，四川省第一批以大熊猫为主要保护对象的保护区——卧龙、喇叭河自然保护区等建立。迄今，我国已经拥有67个有大熊猫分布的自然保护区，四川境内有46个。[2]大熊猫国家公园是我国首批设立的国家公园之一，于2021年10月正式设立，保护工作进入到新的阶段。大熊猫种群重点区域监测数据显示：大熊猫野外年遇见率由178只上升到185只，记录到大熊猫痕迹点1588个。目前，四川仍是全球最大、最完整的大熊猫栖息地。[3]

大熊猫是我国特有的珍贵物种，早在唐朝的时候就被作为国礼赠送日本。1869年，法国人戴维德在四川宝兴县发现一只熊猫，并将之介绍到西方，由此引发全世界的狂热追逐，近代大熊猫文化由此开启。新中国成立后，中国政府以"政治性赠送"的方式，重启了武则天发明的"熊猫外交"，向苏联、美国、日本、朝鲜等9个国家赠出了24只，直到1982年才全面终止。1994年，我国颁布了一项与"熊猫外交"息息相关的新制度：为了更好地保护大熊猫，中国愿意以合作研究的方式，同其他国家签署为期10年的租赁合约。[4]截至2023年，中国旅居海外的大熊猫总数达到63只。2006年出生于美国亚特兰大动物园的"美兰"，2017年在东京上野动物园出生的雌性"香香"，均是在海外成功繁育的大熊猫后代，成了这些国家动物园的动物明星，拥有众多粉丝，吸引了众多游客前来观赏和互动。

大熊猫是中国和外国友谊的使者和桥梁，30年来与国外的合作研究不仅对大熊猫联合保护起到了显著的作用，并且推动了中外科研合作和人文交流。根据生态环境部和中国大熊猫保护研究中心发布的数据，国际交流合作主要围绕大熊猫繁育、疾病研究、科普教育等展开，我国先后与美国、俄罗斯等20个国家的26个机构开展了大熊猫保护合作研究。"新熊猫外交"同时开启了大熊猫经济，对大熊猫文化的繁荣提供了强大的支持和促进。2011年中国租借英国一对大熊猫后，爱丁堡动物园的年收入从500万英镑增加到了1500万英镑。2012年法国引进中国的一对大熊猫后，带动了动物园当地酒店业的发展，当地宪兵营都被改造成了酒店。丹麦政府2013年曾斥巨资，花费1.2亿美元，专门为大熊猫修建了一座中国熊猫馆用于展示大熊猫的生活状态，还设有专门的展览区域，介绍大熊猫保护知识和中国传统文化，熊猫馆成为中丹两国文化交流的重要载体和促进两国友谊的象征。2017年荷兰专门批了5100万欧元的预算，请中国的设计师建设中国风格的熊猫馆，希望以此来拉动旅游经济。2020年迪拜世博会中国馆大熊猫周正式开幕，中国大熊猫保护主题展也在馆内同步亮相，主题展位主要展示中国在大熊猫野化培训与放归、大熊猫国际科研合作等领域的成果，让观众具体了解中国生态保护理念和措施。

习近平总书记在党的二十大报告中指出，"必须牢固树立和践行绿水青山就是金山银山的理念，站在人与自然和谐共生的高度谋划发展。"[5]大熊猫国家公园作为我国重要的自然保护区和生态旅游区，展示了人与自然和谐共生的理念和实践。未来，借助大熊猫资源将主要实现文化领域的开发，举办自然教育、研学等活动，提高公众的保护意识，探索绿色发展新模式。中国科学院动物研究所魏辅文院士团队的研究表明，大熊猫保护工作每年的投入在2.5亿美元左右，大熊猫及其栖息地的生态系统产生的价值每年可以达到26亿~69亿美元，是保护投入的10~27倍。[6]

2 大熊猫文创产业发展主要类型

大熊猫文创产业是指以大熊猫的形象和故事为核心，涵盖创意设计、生产制作、销售传播等环节，包括视听、动漫、玩具、饰品、服装等在内的各类产业。大熊猫具有极高的生态价值、科研价值和观赏价值，因此成为文化创意产业的重要素材。特别是疫情之后，大熊猫文创企业率先在全国掀起了熊猫文创消费热潮，2023年"大熊猫国家公园文创产业年会"表彰了31家坚韧、优秀的大熊猫文创企业暨"最受欢迎的熊猫文创企业"，包括四川看熊猫杂志有限公司、四川熊猫果赖文化传播有限公司、四川邛崃金六福崖谷生态酿酒有限公司、Mars火星品牌与文创设计工作室、成都珍爱大熊猫文化传播有限公司、成都诗婢家艺创文化传播有限公司、中国邮政集团有限公司成都分公司熊猫邮局、成都熊猫屋文化发展有限公司、成都城市之窗文化发展有限责任公司、成都共佳品创文化传播有限公司等[7]。大熊猫文创主要涵盖以下几类：主题旅游、文创产品、影视动画、图书杂志、网络文创等。

2.1　大熊猫主题旅游产品

以大熊猫为主题的公园、景区近年来成为网红打卡地，如成都大熊猫繁育研究基地、卧龙大熊猫保护区、雅安碧峰峡大熊猫基地、都江堰熊猫谷等。2023年"五一"期间，和花、丫丫、萌兰等"顶流"大熊猫在大批网络粉丝的追捧下，将成都大熊猫繁育研究基地推升至全国十大热门景点的第二位。在采取限流入园措施的前提下，累计接待游客26.4万人次。据携程数据统计，成都大熊猫繁育研究基地"五一"期间游客满意度达91.59%，好评主要集中在熊猫可爱、饲养员负责、服务态度好、环境优美等方面。[8]截至2023年11月，携程网搜索"熊猫"关键词景区，共有1064条记录，排名前列的分别是：成都大熊猫繁育研究基地、成都动物园、雅安碧峰峡、都江堰中华大熊猫苑（原熊猫乐园）、卧龙中华大熊猫苑神树坪基地、都江堰市玉堂镇熊猫谷、佛坪熊猫谷等景区，四川是当之无愧的熊猫主题游集中地。四川各大熊猫保护区不仅可以观光游览，还担负了增强公众保护环境、保护野生动物意识的科普教育功能。如成都大熊猫繁育研究基地新建了大熊猫博物馆、熊猫魅力剧场、熊猫厨房、熊猫医院、熊猫科学探秘馆等研学场馆。2022年8月开始，沉浸式驻场演出作品音乐剧《熊猫》在成都大熊猫繁育研究基地·无限山丘·熊猫剧院热演，2023年大运会期间，成为定点艺术活动之一。此外，成都大熊猫繁育基地还开发了一系列高端旅游、研学、夏令营、认养、志愿者义工招募等体验式活动，加入自然、时尚、互动、运动等环节，使游客能够对四川大熊猫有更为直观和深刻的感受。

2.2 大熊猫文创产品开发

以大熊猫为元素的创意类产品，主要有旅游纪念品类、工艺美术、生活用品、摆件装饰、玩偶玩具、文具等。旅游纪念品类以"熊猫邮局""熊猫屋"为代表：成都自主品牌"熊猫邮局"在少城路、锦里古街、熊猫基地、暑袜街开设文创零售店，供游客近距离同时观看熊猫和体验熊猫文创产品。"熊猫邮局"拥有百余款特色IP产品，如萌物玩偶、潮玩手办、冰箱贴、旅游纪念品等；成都熊猫屋文化发展有限公司拥有大熊猫形象知识产权4个，注册商标67个，原创作品百余项，专注于大熊猫产品设计、制作、销售，已经形成完整的产业链和供应体系。

"GOGO PANDA 熊猫出发""Heart Panda 天府大熊猫"品牌，独辟蹊径，以装饰艺术类文创产品开发为特色。成都大运会博物馆里，成都大运会的一号藏品——GOGO PANDART 艺术熊猫，成为成都大运会最珍贵的文化遗产。雅安荥经龙苍沟的大熊猫国家公园南入口主题景观群项目也由"GOGO PANDA 熊猫出发"全面设计策划，此项目是中国大熊猫国家公园2021年正式成立以来首次系统完成的最大规模熊猫文化主题景观群，全长近5公里，以大熊猫为元素充分表达了雅安荥经的地域文化特点，以文化创意赋能景区产业发展及经营生态构建。目前景区艺术类文创项目已经实现了从景观装饰1.0阶段到创意产业生态2.0阶段的跨越式突破，以大熊猫的形象呈现完整的故事线，承载在地文化，形式更为丰富、设计更加全局、形态更具差异性。"Heart Panda 天府大熊猫"以艺术为核心，以大熊猫文化深度开发、大熊猫公共艺术项目、熊猫文化商业适用、熊猫文化公共空间介入、IP授权产业链开发为经营方向，以艺术熊猫公共展览、熊猫文化产品开发、熊猫文化体验生活馆、版权交易为主要业务，创造出"文化＋旅游＋商业＋产业"的独特熊猫文化发展商业模式。"Heart Panda 天府大熊猫"开展了如"熊猫走世界""全球校园行""公共艺术介入"等活动，参与了原文化部"欢乐中国"、中宣部"感知中国"、原国家旅游局"美丽中国"等系列展览，在德国、波兰、美国、泰国、奥地利、捷克等数十个国家（地区）举行艺术熊猫雕塑装置公共艺术展，诸多艺术作品作为国礼赠送各国政要，向世界推广、传递、分享大熊猫文化。2023中国品牌日期间，"Heart Panda天府大熊猫"作为四川文创代表品牌亮相，讲述中国熊猫故事。同时，"Heart Panda天府大熊猫"与泸州老窖共同打造的系列跨界产品国宝熊猫酒、熊猫小酒，将熊猫与白酒这两个四川最国际化也最地域化的名片相结合。Heart Panda饮用天然水荣获iF设计奖，与六神合作的授权产品，均为该品牌的跨界文创产品，彰显了熊猫文化的魅力。

值得注意的是，继冬奥会吉祥物"冰墩墩"爆火后，成都大运会吉祥物"蓉宝"和世界科幻大会吉祥物"科梦"也成为熊猫IP开发的新热点。大运会期间，变身川剧变脸盲盒的"蓉宝"跃升为天猫盲盒热销榜的榜首，月销达到1万件以上；蓉宝太空航天盲盒排名第三，月销2000件。世界科幻大会吉祥物"科梦"，官方同步开发了文具、玩具、包袋、服饰、生活用品等12大类、200多款周边文创产品。大熊猫形象不仅在赛事期间一跃成为消费热点，成为代表体育赛事和城市的形象大使，更是成为具有极高商业价值的IP。这些超级IP具有极高的辨识度和亲和力，能够吸引人们的注意力和引发情感共鸣。通过将吉祥物与产品、服务、品牌等相关元素结合，可以创造出具有吸引力和独特性的品牌形象，从而吸引更多的消费者和客户。此外，吉祥物IP开发还可以促进品牌宣传和推广，增加销售额，提高品牌价值和知名度。

2.3 大熊猫影视动漫及衍生品

影视作品中的大熊猫形象最为知名的是美国动画电影《功夫熊猫》。该片故事背景是在中国，以旅美大熊猫"伦伦"的后代"阿宝"为原型，将故事设置在中国古代，景观、布景、服装、食物等均充满中国元素，既展现了美国的英雄主义梦，也体现了中国邪不压正的文化内涵。《功夫熊猫》总共有3部电影、3季动画片。其中，第一部《功夫熊猫》于2008年上映，在全球收获6.31亿美元票房；三年后，《功夫熊猫2》上映，收获6.66亿美元票房；《功夫熊猫3》于2016年上映，中国票房高达10亿元人民币。在票房之外，"功夫熊猫"IP的周边开发也非常完善，2021年5月，上海开设首家功夫熊猫IP主题茶饮店，功夫熊猫官方IP授权衍生品涵盖零售、主题乐园、快消、汽车、金融等产业，媒体价值近

15亿元。

近年来，以大熊猫为主题的影视作品和动漫作品不断涌现，如《大熊猫》（纪录片，2016）、《大熊猫传奇》（动画电影，2017）、《熊猫明历险记》（动画电影，2018）、《我从中国来之熊猫泰山》（动画电影，2019年开拍）、《熊猫和奇异鸟》（中国、新西兰合拍动画电影，2021）、《一只熊猫的浪漫》（电影剧本，2022筹拍）、《我不是熊猫》（电影，2022筹拍）、《大旅行》（动画电影，2023）、《大熊猫小奇迹》（中美合拍纪录片，2023）等作品。2023年成都大运会举办前夕，"蓉宝"与另一动漫IP"哪吒"合作的动画宣传片《哪吒蓉宝奇遇记》全网播放量超过2.3亿次。

由于短视频平台、网络社交平台用户数的不断上升，短视频成为助推流量的加速器。2023年4月，中国移动咪咕旗下"开饭了大熊猫"账号播出了一段20秒的视频，面对一只"挂"在树上的熊猫宝宝，配音说："家欣小朋友又挂树，虽然身体在上班，但是灵魂已经放假了。"仅抖音平台，该视频就获得209.4万以上的点赞。2023年"五一"期间，"开饭了大熊猫"账号7天不间断直播大熊猫生活，单日在线人数突破50万，账号全网曝光量达3.68亿。5月5日，微博平台话题"大熊猫花花已经火出国门了"登上热搜榜，122家媒体发布相关话题，词条阅读量超过七千万。不少大熊猫还有自己的微博超话，粉丝在超话中交流大熊猫的近照、视频、表情包和新闻。大熊猫"和花"的微博超话有67.6万粉丝，话题已超23.3亿人次阅读，长期位列萌宠超话第一位。"开饭了大熊猫"目前视频彩铃播放总量超1.2亿次，其中2023年新年策划的《熊猫团子迎新春》独家视频彩铃活动，播放量更是超九千万，订购近七千次。在抖音等短视频平台上，"大熊猫"话题也已有近300亿次播放量。"我们是春天，春天的花花""我是阳光开朗大男孩""我们简直就是萌妹的代表"三首歌曲现在已经成了大熊猫的专属BGM。由于短视频平台内容多以短、平、快视频为主，大熊猫保护科普知识也开始以短视频形式出现，如中国野生动物保护协会与央视《动物世界》、央视频联合推出30集大熊猫保护科普知识短视频《你好，大熊猫》。以iPanda熊猫频道、开饭了大熊猫、成都大熊猫繁育研究基地为主的官方账号，逐渐成为网络"代餐",无法到现场看大熊猫的游客随时随地都可以通过短视频看到大熊猫明星们的动态。靠"花花"的网红效应,"熊猫热"直接带动动物园游客数量增长,"大熊猫和花周边"也一度冲上电商平台热搜榜,仿真大熊猫玩偶在电商平台热销,促进经济效益增加。"不仅仅要看花花,还要把花花带回家。"在成都熊猫基地,各式各样的熊猫周边,都在为"萌"消费,大熊猫文创产业链也被拉长,推动熊猫经济发展。由此可见,熊猫爆火带来的衍生价值已经不局限于动物本身,它们更是一个个非常生动的IP形象。

2.4 大熊猫图书、杂志

大熊猫图书主要有科普类、图册类、文学创作故事类三大类。科普、纪实型绘本及图书适合于低龄儿童,如《亲亲科学图书馆——大熊猫》(安徽教育出版社,2017)、《哇!大熊猫》(山东科学技术出版社,2018)、《熊猫外交家》(南京大学出版社,2018)、《熊猫日记》(安徽少年儿童出版社,2019)、《熊猫中国·中国大熊猫纪实》(江苏凤凰文艺出版社,2019)、《大熊猫》(电子工业出版社,2021)、《你不知道的大熊猫》(四川少年儿童出版社,2021)、《中国国家公园——大熊猫国家公园》(广东旅游出版社,2022)、《动物妙想国——大熊猫会堆雪人吗?》(新星出版社,2022)等。2019年大熊猫科学发现150周年之际,在四川省人民政府新闻办公室指导下,四川省地方志工作办公室与四川省林业和草原局联合编著的《大熊猫图志》出版,全方位展示了大熊猫的起源、保护、生态、研究和文化。图册为主的图书有《野生大熊猫科学奥秘》(科学出版社,2018)、《果赖!大熊猫》(天地出版社)、《大熊猫之路》(现代出版社,2023)等,此类图书图文并茂,主要集中展现大熊猫的生存状态及生态环境。文学创作类最具代表性的是四川作家蒋林,他创作了《熊猫王Ⅰ》《熊猫王Ⅱ》(四川人民出版社,2021)、《熊猫明历险记》(四川人民出版社,2018)、《熊猫康吉的远行》(四川教育出版社,2022)、《熊猫男孩奇幻旅行记》(百花文艺出版社,2022)、《追熊猫的人》(四川人民出版社,2023)、《熊猫花花》(四川人民出版社,2023)等。《熊猫康吉的远行》是蒋林出版的第四部熊猫题材儿童文学作品,从此他拥有了"熊猫作家"这一称号。

《大熊猫》杂志是一本跨越自然科学和社会科学两大学科，呼吁人们生态觉醒，反映大熊猫及其他濒危野生生物，融知识性、趣味性、观赏性于一体的中英文对照的杂志。每期发行约3万册。该杂志由新华文轩出版传媒股份有限公司主管主办，成都大熊猫繁育研究基地为指导单位。以国际化视野讲述大熊猫自己的故事、大熊猫与人类的故事、大熊猫与自然的故事、大熊猫与世界的故事，被誉为中国"动物版《国家地理》"。近几年，《看熊猫》杂志加快全媒体布局，形成了看熊猫微信号、看熊猫视频号、看熊猫抖音号、看熊猫快手号、看熊猫头条号、看熊猫学习强国号、看熊猫INS账号等新媒体矩阵，累计阅读量超亿次，致力于打造有显著特色的中国大熊猫IP。2023年热销的大熊猫图书《熊猫花花》《熊猫萌兰》由看熊猫杂志社独家策划推出。

2.5 熊猫主题网络文创

随着社交与网络的不断发展，大众的交流方式也出现了相应的改变，交流方式从最早的文字沟通到开始使用简单图片、emoji表情再到表情包，再到具有可视化、交互性、沉浸式等特性的数字创意产品和服务，与此同时，以大熊猫为主题的网络文创产品也日益丰富，主要包括表情包、网络文学、网络游戏等。微信表情包商城中众多的以大熊猫形象为主的表情包主要有：央视网大熊猫滚滚系列、熊猫屋自制的嘟嘟潘兜系列、大熊猫潘戈自主表情包、乐活大熊猫表情包、冰墩墩系列等。表情包模拟大熊猫表情、体态、动作，灵活传达大熊猫萌、可爱、慵懒的形象。大熊猫题材的手机小游戏多以中国传统文化为背景，如手游《太极熊猫》《小熊猫逃生记》等。随着5G时代来临，"数字化+艺术化"成为文创产品新一轮的设计变革。文创产业的数字化、科技化是未来文创产业发展的趋势，也是文创产品进行国际竞争的关键。

2.6 大熊猫文化节庆活动

国务院《"十四五"旅游业发展规划》"六、完善旅游产品供给体系"中指出：加强文化和旅游业态融合、产品融合、市场融合、服务融合，促进优势互补、形成发展合力。推进国家文化产业和旅游产业融合发展示范区建设。……实施文化和旅游创意产品开发提升工程，支持博物馆、文化馆、图书馆、美术馆、非遗馆、旅游景区开发文化和旅游创意产品，推进"创意下乡""创意进景区"，在文化文物单位中再确定一批文化创意产品开发试点单位，推广试点单位经验，建立完善全国文化和旅游创意产品开发信息名录。[9]在《四川省建设世界重要旅游目的地规划（2023—2035年）》中也明确提出，打造"熊猫家园"国际旅游品牌，展现四川作为"国际一流大熊猫生态旅游目的地"人与自然和谐共生的绿色生态美丽家园形象。在相关政策的扶持下，四川大熊猫文化活动层出不穷。熊猫艺术展有："爱成都·迎大运"中国大熊猫艺术展、"不止黑白"熊猫艺术主题联展、"熊猫回家——新国风熊猫艺术巡展"、纪念全球首套大熊猫邮票发行60周年熊猫文化艺术展、1864——杭州韩美林艺术馆熊猫特展、"生命的环扣与叠加"——何红英、李猛绘画艺术双人展等；大熊猫艺术节有：四川熊猫文化艺术节、中国山水熊猫国际文化节、四川大熊猫国际文化周、"舞动天府"首届四川少年儿童熊猫文化艺术节、雅安大熊猫与自然电影周等；熊猫节庆有：2023北京居庸关长城·首届大型"熊猫灯会"、成都天府熊猫光影节、国际熊猫灯会等；熊猫文创活动有：大熊猫国家公园文创产业年会、大熊猫公益巡讲、首届自然文创设计大赛、大熊猫文创展览等。这些活动为传播大熊猫文化、推动地方经济发展起到了积极作用。

3 大熊猫文创产业的发展特点

3.1 品牌认知度高

大熊猫身体胖软、头圆颈粗、耳小尾短、四肢粗壮、毛色黑白分明、行为憨态可掬，标志性的黑眼圈，呆萌中多了几分可爱。它的生存、繁衍、变迁，折射出人类赖以生存的地球生态变化和发展的历史轨迹，积淀了丰富而深厚的文化底蕴。大熊猫的独特魅力体现在与自然生态和谐相融，与伴生动物和平共生上，与我国传统文化不谋而合，与中华民族外柔内刚、阴阳和合的处世哲学契合，所以，成为中华民族血脉与性格的美好象征，向世界传递着独属于中华文明的精神气质与文化内涵。大熊猫作为中国的国宝，具有极高的知名度和品牌认知度，这为文创产品的推广和销售提供了有利条件。"大熊猫文化"与成都城市文化理念融合度高，与四川文化形象建设有着许多相同点和相似点。大熊猫的慵懒、躺平气质与成都休闲、安逸的生活状态相契合。在成都"三城三都"及四川"四张名片"的打造中，大熊猫文化品牌的优势将更为明显。

3.2 政策支持力度大

政府对大熊猫保护和文化创意产业的发展给予了大力支持，通过出台相关政策和规划，推动了大熊猫文创产业的快速发展。2006年，《四川省国民经济和社会发展第十一个五年规划纲要》中，首次把积极实施"大熊猫品牌战略"列为四川经济社会发展的重大战略。同年，编制了《四川省实施大熊猫品牌战略规划纲要》，大熊猫成为代表四川生态、和谐、开放形象的永久标识。2014年，四川省政府公布《推进文化创意和设计服务与相关产业融合发展专项行动计划（2014—2020年）》，明确提出将重点开发熊猫文化等系列文化旅游产品，重点打造大熊猫等旅游品牌。2017年1月，党中央、国务院决定，由四川牵头，会同陕西、甘肃共同开展大熊猫国家公园体制试点，并先后印发了《建立国家公园体制总体方案》和《大熊猫国家公园体制试点方案》。2021年我国宣布正式设立第一批国家公园，大熊猫国家公园作为其中之一，是践行习近平生态文明思想和建立以国家公园为主体的自然保护地体系的生动实践。大熊猫国家公园旨在保护珍贵的自然人文景观，并在此基础上，积极探索生态赋能下通过大熊猫文创等途径促进生态产品价值实现机制，带动区域经济转型绿色发展，引领大熊猫保护研究，积极推动大熊猫国际交流，传播大熊猫生态文化，彰显国际影响力。大熊猫也是成都最为重要的国际文化品牌，在成都市"第十三个五年规划纲要"中明确提出打造"大熊猫文化"成为国际文化品牌的发展目标；成都在大熊猫文创产业发展中具有不可或缺的旗舰引领作用。2023年7月，《四川省大熊猫国家公园管理条例》公布，将有助于统筹大熊猫国家公园保护管理和所在地经济社会协调发展，文化和旅游主管部门可结合大熊猫国家公园建设，塑造鲜明独特的文化旅游形象标识。

3.3 社会高度关注

大熊猫外形呆萌，性格可爱、娇憨，符合当代流行文化的潮流，成为年轻人"躺平"心态的精神寄托。2013年中国网络电视台正式发布熊猫频道，熊猫频道全球总粉丝量超过了5300万人。2017年，大熊猫"奇一"反复追随饲养员、抱大腿的57秒短视频引爆全球，短时间内浏览量破11亿次，互动达2000万次。[11] 2017年新浪微博"大熊猫守护者"公益项目，上线不到6个月，粉丝突破千万，话题阅读量超过148.7亿。据抖音发布的《2022冰雪运动数据报告》显示，抖音上有关冰墩墩的视频播放量超261亿，关注人数超5亿。官方数据显示，目前抖音平台"大熊猫"话题已有295亿次播放，"熊猫"话题播放量超过298亿次，其他如"大熊猫和花""大熊猫萌兰""大熊猫福宝"等几位顶流的专属话题播放量也已破十亿。2023年旅美大熊猫"丫丫""乐乐"事件引起网络广泛关注，"丫丫"的相关舆情引起中国互联网的普遍讨论，随后因熊猫乐乐的离世，有关"丫丫""乐乐"的网络舆论早已超越了动物保护的领域，上升到了更广阔的维度。

目前，@iPanda熊猫频道、@开饭了大熊猫、@熊猫滚滚、@成都大熊猫繁育研究基地等短视频平台官方账号，将镜头对准大熊猫们的日常生活，配上专业知识的讲解，让粉丝能够更深入地了解大熊猫。同时，也有像@黑白之境的个人账号，以熊猫粉丝的身份，分享大熊猫们早年的趣事，账号内容更加亲切。这些均表明大熊猫受到大众的广泛关注，庞大的大熊猫粉丝群体也是文创产品销售的潜在客户，随着消费者需求的不断变化和市场环境的不断变化，大熊猫文创产业将继续创新和发展。

3.4 产业链完整，但主要集中在前端

大熊猫文创产业的产业链比较完整，包括创意设计、生产制造、销售推广等环节。熊猫邮局、熊猫超市、熊猫大巴、熊猫书店、熊猫餐厅、熊猫主题民宿和酒店等，四川拥有大熊猫文创的一切。成都已逐步构建熊猫IP全产业链体系，围绕大熊猫元素的产品开发涉及范围广泛，品类丰富。四川大熊猫文创企业据不完全统计有1000余家，涵盖旅游纪念品、工艺美术品、日常用品、装饰摆件、玩偶、文具等，开发主体多样，在设计风格、产品类型、设计内容和品牌特点等

方面都有所不同。知名大熊猫文创从业人员均在成都，开发品牌也较为成熟，开发主体有文化公司、传统技艺工作室、高校师生、个人设计师、产品制造商等。从年轻人追捧的文创产品到茶饮、糕点等食品，再到生活用品、装饰摆件，目前大熊猫文创已经可以实现从开发到生产再到传播的全系列流程。

然而，根据实地调研，市场上出现的大熊猫文创产品普遍雷同，缺乏知名品牌，大部分文创企业还是基于产业链前端，仅以产品设计和销售为主，商业模式较为传统和单一；而呆萌、可爱的熊猫形象一直是大多数熊猫企业的设计标签，设计创意停留在大熊猫固有的形象表面，缺少核心创意和延展空间、产业链不成熟、川内文创企业地域分配不均，导致四川熊猫文创企业发展后劲不足。[12]部分消费者对大熊猫的文化价值认知不足，对大熊猫文创产品的购买意愿不高，所以提高公众对大熊猫文化品牌的认知度、重视程度将成为产业发展的一大挑战。

4 发展建议与展望

随着文创水平的提高，人们对文化的需求呈现出个性化的特征。同时，新技术的应用给博物馆、艺术馆等场所带来了新的活力，使其功能超越传统范畴，变得更加社会化、多样化和数字化。未来，随着大熊猫文化需求的多样化，以个性为特色的文化载体将会增多，文创产业将集聚式突破发展。

4.1 文创产业应追求文化和产业双重价值

文创产业2.0时代，注重的是"文化+科技""文化+互联网""文化+区块链""文化+人工智能"等技术性结合，到文创产业3.0时代，将更加注重"文化+内涵价值"。大熊猫文化产业需要更多有创意的设计师和策展人等文化人士，充分利用大熊猫资源，传播和弘扬中华传统文化与地域文化内涵。因此，在文创产品的供给上，需要提高审美价值，文创产品要实现新创意、新艺术、新技术的统一。在数字技术的驱动下，文创产业正朝着内容升级到体验、集聚式突破发展、实现动态发展以及追求文化和产业双重价值的方向发展。这些发展趋势将为文创产业注入新的活力和创造力，促进经济的增长和社会的进步。未来，四川文创产业发展，将成为推动社会进步的重要力量。将有更多的新技术应用于大熊猫文创产业，如虚拟现实、增强现实等，将大熊猫的生活场景和故事更加生动地展现给消费者，为消费者提供更加丰富的体验，为文创产业的发展提供更多可能性。未来，以"大熊猫＋生态保护""大熊猫＋宜居四川""大熊猫＋科技创新""大熊猫＋文旅""大熊猫＋演艺""大熊猫＋影视""大熊猫＋历史人文资源""大熊猫＋非遗""大熊猫＋城市营销"等为切入点，统筹协调政府社会各部门资源，形成结构合理、部门分工明确的大熊猫文化产业发展体系。

4.2 加强国际合作与文化输出

大熊猫文创产业更好地走向世界，将会提高中国在大熊猫保护和文化传播领域的国际影响力。通过参与国际文化交流活动、举办大熊猫主题展览等方式，拓展大熊猫文创产品的国际市场。与国际机构、组织和企业共享大熊猫文创产业的资源，包括创意设计、生产制造、销售推广等方面的经验和知识，通过合作，共同开发更广阔的市场，提高大熊猫文创产品的国际竞争力，将产品推广到全球各地。与国际合作伙伴开展文化交流活动，如举办大熊猫主题展览、研讨会和论坛等。通过文化交流，增进国际社会对大熊猫文化的了解和认识，促进大熊猫文创产业的国际传播和发展。与国际机构和高校等加强人才交流，为大熊猫文创产业培养更多的国际化人才。引进国外先进的设计理念和创意元素，推动大熊猫文创产业的创新和发展。面向全球邀请专业团队专门设计"四川熊猫"的形象与口号，补足IP背后的故事设定，设计其典型的爱好、身份、职业、性格、喜好，进行拟人化的表达，还可丰富IP家族。把大熊猫作为核心元素，通过打造艺术展、公益活动、旅游推介、文化交流、文创峰会等系列精品活动，制造公众话题，聚集人气，为大熊猫品牌推广提供更多关注。整合多种传播渠道和传播资源，邀请境内外社交媒体热门账号，还应重视小语种国家的参与，实现大熊猫品牌形象的对外推广。利用好宣传视频、电影、纪录片、动漫、出版物、VR和AR主题呈现等多种传播载体，进行多角度、全方位、持续的传播和推广，实现大熊猫主题的多重表达，增进中外文化交流和理解，从而提升我国的文化软实力。

4.3 多元化合作，实现资源共享和优势互补

加强与科研机构、高校等单位的合作，推动大熊猫文创产业的多元化发展。随着消费者需求的不断变化，熊猫产品类型、服务模式和市场定位等方面都应更为丰富与多样。2023年5月，成都地铁2号、8号线东大路站推出一款新颖有趣的互动熊猫，可以模仿行人的步态，融入式参与性高，让不少乘客流连忘返，一经推出便火爆了网络。可见，大熊猫文创应该更加广泛地拓展到新领域。第一，利用四川高校资源，广泛征集，发布推进大熊猫文化产业发展的科研课题，深入挖掘大熊猫文化与四川本土文化的结合，提供理论支撑和智力支持。第二，培育和扶植讲述大熊猫故事的优秀内容项目，讲好四川大熊猫故事，打造以大熊猫为核心的超级IP，把独特的大熊猫内容资源作为大熊猫产业化的内核。第三，职业院校、高校产学研融合，培养大熊猫文化产业内容生产、文化创意、形象制作、品牌营销、整合传播等方面的专业人才。设立高校大熊猫开发创意基金，有意识地引导高校学生关注大熊猫并进行大熊猫文化产业的开发和创意设计。面向全球，引进大熊猫文化开发和创意设计推广方面的领军人才，吸引优秀文化创意人才，组建大熊猫文化产业开发项目小组。第四，提升大熊猫文化产业开发的科技水平，适应新科技与技术发展潮流，不断注入最新技术和发展元素，如元宇宙、智慧街区、虚拟仿真、裸眼3D等技术，提高大熊猫文化产业的附加值和科技水平，增强数字化科技化体验感。

4.4 增加文化内核，推进品牌建设

通过提升产品质量、创新设计和优质服务等方式，加强大熊猫文创产品的品牌建设，提高消费者对产品的认知度和忠诚度。从市场反馈来看，大熊猫作为传播中国文化的一个独特的媒介载体，是可以带动传承和创新，并融合全球文化潮流的创意介质。第一，可以围绕已有的大熊猫知名IP，建设更丰富的科普场馆、主题研学以及艺术展馆。第二，围绕大熊猫IP，形成食、住、行、游、购、娱的全产业链条，打造具有代表性的熊猫主题乐园、主题演出、主题酒店、主题餐厅等。第三，四川本土历史文化、美食文化、旅游资源和熊猫文化融合起来，与城市形象建构契合，达到精神慰藉与情感共鸣。对标国际超级IP，开发具有生态价

值和文化价值的大熊猫文化品牌，真正代表四川、代表成都城市文化形象内核。第四，加强对中小企业自主品牌知识产权保护力度，有效保护大熊猫知识产权以及经济利益。第五，完善大熊猫文创品牌建设激励机制，树立品牌意识，扶持自主品牌，增强大熊猫品牌产品的国际影响力。

参考文献

［1］全国第四次大熊猫调查结果公布［EB/OL］．中央人民政府官网，https://www.gov.cn/xinwen/2015-03/01/content_2823605.htm，2015-03-01/2023-11-11.

［2］从邓池沟到国家公园　大熊猫家园修复路［EB/OL］．四川省人民政府官网，https://www.sc.gov.cn/10462/12771/2019/4/1/19afd0a2e17843e6b044a2ebc9fd3b28.shtml，2019-04-01/2023-11-11.

［3］两年来，大熊猫国家公园生态保护成效初显［EB/OL］．新华网四川，http://sc.xinhuanet.com/20231030/7270e9ba9f9a4cb1859a0653148529fe/c.html，2023-10-30/2023-11-11.

［4］中国的"熊猫外交"［EB/OL］．南方周末，http://www.infzm.com/contents/37596，2019-11-18/2023-11-11.

［5］《中国共产党第二十次全国代表大会文件汇编》编写组．中国共产党第二十次全国代表大会文件汇编［M］．北京：人民出版社，2022：41.

［6］中国科学院动物研究所．魏辅文院士领导的团队揭示大熊猫及其栖息地的生态系统服务价值远高于保护投入［EB/OL］．http://www.ioz.cas.cn/xwzx/kyjz/201806/t20180629_5032584.html，2018-06-19/2023-11-12.

［7］大熊猫国家公园文创产业年会在成都盛大召开［EB/OL］．成都大熊猫旅游文化产业促进会公众号，https://mp.weixin.qq.com/s/bm7OqdaiSBuxHlPlALa_Qg，2023-11-12/2023-11-12.

［8］"五一"假期大熊猫"花花"带动26.4万游客参观成都大熊猫繁育研究基地［EB/OL］．环球网，https://3w.huanqiu.com/a/81fe2c/4ClYnwn7z7Q，2023-05-05/2023-11-11.

［9］国务院关于印发"十四五"旅游业发展规划的通知［EB/OL］．中央人民政府官

网，https://www.gov.cn/zhengce/content/2022-01/20/content_5669468.htm，2021-01-20/2023-11-11。

［10］熊猫"饭圈化"边界在哪里？［EB/OL］.中国新闻周刊，https://mp.weixin.qq.com/s/JvoxM2G79Es3I_O8NfDmsA，2023-06-02/2023-11-11。

［11］坐拥大熊猫资源，四川为何做不出顶尖的大熊猫文创产品［EB/OL］.川观新闻，https://www.thecover.cn/news/5307490，2020-09-04/2023-11-11。

M 红色旅游

长征国家文化公园（四川段）红色文创产品开发新思路

［作　者］赵晓宁（西南民族大学旅游与历史文化学院）

摘　要：长征国家文化公园是中国正在积极建设的重大文化系统工程。论文以长征中发生在四川省泸定县"飞夺泸定桥"战事为背景，探索四川长征红色文创产品开发的一种新思路。研究认为，长征国家文化公园红色文化创意产品开发，需要深入挖掘长征文化内涵，提炼红军长征勇士IP形象，同时考虑以盲盒作为产品载体，迎合当前年轻消费群体的消费偏好，打造飞夺泸定桥红军勇士盲盒。

关键词：红色文化；文创产品；长征国家文化公园；红军勇士；盲盒

1　引言

长征国家文化公园[*①]是中国正在积极建设的重大文化系统工程，地域上涉及中国的15个省区市。2019年12月，中央人民政府对国家文化公园建设做了总体部署和建设安排，计划到2023年年底完成建设任务。[1]长征国家文化公园建设是形成新时期中华文化的重要标志，对于坚定文化自信、彰显长征精神具有重要意义。作为一项系统建设工程，长征国家文化公园建设强调"文化引领，改

---

① 长征国家文化公园，以中国工农红军一方面军（中央红军）长征线路为主，兼顾红二、四方面军和红二十五军长征线路，涉及福建、江西、河南、湖北、湖南、广东、广西、重庆、四川、贵州、云南、陕西、甘肃、青海、宁夏15个省区市。

革创新"。文化如何引领？产品如何创新？需要做出理论和实践的探索。如何针对当今主流消费群体的消费偏好，设计生产出吸引年轻消费群体的长征红色文创产品，是长征国家文化公园建设中值得重视的一项内容。

四川是红军长征三大主力都经过的省份，是红色革命精神得以彰显的重要之地。红军长征历时1年零8个月，行程一万五千里，在四川经历了千难万险，创造了人类战争史上无数奇迹，"大渡桥横铁索寒"的故事至今令人感怀。在探索长征国家文化公园红色旅游产品开发的路上，四川需要改变传统开发模式，用"连接"的思路，传承长征精神，融合时尚消费。

2 长征红色文化创意产品研究概况

随着物质生活水平的提高，越来越多的人热衷于消费"文化"，文化产品，特别是将文化以创意的形式呈现的产品（简称"文创产品"）受到人们的追捧。文创产品是指具有文化内涵的创新性产品，其核心要义是对文化内容进行创新性转化。[2]学者郝凝辉将文创产品划分为艺术衍生品、动漫电影衍生品、旅游纪念产品、博物馆产品、特定主题纪念产品、传统符号文化产品六个分类。[3]文创产品与旅游活动具有较强的关联性。在文旅融合的大背景下，旅游纪念产品与文创设计相结合，具有重要的理论研究价值及实践意义。

党中央、国务院自2014年以来共计发布36个提及发展红色旅游的文件。[4]不同于红色旅游纪念品，红色旅游文创产品（简称"红创产品"）结合了红色文化与文创产品的特征，其概念界定目前尚未统一。学者李婷旻将红色旅游文创产品定义为，"运用红色旅游资源特有的文化主题，通过创意设计转化成的合乎游客需求的、对红色旅游资源有纪念性意义的产品"[5]。目前，学界关于红创产品的研究文献有限，往往与红色旅游纪念品概念相混淆，研究主要集中于热点红色景区，如井冈山、西柏坡以及革命老区等。现有红创产品更多停留在简单模仿层面，"产品质量有待提高，产品缺乏美感设计"[6]；一些产品缺乏文化内涵，"直接套用红色元素的形态和纹样，缺乏时代感和创新性"[5]。优秀的红创产品需要引起人们的情感共鸣。有研究指出，需要"在 IP 的视角下构建红色旅游文创产品的符号战略"[7]；"要密切关注红创产品的受众市场，着眼于当下消费主力群体，红创产品设计要有年轻化发展战略"[8]。

目前，四川段的长征国家文化公园建设的研究文献数量不多，内容多集中在宏观规划与宏观对策层面。[9][10]针对四川段长征国家文化公园红创产品研发的研究几乎处于空白，只有一篇文献提及，强调要"深度挖掘长征四川段的文化内涵，借助长征故事，打造川西长征 IP 产品"[11]。

综合上述文献发现，基于红色文化的红创产品研发尚处于起步阶段，长征国家文化公园的红创产品开发研究需要理论和实践的探索。深入挖掘长征文化内涵，需要结合年轻受众的消费偏好，在讲述长征故事的同时，将时代感和创意性融入红创产品中。对此，四川可以做出一些探索和尝试。

3 长征四川段红色文创产品开发新思路

3.1 长征四川段红创产品开发的研究思路

论文采用文献分析法和实地考察法，通过挖掘长征文化内涵，特别选取发生在四川的红军长征重大战事"飞夺泸定桥"为研究情境，探索红军长征红色文创产品开发的新思路。我们以"飞夺泸定桥"中 12 名英雄勇士作为突破口，打造有创意的红军长征勇士人物 IP。同时，我们借助"盲盒"的消费理念，以盲盒作为"飞夺泸定桥"勇士 IP 的载体，以一种"连接"的思维方式——"勇士"+"盲盒"，提出一种适合长征四川段红创产品开发的新思路。

3.2 长征四川段红创产品开发的内涵挖掘

好的文创产品背后一定隐含价值观。长征红创产品背后锁定的核心价值观就是长征精神。四川是红军长征重要的途经地，很多严峻考验发生在四川，留下了众多被广泛认同、具有高度代表性的长征史实。如何将这些史实所反映的长征精神生动地展示出来，被公众认可和接受，需要深入挖掘红军长征文化内涵，找到有效突破口。"飞夺泸定桥"是中国工农红军长征中具有战略意义的里程碑，发生于1935年5月29日,地点位于四川省泸定县泸定桥。22名红军勇士,在极其艰险的条件下,沿着枪林弹雨和火墙密布的铁索,奇绝惊险地完成了强攻泸定桥对岸桥头的突击任务。勇士们抱着不怕牺牲、长征必胜的信念,及时扭转了战局,使部队顺利通过大渡河,为红军长征胜利做出了不可磨灭的贡献。

今天,人们对"飞夺泸定桥"这段历史并不陌生,甚至在义务教育阶段,这段史料已进入语文课本。但是,对于完成这次艰险任务的22名红军勇士,当代人并不完全知悉。据时任飞夺泸定桥战斗现场指挥员、红四团政委杨成武将军回忆,由于战事紧张,当年22位勇士的名字及身份并未完全记录下来。今天,22位勇士完全可以确认身份的仅有5位;另有7位能够找到姓名,但未完全确认;剩余10位勇士名姓无考,下落不明。①

历史应当被铭记,英雄不应被忘记。以"飞夺泸定桥红军勇士"为例,四川长征红创产品开发可以从深入挖掘这段发生在90年前的史料入手,尝试将这些模糊的勇士形象具象化,形成某种文化聚类,打造飞夺泸定桥红军勇士IP。

文化创意的成功有三个基本条件。第一个条件是个人的在场;第二个条件可能是全新的,也可能是对已存在的东西的再造;第三个条件是创意必须有用且切实可行。[12]红军勇士IP是红军长征文化的一种独特聚类,是长征文化内涵挖掘的一次集中呈现。

首先,挖掘长征文化内涵,关注历史中的"人",关注战争中的"红军勇士"。以"飞夺泸定桥"长征史实为背景,多方搜寻整理关于勇士们的素材,塑造独特的红军勇士IP,以便在消费者心中产生思想和情感的共鸣,进而将长征精神赋予红军勇士IP。

其次,塑造红军勇士IP,是一次红色文化提炼、重塑和再造的过程。随着红色旅游主流消费群逐步年轻化,红创产品不应停留在过去简单直接的展示方式

---

① 经过泸定县相关工作人员40多年的找寻,22位中完全确认身份的5位英雄,分别是2连连长廖大珠、2连指导员王海云、2连党支部书记李友林、3连党支部书记刘金山、2连4班副班长刘梓华。7位有姓名但未完全确认的勇士是,2连特等机枪手赵长发、2连战士杨田铭、云贵川、魏小三(夺桥牺牲)、刘大贵(夺桥牺牲)、王洪山(夺桥牺牲)、李富仁(夺桥牺牲)。目前,保有照片者有4位:李友林、刘梓华、杨田铭和刘金山。

上，应将抽象的长征精神转化为具象的形象IP，需要找到适恰的切入点，塑造飞夺泸定桥勇士IP恰恰能起到这样的作用。当代人可以透过塑造出来的飞夺泸定桥红军勇士IP，感悟长征精神。可见，红军勇士IP是对长征文化的一次提炼和重塑，是以另一个视角观察和理解曾经发生的长征史实及英雄勇士，进而激发年轻人的情感共鸣，引发年轻群体主动了解长征历史，进而达到使红色文化深入他们内心的目的。

最后，"活化"长征红军勇士，既要尊重历史，又要考虑当代人的审美。塑造红军勇士IP形象需要融入历史情境以及人物情感，创造性地对勇士IP形象进行拟人化、表情化表达。一方面可以在颜色、材质、造型等方面进行多元化探索和创新，另一方面更要注重产品适当的教化性和互动体验性。红军勇士IP形象设计要结合时代特征，从人文关怀、人物表现、感知体验方面做到鲜明化、生动化，进而拉近当代年轻人与红色文化的心理和情感距离。

3.3 长征四川段红创产品开发的载体创新

"90后"群体已经成为中国当前消费的主力军和引领者。[13]在消费偏好方面，"90后"尤其是被称为"Z世代"的"95后"们，对新鲜、时尚的事物充满好奇。在他们看来，实用性不再是影响其消费决策的主要因素，消费更多地转向追求个性化、多样化以及体验式消费。因此，"有故事、有内容、有情怀的产品"更容易受到他们的青睐。

四川长征红创产品开发要想赢得市场，需要深入研究"90后"的消费偏好，将长征红色文化与时尚互动元素进行对接。以当下"90后"追捧的"盲盒"为例。盲盒作为潮玩的载体，可以为长征红创产品提供一种开发思路。盲盒（Blind Box），通常指装有动漫或影视作品的周边产品的不透明盒子，从外观看，所有盲盒完全相同，外表没有任何提示或者标注，只有打开以后，购买者才能知道里面究竟是哪一款潮玩。盲盒之所以受到追捧，在于满足了当代年轻人两大心理诉求：情感满足和即时反馈。一方面，盲盒是满足人情感消费的产物，盲盒购买行为背后隐匿的是消费者对某种独特IP的情感认同；另一方面，盲盒以套系的形式出现，最大的卖点在于购买结果的随机性。消费者在"拆盲盒"的过程中，结果的不确定性进一步刺激了人的购买欲，甚至强化了重复购买率。

理解了盲盒的设计理念，长征红军勇士IP可尝试"人偶化"，并以盲盒作为载体，开发系列衍生品。以"飞夺泸定桥"中可查的12位英雄勇士为切入点，创设专属的12勇士IP人偶。每个勇士IP人偶都附有对应的二维码，可以加载勇士介绍、勇士故事以及相关衍生内容。在尊重历史的同时，勇士IP人偶设计必须体现时代感，能引发年轻一代的感知和认同，唤醒他们对长征红军勇士的无限敬仰之情。同时，以盲盒作为勇士IP人偶的载体，以"拆盲盒"的形式售卖勇士IP人偶，即时反馈带来的愉悦体验，客观上迎合了"90后"追求时尚、新鲜和刺激的消费理念。甚至可以参考盲盒中极具收藏价值的隐藏款设计，在红军勇士盲盒中增设数量稀缺的隐藏款，从而进一步刺激消费者的购买欲和复购率。

4 结论与展望

四川红色文化资源富集，红色文化内涵深厚。传承红军长征精神，打造红色创意产品，四川需要切实地找准能被大众快速认知的突破口。飞夺泸定桥勇士IP的塑造，是以聚类红军勇士的方式，在反映伟大长征精神的同时，力图让大众建立起对勇士的情感感知和事件联想。以盲盒作为载体，将红军勇士人偶系列化，既可以很好地诠释红军勇士的精神状态，又契合了当代年轻消费群体的消费偏好。这种将"红军勇士"与"盲盒"连接在一起的构念，为长征四川段红创产品开发提供了一个新思路。

围绕长征文化内涵，四川红创产品开发还需要不断探索和实践，形成多系列多层次的长征红创产品体系，进而实现叠加效应，引发受众强烈的情感共鸣。横向上可以尝试实现IP内容的联动，除红军勇士IP系列外，后续开发还可推出多个主题IP系列，如战役系列、军团系列、兵种系列、无名氏系列等；纵向上可以探索深化各IP内容的展示方式，除了潮玩、手办外，后续开发还可推出如长征红色文化沉浸式体验项目、3D遗址套件，以及互动性纪念徽章等文化衍生品。

此外，四川还需借助互联网、新媒体等市场营销手段，扩大长征国家文化公园受众影响范围，讲好红军长征的四川故事，与其他14个相关省区市多方联动合作，建设并运营高质量的长征国家文化公园。

参考文献

［1］长城、大运河、长征国家文化公园建设方案［EB/OL］．http://www.gov.cn/xinwen/2019-12/05/content_5458839.htm，2019-12-05．

［2］周承君，何章强，袁诗群．文创产品设计［M］．北京：化学工业出版社，2019：33．

［3］郝凝辉．文创产品设计理论研究和实践探讨［J］．工业设计，2016（9）：73．

［4］王俊涛，刘维峰．红色革命精神文创产品设计开发研究［J］．设计，2021，34（9）：8．

［5］李婷昱，陈旻瑾．红色旅游文创产品设计研究综述［J］．大众文艺，2018（16）：57．

［6］刘兴．红色文化在文创产品设计应用中的问题及对策探究［J］．传媒论坛，2020，3（5）：7．

［7］原佳丽，缪大旺．IP视角下建构红色旅游文创产品的符号战略［J］．河池学院学报，2020，40（1）：49．

［8］崔瑾瑜，赵蕾．红色文创产品年轻化发展策略研究［J］．决策探索（下），2020（4）：87．

［9］刘禄山，王强．关于长征国家文化公园建设路径的思考——以长征国家文化公园四川段建设为例［J］．毛泽东思想研究，2021，38（1）：108．

［10］李树信，崔佳，罗勇．长征国家文化公园四川段文旅融合发展的路径与对策［J］．商业经济，2021（2）：49．

［11］徐惠，袁柳，胡平．长征国家文化公园四川段川西片区红色旅游产品开发模式研究［J］．中国西部，2021（2）：101．

［12］John Hawkins. The Creative Economy［M］. UK：Penguin Global，2004：17．

［13］苏宁集团金融研究院消费金融研究中心．90后消费人群研究报告［R］．2019．

N
文旅融合

文旅融合背景下遗址类博物馆的发展研究
——以三星堆博物馆为例

[作 者] 李 爽（成都体育学院）

摘 要： 随着文旅融合成为一种必然的趋势，遗址类博物馆也需要走上文旅融合的路径，本文以三星堆博物馆为例，对其文旅融合做了相关研究，通过查找文献和比较分析，对三星堆博物馆文旅融合进程的具体表现作出了描述，并对其发展过程中所出现的问题，提出满足游客多元化文化体验需求、打造文创产品品牌、拓展文旅产业链的建议，以此来促进遗址类博物馆文旅融合进程。

关键词： 遗址类博物馆；文旅融合；三星堆博物馆

1 引言

党的二十大报告指出"要推进文化自信自强，铸就社会主义文化新辉煌"，并提出要"坚持以文塑旅、以旅彰文，推进文化和旅游深度融合发展"。在现如今的文旅融合背景下，"博物馆+旅游"是一种新型的旅游方式，也是一种将文化教育以及旅游产业融合在一起的新业态，是旅游以及文化发展的新空间。

从融合发展的角度来看，"博物馆+旅游"以博物馆场所和博物馆内容为依托和载体，以文化为核心，将文化活动和游览观光有机结合，让普通的旅游观光上升为高品质的文化体验[1]。博物馆由于融合了丰富的地域性文化，所以成为旅游市场的重点发展对象[2]。博物馆文旅融合就是通过博物馆本身的优质文化资源与其所具有的教育服务功能相结合，把一般的旅游项目提升到了精神的层次，通过文化体验来发挥博物馆文化阵地的作用，让博物馆成为文旅融合的基点。除了可以为城市旅游提供强大动力，它们本身就是所在地区、城市的地域文化坐标、重要的文化景观，也常常被旅行者、旅行团锁定为旅游目的地[3]。

遗址类博物馆，是一种依托于古遗址，以发掘、保护、陈列等为目的的一种博物馆，遗址类博物馆不仅拥有大量的文物，还对历史文化做出了深入研究，这也是其开发文化旅游的强大优势。不过遗址类博物馆却有着区别于普通博物馆的地方，其突出特性就是不可移动性，必须依托古遗址，这就意味着遗址类博物馆的文旅融合发展有较大的限制，将在馆内的游览活动与文化活动进行有机结合，把一般的游览活动上升到高文化含量的文化体验，是遗址类博物馆文旅融合的难题。

数据显示，2022年三星堆博物馆全年共接待游客82万余人次，实现综合收入6000余万元。以国家文物局发布的数据来看，2023年国庆假期三星堆博物馆共接待了游客15.34万人次。基于此，本文对三星堆博物馆的文旅融合开发现状进行了分析，探索遗址类博物馆文旅融合的新路径。

2 三星堆博物馆文旅融合的特征

在三星堆博物馆计划建造之时，就已经提出三星堆博物馆要走出一条创新之路——"馆园一体"，这一创新理念提出要将文化与旅游有机结合，让三星堆博物馆既承载旅游游览功能，又展现历史文化体验功能，并努力营造馆外环境，积极拓展功能外延，保护与利用并举、文化与旅游争辉，使博物馆成为美好生活方式的一部分。其文旅融合的具体表现如下：

2.1 展览中的文化表达

三星堆博物馆在展览中的文化表达主要有三个方面：展览内容、互动设施以及三星堆博物馆的虚拟游览。三星堆博物馆当下展览集中于三星堆遗址及三星堆出土的各种文物，以此来向公众科普三星堆文化，目前馆内展示了众多在三星堆遗址挖掘出来的珍贵历史文物，这些文物向世人展示了古蜀时代极其高超的技艺。2023年，三星堆博物馆又开放了一间新馆，馆内有近600件文物首次和观众见面，其中包括在6座新发现祭祀坑出土的300多件文物，以及1986年1号、2号祭祀坑出土的200多件文物。游客可以通过参观展品，来领略三千年以前的古蜀文明，欣赏当时古蜀国的辉煌成就。

在三星堆博物馆展馆入口处，有互动设施，上面会滚动播放一些展品及历史文化知识，如中国早期的各种杖的对比，既有图也有文字，可以使游客一目了然。同时游客可以通过该设施对展厅有一个初步的了解，包括展厅的各个部分、展厅所拥有的设施设备以及展厅所展出的文物，进行一个简单的浏览。新馆"世纪逐梦"展区的"方舱考古"展项，采用最新的裸眼立体新媒体技术，将考古方舱还原到展厅里，呈现了三星堆遗址祭祀区六个新坑的发掘工作。让游客沉浸式体验三星堆祭祀坑考古发掘场景。

三星堆博物馆通过对信息技术的应用，来提升游客的游览体验。例如在三星堆博物馆网站中通过DVS3D虚拟现实软件平台搭建了虚拟博物馆，通过网上虚拟博物馆，游客就可以直接对三星堆博物馆的布局和展陈文物有全面细致的了解。[4]目前，游客通过三星堆博物馆官网的虚拟展厅可以360°全景体验馆藏文物带来的震撼，下一步，三星堆博物馆还将继续创新传播方式，以短视频、互动体验、AR/VR设备等更加生动的形式"让文物说话"，让观众感受古蜀文化和中华传统文化，[5]给观众带来别样的体验。

2.2 文创产品

现在，博物馆旅游在年轻人中受到热烈欢迎，年轻人群体在旅游过程中乐意走进博物馆，感受不同的文化历史，对各类文创产品展现出极其强烈的兴趣。这些都为博物馆进一步提升完善提供了方向，督促我们守正创新、砥砺前行，提供更高质量的公共文化服务。[6]三星堆博物馆通过挖掘自身的文化历史资源，打造自身独特的IP，以自身IP为基础，设计出具有特色的文创产品，同时加强与各大网络平台结合，推出线上参观渠道。为了吸引"00后"以及"10"后，三星堆博物馆还可以利用自身资源投入动漫以及游戏制作，以激发新一代对于三星堆文化的兴趣，这对三星堆文化的传承和弘扬也具有非凡意义。尤其是近年来，三星堆博物馆的年轻游客数量不断增长。如何通过 IP 衍生品的设计，让传统文化真正走进年轻人的生活，一直是博物馆思考的问题。为此，三星堆博物馆推出多种文创产品，如手账本、手账贴纸、短袖、帆布袋、书签、茶具、方巾、手链、胸针、明信片等多类产品，尤其是三星堆祈福神官主题盲盒系列的推出，更是三星堆的一次创新和尝试。三星堆博物馆文创，致力于让三星堆文化走向更广阔的领域，走到普通人的身边。

2.3 推广活动

三星堆博物馆举办多种活动来吸引游客，将博物馆的人气拉动起来，将自身推广到更广阔的大众视野中。

三星堆博物馆与成都高新区携手打造了西南地区首个三星堆数字光影展示空间。2023 年 9 月 29 日，成都市高新区开放了"梦回古蜀·三星堆沉浸式数字城市展厅"。项目除了数字体验活动外，结合线下消费场景，还设置了集章打卡、XR 虚实互动视频、三星堆邮局、"堆堆堆"咖啡、三星堆网红冰激凌、三星堆文创产品展示等一系列丰富多彩的活动，为观众提供了全新的文博展示打开方式。这些活动的设置，为游客提供了丰富的多层次的体验和参与选择，突破了时空边界，实现公众广泛参与，获得了圆满成功。

三星堆博物馆也与其他机构相联合，针对青少年开展青少年研学夏令营、青少年科考、古蜀文明云观展以及公益课堂等系列活动。三星堆博物馆以其拥有的丰富历史文物及其蕴含的厚重历史和丰富内涵，树立广大青少年对中华文化和历史的认同，建立对民族、对国家的历史使命感和责任感，并且展现出新时代的青春与活力。

同时，三星堆博物馆也致力于在各大平台上推广自己，在三星堆博物馆官方抖音号，推出了《不止考古·我与三星堆》《又见三星堆》两部纪录片，以及"来抖音揭秘三星堆""探秘三星堆""三星堆考古发掘现场直击"三系列视频，截至 2023 年 10 月 17 日，共发布视频作品 400 条，收获粉丝 24.6 万人，作品获赞57.4万。三星堆博物馆官方微博,视频累计播放量高达590万,拥有415.6万粉丝,收获324.5万转评赞。

3 三星堆博物馆文旅融合发展存在的问题

3.1 基础设施有待提升

三星堆博物馆旧馆于1997年完成建馆,因建馆较早,产品开发不足,文物陈列密,难以达到文物展示的最佳效果[7]。笔者在综合馆内调研时,经常可见在三星堆青铜立人像、青铜神树等较为知名的展品展柜前,聚集了大量的游客。想要走近展柜去看文物的细节或是说明牌,需要经过漫长的等待以及拥挤的人群,造成较差的观展体验。除展柜之外,馆内通道设置较为狭窄。在青铜馆内,有的通道仅仅只能容纳两个人通过,即使新开放的新馆,游客在其中也会面临摩肩接踵的局面,尤其是在节庆等游客量大的时候,游客没办法看展品,文物无法最佳地展示出来,这会影响游客在三星堆博物馆的体验。一次糟糕的游览经历就会影响博物馆的声望和名誉,也会导致三星堆博物馆文化不能被很好地认知与传播。

3.2 文创产品推广度有待加强

博物馆文创产品是基于博物馆馆藏文化资源所开发的具有高附加值的产品,它们体现着博物馆的文化资源,承载着博物馆的旅游记忆,具有满足购买者精神需求的价值,是属于博物馆文化旅游的重要产物。虽然三星堆博物馆的文创产品样式已经比较丰富,但是对于三星堆这样一个知名IP,如今的文创产品在设计之上很难将实用性与美观度相结合,游客无法获得符合自己需求的产品。三星堆的祈福神官、考古盲盒等虽然受到了较多的关注,但是仍存在不少"贵""做工不够精细""不够有质感"等评价,存在较大的改进空间。部分文创产品样式重复,难以激发游客的购买兴趣。同时,三星堆博物馆所销售的文创产品,大部分属于中高价位,不符合大众的消费水平,超出大众对产品价格的心理预期,而低价位的产品,美观度又不够。

3.3 文旅项目类型有待丰富

目前，三星堆展馆的文化旅游项目比较单一，游客游玩时间相对较短，同时景区周边缺乏有品位的餐饮、娱乐、宾馆、购物中心等配套设施，没有关联的产业体系，可重复游玩性不强。三星堆博物馆并没有与周边的产业联合起来，形成一种旅游大系统，以自身的发展，推动文化的宣传以及周边的发展。

4 三星堆博物馆文旅融合发展的对策

4.1 满足游客多元文化体验需求

三星堆博物馆应该加强基础建设，推进可用空间与游客需求相匹配，尤其是游览通道一定要宽敞，要以游客用户为中心，探索游客的喜好，增强游客的体验感。而且要做好配套设施，提供多种服务，延长游客在三星堆博物馆的逗留时间。只有基础建设到位了，游客才会有好的游览体验。同时担负起文化传承的使命与责任，发挥工匠精神，注重三星堆博物馆的服务以及文化内容沉淀的提升，做出高质量的文化展示和文化产品，不断做好文化服务的创新，真正使三星堆博物馆的文化能够贴近广大人民群众，能够获得人民大众的喜爱与支持。

4.2 打造文创产品品牌

三星堆博物馆在开发文创产品时，还是要富有三星堆博物馆的特色，注意产品风格，要敢于创新，历史与潮流可以并驾齐驱，将富含历史底蕴的古韵与现代艺术审美进行结合，打造出极具特色的博物馆文创产品。三星堆博物馆文创产品的价格也要慎重考虑，别让价格低代表品质低，适于大众消费水平且游客接受才是关键，要满足消费者多层次的需求，运用不同的定价策略，激发游客购买产品的兴趣。同时"三星堆博物馆的文创产品销售没有形成强有力的市场化运作模式，文创产品在市场营销的各个环节上都没有给予足够的重视，应该打造全面系统的产品策略，推行形式多样的价格策略，实施多平台宣传的推广策略"[8]这样才能更好地打造自身文创产品品牌。

4.3 拓展文旅产业链

三星堆博物馆应与三星堆遗址以及周边旅游资源紧密联合，尤其是把握好三星堆、九寨沟与大熊猫这三张四川旅游的金字招牌，要推进三星堆与九寨沟、大熊猫协作共建，充分利用"大遗址"文旅发展联盟平台，共同推介"三九大"品牌，打造"旅游+文化+商业+服务+健康"产业模式，建设集考古科研、遗址观光、文化体验、商务会议、主题游乐、文化演艺、文化创意、游购娱乐、度假休闲功能于一体的一站式体验大型古蜀文化产业园区。以此来带动三星堆博物馆的发展，并且始终立足于三星堆遗址，做好大遗址保护，以此来吸引更多的游客，将三星堆文化大力传播和发扬出去。

5 结语

遗址类博物馆是具有鲜明特色以及深厚文化底蕴的一种博物馆，但对于目前的遗址类博物馆来说，很多未将文化和旅游很好地结合在一起。基于现阶段的三星堆博物馆发展现状，应该把握好自身独特文化，打造自己独特的IP，将自身的文化资源与旅游资源进行有机结合，以旅游来承载文化，以文化来促进旅游。尤其是当下科技飞速发展，三星堆博物馆应紧抓机遇、用好文化数字资源，注重互联网新媒体平台的宣传，进行更广泛的传播，吸引更多游客的关注，将三星堆文化推广出去。同时应注意文创产品的开发，要面向大众，采用多样的价格以及营销策略，在满足游客喜好的同时，也能满足不同层级的文化旅游需要。推动文旅融合，这是新时代新征程，遗址类博物馆必须走的一条道路，更是一条必须走通走好的道路，这是博物馆高质量发展和文化强国建设的必由之路和必然要求。

参考文献

[1] 苗宾. 文旅融合背景下的博物馆旅游发展思考[J]. 中国博物馆，2020（2）：115.

［2］王博，李秋为. 文旅融合背景下博物馆旅游创新发展研究［J］. 文化业，2021（33）：145.

［3］何东蕾. 文旅融合背景下对中国博物馆发展的思考［J］. 中国博物馆，2019（4）：112.

［4］梁刚. 古蜀文化旅游品质提升的路径研究——以三星堆博物馆为例［J］. 郑州航空工业管理学院学报（社会科学版），2018，37（1）：116.

［5］姜寒冬. 让文物讲好中国故事［N］. 四川政协报，2021-10-29（03）.

［6］增强文化自觉　坚定文化自信［N］. 人民日报，2021-12-29（11）.

［7］刘春亮. 三星堆文化旅游的大众性与现代化品质提升路径探索［J］. 中国旅游评论，2021（2）：96.

［8］王苏，王芳，张丹. 博物馆文创产品消费者满意度及需求的问卷调查与分析——以三星堆博物馆为例［J］. 山西青年，2019（13）：22.

共建共创共生共享：
文旅乡建中村民与"新村民"的互动关系研究

[作　者] 李　杰（四川轻化工大学）
　　　　 王树清（中国传媒大学）
　　　　 严菡白（鲁迅美术学院）

摘　要： 本文旨在探究文旅乡建中在地村民和"新村民"之间的互动关系，分析共建、共创、共生和共享的模式和影响因素。研究结果表明在文旅乡建中，在地村民和"新村民"之间存在着合作、交流、融合等多种关系，其中合作是主要的互动形式，交流和融合是互动的基础。互动的影响因素包括文化背景、个人特点和机制设计等方面，其中机制设计是保障互动的重要因素。因此，地方政府、村民组织等可以通过各种形式促进新老居民之间的良性互动，并建立共同参与的新型协作机制，以实现文旅乡建中共建、共创、共生、共享的长效发展模式。

关键词： 文旅乡建；新村民；互动关系

　　乡村文旅指的是将文化和旅游资源与乡村特色相结合，以乡村资源为核心，以乡村文化活动、乡村建筑、田园美景、传统特色小镇、民间艺术等为载体，形成乡村文化旅游业体系，创造出独特的旅游产品，促进乡村经济的发展。在当前的乡村振兴战略中，文旅乡建作为乡村振兴的一种新型模式，具有巨大的潜力和吸引力，成为一、二、三产融合发展的重要抓手，对于乡村振兴具有重要的意义。

1 乡村文旅成为乡村振兴一、二、三产融合发展的重要抓手

1.1 乡村文旅能够促进农民增收，带动产业发展

随着城市化进程的加速，大量的农业人口流向城市，导致农村劳动力荒，农业产业发展面临危机。而丰富多彩的乡村文旅活动可以吸引人们回到乡村，从事特色农业、乡村民宿、农事体验等相关产业，通过销售本地农产品以及提供服务等渠道，实现农民增收。同时，经过多年的发展，乡村文旅产业的规模越来越大，带动了相关产业的发展，促进了一、二、三产融合发展。

1.2 乡村文旅成为推动文化传承和乡村建设的重要途径

乡村文旅不仅能够挖掘和传承乡村文化，还能够通过文化旅游等形式，让更多人了解和认识乡村文化，提高文化自信。同时，乡村文旅发展需要配套基础设施建设，不断完善这些基础设施，也可促进乡村建设、城乡融合发展。

1.3 乡村文旅能够促进环境保护和资源利用

在保护环境和资源利用方面，乡村文旅需要充分考虑本土环境的特点，践行"绿水青山就是金山银山"的生态理念，对乡村环境保护、水资源利用和生态保护有积极的作用。同时，借助旅游的优势，可以激活当地文化和资源的生命力，保护和利用乡村自然资源和文化遗产。

乡村文旅成为乡村振兴一、二、三产融合发展的重要抓手，不仅能够促进农民增收和产业发展，还能够推动文化传承，促进环境保护等，乡村文旅逐渐成为现代化乡村的重要组成部分，并推动其全面发展。

2 角色和利益冲突是在地村民与"新村民"互动关系的焦点

在乡村振兴的背景下，城乡间的流动和联系越来越紧密，乡村里的"新村民"与当地村民的互动关系也愈加复杂和敏感。在地村民往往拥有土地和资源，而"新村民"则希望利用这些资源发展乡村经济。由于双方的利益存在差异，在地村民往往对"新村民"的进入持保留态度，而"新村民"也往往对在地村民的

权益产生疑虑。在这种情况下，角色和利益冲突不可避免地出现，成为双方互动关系的焦点。因此，如何调和在地村民与"新村民"的互动关系，成了文旅乡建中的重要问题。

（1）当地村民在长期的生活中形成了一套独特的价值观和生活方式，他们对资源的分配、社会关系的维护、权利的行使等方面有着自己的认知和想法。而"新村民"则通常是来自城市或者其他地区的人群，他们有着不同的生活经验和观念，对当地的情况和文化不太了解，往往会产生一些误解或者矛盾。

（2）双方的利益也有很大的差异。当地村民通常把土地和自然资源看作自己的财富，渴望保护自己的土地、水源和生态环境，以维护自己的生存权利。而"新村民"则更加看重经济利益，他们通常会利用自己的资本、技能和人脉来发展经济活动，以获取更多的收益。

这样一来，就容易出现各种角色和利益冲突，例如土地征用、房屋拆迁、资源开发等问题。当地村民会认为"新村民"是对生态环境和文化传统的破坏者，不仅会带来生活方式和社会关系的改变，还会威胁自己的生存和发展。而"新村民"则认为当地村民把土地和资源看得太重，不愿意与外界接触和交流，限制了自己的发展空间。

3 自治共同体能有效调和在地村民与"新村民"的互动关系

从乡村文旅发展的角度来看，更应注重"五个振兴"中带动当地产业发展的方面。这意味着，进入乡村的项目无论是什么，都应该首先考虑如何发展本地产业。为了实现这一目标，不应只是倚靠招商引资和外来项目，而需要注重本地的资源和潜力。特别是在与村民互动的过程中，他们必须参与项目，分享发展成果和收益。如果村民没有参与和分享，那么项目运作过程可能会遇到许多问题和阻碍。其次，项目进入乡村后，应能够通过产业振兴让农民增加收入和致富。在后续的运营过程中，应该与村民建立长期联系，实现更深层次的合作。只有这样，项目才能有序地在乡村中生长和发展。所以，在整个乡村振兴和产业发展过程中，村民必须有机会真正地参与其中。

自治共同体是指在一个地区内由不同族群、文化、宗教和生活方式的人群组成的社群。通过自治共同体，能够有效调和在地村民与"新村民"的互动关系。自治共同体能够通过制度安排和机制设置，有效引导村民参与乡村文旅产业发展，协调双方的利益冲突，并且在文旅乡建的过程中，更加注重共建共享的原则，营造出一个诚信、友爱、合作的氛围，促进新老居民之间的和谐相处，以激发乡村活力，最终实现文旅乡建与乡村振兴的协同发展。

（1）需要加强沟通和交流，让当地村民和"新村民"更加了解彼此的文化、生活方式和经济发展模式，逐步建立相互尊重、合作共赢的关系。自治共同体能够帮助在地村民和"新村民"更好地理解彼此的文化差异和生活方式。自治共同体内的成员可以通过交流、分享、相互帮助等方式，逐步了解彼此的习惯和文化背景，相互包容。

（2）需要加强政策引导和管理，制定有针对性的政策和法规，保护当地村民的利益和生态环境，同时为"新村民"的发展提供必要的扶持和保障。自治共同体能够培养出相互信任和协同的互动关系。"新村民"在这个地区里是一个新的群体，拥有不同的文化和习惯，需要与在地村民进行良性互动。自治共同体建立后，成员之间可以互相交流和协作，增强共同利益和认同感，使大家能够更好地共同发展和前进。

（3）需要加强社会组织和参与，建立村民自治机制和社区组织，让当地村民和"新村民"能够共同参与和管理村庄及生态环境，形成一个良性互动的生态系统。自治共同体的建立还能帮助解决资源的分配问题。在地村民和"新村民"之间有时会存在资源分配和使用方面的分歧，而自治共同体能够建立一个公平公正的资源分配机制，避免资源的浪费和不必要的争执。

自治共同体是一种有效的社群组织形式，有助于在地村民和"新村民"之间建立互信和良好的互动关系，实现共同发展和繁荣。

4 共建共创共生共享是文旅乡建的出发点和落脚点

共建、共创、共生、共享是一种新型的发展理念，它要求各方面共同参与，共同贡献，实现共同发展。在文旅乡建中，共建、共创、共生、共享不仅是出发点，更是落脚点。

4.1 共建互相帮助的社会合作是文旅乡建的核心

共建意味着大家都参与其中，共同出力，共同担责，形成良好的合作氛围。文旅乡建需要相关部门、企业、群众等各方面的支持和参与，只有共建才能形成强大的合力，才能实现文旅乡建的目标。可以通过共建活动建立文化遗产保护机制，维护当地文化，改善人们的生活质量。在这一过程中，全社会都应该积极参与，共同努力，实现互利共赢。

4.2 共创文化多元的社区生活环境是文旅乡建的重要特征

共创意味着大家共同创新和寻求新的发展思路和模式。文旅乡建需要创新精神和创新思维，需要探索新的发展方向和模式，只有共创才能不断创新、不断发展。文旅乡建可以提高文化素养，打破文化传统，开拓文化前沿。在这一过程中，文艺爱好者、文化机构、企业等各方热情参与，共同为社区打造美好的文化环境。

4.3 共生健康的城乡生态环境是文旅乡建的必要条件

共生意味着文旅乡建要建立在生态环保的基础之上，要实现生态文明建设和乡村振兴的统一。只有保护好自然环境，才能使文旅乡建有可持续发展的基础。可以通过开展生态旅游等，促进生态保护，提高乡村居民的生活质量。在这一过程中，社区、企业、政府等各方应积极配合，构建和谐的城乡生态环境。

4.4 共享公共资源是文旅乡建的宗旨

共享意味着文旅乡建要实现资源共享、利益共享，推动全体村民共同分享"互联网+旅游"等带来的发展红利，增加收入和增强社会生存力。可以借助公共资源，普及文化知识，提高从业技能和文化水平，增强文化自信。在这一过程中，各方应共享公共资源，共同推进文旅乡建事业的发展。

通过文旅乡建，可以吸引"新村民"加入乡村振兴中，促进乡村经济的发展。同时，在地村民也可以通过文旅乡建，提升自己的素质和技能，改善自己的生活条件。此外，共建、共创、共生、共享也是文旅乡建的目的，通过共享资源、共同协作，实现文旅乡建的可持续发展。因此，在文旅乡建中，村民与"新村民"的互动关系研究，不仅是研究在地村民和"新村民"之间的利益冲突关系，更是研究在地村民和"新村民"之间的共同发展关系，是文旅乡建高质量发展的关键问题。

（本文依据清华大学乡村振兴工作站重庆璧山支队《艺术乡建中村民与艺术家的互动模式》的调研访谈内容整理而成）

参考文献

［1］谷金明. 基于美丽乡村建设的旅游文化发展研究［J］. 农业经济，2021（1）：60.

［2］陈锡文. 实施乡村振兴战略，推进农业农村现代化［J］. 中国农业大学学报（社会科学版），2018（1）：5.

［3］张卫亮，郭玥，李博文. 基于乡村振兴战略背景下美丽乡村建设创新模式探索与研究［J］. 农家参谋，2020（18）：2.

［4］陈晓春，肖雪. 共建共治共享：中国城乡社区治理的理论逻辑与创新路径［J］. 湖湘论坛，2018：6.

［5］周刚，徐燕. 社会学视角下农村文化与旅游耦合发展机制与模式研究——以中原地区为例［J］. 湖北社会科学，2017（7）：47.

文旅融合发展助推老牌人文景区创建国家5A级旅游景区的路径探索
——以《安仁古镇旅游总体规划及国家5A级旅游景区创建方案》为例

[作　者]陈江红　许沁原　黄顺瑶（四川旅游规划设计研究院有限责任公司）

摘　要： 国家5A级旅游景区作为中国旅游景区最高等级，以其"顶级优质的景观资源、多元丰富的产品体验、特色人性的服务配套、标准精细的管理体系"的品牌内涵要求，成为众多景区争创的目标，但达标要求高、创建难度大，好似旅游界的一场"高考"，能取得好成绩，并不是一件容易的事情，其中古镇类景区一直是其中的弱势选手，需加倍努力。因此，将5A旅游景区创建为平台和抓手，统筹提升景区产业、文旅业态、风貌环境、治理水平等，是创建主体必须解决的主要问题。本文以安仁古镇为例，提出围绕"世界博物馆小镇"目标定位，统筹新老镇区发展、历史文化遗产综合保护利用，以"文博＋文创＋文旅"产业融合为核心，以"五新"建设为抓手，助力安仁古镇旅游景区创新升级。安仁古镇通过5A级旅游景区的创建，不仅推动了小镇旅游经济发展，让居民在景区升级发展中受益，把"独家经营"变为了"大家唱戏"，同时也为传统人文景区创建5A级旅游景区提供了新思路。

关键词： 文旅融合；老牌人文景区；国家5A级旅游景区；安仁古镇

1 引言

国家 5A 级旅游景区作为旅游景区质量等级划分评级的最高级别，代表了世界级旅游品质和中国旅游精品景区的标杆，已经成为各地区形象的"金名片"、旅游消费的"集中营"、旅游投资的"新高地"和进军国际的"通行证"，是全国各地政府和数以千计 4A 级旅游景区的发展要求和奋斗目标。目前，文化和旅游部严控国家 5A 级旅游景区申报数量，各省区市每年只能申报 1~2 家，景区创建 5A 工作犹如"上京赶考"，竞争十分激烈。伴随近 20 年的 5A 级旅游景区创建，目前国家 5A 级旅游景区逐步形成了"顶级优质的景观资源、多元丰富的产品体验、特色人性的服务配套、标准精细的管理体系"的品牌内涵。如今，围绕景区核心世界级资源，深度挖掘资源内涵与潜力，以市场为导向，通过构建符合景区特色的文旅开发模式，设计打造丰富多彩的旅游产品和服务，提升景区知名度和影响力，形成引领发展示范样板，已成为最终出圈入围的关键路径。

2015 年，大邑县委、县政府根据四川省"文化强省、旅游强省"和成都市委、市政府建设践行新发展理念公园城市示范区、打造世界旅游名城的战略部署，开始全力推进安仁古镇国家 5A 级旅游景区创建工作。2016 年 10 月，安仁古镇通过国家 5A 级旅游景区创建景观质量资源国家评审。为实现安仁古镇 5A 级旅游景区成功创建，助推国际文化旅游目的地建设，自 2017 年，四川旅游规划设计院承接《安仁古镇旅游总体规划》《安仁古镇创建国家 5A 级旅游景区修建性详细规划》及创建国家 5A 级旅游景区全过程指导服务等系列工作，开启了安仁古镇国家 5A 级旅游景区之路的积极探索。

2 文博立镇，老牌景区文旅发展新困境

2.1 片区概况

安仁古镇旅游景区位于成都平原西部蜀之望县——大邑县安仁镇，距成都市区 39 公里，双流国际机场 45 公里，成雅高铁大邑站 10 公里，成温邛高速大邑

南出口 8 公里，大邑县城 8.5 公里，处于成温邛高速公路和川西旅游环线上。其位于成都市国土空间规划的西控区域，属于城市农村融合发展试验区，也是成都市文化旅游功能区、文创类功能区和文博产业的集聚之地。

2.2 安仁古镇两大特征优势

2.2.1 汇聚川西百年风云的世界博物馆小镇

安仁古镇浓缩了川西近代百年风云，现存文物的价值和规模、拥有博物馆的数量，在全国同类小镇中首屈一指，并于 2009 年，被中国博物馆学会冠名为"中国博物馆小镇"的美誉。景区拥有公馆老街、刘氏庄园博物馆、建川博物馆聚落等三大核心资源，其中，刘氏庄园博物馆，是中国近现代社会的重要史迹和代表性建筑之一，作为反映中国近现代社会地主阶级的重要事迹和代表性建筑，被原世界旅游组织认定为四川旅游发展的"六朵金花"之一，具有世界遗产级、全国唯一的资源价值。建川博物馆聚落，拥有 30 余座场馆，展览涵盖"抗战、民俗、红色年代、抗震救灾"4 大系列，藏品 1000 余万件、国家一级文物 3655 件。安仁公馆老街，拥有 27 座大大小小的老公馆，连同修建于民国时期的树人街、裕民街、红星街三条老街，将巴蜀文化、川西近现代生活、国际教育和现代文化消费等集中展示。这些文物资源及蕴含的文化内涵是安仁古镇区别于其他古镇的最明显的资源优势。

2.2.2 粗具雏形的文博文创全产业生态圈

自 2009 年成都市委、市政府专门成立了成都安仁文博旅游发展区工作领导小组以来，安仁古镇按照建设世界博物馆小镇的发展定位，推动安仁·中国文博文创产业功能区建设。产业功能区以安仁古镇为核心，东与大邑县韩场镇接壤、西与大邑县苏家镇接壤、南与大邑县三岔镇接壤、北与崇州市杞泉镇接壤，总面积 56.9 平方公里。安仁·中国文博文创产业功能区以文博旅游、文博艺术为重点产业方向，以博物馆旅游、会议会展、鉴定评估、拍卖交易四个主导产业为细分领域，以文化创意（音乐演艺、影视娱乐、艺术品生产）和文化旅游（民俗文化体验、信息服务、休闲农业、旅游配套服务）两大配套产业为配套发展。至 2017 年年初，功能区秉承"筑巢引凤"理念，深入推进国际化营商环境营造，建成22万平方米商业楼宇、109套人才配套住房、60公里绿道,配套2家医院、4所学校(中学3所、大学1所)、35家商场(超市、购物中心),先后吸引了2家中国500强企业(华侨城集团、康佳集团)入驻,集聚90户文创团队(个人)、271家"三文"企业共筑"安仁梦"。其间,安仁先后举办了中国博物馆小镇·安仁论坛、文化名镇博览会、安仁双年展的艺术地标等活动和论坛。安仁以世界级博物馆小镇为形象,以文博为名片的文旅发展格局已基本呈现。

2.3 5A创建面临的主要发展问题

安仁古镇作为成都最早一批4A级旅游景区(2001年),以其厚重的文化资源优势,也曾构筑起核心竞争壁垒,但伴随中国旅游业的快速发展,市场成熟度的不断增加,在创建5A之路上,安仁古镇的品牌吸引力、产品吸引力、产业拉动力、软硬服务力等均面临诸多挑战。

2.3.1 品牌影响力不强

刘氏庄园知名度极高,但就安仁古镇而言,仅在大成都区域具有一定知名度。经由十几年的旅游开发,中国博物馆小镇的品牌纵使已经确立,但因缺乏主题特色的产品体系,市场认知依然仅限于"刘氏公馆、建川博物馆及民国风情街",以安仁古镇为整体的市场形象,尚未树立。

2.3.2 产品吸引力不够

安仁古镇核心资源以传统产品为主,博物馆未活化利用,产品业态单一,古镇产品业态趋于同质化,缺乏特色创新消费场景,无法形成新的吸引点和活力点,对高端人才、青年人才、各类游客缺乏核心吸引力,难以形成持续性消费。

2.3.3 产业拉动力不大

安仁古镇品牌影响力与产品吸引力不强的内生原因,更多在于旅游形态以传统古镇的观光旅游产业为主,古镇内部文旅产业结构单一,融合较少。与四川诸多古镇相较,客流量虽不低,但游客结构以老年群体为主,游客过夜率、重游率偏低,旅游消费质量不高,旅游经济贡献率有限。

2.3.4 软硬服务力薄弱

除文旅产品业态的问题外,受景城共融的影响,居民出游与游客游览空间重叠，交通混乱。此外，由于安仁古镇并非前期规划形成，而是由聚集的三大景点后期组成，致使大景区内部各景点间缺乏串联线路，安仁古镇旅游景区缺乏整体性。同时，整体风貌上景区依然延续镇区风貌，内部风貌不统一、管线杂乱无序，核心区域与周边边界模糊。最后，在景区运营管理上，三大景点运营主体不同，景点各自为政，产品运营和开发模式缺乏整体性。

围绕国家5A级旅游景区"顶级优质的景观资源、多元丰富的产品体验、特色人性的服务配套、标准精细的管理体系"的品牌内涵，如何"提升吸引力，增强转化力，激发消费力，强化服务力"，是实现安仁古镇转型升级、成功二次创业的破题关键。

3 文旅融合创新发展，蹚出老牌人文景区5A创建"新路子"

2018年4月8日，伴随新组建的文化和旅游部正式挂牌，标志文旅融合发展的全新时代正式揭开序幕，文化和旅游迈入高速融合的快车道。老牌人文景区因其自身具备的强文化属性，成为文旅融合天然的实践平台，也为其自身的升级发展带来新的契机与选择。在此背景下，课题组认为安仁古镇的5A之路，前期应深挖"文化富矿"，跳出安仁说安仁，通过文化包装、丰富产业内涵、提升品牌形象，实现景区转型升级，后期不断凸显景区发展愿景和开发建设成效，对标进行软硬件提升，实现国家5A级旅游景区的成功创建。

3.1 资源整合，重塑发展基底

安仁古镇旅游景区独具文化资源优势和产业发展优势，课题组认为安仁的5A之路，不应就古镇而谈古镇。如何统筹文博、文旅、文创三大产业资源，突破"吸引力、转化力、消费力"难题，激活"一池水"，是安仁古镇文旅发展的未来之路。在发展空间上，课题组提出"跳出安仁，规划安仁，放眼未来定位安仁"，通过资源整合，重塑发展空间。规划以文旅融合、全域统筹、产镇相融为发展理念，按照"差异发展、双核驱动、共融共生"的思路，统筹斜江河两岸"农、文、旅、科、学"等综合产业资源，其中北岸老城以文博产业为旅游发展核心吸引物，通过创造新型模式、植入新型业态、提升景观风貌、完善服务设施，发展古镇文化观光和文博体验；南岸新区以生态和科创产业为旅游发展核心吸引物，通过打造新产品、创造新环境、确立新引擎、建立新功能为北岸提供产业、产品支撑。旅游空间布局上，以公馆庄园文博体验区为核心，构建包含林盘庄园休闲区、影视艺术创意体验区、花博观光休闲娱乐区、科技文创体验区、生态休闲度假区等五大旅游功能区在内的文旅空间发展格局，构筑安仁古镇跨越发展基底。

3.2 三文融合，撬动古镇新生

3.2.1 "文博为基"——新内涵、新业态，助力吸引力构建

其一，塑造文博"明珠"，重构文化地标。文化为旅游之精魂，提升老牌人文景区的吸引力，关键在于对文化资源的系统梳理、二次解读及内核重构。在安仁的升级发展之路上，文博作为核心的文化承载体及产业的聚焦点，应强化"点状发力"而非"系统化的改造"，规划提出安仁古镇作为中国博物馆聚落第一镇，以博物馆作为品牌基底，打造一批新的特色旅游产品，推出文化安仁、科技安仁、教育安仁、文博安仁等新品牌和年轻化的品牌，塑造文博"明珠"，重构文化地标，构建景区发展新内涵。景区内安仁应以大师级传世经典建筑，构建重要的网红地标吸引物，并沉淀为安仁潜在的"文物"；同步加载持续不断的高品质文博展览，占据文博品牌制高点，提升重游率和忠诚度；与刘氏庄园、建川博物馆共同成为安仁文博三大极核。

其二，文博与业态相互赋能，构建"泛文博"体验。规划提出聚焦旅游市场需求特征，强化文博与AR/VR等高新科技，餐饮、购物、住宿等多元业态的相互赋能，打破市场对博物馆内只能静态看展的固有认知，围绕安仁古镇的三大核心旅游产品"刘氏庄园、建川博物馆、民国风情街"，利用"博物馆+"思路，面向亲子、中老年、艺术家等不同目标客群，以园区型博物馆、展览型博物馆、作坊型博物馆、工作室等多种形式，细分展览业态，策划"一馆一主题，一屋一风华"，把空置的公馆、博物馆有效利用起来，让文博焕发新的活力。

3.2.2 "文创为擎"——新平台、新链条，释放市场消费力

其一，文创产业平台搭建，多维度释放文化消费价值。规划聚焦文创产业发展，提出全力推动"两空间一平台"建设。推动以华侨城创意文化园、建川文创街坊、四川电影电视学院双创园、公馆活化综合体等展览展示和创作空间为中心，搭建文交所，构建"展示+交易+创作"的文创产业链，为文旅产业发展提供内容支撑。

其二，节会引领，搭建景区与市场对话桥梁。安仁的文化特质在对客呈现上，应予以具象化，使文化"可触摸、可感知、可记忆"，规划提出结合安仁产品特色和场地空间，体系化举办具有古镇文化脉络的"一周"（中国网络电影周）、"一节"（穿上旗袍去安仁）、"一展"（安仁双年展）、"一会"（文化名镇博览会）、"一论坛"（安仁论坛）等国际化品牌营销活动，搭建景区与市场对话桥梁，推动中国博物馆小镇品牌化运营。

3.2.3 "文旅为核"——新"爆品"、新休闲，提升市场转化率

规划提出，一是旅游核心项目主题突击，提升潜在客群转化率。文旅具有市场吸聚力高的属性，传统人文景区在开发的过程中，应顺应市场发展趋势，塑造一批具有强 IP 属性的网红爆款产品，构建对市场的强吸聚能力，实现潜在市场的有效转化。二是全域氛围饱和攻击，提升潜在消费转化率。关注过去乃至未来十年旅游市场本质的、不变的需求特征，即游客对休闲的不懈追求，在优化文化体验产品的同时，重点强化休闲氛围及休闲停留空间的塑造，让"快游"变"慢休闲"，"浅观光"变"深体验"，为消费的转化提供可能。

3.3 "五新"建设，安仁迎客新空间

3.3.1 高位统筹联动，推进党委政府主导、部门联动工作机制

为了更好地解决三个景区各自为营的问题，规划从顶层管理上提出由成都市政府统筹大邑县政府、安仁镇政府，成立安仁古镇文博产业功能区挂牌安仁古镇景区管委会，并下设由县委书记为组长，县委副书记、县长为第一副组长，县委副书记为常务副组长的安仁古镇景区创建国家 5A 级旅游景区领导小组办公室。同时为了更好地推进创建工作的具体落实，联合政府主要职能部门以及三大重要

景点主要负责人成立综合协调、项目建设、环境整治、软件资料、督导检查6个工作小组，负责景区各板块整体提升。

3.3.2 聚焦高效分流，构建"地空轨双圈层"新交通

根据成都市轨道交通建设规划，依托未来地铁28号线及连接成蒲快铁和安仁古镇的空轨2条轨道新交通体系的介入，本次规划提出通过"地铁+空轨+有轨电车+黄包车及步行"多交通换乘方式，构建"双圈层结构"交通。即通过复古的有轨电车作为对接外部的交通工具，建立无缝对接的换乘系统。内部则依托有轨电车环线串联古镇内主要景点，N条步游线串联其余景点，形成主次分明、结构清晰、分工明确的游览体系。规划传统与现代技术相结合的方式，实现核心游览区无机动车的慢行交通系统，解决游客和居民出行问题。

3.3.3 强化景区边界，重塑"川西建筑文化"新风貌

安仁古镇通过"点—线—面"景观风貌改造，来重塑景区新风貌。"点"代表三大入口，安仁古镇通过增设景观小品、标语口号等方式，强调开放式景区的空间边界感，从氛围上增加游客的进入性。"线"代表天际线，通过对古镇房屋的梳理，将违规搭建房屋进行拆除。"面"代表景区核心区域，为更好地营造景区民国怀旧的主题文化特色，根据安仁古镇独具特色的中西合璧建筑风格，提出了建筑立面改造，街道景观提升美化，道路路面铺装整治，古镇核心景区线路下地等措施，对14条景区街道风貌和安仁坝子等8个景观节点进行系统性提升。

3.3.4 完善配套设施"硬环境"，提升区域承载"软实力"

安仁古镇为景城一体化景区，具有范围大、景点散等问题，针对基础设施需要大量资金投入的板块，规划中指出重点建立完善景区的"1+3"游览线路（大环线+公馆游线、博物馆游线以及文创游线），建立"1+2+n"三级咨询体系，新建主游客中心1个，在游客聚集处增设若干志愿者服务点；配套1万平方米以上的生态停车场，改建刘氏庄园、建川博物馆等核心景点的停车场，增设3处高峰期停车场，强化景区的接待能力；更新景区内外部导览体系，标示牌上增设景区二维码，强化游客自助导览服务；在原本基础上新改建1类旅游厕所6个，2类10余个，就女性厕所排队问题，须着重考虑男女厕位比例；结合城镇更新，

做实水电、防水、修缮、拆旧等基础施工任务，提升景区旅游服务品质。

3.3.5 聚焦新技术，构建智慧安仁新环境

"互联网+古镇"是建设智慧安仁的重要途径，主要通过利用互联网平台和新技术，推进古镇的智慧化，通过客流监测系统、视频卡口系统、求助广播系统、停车场管理系统、AR 云景系统、信息发布系统等设施建设，搭建安仁古镇智慧旅游综合管理平台。同时，与智慧城市对接，搭建休闲度假目的地智慧平台，通过信息共享和协作联动，形成旅游预测预警机制和智慧服务，提高综合服务管理能力。安仁古镇需要实现从传统管理方式向现代管理方式的转变，提升安仁古镇景区的旅游管理和服务质量。

4 结语

在文旅融合的新时代背景下，安仁古镇通过全新的文化包装、资源整合、市场营销等多种手段，以及不断的软硬件建设，历时 7 年成功创建国家 5A 级旅游景区，这为传统人文景区创建国家 5A 级旅游景区提供了一个可借鉴的发展路径。近几年，在"三文"产业链条的逐渐成熟下，相继获得了 2023 年度"中国 AAAAA 级影响力景区""2023 年成都市 100 个特色消费场景""TOP20 卓越文旅项目"等奖项。同时景区经济效益显著增长，经统计安仁古镇景区先后带动 3000 余名大学生返乡创业就业，吸纳就业 5000 余人、带动辐射就业 2 万余人；2019 年以来，安仁古镇景区实现"三文"产业产值 15 亿元，税收 1.5 亿元，接待游客人数 1000 万人次，旅游综合收入 30 亿元。

参考文献

［1］文旅小镇破局的几种模式［J］.中国房地产，2020，(26)：17.

［2］蒋柯可，熊正贤.文旅类特色小镇同质化问题与差异化策略研究——以四川安仁古镇和洛带古镇为例［J］.长江师范学院学报，2019，35（2）：33.

［3］周杰. 在乡村振兴战略下加快特色小镇建设的思考——以大邑县安仁镇的探索为例［J］. 农村经济与科技，2018，29（24）：186.

［4］张学勤. 定位民国风格的博物馆小镇的底蕴与外延——中国博物馆小镇安仁的形成［J］. 人文天下，2018,（22）：10.

［5］姜胜玥. 新型城镇化下的历史文化名镇保护与发展研究［D］. 绵阳：西南科技大学，2017.

责任编辑：林昱辰
责任印制：钱　宬
封面设计：中文天地

图书在版编目（CIP）数据

四川旅游绿皮书 . 2023-2024 / 刘俊主编；四川省旅游学会编 . -- 北京：中国旅游出版社，2025.1.
ISBN 978-7-5032-7523-4

Ⅰ . F592.771

中国国家版本馆 CIP 数据核字第 2025B8M355 号

书　　名：	四川旅游绿皮书（2023—2024）
作　　者：	刘俊　主编
	四川省旅游学会　编
出版发行：	中国旅游出版社
	（北京静安东里 6 号　邮编：100028）
	https://www.cttp.net.cn　E-mail: cttp@mct.gov.cn
	营销中心电话：010-57377103，010-57377106
	读者服务部电话：010-57377107
排　　版：	北京中文天地文化艺术有限公司
印　　刷：	北京工商事务印刷有限公司
版　　次：	2025 年 1 月第 1 版　2025 年 1 月第 1 次印刷
开　　本：	720 毫米 ×970 毫米　1/16
印　　张：	30.5
字　　数：	457 千
定　　价：	168.00 元
Ｉ Ｓ Ｂ Ｎ	978-7-5032-7523-4

版权所有　翻印必究
如发现质量问题，请直接与营销中心联系调换